权威·前沿·原创

皮书系列为
"十二五""十三五"国家重点图书出版规划项目

BLUE BOOK

智库成果出版与传播平台

国际城市蓝皮书

BLUE BOOK OF WORLD CITIES

总 编／张道根 于信汇

国际城市发展报告
（2020）

ANNUAL REPORT ON WORLD CITIES
(2020)

城市的基石——都市圈与城市群引领新动力

主 编／屠启宇
副主编／苏 宁 邓智团 陶希东

社会科学文献出版社
SOCIAL SCIENCES ACADEMIC PRESS (CHINA)

图书在版编目(CIP)数据

国际城市发展报告.2020：城市的基石：都市圈与城市群引领新动力/屠启宇主编.--北京：社会科学文献出版社,2020.6
（国际城市蓝皮书）
ISBN 978-7-5201-6537-2

Ⅰ.①国… Ⅱ.①屠… Ⅲ.①城市经济-经济发展-研究报告-世界-2020 Ⅳ.①F299.1

中国版本图书馆CIP数据核字（2020）第062442号

国际城市蓝皮书
国际城市发展报告（2020）
城市的基石——都市圈与城市群引领新动力

主　　编／屠启宇
副主编／苏　宁　邓智团　陶希东

出版人／谢寿光
组稿编辑／邓泳红　吴　敏
责任编辑／吴　敏

出　　版／社会科学文献出版社·皮书出版分社（010）59367127
　　　　　地址：北京市北三环中路甲29号院华龙大厦　邮编：100029
　　　　　网址：www.ssap.com.cn
发　　行／市场营销中心（010）59367081　59367083
印　　装／天津千鹤文化传播有限公司

规　　格／开　本：787mm×1092mm　1/16
　　　　　印　张：31　字　数：467千字
版　　次／2020年6月第1版　2020年6月第1次印刷
书　　号／ISBN 978-7-5201-6537-2
定　　价／128.00元

本书如有印装质量问题，请与读者服务中心（010-59367028）联系

▲ 版权所有 翻印必究

致　谢

本书撰写获得如下资助：

国家社会科学基金重大项目"'一带一路'沿线城市网络与中国战略支点布局研究"阶段性研究成果

国家社会科学基金项目"'一带一路'新兴战略支点城市发展路径研究"（18BGJ019）阶段性研究成果

上海市人民政府决策咨询研究基地屠启宇工作室2019年度研究阶段性成果

上海社会科学院蓝皮书出版资助

欢迎关注本蓝皮书微信公众号："国际城市观察"

《国际城市发展报告（2020）》
编 委 会

顾　　问（按姓氏笔画排列）

　　　　　　于信汇　王　旭　宁越敏　朱建江　杨剑龙
　　　　　　连玉明　吴志强　吴缚龙　张幼文　张鸿雁
　　　　　　张道根　周振华　洪民荣　顾朝林　诸大建
　　　　　　黄仁伟　曾　刚　潘世伟

编委会委员（按姓氏笔画排列）

　　　　　　邓智团　刘玉博　闫彦明　苏　宁　李　健
　　　　　　杨传开　张剑涛　陈　晨　林　兰　春　燕
　　　　　　胡苏云　陶希东　盛　垒　屠启宇　程　鹏
　　　　　　樊豪斌

特约撰稿　陈向明

作者简介

（主编、副主编以下按文序排列）

屠启宇 本书主编，博士，上海社会科学院城市与人口发展研究所副所长、研究员，博士生导师，上海市规划委员会社会经济文化专业委员，上海市城市总体规划（2017~2035）编制核心专家，北京市"十四五"规划专家咨询委员会委员，上海市政府决策咨询研究基地屠启宇工作室领军人物，上海市软科学研究基地"上海社会科学院创新型城市发展战略研究中心"首席专家，主要研究方向：城市战略规划、城市创新体系、社会系统工程。

苏　宁 本书副主编，博士，上海社会科学院世界经济研究所副研究员，研究室副主任，主要研究方向：城市经济、国际城市比较。

邓智团 本书副主编，博士，上海社会科学院城市与人口发展研究所研究员，主要研究方向：城市经济、城市更新。

陶希东 本书副主编，理学博士，上海社会科学院社会学研究所研究员，主要研究方向：社会治理、城市管理。

胡苏云 博士，上海社会科学院城市与人口发展研究所研究员，主要研究方向：人口经济学、社会保障、医疗卫生改革和人口老龄化。

林　兰 博士，上海社会科学院城市与人口发展研究所研究员，主要研究方向：技术创新、高技术产业、城市文化。

盛　垒　博士，上海社会科学院世界经济研究所副研究员，主要研究方向：城市创新、城市产业发展。

李　娜　博士，上海社会科学院城市与人口发展研究所副研究员，主要研究方向：区域经济。

春　燕　博士，上海社会科学院城市与人口发展研究所助理研究员，主要研究方向：城市与区域发展战略、决策分析。

杨传开　博士，上海社会科学院城市与人口发展研究所助理研究员，主要研究方向：城镇化、区域规划。

刘玉博　博士，上海社会科学院城市与人口发展研究所助理研究员，主要研究方向：城市经济、区域经济。

程　鹏　博士，上海社会科学院城市与人口发展研究所助理研究员，主要研究方向：城市开发与规划控制、公平城市与城市治理。

陈　晨　博士，上海社会科学院城市与人口发展研究所助理研究员，主要研究方向：城市规划、区域经济。

樊豪斌　博士，上海社会科学院城市与人口发展研究所助理研究员，主要研究方向：城市经济。

陈向明　博士，复旦大学社会发展与公共政策学院特聘教授，美国三一学院全球都市研究和社会学讲席教授，主要研究方向：全球化与城市发展。

樊　朗　博士，法国国立斯特拉斯堡建筑学院 AMUP 研究所研究员，主要研究方向：住宅与交通、可持续的城市空间。

纪慰华 博士，浦东改革发展研究院助理研究员，主要研究方向：城市规划、城市创新。

伋晓光 硕士，浦东改革发展研究院助理研究员，主要研究方向：企业经济学。

余全明 上海社会科学院应用经济研究所博士研究生，主要研究方向：产业经济。

周荣华 上海社会科学院应用经济研究所博士研究生，主要研究方向：产业经济。

黄　彦 上海社会科学院城市与人口发展研究所硕士研究生，主要研究方向：城市规划。

王嘉炜 上海社会科学院城市与人口发展研究所硕士研究生，主要研究方向：人口资源、环境经济学。

詹春林 上海社会科学院城市与人口发展研究所硕士研究生，主要研究方向：人口资源学。

陈玉娇 上海社会科学院城市与人口发展研究所硕士研究生，主要研究方向：城市规划。

康姣姣 上海财经大学城市与区域科学学院博士研究生，研究方向：城市经济、农村经济。

徐惠妍　上海师范大学环境与地理科学学院硕士研究生，研究方向：城市地理。

廖邦固　副教授，上海师范大学环境与地理科学学院，研究方向：城市地理。

曹显云　上海社会科学院城市与人口发展研究所硕士研究生，主要研究方向：人口资源学。

张子彧　上海社会科学院世界经济研究所硕士研究生，研究方向：国际城市。

商萌萌　同济大学建筑与城市规划学院硕士研究生，主要研究方向：城市规划。

郁奇民　福卡智库研究员，主要研究方向：社会治理、宏观经济。

夏　立　硕士，巴黎政治学院城市学院，主要研究方向：城市社会学、城市治理。

摘　要

《国际城市发展报告（2020）》是由上海社会科学院全球城市发展战略创新团队开发的智库产品，定位是：为中国城市发展提供国际坐标系。

一　城市世界：还会好的，只是有点不同

今后的史家将会把人类历史划分出2020年之前和2020年之后。这一新的断代时刻，发端于一个千万级人口城市的"封城"，而滥觞于全球化的"熔断"。截至2020年第一季度，"封城""封航"从全球化时代难以想象的词，变成全世界的城市决策者都在实际执行或考虑实施的现实选项。新冠肺炎疫情给人类世（Anthropocene）划出了一道深深血痕。站在断代时刻的2020年，国际城市（International Metropolis，World City，Global City）都面临着重新审视全球化走势、世界城市网络、城市国际化战略、门户枢纽功能、流量与安全的平衡等一系列命题。以下是我们的判断。

1. 国际城市总体竞争态势

首先，高等级国际城市竞争格局基本稳定。从全球城市地位格局看，高等级全球城市的总体排位已基本稳定。2010年至今，GaWC等权威排名中α等级的城市群体多年未变，北京、上海的排名基本稳定在第五、第六名。在国际力量格局对比不发生重大变化情况下，以流量为排名依据的高等级全球城市"董事会"变化不大。

其次，国际城市"特色路径竞争"趋势明显。在总体格局稳定的情况下，国际城市间的竞争，更多转向个性化的特色领域竞争。主要国际城市积极修编中长期规划，"拉长板""找独门"的发展特征明显。如纽约在2040

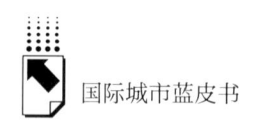

年规划中,修正之前版本中对低碳发展的单维度追求,强调强大、公正,重提经济繁荣与城市质量。部分城市注重在信息等领域的"跨越式发展",如迪拜提出建设全球首座"区块链城市"。

2. "以人为本"成为竞争焦点

无论是国际城市还是中国城市,对人的争夺都成为此轮城市竞争的核心。国际层面,全球城市对国际化人才,特别是青年高技能、多样化人才的争夺,成为相关城市保持竞争力的核心。如伦敦金融城近期就提出"以人为尺度的城市空间"理念,着力通过办公空间设计、高密度商业生态环境等优质资源,吸引全球创新人才。国内层面,主要一线、二线城市在GDP、流量竞争进入疲劳期的情况下,"抢人大战"成为新一轮竞争焦点,城市能以优质要素吸收优质人才,就在未来发展中具有新依托。

3. "抱团取暖"的区域化竞争格局凸显

主要国际城市对于城市—区域的依赖更趋明显。相关城市逐渐摒弃单体突进发展的策略,强调与周边区域的协调及多中心发展,以实现区域整体的可持续发展。如大悉尼在2056年规划中就提出"三城之都"的构想,整体规划了西部绿地城、中部河流城、东部海港城多中心互动格局。

4. "高质量"发展成为国内城市竞争主要方向

国内城市的新一轮竞争,已逐渐摆脱以GDP为核心的规模比拼,开始向质量比拼发展。特别在国际经贸格局剧变以及此次新冠肺炎疫情影响下,城市的整体可持续水平、治理水平、以"韧性城市"为核心的城市经济社会恢复能力、环境水平将成为新的核心竞争要素。杭州、成都、青岛等一批以特色资源为依托的"新一线城市"有快速赶超趋势。在这一背景下,"城市即人、人即城市"的思路应高度关注,即高质量的人塑造高质量的城市、高质量的城市吸引高质量的人,二者互为对应。应以高质量的人的需求考虑新的城市发展思路。

5. "中小企业洗牌"将成为城市新一轮经济主体竞争的焦点

此轮疫情后,国内中小企业面临新一轮洗牌。资金链等问题将影响大量中小企业存亡,形成有助于新一轮中小企业发展的环境,集聚、培育一批具有竞争力、成长性的本地中小企业，将成为城市新经济活力打造的关键。从国际发展趋势看，全球城市日益关注城市经济的多样性，争夺中小企业（SME）是相关城市的重要策略。"大城市大企业"模式是否让位于"超大城市多样企业"模式，需要高度关注。纽约提出"小微企业优先"（Small Business First）策略，伦敦金融城寸土寸金的区域也呈现国际巨头与创业企业混居、相互促进的局面。

二 主报告：超越城市、超越西方中心的城市网络

2020年版"国际城市蓝皮书"采用双主报告，分别讨论作为城市新超越的都市圈和城市群发展，以及超越西方中心主义世界城市网络的"丝路城市网络"最新发展评价。

1. 都市圈和城市群引领新动力

进入新时代的中国城市化进程持续推进，2018年达到了60%的水平，都市圈、城市群建设成为国家促进区域经济发展的重要战略选择。为此，主报告立足中国实践发展的需要，放眼全球，旨在系统分析梳理21世纪以来全球都市圈、城市群发展的学术研究动态和跨界协同规划动向，以期为中国各地的都市圈、城市群建设规划提供思路和经验借鉴。配合都市圈、城市群主报告，本书还通过城市空间发展篇介绍芝加哥大都市区、纽约大都市区、旧金山湾区、大悉尼区域、巴黎大区、兰斯塔德城市群、东英格兰区域和日本首都圈等世界著名都市圈、城市群的战略发展部署。

2. 丝路城市开辟国际城市新网络

主报告沿用丝路节点城市2.0的研究方法和分析思路，更新城市发展数据，甄别共建"一带一路"过程中凸显出来的重要区域和城市，共包含138个样本国家和350个样本城市，并筛选23个重要节点城市（主要位于西欧和东欧地区），19个次要节点城市（主要位于东欧地区），23个一般节点城市（主要位于东南亚和西亚地区）。这三类节点城市构成了深入推进"一带一路"高质量发展的重要空间载体。同时，识别了100个潜在节点城市，

主要位于东亚、东南亚和西亚地区。配合丝路城市主报告，本书还通过丝路城市篇研究了卡萨布兰卡、雅典和伊斯坦布尔等丝路节点城市。

三 专题报告：从防灾开始

本书的专题报告介绍了全球范围内得到广泛关注的最新城市战略部署和最佳实践，具体如下。

（1）城市防灾篇。本篇分别分析了由剑桥大学商学院团队开发的"劳埃德世界城市风险模型"及其 2015～2025 年风险预测，国际通讯联盟关于减灾管理中的颠覆性技术应用，以及被作为美国地方政府减灾样板的丹佛都市圈灾后恢复预案。

（2）城市创新篇。随着 5G、大数据、人工智能等的应用，智慧城市的建设探索已迈向第二场，本篇推荐了麦肯锡全球研究院的智慧城市新展望，并介绍了特拉维夫和纽约布鲁克林的创新生态系统塑造经验。

（3）城市经济篇。2020 年世人对于经济发展的前景担忧重重。本篇特邀美国三一学院教授、上海社会科学院客座教授陈向明博士撰写了关于中国经济特区创新发展及其对全球影响的回顾性报告。此外，围绕如何抗击地方经济衰退，介绍了美国南加州河滨郡（Riverside）和圣贝纳迪诺郡（San Bernardino）组成的都市区如何发展"机会产业"，以及日本应对城市收缩的经验。

（4）城市社会篇。本篇分别介绍了伦敦将"以人为中心"的理念落实到在空间上注重从"人的尺度"来融合创新与商业、老龄友好社区建设指引，以及英国城市规划中协调住房布局与社会公平的经验。

（5）城市文化篇。城市文化必然是精英文化，曲高和寡？伦敦、多伦多和巴塞罗那三个城市给出了共同的答案：城市文化应面向全体公众，在操作上，三者分别通过制定"面向全民"的文化策略、发展公共艺术和建设"超级街区"形成了值得学习的经验。

（6）城市生态篇。本篇介绍了全球范围内在推动环境保护和生态可持续发展方面比较激进的实践。温哥华提出了到2040年实现城市全面循环利用的"零废物"规划；洛杉矶的可持续规划则全面响应了联合国关于可持续发展包含环境、经济、社会三重维度的指针；在交通拥堵收费政策先后引入新加坡（1998）、伦敦（2003）、斯德哥尔摩（2007）等城市将近20年之后，美国智库研究了这一措施对于城市空间的重塑效果。

（7）城市治理篇。对于城市治理，市长们在想什么？年轻人想干什么？社会凝聚力导向的城市化应该是怎样的？本篇介绍了三项有着广泛社会调查基础的研究和规划成果。

2019年国际城市十大关注

挖掘时代大势与国际城市发展的深层次的暗线
解读对国际城市发展当前以及未来的重大影响

一 新冠肺炎疫情肆虐，全球城市连接方式与运行范式面临巨大挑战

2019年底名为2019 – nCoV的新型冠状病毒疫情横行肆虐，造成全球性重大公共卫生事件。截至2020年4月初，中国、韩国、伊朗、意大利、西班牙、美国等相继遭遇重大疫情损失，全球确诊人数已超过百万、死亡人数超过5万。疫情不仅造成生命损失和病痛，而且对全球经济、社会、文化等产生全方位影响。城市，作为人群集中居所和人类流动枢纽，首当其冲。数以万计城市遭遇"停摆"，全民禁足，社区隔离，巨型"方舱医院"，武汉、米兰等千万级、百万级人口城市实施"封城"等难以想象之事成为现实。

此次疫情也将对全球城市产生短期冲击和长期影响：其一，疫情影响之下，"封城""锁国"等封闭性防控措施对全球运输连接产生巨大影响。国际航班急剧萎缩，国家间人员交流锐减。作为全球城市发展基础的国际连接受到重大冲击，全球城市的互动方式受到前所未有的短期考验。其二，抗疫期间，各国民众居家为主，经济停滞，就业和需求锐减，造成全球供需结构和供应链急剧变化。全球城市的地位主要基于全球生产体系及产业链。在这一新的结构性变化之下，全球城市的实力与流量枢纽地位将面临变局。其三，疫情带来居家办公以及以网络为核心的远程服务新业态的出现，并更趋关注以"社交距离"为代表的安全运行模式，这对以人际交流互动为核心的全球城市运行体系提出新的要求。其四，抗击疫情中呈现出的城市公共应

急储备能力尺度、社会治理与公序良俗、信息公开与管控等问题，必将给城市韧性赋予更大的重视和更广的内涵。

二 科技跨越式推进处于奇点状态，硬核创新与应用场景成为城市的主要关注

2019年，全球硬核科技创新频出。从谷歌宣布"量子霸权"实现到马斯克的"星链计划"付诸实施，从Facebook牵头数字与加密货币到5G正式商用，从人造肉的诞生到肿瘤检测DeepMACT算法的推出，这些重大突破性创新都预示着，2019年在人类科技创新史上，很可能是具有里程碑意义的一个"元年"。硬核科技往往具有一定的颠覆性，单个技术的突破将打破所属领域技术创新的线性轨迹，而技术群的突破将带来整个人类社会质的飞跃。作为科技诞生主阵地和最佳应用场所，城市将有可能在生产方式、社会结构、组织管理方面产生颠覆性的变化。

首先，对城市而言，在硬核颠覆性创新密集推出的时代，尽管技术积累和产业基础仍然重要，但容易失去原有的发展惯性，城市的兴衰将面临较大的随机性，很可能快速崛起，也很可能迅速陨落，这使得城市各类中长期发展规划制定的难度都随之上升。其次，硬核颠覆性创新在很大程度上将改善人类的生存质量，客观上会增加城市的人口、环境容量。城市一方面有能力容留更多的人，另一方面因为AI的出现造成结构性地淘汰人，这一矛盾的解决途径目前仍未看清。最后，与蒸汽、电气、信息时代的标志性技术相比，量子科技领域的优势一经形成很难被追赶，数字货币的地位一旦产生很难被撼动，这将使具有先发优势的城市和城市群在较长一段时期内都能占据制高点，城市科技的及早布局显得十分重要。

三 妥善处理社会民生问题成为国际城市治理面临的新挑战

2019年，智利因首都圣地亚哥地铁票价格上涨导致社会骚乱而放弃承

办APEC和2019年度联合国气候变化大会;中国香港特别行政区社会不稳定引发关注;伊朗油价上涨引发十几个城市上百万人上街游行;法国因退休年龄调整而引发示威游行导致多个城市瘫痪等。

这些事件充分表明,民生是全球范围城市治理中的一个核心议题,往往与国际政治经济环境、国家经济发展水平、城市居民福利制度紧密相关,受多种因素影响,很多时候具有一定的刚性特征,尤其是在城市居民总体富裕程度不是很高的状态下,因政府财政紧缩而导致的民生水平波动,即使是那么一点点福利损失,往往也会引发直接利益相关群体乃至整个社会极大的反应。实际上,在不同经济发展水平的城市之间,有些相同领域的民生改革政策可能会带来截然不同的结果,未必会引发社会动乱,但需要指出的是,在当前经济逆全球化、贫富差距扩大、民族主义民粹化盛行、世界经济增长乏力的大背景下,更谨慎地处置城市社会民生问题,最大程度地维护或改善广大市民群体的生活品质,尤其是保证相对低收入群体或弱势民众的基本民生水平不降低,是当下城市社会包容性治理必须面对并处理好的一个重大现实问题。

四 全球65岁以上老年人口首次超过5岁以下儿童人口,老龄化呼唤城市全方位响应

联合国数据显示,目前全球65岁以上人口约为7.05亿,0~4岁人口约为6.8亿,65岁以上人口数量首次超过5岁以下人口数量,预计2050年两者的比例将扩大至2∶1。老龄化是人类社会文明进步的表现,期望寿命的提高与生育率的降低是老龄化进程加速的直接原因。全球人口期望寿命已从1960年的52岁提升至目前的72.6岁,预计2050年将增至77.1岁。与此同时,总和生育率则从1960年的5.0降至目前的2.5,2095~2100年将进一步降至2.0,低于更替水平。人口老龄化的经济社会效应包括劳动年龄人口比重减少、生产率下降、社会养老金负担加重、医疗照护成本上升等。

伴随全球城市化进程的加快,老龄化已成为城市发展中不可回避的挑

战，越来越多的城市也在对人口老龄化做出全方位的响应。第一，大力发展老龄产业，深入挖掘老年消费市场潜力，在满足广大老年群体多层次多元化需求的同时，促进城市经济增长。第二，改革与完善养老金制度，全面构建多支柱养老体系，缓解养老金支付压力，保障老年经济来源。第三，积极打造健康城市，在提升老年人口健康水平的同时，降低全社会医疗照护成本。第四，加快发展智慧养老，运用互联网、物联网、大数据与人工智能技术，提升养老服务品质，补充养老服务人力资源供给。第五，建设老年友好城市，通过设施、环境、政策、服务多措并举，提升老年生活品质，促进老龄化与城市化这两大全球化趋势共同发展，相得益彰。

五 气候变化对于城市的威胁真实可感，全球集体应对行动踌躇不前

在21世纪的第二个十年中，全球碳排放总量规模和增长速度持续增加，气候变化带来的负面效应和影响更加直接和强烈地昭示着人类社会面临的危机。人类对全球气候、自然生态系统等日益严峻的变化趋势反应迟缓，而更能为人类直接感知的所居住的城市空间正越来越多地遭受气候变化带来的极端天气的直接或间接考验。2019年，水城威尼斯被暴涨的洪水淹没，无数历史遗址陷入水底；美国加州大火逼迫人类逃离居住的城镇，而中西部地区则遭遇极寒天气以致芝加哥被"冰封"月余；巴西亚马孙森林大火引发全球担忧。全球气候变化正在向人类社会发出越来越强烈的信号，挑战真实可见。与此同时，2019年在马德里召开的联合国气候大会上，各方就《巴黎协定》实施细则分歧严重，仍未达成共识。

城市集聚主要的产业经济活动、建筑与交通存量、居民消费等，是人类主要的生存空间与碳排放空间。城市的安全与发展直接决定了人类社会的发展。全球不同发展主体间的气候谈判议题涉及全球碳减排、碳金融、低碳技术、低碳市场等，如不能正视并超越既有的世界政治、经济格局及其框架下的政治、经济利益束缚，全球集体应对气候变化的共同行动就难以真正突破

与执行。人类社会需要寻求创新谈判与治理体系，构建应对气候变化共同体，特别是全球城市低碳发展共同体的集体行动至关重要。

六　巴黎圣母院、日本首里古城大火，城市历史文化遗产一再面临风险

2019年，世界重要文化遗产被烧毁的新闻层出不穷。法国当地时间2019年4月15日，800多年历史的法国巴黎圣母院突发大火，尖塔和屋顶大部分被焚毁，建筑主体损毁严重。意大利当地时间2019年10月21日，200多年历史的都灵皇家马厩与马术学院发生火灾，火势蔓延2个小时。日本当地时间2019年10月31日，600多年历史的日本冲绳那霸市首里古城火势凶猛，古城木结构建筑群被火海淹没，过火面积约4000平方米。文化遗产是不可再生的珍贵资源，重要文化遗产屡屡被毁，是全人类文明发展进程中不可估量的损失。城市在进步，科技在发展，但城市文化遗产保护的步伐整体滞后于城市经济增长速度，人类文明的延续仍面临诸多挑战。2019年遗产被毁事件屡见不鲜，在惋惜之余，更应引起深思，重视历史文化遗产在当代城市发展中的价值，思考如何将古文化遗产建筑与现代城市治理体系结合，并纳入现代消防和预警体系守护城市文脉。在世界范围内，截止到2019年5月，全球共193个国家和地区加入《保护世界文化和自然遗产公约》，列入《世界遗产名录》的世界遗产达1092项（分布在167个国家和地区），世界文化遗产的保护任重道远。目前，埃及、美国、德国、日本、中国等国家日益重视文化遗产保护，探索行之有效的历史文物和名胜古迹以及非物质文化遗产保护方案，如埃及大力培养扩充文保专业队伍、日本颁布《文化财保护法》、德国更加注重文物保护宣传等，这为世界各国历史文化遗产保护提供了借鉴。从城市层面，不少历史名城开始自发成立文化遗产保护组织，如2019年6月28日，中国北京、福州、广州等33个城市发表《福州宣言》，让"城市留下记忆"，让文化保护体现在城市规划和建设中，与城市发展同向并行。

七 在线购物高歌猛进，传统商街一再失守，城市商业空间和街区形态面临深层变革

2019 年商业零售行业冰火两重天的格局继续做实，观察世界两大经济体，美国消费者意愿调查显示首次出现在线购物倾向超越实体店购物倾向的拐点；中国全年实物商品网上零售额占社会零售总额的比重跨越 20% 大关。零售商和品牌巨头纷纷转向在线零售，成为顶级电商。美国排前 10 位的电商中，6 个都是原零售巨头（沃尔玛、Home Depot、Target、百思买、Lowe's 和梅西百货）。同时，零售行业的实体店关闭寒潮继续肆虐，传统商街严冬少有回暖迹象。纽约第五大道下城段租金全年下滑 16.5%，上城段仍坚守租金但商业空置率已达 27.9%；伦敦牛津街随着长租老店的退出，已无奈地接受短租旅游纪念品商店的入驻；中华商业第一街上海南京路利用步行街延展脱困的努力效果尚待观察。

对于城市而言，商业街区不仅意味着经济收入，更代表着流量与活力。商业街区是中心城复兴的核心空间，自 20 世纪 80 年代以来由西方城市兴起进而在全球范围内被复制近 40 年。而今，在流量消费与在线购物已成主流的大势下，城市需要深度思考诸多新问题：级差地租还能管用多久？顶级商街的不可替代性究竟何在？社区商业空间与等级究竟可以推升到什么地步？城市空间品质与内涵要经历怎样的提升乃至变革才能吸引作为网络原住民的千禧年一代也欣赏指尖之外的生活方式？

八 城市绅士化与产业高端化负面效应受关注，平衡"大众利益"诉求考验政策智慧

在新一轮技术变革下，高新技术企业和总部企业的集聚趋势推动着"城市绅士化"和"产业高端化"，但如何响应呈现两极化：一方面，近年集聚亚马逊的西雅图南湖联合区、集聚时尚和新媒体企业的纽约硅巷、生物

医药和高科技企业从128公路回流的波士顿剑桥肯戴尔广场等创新街区建设已成为城市新一轮发展的关键动力；另一方面，2019年纽约长岛市民拒绝亚马逊建第二总部，斯德哥尔摩市民因担心妨碍公园出入和公共空间过度商业化而拒绝苹果旗舰店进驻。高科技企业和总部企业在提升城市影响力和改善城市品质为城市发展带来"甜头"的同时，高技术岗位带来的大量高技术人才让普通市民不得不面临交通拥堵和生活成本急剧上升的"苦头"。

两极化现象出现的本质，是城市发展能否做好大众利益和小众利益的平衡。这要求城市发展政策制定中要增强过程和结果的公开、公平和公正性，重视对弱势群体利益的保护、平衡和补偿，分享"甜头"，减少"苦头"，真正实现城市的包容性发展。

九 印度城市遭遇雾霾危机进入公共健康紧急状态，城市空气污染防治应建立系统的长效机制

2019年11月1日，印度新德里宣布因空气重度污染而进入公共健康紧急状态。印度空气质量预测及研究系统的数据显示，进入11月，新德里及周边地区的PM2.5空气质量指数（AQI）频频"爆表"，多个地区达到999的量程最大值。空气污染直接导致航班延误、学校停课、工地停工、机动车限行等，并严重影响民众健康。近年来，新德里在冬季的11月至次年1月期间都会遭受严重的空气污染，尽管政府早在2016年就出台了机动车限行、关闭污染企业、禁止燃放鞭炮、禁止焚烧农作物等一系列治霾举措，但收效甚微。日益恶化的空气污染状况引发了印度国内和国际社会的激烈争论和反思，《印度商业在线》《印度时报》《华盛顿邮报》《纽约时报》等媒体纷纷将目光聚焦于新德里与北京治理空气污染的比较，与新德里形成鲜明对比的是，北京在空气污染治理方面的卓越成效在全球赢得了很多赞誉。2019年3月，联合国环境规划署发布了《北京二十年大气污染治理历程与展望》评估报告，指出北京市大气污染治理为其他遭受空气污染困扰的城市提供了可借鉴的经验。城市空气污染防治是一项庞大的系统工程，

应建立系统的长效机制，它考验着全球城市平衡环境保护和经济增长的政治决心和治理能力。

十　航空技术和产业发展推动全球城市进入航空直联时代，全球机场枢纽节点从全球城市加速迈向全球城市区域

伦敦时间2019年11月14日上午6点，澳洲航空（Qantas）使用波音787-9梦幻客机，开展了一项商业航线直飞测试，航班从英国伦敦起飞，经过1.775万公里的飞行距离和19.5小时的飞行时间，直接抵达澳大利亚的悉尼，创下了全球商业航线直航距离（不经停航班）的历史纪录。11月20日，澳洲航空使用同样机型进行了纽约至悉尼的商业直航测试，其1.62万公里的飞行距离和19小时16分钟的飞行时间在当时也创下了历史纪录。随着航空技术和产业的发展，加上全球城市之间快速直达联系需求日益增加，全球城市长距离航空直联成为现实。现阶段正式运营的最长不经停航班开启于2018年10月11日，航线为纽约至新加坡，距离1.53万公里，机型则为空客A350XWB。在航空技术和产业突破性发展的同时，航空安全的议题也同时得到高度重视。由于2019年3月埃塞俄比亚航空302号班机空难和2018年10月印度尼西亚狮子航空610号班机空难存在诸多共同之处，在调查评估后，涉事机型波音737MAX在全球范围内停飞、停产。

随着全球城市向全球城市区域发展，全球机场枢纽节点也从单个城市机场布局逐渐向城市群机场（一主多副或者多主多副）布局加速转变。这一特征在2019年中国几个城市群中体现得尤为明显。2019年9月25日投入运营的北京大兴国际机场接入城际铁路等综合交通体系，与周边既有机场共同成为服务京津冀城市群的世界级机场群。在长三角城市群方面，2019年发布的《长江三角洲区域一体化发展规划纲要》也明确提出打造世界级机场群，并且新建南通新机场，作为上海国际航空枢纽的重要组成部分。在珠三角地区，广州新机场的选址基本落定，该机场能够服务珠三角，并同时与广

州白云、深圳、珠海、香港、澳门等周边机场共同打造世界级机场群。此外，成都新机场（天府机场）建设在2019年取得重要进展，建成后将极大地提升成渝城市群机场群的综合枢纽能力，成为中国西部最重要的国际航空枢纽节点之一。

撰稿人：于　宁、林　兰、陈　晨、苏　宁、邓智团、
刘玉博、倪　外、程　鹏、陶希东、屠启宇

目 录

Ⅰ 主报告

B.1 城市的基石：都市圈与城市群的源起、概况和规划
……………………………… 陶希东　樊豪斌　屠启宇 / 001
B.2 2020丝路城市指数：发挥区域比较优势，推进"一带一路"
倡议实现高质量发展………………… 刘玉博　邓智团　屠启宇 / 028

Ⅱ 城市防灾篇

B.3 劳埃德世界城市风险报告（2015~2025）概览及
对中国城市风险的延伸分析……………… 周荣华　夏　立 / 079
B.4 颠覆性技术及其在减灾管理中的应用………… 林　兰　王嘉炜 / 096
B.5 丹佛都市圈灾后恢复预案的设计思路……………… 余全明 / 104

Ⅲ 城市创新篇

B.6 全球智慧城市发展图景及策略展望…………… 盛　垒　张子彧 / 113
B.7 特拉维夫城市创新生态系统建设的启示……… 纪慰华　伋晓光 / 121

B.8 纽约布鲁克林创新经济的发展概况……………… 胡苏云　詹春林 / 134

Ⅳ　城市经济篇

B.9 从追随者到领先者：中国经济特区的创新发展
　　 及其对全球的影响和启示………………………………… 陈向明 / 151
B.10 南加州"内陆帝国"都市区"机会产业"的发展态势
　　 ……………………………………………………………… 樊豪斌 / 163
B.11 日本城市收缩状况及其应对特点 ………………………… 春　燕 / 181

Ⅴ　城市社会篇

B.12 伦敦"人的尺度"的创新与商业空间融合新趋势 …… 苏　宁 / 191
B.13 城市老龄友好社区建设的行动纲领 ………… 胡苏云　曹显云 / 202
B.14 英国城市规划与住房、财富分配的关系 ………………… 樊豪斌 / 213

Ⅵ　城市文化篇

B.15 伦敦建设"面向全民"的文化之都策略 ………………… 陈　晨 / 224
B.16 多伦多通过公共艺术激发城市活力 ………… 程　鹏　商萌萌 / 233
B.17 巴塞罗那"超级街区"计划 ………………… 陈玉娇　邓智团 / 242

Ⅶ　城市生态篇

B.18 温哥华《零废物2040》规划及对中国城市垃圾治理的启示
　　 ……………………………………………………………… 杨传开 / 253
B.19 交通拥堵收费对城市空间的重塑 ………………………… 程　鹏 / 264
B.20 洛杉矶可持续城市规划聚焦环境、经济与公平 ………… 陈　晨 / 276

目录

Ⅷ 城市治理篇

B.21 东盟可持续城市化战略框架及其行动计划……盛 垒 张子彧 / 286

B.22 市长们在想什么？……胡苏云 曹显云 / 297

B.23 动员青年：让年轻人参与社区治理……陶希东 郁奇民 / 310

Ⅸ 城市空间发展篇

B.24 芝加哥大都市区迈向2050综合规划的创新思维……樊豪斌 / 318

B.25 纽约大都市区规划实施及与核心城市纽约愿景协同进展
……程 鹏 / 329

B.26 巴黎大区面向2030的多元化与增进连接战略
……李 娜 樊 朗 黄 彦 / 339

B.27 面向2056年的大悉尼区域规划：整合塑造
"三城之都"……苏 宁 / 348

B.28 旧金山"湾区2040"规划：重点解决交通和住房瓶颈
……刘玉博 / 358

B.29 兰斯塔德2040年区域发展图景……陈 晨 / 368

B.30 日本首都圈规划：强调对流活力和广域发展
……程 鹏 屠启宇 / 375

B.31 东英格兰区域空间战略规划的成与败
……陶希东 屠启宇 郁奇民 / 384

Ⅹ 丝路城市篇

B.32 "一带一路"重要节点城市卡萨布兰卡发展新趋势
……邓智团 康姣姣 / 391

B.33 "一带一路"重要节点城市雅典经济
　　发展新趋势 ………………………… 徐惠妍　邓智团　廖邦固 / 401
B.34 "一带一路"重要节点城市伊斯坦布尔经济
　　发展新趋势 ………………………… 徐惠妍　邓智团　廖邦固 / 416

Abstract ……………………………………………………………… / 434
Contents ……………………………………………………………… / 440

皮书数据库阅读使用指南

主　报　告

General Reports

B.1
城市的基石：都市圈与城市群的源起、概况和规划

陶希东　樊豪斌　屠启宇*

摘　要： 城市是人类文明发展的重要产物，也是人类重要的经济单元、居住之所和权力空间。随着经济全球化、工业化、信息化、网络化的发展，人类社会开始不断出现人口、经济规模巨大的特大城市、超大城市、巨型城市、全球城市、都市圈、城市群、全球城市—区域、跨洲大都市带等新形态。这些空间新形态在为人类经济发展提供强劲动力的同时，也带来了行

---

* 陶希东，本书副主编，理学博士，上海社会科学院社会学研究所研究员，主要研究方向：社会治理、城市管理；樊豪斌，博士，上海社会科学院城市与人口发展研究所助理研究员，主要研究方向：城市经济；屠启宇，本书主编，博士，上海社会科学院城市与人口发展研究所所长、研究员、博士生导师，主要研究方向：城市战略规划、城市创新体系、社会系统工程。

政阻隔、环境污染、社会不平等、风险积聚等诸多新问题、新挑战，对国家和城市的跨区域治理体系重组和治理能力提出了新的需求。21世纪以来，中国城市化进程持续推进，截至2018年达到约60%的水平，都市圈、城市群建设成为国家促进区域经济发展的重要战略选择。为此，本报告立足中国实践发展的需要，放眼全球，旨在系统分析梳理21世纪以来全球都市圈、城市群发展的学术研究动态和跨界协同规划动向，以期为中国各地的都市圈、城市群建设规划提供思路和经验借鉴。

关键词： 城市群　都市圈　规划

一 从城市到都市圈、城市群：理论渊源与 21世纪以来的新思维

（一）全球跨界都市形态的新概念

学术理论研究始终是社会经济实践发展的产物，实际上对都市圈、城市群的学术研究，自20世纪50年代戈特曼提出"都市带"概念以来从未停止过，随着世界城市化的不断发展，更引起了学术界的持续关注。就世界城市发展趋势而言，联合国《2018年世界城市展望》指出，2018年全球55%的人口生活在城市，同时特大城市越来越成为城市化发展的主流趋势，据统计，全球大约1/8的人口居住在33个人口超过1000万的特大城市，至2030年世界预计将有43个特大城市，超越城市边界的超大城市、巨型城市区域、全球城市—区域、全球城市走廊等新形态日渐成为人类政治、经济、生活的重要空间单元，也成为学术界不断探索的新领域。

众所周知，在大都市研究中，普遍性概念有都市圈、都市区、城市群、

都市带等，相关文献数不胜数，实际上，新世纪以来，西方学术界对"城市区域"提出过多重概念，① 根据英国一名区域政治地理学者的研究，目前有关"城市区域"这一概念甚至存在各种不同的称谓，主要有"世界城市"② "全球城市"③ "功能性城市区域"④ "区域经济体"⑤ "区域国家"⑥等，也存在诸多争论。值得一提的是，Allen J. Scott 在 2019 年发表的题为《城市区域的重新思考》⑦ 的文章中，对与"城市区域"相关的概念和问题进行了历史性回顾和展望性研究，认为相关的概念表达有"全球城市—区域"⑧ "后现代大都市"⑨ "巨型城市区域"⑩ "区域化城市化"⑪ "多中心大都市"⑫ 等。本报告旨在分析几个与都市圈、城市群关系较为紧密的新概念，并试图发现其新的思想。其中，功能空间（功能性城市区域）作为本报告讨论的重点和超越城市发展的未来方向，主要指城市之间地理位置虽然

---

① 陶希东：《全球城市区域跨界治理模式与经验》，东南大学出版社，2014。
② Hall, P., "Global City-regions in the Twenty-first Century," in A. J. Scott (ed.), *Global City-regions*, Oxford: Oxford University Press, 2001; Scott, A. J., "Introduction," in A. J. Scott (ed.), *Global City-regions*, Oxford: Oxford University Press, 2001a.
③ Sassen, S., "Global Cities and Global City-regions: A Comparison," in A. J. Scott (ed.) *Global City-regions*, Oxford: Oxford University Press, 2001.
④ Cheshire, P. C., "Explaining the Recent Performance of the Major Urban Regions of the European Community," *Urban Studies*, 1990, 27 (3).
⑤ Storper, M., "The Resurgence of Regional Economies, Ten Years Later: The Region as A Nexus of Untraded Interdependencies," *European Urban and Regional Studies*, 1995, 2 (3).
⑥ Ohmae, K., *The End of the Nation-state: The Rise of Regional Economies*, New York: The Free Press, 1995.
⑦ Allen J. Scott, "City-regions Reconsidered," *Economy and Space*, 2019 (1).
⑧ Davoudi, S., "Conceptions of the City-region: A Critical Review," *Proceedings of the Institution of Civil Engineers: Urban Design and Planning*, 2008 (161); Scott, A. J., Agnew, J., Soja, E. W., et al., "Global City-regions," in Scott, A. J. (ed.), *Global City-regions*, Oxford: Oxford University Press, 2001.
⑨ Dear, M. J., *The Postmodern Urban Condition*, Oxford: Wiley-Blackwell, 2001.
⑩ Laquian, A. A., *Beyond Metropolis: The Planning and Governance of Asia's Mega-Urban Regions*, Baltimore, MD: Johns Hopkins University Press, 2005.
⑪ Soja, E. W., "Regional Urbanization and the End of the Metropolis Era," in Bridge G. and Watson S. (eds.), *The New Blackwell Companion to the City*, Oxford: Wiley-Blackwell, 2002.
⑫ Hall, P. and Pain, K., *The Polycentric Metropolis: Learning from Mega-City Regions in Europe*, London, Routledge, 2012.

分散，但是围绕着一个或多个大的中心城市，有密集的人流和信息流通过高速公路、高速铁路和电信网络在城市之间形成"流动空间"，从而形成功能性城市区域。[1]

超大城市区域（Mega-city Region）也称为"多中心超大城市区域"（Polycentric Mega-city Regions）、"特大城市区域"，[2] 这是"超大城市"概念的延伸，是伴随着东南亚城市人口的迅速扩张和全球南方（Global South）城市的扩张而产生的关于城市形态的概念。在Peter Hall看来，伦敦和英格兰东南部的一些城市区域属于典型的"超级城市区域"，是一个功能相互联系的空间，是研发、高科技和其他城市功能聚集的多集群区域。众所周知的例子就是中国的珠江三角洲和长江三角洲城市区域，其中商业、商务和行政服务功能主要集中在广州和上海，并与占地面积达数千平方公里的城市中心相联系。这一概念在本质上类似于戈特曼指出的美国东北沿海地区的"大都市带"，但是它更强调区域经济发展在国际层面上的互联互通。

多中心城市区域（The Polycentric Urban Region）[3] 理论认为，当今某个大城市的经济活动，不是唯一的城市经济活动单个集群，而是属于更广城市区域范围的、新的劳动分工下多个集群的一部分，除了中心城区集群外，在郊区重要高速公路的交会处也会形成新的集聚中心，城市发展逐步形成多中心的演化格局。这一发展趋势，不仅发生在单个城市层面，也发生在城市和郊区之间以及多个城市之间，并最终形成了一个突破城市行政区划边界的多中心城市区域。这一发展趋势在欧洲的城市发展中得到了显著体现。多中心城市区域的发展态势，势必增加了大都市发展

---

[1] K. Pain, "The Strategic Planning Protagonist: Unveiling the Global Mega-city Region," in Sir Peter Hall, *Pioner in Regional Planning Transport and Urban Geography*, Springer, 2016.

[2] Lüthi, S., A. Thierstein and V. Goebel, "Spatial Development on the Quiet in the Megacity Region of Munich," *Paper Presented at the European Regional Science Association（ERSA）*, September 2007; Thierstein, A., S. Lüthi, C. Kruse, S. Gabi and L. Glanzmann, "Changing Value Chain of the Knowledge Economy: Spatial Impact of Intra-firm and Inter-firm Networks within the Emerging Mega-city Region of Northern Switzerland," *Regional Studies*, 2008, 42（8）.

[3] Kloosterman, R. and S. Musterd, "The Polycentric Urban Region: Towards a Research Agenda," *Urban Studies*, 2001（38）.

的复杂性，给城市之间政策的协调、规划的实施等带来一定的挑战，需要在区域层面予以改革创新。

全球城市—区域（Global City-region，GCR）最早是由 Allen J. Scott 提出的。根据他的研究，所谓的全球城市—区域就是"大城市区域，或大城市与周围的卫星城连接而成的区域。区域内政治事务和经济事务较多，并呈现出经济与政治活动集聚的特征。同时，该区域具有紧密的跨国关系"。他认为"全球城市—区域能够概括全球散布的诸多巨大、复杂、混合的城市区域"[1]，"全球城市—区域是全球化高度发展的前提下，以经济联系为基础，由全球城市及其腹地内经济实力较为雄厚的二级大中城市联合而成的一种独特的空间现象"。这一空间呈现新的特点：①全球城市—区域强调"大都市区—腹地"系统，是全球城市—区域的节点，单纯的城市概念已经不再适合作为社会—经济的组织单元；②全球城市—区域的表述正是基于生产体系的完整性，即涵盖了管理控制、研发、生产三个维度劳动过程的空间内涵，而不是仅仅强调生产服务业的控制功能；③由于着眼于完整的生产链，从发达国家到欠发达国家的大都市区都因分享不同价值区段而获益。[2]

可见，对超越城市边界而出现的各类城市区域新空间，学术界有不同的称谓，研究视角和内涵界定也各不相同，但通过梳理有关城市发展的研究，即超越城市形态内涵关系演变（见图1），发现其基本的规律和特点：第一，大都市普遍出现超越各自的行政区范围并开始走向"城市区域化"的新趋势，因此，各类新的大都市空间形态，不是一个行政空间的概念，更多的是一个功能性空间概念。第二，从不同的视角出发，将会产生不同的区域界定类型，如"超大城市区域"更侧重于就国家发展、区域发展和城市发展而言，"全球城市—区域"更多的是基于全球视野对连接的观察和研究。

---

[1] Scott, A. J., *Global City-regions*, Oxford: Oxford University Press, 2001.
[2] 石崧：《全球城市区域：缘起、内涵及对中国的启示》，《"全球化与大都市发展论坛国际会议"论文集》，2007.

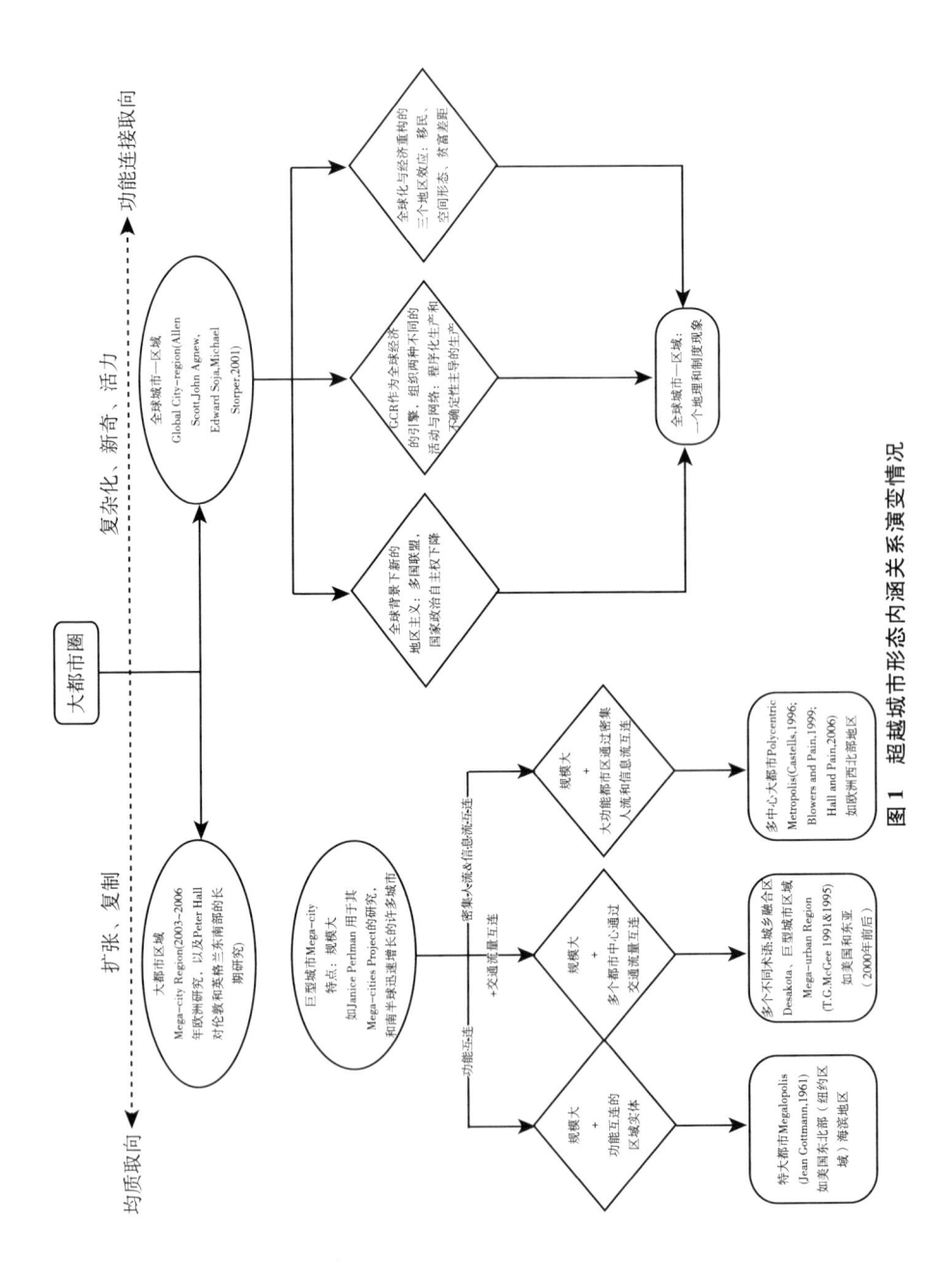

图 1 超越城市形态内涵关系演变情况

第三，城市规模大、区域经济体量大、经济地位重要、权力增加，以及城市之间、城市与腹地之间乃至与全球之间，存在紧密的生产要素大联通、大流动，进而城市功能具有紧密的联系，并成为这些新兴空间单元的基本特点。

另外，图1展示了对于大都市圈的两种认识思路：左侧为超越行政边界的城市形态复制与腹地扩张，具体功能边界识别倾向于监测均质性的空间拓展范围，如达到一定比例的向心通勤人口，本质上为"均质取向"；右侧为概念集群，以"全球城市—区域"为代表，主要强调城市生命体成长发育的动态演化，将活力之基伸展到更大空间并联系更广泛的世界，为此并不特别关注全球城市—区域的地理界线识别问题、不刻意强调空间均质性，反而鼓励保持"全球城市—区域"范围内的多样性与复杂化，有利于激发创新，本质上是"功能连接取向"。

（二）都市圈、城市群的新界定

当今，学术界对大都市及其与周边地区相互联系而形成的新空间形态，存在上述多种概念界定，各自的理论基础和结论也不尽相同，但为了满足中国都市圈、城市群发展的战略需要，2013年中国政府把城市群作为推进国家新型城镇化的主体形态，2019年开始将培育都市圈作为区域协调发展的主导方向。以下梳理21世纪前20年国家城市发展政策演进和超大城市相关的政策变化。

国务院于2014年10月29日印发《关于调整城市规模划分标准的通知》，对原有城市规模划分标准进行了调整，明确了新的城市规模划分标准以城区常住人口为统计口径，将城市划分为五类七档。①城区常住人口50万以下的城市为小城市，其中，20万以上50万以下的城市为Ⅰ型小城市，20万以下的城市为Ⅱ型小城市；②城区常住人口50万以上100万以下的城市为中等城市；③城区常住人口100万以上500万以下的城市为大城市，其中，300万以上500万以下的城市为Ⅰ型大城市，100万以上300万以下的城市为Ⅱ型大城市；④城区常住人口500万以上1000万以下的城市为特大城市；⑤城区常住人口1000万以上的城市为超大城市。中央对城市等级分

级进行调整，新分级超大城市，以及大城市细分Ⅰ型和Ⅱ型。这意味着在政策上适度放松大城市的管制，同时严控超大城市，提出超大城市非核心功能疏解，但同时地方还是认为体量块头是重要的，追求超大城市（城区常住人口1000万，经济规模达万亿元），北京、上海等城市施行实质性疏解。

2016年5月11日，国务院常务会议通过《长江三角洲城市群发展规划》，提出培育更高水平的经济增长极。到2030年，全面建成具有全球影响力的世界级城市群。规划提出，发挥上海中心城市作用，推进南京都市圈、杭州都市圈、合肥都市圈、苏锡常都市圈、宁波都市圈等都市圈同城化发展。在扩大开放方面，要大力吸引外资，扩大服务业对外开放，探索建立自由贸易港区，推进贸易便利化。在该城市群规划中提出了以上海为中心城市带动"都市圈"发展的策略。

2007年12月25日，国务院批复同意了《上海市城市总体规划（2017～2035年）》，明确要将上海大都市圈打造为世界级城市群。"上海大都市圈"概念的提出对超大城市从行政空间拓展到功能空间予以了肯定。

2018年11月18日《中共中央 国务院关于建立更加有效的区域协调发展新机制的意见》出台，提出中心城市引领城市群、城市群带动区域发展新模式。中央正式提出区域政策是与货币政策、财政政策、投资政策同样地位的四大宏观政策工具。

在借鉴西方一些最新城市区域空间形态概念的基础上，我们从综合视角出发，结合国内城市区域化发展的实践，对都市圈、城市群试图做出具有中国特点的相关界定。

我们认为，所谓"城市群"是在经济全球化和地方化的双重作用下，在城市化发展的较高级发展阶段，由若干大中小城市经济社会发展不断突破各自行政区划界限、逐步走向融合互动发展的一种城市区域化新空间，是一个典型的城市集群、产业集群、功能集群。城市群具有四个显著特点：一是，由若干个大中型城市或广大的小城镇组成，城镇分布具有较高密集度，同时也存在一个或多个国际性大都市带动城镇群的发展。二是，各大中小城镇之间具有一定的产业职能分工关系，多个城市或城镇之间存在较高程度的生产要素跨界流动和互动行为，经济社会初步呈现一体化发展态势。三是，基础设施具有较高的关联度，并具有向外部联系的重要港口、机场等外部连接通道，与国际经济具有较高的连接性，初步具有内外兼具的超级连接关系。四是，具有一定规模的人口数量（2500万以上）和较大的社会服务需求，更具有包括更大农村地区的地域范围。

从城市群和都市圈的关系看，我们认为，相对于松散型的城市群而言，都市圈则是一种嵌套在城市群之中，由某个核心城市与其经济社会联系最紧密的若干相邻城市共同组成的一种连接功能更加明显、经济密度更高、人口承载力更大、中心—外围产业分工关系更加明确、城际联系更加紧密、经济社会更具复杂性和活力以及创新性的全球城市—区域形态。一般而言，都市圈具有如下特点：一是，必须拥有一个具有国际化水准的特大城市或超大城市作为都市圈的核心城市，在资源配置、服务供给、产业创新等领域具有显著的全球城市功能。二是，核心城市与周边城市之间具有高度便捷、网络化的基础设施体系，全体成员城市（城镇）之间具有高密度的人流、物流、资金流和信息流，并且不受行政区划边界的限制，呈现高度一体化发展格局。三是，中心城市与外围城市之间在产业发展上具有明确的功能定位和分工合作关系，每个成员城市通过跨区域产业整合，集体参与全球经济的竞争和发展。四是，具有较为成熟的跨区域协同治理体制机制，在公共服务、城市管理、社会治理、环境保护等领域呈现高度的均等化、一体化、均质化水平，区域发展差距、贫富差距较小，社会空间极化微弱，经济发展高质量、人民生活高品质特色鲜明。

（三）21世纪以来都市圈、城市群发展的新思维

Hu等[1]通过对中国沿海集聚城市地带的空间集聚和扩展的研究，提出

---

[1] Hu, X., Zhou, Y., Gu, C., *Study on the Spatial Concentration and Diffusion of China's Coastal Concentrated Urban Areas*, Beijing: Science Press, 2000.

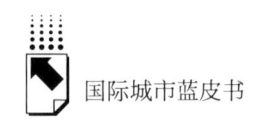

要区分"城市集聚"和"城市群"这两个概念。他们认为"城市集聚"强调的是都市与乡村的交互与综合一体化,而"城市群"更多的是城市间的联合。Portnov 等[1]也认为"城市群"是指互相连接的城市距离一个或两个核心城市在可通勤的范围内。这些核心城市属于人口密集和高度城市化的区域。Scott[2]提出全球城市—区域的概念,在其论文中,他探讨了全球城市—区域的发展趋势、理论和政策,并采用该概念研究美洲和亚洲城市经济发展的动态过程。他发现全球城市—区域的概念非常类似于城市群,但其针对的是在全球层面上的经济发展的动态过程。Wang[3]调查了不同城市形态的发展轨迹,认为都市空间形式常常遵循一条轨迹——从单个城市、大都市区、城市集聚、城市群到巨大城市带,而可以把这个过程称为"都市化"。从一个量化的角度,Fang 等[4]为城市集聚的过程提供了新的解释。他们认为从城市集聚到城市群,是以至少 3 个都市圈或大城市为基础,以 1 个大城市为中心,通过高度发达的交通网络和电信基础设施把这些城市紧密地联系在一起,从而形成了 1 个空间紧密、经济相关和区域互联的都市实体。在随后的研究中,Fang 等[5]认为都市集聚有别于相似行政单元的简单集聚。都市集聚(包括都市圈和城市群)是一个新出现的城市空间形态,是以聚集的产业和人口、高度连接的交通网络、增强型的中心城市、有利的区域激励政策为驱动

---

[1] Portnov, B. A., Erell, E., *Urban Clustering: The Benefits and Drawbacks of Location*, Aldershot: Ashgate, 2001.

[2] Scott, A. J., *Global City-region*, Oxford: Oxford University Press, 2001.

[3] Wang, X. P., "Metropolitanization: New Trend in China's Urbanization," *Journal of Urban Planning Forum*, 2002 (4).

[4] Fang, C., Song, J., Zhang, Q., Li, M., "The Formation Development and Spatial Heterogeneity Patterns for the Structures System of Urban Agglomerations in China," *Acta Geographica Sinica*, 2005, 60 (5).

[5] Fang, C., Song, J., Lin, X., *Theories and Practices of China's Urban Agglomeration Sustainable Development*, Beijing: Science Press, 2010; Fang, C., Yao, S., Liu, S., *The 2010 Report of China's Urban Agglomeration Development*, Beijing: Science Press, 2011; Fang, C., Mao, Q., Ni, P., "Debates and Explorations of Scientifically Selecting and Hierarchically Developing China's Urban Agglomerations," *Acta Geographica Sinica*, 2015, 70 (4).

力而形成的。2015年，Fang[1]进一步深化了对城市集聚的理解，认为城市集聚促成了产业分布、基础设施建设、区域市场确立、城市乡村规划与建设、环境保护与生态建设、社会发展和社会保障系统的一体化整合。因此，都市集聚区域通常是经济与利益共同体，该共同体在空间尺度上总体规划、产业链、城市乡村规划、交通网络、信息分享、金融集中、市场化、科技发展、环境保护与修复、生态建设等实现同步。类似地，Ni[2]定义了都市集聚区域是一个集中了人口和经济活动的区域，该区域通过便捷的交通及其他基础设施紧密地联系在一起。Teaford[3]探究了不同类型城市联系度越来越强的原因，即高度发达的社会生产力与市场经济；并且城市间密切的联系度模糊了城市和周围区域的边界，这也使得传统上由行政划定的城市边界显得过时。在城市集聚的区域内，描述城市间差异或城市中心的传统方法是无法完全测度这种新型的都市空间形态的，所以需要更深入的研究与理论挖掘。

与学术研究相伴随的是，21世纪以来，都市圈、城市群开始成为中国经济宏观调控和区域经济发展的战略空间选择。2019年第24期《求是》发表的习近平总书记的重要文章《推动形成优势互补高质量发展的区域经济布局》指出，伴随着我国经济由高速增长阶段转向高质量发展阶段，区域经济不能走平均化、齐步走的发展道路，要突出各地区条件，要突出自己的优势和特点，分工合作，优化发展。特别提出"要形成几个能够带动全国高质量发展的新动力源，特别是京津冀、长三角、珠三角三大地区，以及一些重要城市群"。可见，都市圈、城市群已经成为未来带动我国区域经济高质量发展的重要引擎，也是重要的战略依托。

---

[1] Fang, C., "Scientifically Selecting and Hierarchically Nurturing China's Urban Agglomerations for the New Normal," *Bulletin of the Chinese Academy of Sciences*, 2015, 30 (2).
[2] Ni, P., *Report of Chinese Cities' Competitiveness*, Beijing: Social Science Literature Press, 2008.
[3] Teaford, J., *The Metropolitan Revolution*, New York: Columbia University Press, 2006.

二 全球范围内都市圈、城市群发展概况

(一)从城市到都市圈、城市群的发展脉络

在空间尺度上,从城市到都市圈再到城市群,主要有如图2所演示的四个阶段。经济全球化、信息化、新工业化、快速交通、政策支撑和知识经济作为当今六大主要的区域发展驱动力,使得城市的聚集演变理论上遵循一条时空路径:从城市到城市组合,到都市圈,到大都市圈,再到城市群。这样一条路径比较清晰地代表了现今全球范围内都市圈和城市群的梯度进化和多层结构模式。它所经历的每一次扩展让城市聚集能够不断地增强辐射效应,即从一城与一城连接到成为辐射区域、国家乃至国际的增长中心。

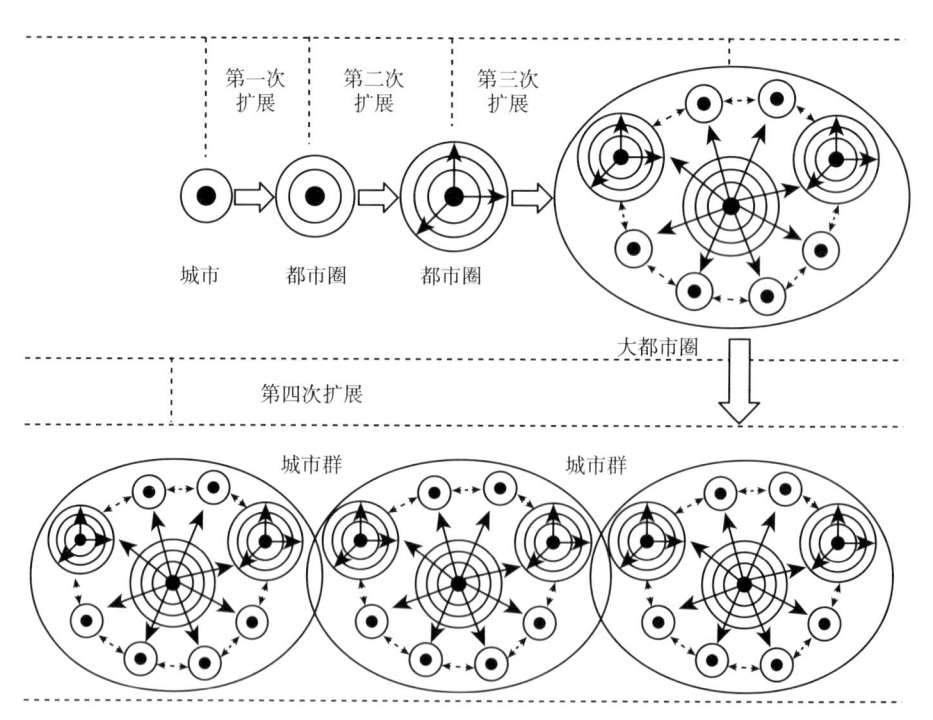

图 2　从城市到城市群四个阶段的演变

资料来源:Fang, C., Yu, D., "Urban Agglomeration: An Evolving Concept of an Emerging Phenomenon," *Landscape and Urban Planning*, 2017 (162)。

表1列出了城市、都市圈和城市群三者的不同特征。空间层面来看，从城市的小的市域范围到跨区域的都市圈和甚至跨越国家的城市群，包含的城市数量从1个增加到3个或多个甚至3个核心城市与多个周边城市。人口数量也是成倍数的增加，从500万~1000万人口到至少2000万人口的都市圈甚至至少3000万人口的城市群。空间结构不断向外辐射：从1个城市到3个或多个城市及其周边城市甚至至少2个大都市圈及其囊括的城市。三者的交通网络由内城交通网络为主的弱城市间连接，到完全的都市间连接甚至是都市圈内和都市圈之间大量的连接。这种城市间的交通网络连接由弱到强，一定程度上造成了产业集成的不同模式，即城市的极弱城内产业集成整合，都市圈的强城市间产业集成整合，城市群的完整集成的产业系统。在区域结构上，城市为单核，都市圈则为单或多核的轴—层网络结构，城市群为多核星云且相互高度连接的网络结构。这样的区域结构是由不同扩张模式形成的：城市的点状扩张，都市圈的轴—带扩张，城市群的串珠网络辐射扩张。产生的功能也是有差异的：城市主要作为市域范围的增长中心，都市圈则能够成为国家的增长中心，而城市群可作为国际增长中心。

表1 城市、都市圈和城市群特征差别对比

特征	城市	都市圈	城市群
空间范围与半径	小/市域	跨区域/亚国家	国家/国家与国际
包含城市数量	1个	3个或多个	3个核心城市和多个周边城市
人口数量（百万）	5~10	>20	>30
空间结构	1个城市	3个或多个城市及其周边城市	至少2个大都市圈及其囊括的城市
交通网络	内城交通网络，弱市间连接	完全的都市间连接	都市圈内和都市圈之间大量的连接
产业集成	极弱城内产业集成整合	强城市间产业集成整合	完整集成的产业系统
区域结构	单核	单或多核，轴—层网络结构	多核星云且相互高度连接的网络结构
扩张模式	点状扩张	轴—带扩张	串珠网络辐射扩张
功能	市域范围的增长中心	国家的增长中心	国际增长中心

资料来源：Fang, C., Yu, D., "Urban Agglomeration: An Evolving Aoncept of an Emerging Phenomenon," *Landscape and Urban Planning*, 2017（162）。

（二）都市圈和城市群发展概况

虽然我们从中国和全球城市发展相结合的视角，对具有中国特色的都市圈、城市群在前文做了理论界定，但实际上，国内外研究普遍采用"都市圈"、"城市群"（国内为主，存在混用）、"大都市区"、"城市区域"、"超大城市区域"、"城市功能区"（Functional Urban Area，FUA）等概念，没有统一的国际标准（实际上，因国内外城市建制属性的不同，对超越城市行政区域边界形成的"圈""群"等概念，在理解上存在质的区别）。通常认为，世界上存在美国东北部大西洋沿岸城市群、北美五大湖城市群、日本太平洋沿岸城市群、英伦城市群、欧洲西北部城市群、长江三角洲城市群等六大城市群。但是在实践中不容易精确区分都市圈、城市群。为了从总体上分析这一全球发展情况，我们借助联合国《2018年世界城市展望》和《2018年世界城市数据手册》[①]（涵盖了拥有30万以上人口的1860个城市）中提出的"城市群"（Urban Agglomeration）概念以及不同规模城市的空间分布格局来加以总体性分析。

从全球不同规模城市的空间分布来看，2018年，全球整体城市化水平达到55.3%，1000万人口以上的超大城市有33个，500万~1000万人口的城市有48个，100万~500万人口的城市有467个，50万~100万人口的城市598个（见表2）。若从世界不同大洲的空间分布观察，每个大洲的城市群数量、人口分布等存在显著差异。但一个很明显的趋势是，不同大洲的超大城市增长潜力存在巨大差异，如1990年全球1000万以上人口的超大城市只有10个，2018年增加到33个（总共分布在20个国家中），全球近12.5%的人口生活在这些超大城市中，但是绝大多数超大城市主要分布在亚洲、拉丁美洲等地区，如仅中国就有6个，班加罗尔、曼谷、雅加达、拉合尔和马德拉斯等相继成为新

---

① United Nations, "Department of Economic and Social Affairs, Population Division (2018)," The World's Cities in 2018—Data Booklet (ST/ESA/ SER. A/417), https：//www.un.org/en/events/citiesday/assets/pdf/the_ worlds_ cities_ in_ 2018_ data_ booklet.pdf. 主要数据来源于此报告，特此感谢！

成员，欧美国家则分布较少。随着世界城市化进程的不断加快，除了以纽约、伦敦、东京、巴黎等为核心城市的发达国家都市圈、城市群发展更加成熟外，在亚洲、拉丁美洲、非洲等欠发达地区将会产生更多的超大城市，进而促成新的都市圈、城市群，并成为带动世界城市化发展的重要力量。

表2　2018年世界不同规模城市的数量与人口结构

区域	城市类型	城市(群)数量(个)	城市人口(百万人)	占世界人口的比重(%)
世界	总体	—	4220	55.3
	1000万以上	33	529	12.5
	500万~1000万	48	325	7.7
	100万~500万	467	926	21.9
	50万~100万	598	415	9.8
	30万~50万	714	275	6.5
非洲	1000万以上	3	47	8.5
	500万~1000万	5	30	5.5
	100万~500万	55	122	22.2
	50万~100万	71	50	9.1
	30万~50万	87	34	6.2
亚洲	1000万以上	20	335	14.8
	500万~1000万	28	201	8.9
	100万~500万	250	483	21.3
	50万~100万	333	230	10.2
	30万~50万	362	139	6.2
欧洲	1000万以上	2	23	4.2
	500万~1000万	4	26	4.8
	100万~500万	52	87	15.8
	50万~100万	88	58	10.5
	30万~50万	114	43	7.8
拉丁美洲和加勒比地区	1000万以上	6	92	17.6
	500万~1000万	3	18	3.4
	100万~500万	63	131	24.9
	50万~100万	57	41	7.8
	30万~50万	81	31	5.9

续表

区域	城市类型	城市(群)数量(个)	城市人口(百万人)	占世界人口的比重(%)
北美洲	1000万以上	2	31	10.5
	500万~1000万	8	50	16.6
	100万~500万	41	87	29.2
	50万~100万	48	34	11.5
	30万~50万	62	24	8.0
大洋洲	1000万以上	—	—	—
	500万~1000万	—	—	—
	100万~500万	6	17	59.6
	50万~100万	1	1	2.4
	30万~50万	8	3	10.8

资料来源：United Nations, "Department of Economic and Social Affairs, Population Division (2018)," The World's Cities in 2018—Data Booklet (ST/ESA/ SER. A/417), https：//www.un.org/en/events/citiesday/assets/pdf/the_ worlds_ cities_ in_ 2018_ data_ booklet.pdf。

三 国外主要都市圈、城市群规划的趋势与经验

都市圈、城市群作为超越单个城市行政边界的功能集合体，其发展不断走向成熟。如何加强城际统筹协调力度，改革跨区域管理体制，重塑跨越行政边界的功能地理新版图，打造均衡、公平、包容、可持续的新型城市经济增长区，是都市圈、城市群建设中普遍面临的挑战，也是谋求进一步发展的重大战略任务。实际上，对都市圈、城市群实施长时段的战略规划，是解决城市行政区与城市功能区之间矛盾的一种重要手段。本报告结合属于都市圈性质规划的《日本首都圈广域地区计划2025》《第4次纽约—新泽西—康州都市区规划》《巴黎大区2030战略规划》《芝加哥大都市区迈向2050》《大悉尼区域规划：三城之都（2056）》《墨尔本规划2017~2050》和属于城市群性质规划的《荷兰兰斯塔德城市群2040》《旧金山湾区规划2040》以及属于区域规划性质的《东英格兰规划2031》等国际主要都市圈、城市群、区域规划的实践（见表3），提炼归纳都市圈、城市群跨界统筹与协调发展的最新规划经验。综观之，全球都市圈、城市群的统筹规划经验体现在以下几个方面。

表3 国外主要都市圈（城市群、区域）战略规划要点

规划	区域性质	愿景	原则/方略/建议
《巴黎大区2030战略规划》	都市圈	生活在巴黎大区：一个多元化的大区	连接与组织、集聚与平衡、保护与增值
《荷兰兰斯塔德城市群2040》	城市群	成为一个可持续的和有竞争力的三角洲区域	国家空间策略：责任和发展规划的去中心化；3个关键任务：确保安全和不受气候变化的影响、可达到和市场动态、满足空间质量需求
《日本首都圈广域地区计划2025》	都市圈	对流促进	首都圈的未来：遏制一点集中化，构建对流型首都圈；将共生融入未来（应对自然灾害，双城生活方式）
《大悉尼区域规划：三城之都（2056）》	都市圈	匹配基础设施和经济增长以重构经济活动：成型的东部海港城—发展中的中部河流城—新兴的西部绿地城	10个方向：基础设施支持之城、合作之城、人民之城、有房之城、美地之城、互连之城、工作与技能之城、风景之城、高效之城、弹性之城
《墨尔本规划2017~2050》	都市圈	机会与选择的全球城市	基本原则：独特墨尔本、全球连接与竞争之城、环境适应力与可持续性等
《旧金山湾区规划2040》	城市群	为适应预期的住房和就业增长提供路线图，还有交通投资策略	①聚焦增长（200个优先开发区：有公共交通服务的已有社区，可进行附加紧凑开发；100个优先保护区域：区域重要开放空间，具有需要长期保护的广泛共识和短期开发压力）；②激励更智慧的土地使用决策
《芝加哥大都市区迈向2050》	都市圈	全球商务中心：为所有人提供机会的大都会	原则：包容性增长、弹性或适应力（为快速变化准备）、优先投资
《第4次纽约—新泽西—康州都市区规划》	都市圈	公平、繁荣、健康、可持续发展	聚焦"让该地区为所有人服务"，提出"机构改革、气候变化、交通运输和可负担性住房"四个领域的行动措施
《东英格兰规划2031》	区域	挖掘经济潜力，提供高质量生活	9个空间策略：①加强公共服务基础设施建设。②积极应对城市收缩。③重点发展集镇中心。④满足乡村就业和住房需求。⑤强化多中心发展。⑥优先重建区域。⑦设立绿化带区域。⑧开发城市边缘区。⑨管理沿海变化

（一）规划体制：重塑以核心城市为主导的跨区域规划新主体

组成城市群或都市圈成员的单元多样性、权力分散化，明确跨行政区的统一规划主体，是都市圈跨区域规划要解决的首要议题。对此，实际上，因国家体制和政治制度的不同，全球主要城市群或都市圈在长期发展过程中，都形成了一些各具特色的操作模式，大致来说，既有以政府为主导（中央和地方合作）的统筹规划模式，如巴黎大区、日本首都圈，也有以市场或第三部门为主导的统筹规划模式，如纽约都市圈。但总趋势表明，在普遍面临中心城市竞争力下降、空间不平等加剧、社会极化、交通拥堵、气候变化等挑战下，全球主要城市群或都市圈发挥各自制度优势，从国情出发，努力构筑以中心城市为主导的跨界统筹规划体制，重塑多元化的新跨界统筹规划主体，成为新时期走向整合发展的首要战略选择。具体而言，大概有如下几种整合路径：一是，实施行政区划的合并调整，为跨界整合规划创造条件。比如，兰斯塔德区域制定2040年规划之前，就试图建立一个统一的兰斯塔德省来进行统筹，虽然实践中并没有成功，但这预示了一种未来的发展方向。又如，2016年法国政府合并原本的巴黎市及近郊3省，设立新的"巴黎大都市区"，在国家层面提高整个地区的吸引力与竞争力。由巴黎大区政府负责，委托巴黎规划院牵头编制《巴黎大区2030战略规划》，支持巴黎发展为更具竞争力的全球城市，同时，鼓励远郊区的4个省的自治市镇联盟扩大，推动多政区之间的整合发展。[①] 二是，组建多元化跨界协同治理体制。比如依据《荷兰兰斯塔德城市群2040》，2002~2006年间，荷兰政府把注意力集中在该地区较小尺度的城市经济发展上，围绕特定主题，建立了商业促进办公室、地区间关于基础设施和空间发展的定期会议等协同治理体制，并任命一名部长为地区协调员。另外，各省（城市）间制订了"城市化契约"合同，市政当局承诺开发住宅区以换取国家对绿地、土地建设、

[①] 严涵、聂梦遥、沈璐：《大巴黎区域规划和空间治理研究》，《上海城市规划》2014年第6期。

土壤卫生和区域交通的补贴。同时，兰斯塔德的部分地区已有一些治理联盟，如阿姆斯特丹—鹿特丹港口联盟、关于构建兰斯塔德公共交通管理局的设想等。又如，日本首都圈组建有"首都圈广域地方规划协议会"和多形式的"广域联合体"，[①] 主要承担跨区域规划的任务。三是，充分发挥已有跨界协调机构的功能和作用。如旧金山湾区拥有2个主要的跨行政区域机构，一是都市区交通委员会（MTC），二是湾区联合政府（ABAG），二者联合制定了《旧金山湾区规划2040》，拥有"减少对各郡县独立行动计划的支持，增加对9县统一行动的资助"的财权。

（二）规划愿景：打造以人为本的繁荣、包容、可持续的人类新居所

综观主要城市群或都市圈规划行动，让每个成员城市及其居民清楚地认识到城市群或都市圈发展面临的各种困境，同时站在全体市民的角度出发，提出让每个居民都过上高品质生活的美好愿景，努力建设一个经济繁荣、互联互通、机会均等、职住平衡、包容多元、公平公正、绿色清洁的人类居所，是城市群或都市圈统筹多元利益主体协同行动取得成功的一个重要因素，也是战略规划本身的一个重要组成部分。通过对9项规划的愿景进行统计词频分析，可以发现在区域规划的愿景中"可持续"被提及了6次，"包容性"被提及了3次，"有竞争力"被提及了2次，"机会与选择"被提及了1次，"全球的"被提及了2次，"健康/有活力"被提及了2次，"繁荣"被提及了2次，"多元化"被提及了1次，"公平"被提及了1次。可见，首先，无论是为抵御经济的荣枯循环，还是为防范自然灾害，抑或是为了适应因人口规模的持续扩大而带来的城市挑战，为维持城市群或都市圈的未来可持续发展，"可持续"的重要性不言而喻。其次，为维持城市的活力，"包容性"或"多元化"、"机会与选择"、"健康/有活力"均是在未来发展

---

① 苏黎馨、冯长春：《京津冀区域协同治理与国外大都市区比较研究》，《地理科学进展》2019年第1期。

的多个维度中最重要的，城市群或都市圈只有兼容并蓄、为居住其中的人们提供机会与选择，才能是健康与有活力的。再次，"有竞争力"与"全球的"两个关键词彰显了全球化时代城市群或都市圈接入全球网络并成为有力竞争者的愿景。最后，"繁荣"的城市，必须要"公平"，让各个群体能够获得均等的发展。

具体而言，如日本首都圈对未来提出的发展愿景是：在安全、安心的生活设施基础上形成面型对流，具备为世界解决问题的能力，成为文化的创造性场所，亲近自然，具备高质、高效、精致、友好、高雅等特质。为建设这样的首都圈，要充分发挥全国规划所提及的各区的自然、文化、产业等方面的独特优势，与时俱进地实现各区的均衡发展。纽约都市圈第四次规划以"公平、繁荣、健康和可持续发展"四个核心价值观为导向，构成了解决跨领域问题的共同基础。大悉尼为打造三城之都提出的愿景为匹配基础设施和经济增长以重构经济活动——成型的东部海港城—发展中的中部河流城—新兴的西部绿地城。

巴黎大区则是以人为基础，提出基于所有人的城市，建设一个多元化的都市圈，包括：①更多的空间和便捷性；②丰富多样的出行活动；③一个具有吸引力和专注力的大区；④更高的平衡度和多元性；⑤被保护的且宜人的环境；⑥更新且熟悉的社区。巴黎大区愿景主要基于两个层次：第一个层次，提升居民的日常生活质量，注重多空间、出行便捷等。第二个层次，加强巴黎大区功能，提升都市区吸引力、专注力。英格兰东部区域面向未来提出的发展愿景为：到2031年，英格兰东部将充分挖掘经济潜力，为人民提供高质量的生活，包括满足可持续的包容性社区住房需求。与此同时，它将继续减少对气候变化和环境的影响，包括节约能源和资源、加强环境资产储备。

（三）规划思路：推进强核心、多组团、多中心、密网络的有机联动与空间协同发展

总体来看，全球主要城市群或都市圈的新一轮战略规划都是在原有基础上为更好适应信息网络技术革命和产业革新，以及应对气候变化、空间失衡发展、社会极化等现实挑战，旨在进一步提升中心城市的全球竞争力、吸引力和生活魅力，从而推动整个都市圈区域转型升级发展的集体战略行动。因此，打破行政区划的约束和阻隔，将中心核心城市放置于更大的区域范围内，通过构筑强核心、多节点、多组团、多中心、密网络的新型增长空间，促进都市圈范围内各级城镇之间的平衡增长与有机联通，兼顾中心城区和郊区之间、多元城市成员之间的利益均衡、资源配置，寻求实现区域共同利益最大化，让更大区域范围内的城市居民共享都市圈经济发展成果，成为当今世界城市群或都市圈规划的重要思路。如日本东京首都圈提出了基于东京集中化向对流型首都圈转型的发展路径，最大限度地利用新干线等铁路网以及高速公路网的面型交通网，在首都圈打造多个"连接点"（战略空间），进而形成新的对流。"连接点"包括轴、圈域、地区群、对流据点4种类型，共同的建设逻辑是：整合地区的能源、机能以及基础设施，发掘每个地区的"个性"，每个"个性"相互合作产生新的价值，新价值产生新的人力、物力、信息的流动，新的流动产生新的聚集，最终形成一个"连接点"。首都圈内正在打造13个"连接点"。一是要强化作为世界都市的东京圈与这些"连接点"之间的交通网络，二是要增强"连接点"之间更加广泛的合作、创造更大的价值，以面型交通网实现产业、旅游和城乡之间的广域合作。大悉尼则着力转型发展为由三个城市组团形成的大都市圈，包括西部绿地城（Western Parkland City）、中部河流城（Central River City）与东部海港城（Eastern Harbour City），规划拟通过新的土地使用与交通模式思路，增强发展的普惠性，提升大悉尼都市圈的宜居性、生产力以及可持续性，在这一都市圈中，绝大多数的居民能够在30分钟出行距离内获得就业、教育与健康类服务，配置相关空间和设施。《巴黎大区2030战略规划》提出，为应对气候、能源、人口、经济和社会转型的挑战，巴黎大区选择高质量的密集化模式，鼓励高强度、紧凑性、多极化。通过提升公共交通服务，在现有地域上实现包容城市的增长，以应对区域发展的挑战。基于此，巴黎大区实施三大规划策略：连接与组织、集聚与平衡、保护与增值。

（四）规划内容：注重基础设施、经济创新、民生服务、文化发展等多元供给

实现规划项目的精准设计并推动利益在空间上的合理分配，是城市群或都市圈跨界协同规划与共同发展的重要动力。但实际上，城市群或都市圈统筹规划中的建设项目和内容，主要取决于其经济社会发展阶段及面临的主要问题。综观发达国家主要城市群或都市圈的规划，规划的设计主要围绕顺应时代做大做强核心城市，增强吸引力、竞争力、创新力，促进空间联系和均衡发展，改善居民生活质量，提高城市效率，增强城市应对气候变化的能力（韧性），增强城市文化魅力等重大议题。可以说，从城市区域的视角出发，从满足居民生活、集聚扩散的需求出发，既注重公交、地铁、火车等交通设施的密度化、联通化、网络化、层次化建设，打造全域化链接、均衡化发展、城乡功能互补的对流型经济强劲增长新版图，又注重知识型就业机会、可负担住房配套、市政服务和文化娱乐设施、步行街区、公共空间、混合社区、城市绿色景观、文化遗迹保存等多元供给，旨在最大程度让居民拥有高品质的生活，共享公平的发展机会，实现人与社会之间的包容和谐、人与自然之间的良性平衡，保持文化和社会的多样性发展。例如，纽约都市圈第四次规划围绕"机构改革、气候变化、交通运输和可负担性住房"四个领域，共采取61项具体的行动计划，而这正是纽约都市圈面临的重大机遇和挑战。芝加哥大都市区的行动计划涵盖五大主题：社区、繁荣、环境、治理和交通方式。日本首都圈面临的最大的问题是"社区老龄化严重"，广域首都圈旨在团结起来，开始采用以广域交通网连接医疗、购物等功能的办法应对老龄化问题。

（五）规划保障：构建以法律为根本、社会多元参与的协同保障机制

跨界规划保持严肃性、权威性和科学性，是确保城市群或都市圈规划在多成员城市中得到贯彻落实的前提和基础。对此，城市群或都市圈主要采取

法律保障、规划检测更新、社会参与等方式，对规划实施提供必要的保障。首先，强调法律的保障作用，如《日本首都圈广域地区计划2025》在国家层面，取消了基于《国土综合开发法》编制的《全国综合开发规划》，改为《国土形成规划法》。在首都圈层面上，在《国土形成规划法》的引导下2008年成立了"首都圈广域地方规划协议会"，依托计划（Plan）、实施（Do）、评估（Check）、反馈（Act）（即PDCA模式）的流程循环模式对规划执行情况实施评估检查，发现问题后及时采取措施加以应对。[1] 其次，强调社会多元力量的参与，促进规划的公开透明。如《旧金山湾区规划2040》以"区域共同发展"为目标，广泛征集9个县101个城镇中官员、规划者、社区组织、商业组织、非营利组织和一般公众的意见，先后召开190多场公开会议，对规划草案举办公开听证会，并利用在线平台、领袖峰会、住房论坛等收集公众反馈意见，同时对2040名湾区居民进行了电话民意调查。《芝加哥大都市区迈向2050》采用协作模式，强调区域内的各级政府、非政府组织、高校专家、企业家和普通市民共同参与，并建立互动联系，以达成理性共识。[2]

（六）规划分异：城市间地理临近性和功能关联性

通过城市间功能关联性和地理临近性两个指标，以45度对角线进行区分，标出城市、行政市、都市圈、城市群、区域和全球城市网络在该二维图中的不同位置，如图3所示。[3]

在以行政意义上城市的地理临近性和功能关联性为基准（位于45度线上），都市圈在空间尺度上往往小于城市群，且都市圈的地理临近性更突出，城市群的功能关联性更突出。而针对空间尺度更大的区域单元，在地理

---

[1] 苏黎馨、冯长春：《京津冀区域协同治理与国外大都市区比较研究》，《地理科学进展》2019年第1期。
[2] 周岱霖、吴丽娟：《芝加哥2040战略规划的经验与启示》，https://mp.weixin.qq.com/s/SM60QHtfL7uC-He3SduRtA?scene=25#wechat_redirect，2017年8月4日。
[3] 屠启宇等：《上海大都市圈空间协同规划目标愿景研究》，2019。

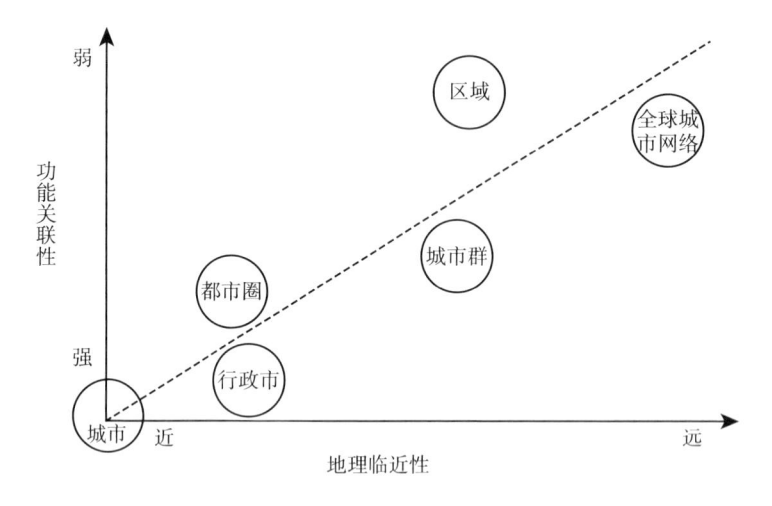

图 3　不同城市形态在功能关联性、地理临近性上的分异

临近性和功能关联性皆弱于都市圈、城市群的情况下，相对更突出单元范围认定中的地理临近性。由于在单元识别上的侧重点不同，实践中对于规划塑造都市圈和城市群以及区域的诉求侧重也不同，都市圈基于地理临近性更侧重于均质化发展（比如公共交通、公共服务、社会保障等），城市群则更关注加强功能关联性，以及直接影响功能关联强度的流量基础设施配置优化（高速公路、城际铁路、信息高速公路及具体功能协同）。

在都市圈规划中，《芝加哥大都市区迈向2050》可作为一个强调均质化发展的典型例子。该规划包含五个部分：指导原则、区域现状、篇章、资源和规划实施。其中篇章包括五大板块：社区（打造与维持有活力的社区，增强区域竞争力）、繁荣（经济与劳动力发展中面临的挑战需要以区域方法来运营芝加哥的独特资产）、环境（国家资产提供的"生态系统服务"每年能够产生大约60亿美元的区域经济价值）、治理（为打造繁荣的未来，芝加哥需要不同执法部门的合作，基于可衡量结果的投资，以及支持当地政府构建其实现繁荣的能力）、交通方式（交通方式正在不断改变，并被快速进步的科技潜在地转换着，从而促成了有希望的未来）。这五大板块为该综合规划的实施提供了建议和路线图。特别是在具体行动策略上，提出利用经济繁荣消除不平等。并且《芝加哥大都市区迈向2050》的目标是：依托强劲的经济增长减少不平等，具备能迅速响应的战略性劳动力。为适应不断变化的全球经济形势，芝加哥大都市区必须解决不平等问题，增加就业机会，形成强劲的经济动力，同时采取针对性的措施确保所有人的发展。

而在城市群规划中，《荷兰兰斯塔德城市群2040》则可作为一个强调功能关联的典型例子。兰斯塔德城市群的人口约占荷兰总人口的一半，土地面积占荷兰总面积的26%。随着经济增长，该地区对住房、交通运输等存在较大需求，同时与空间规划问题并列的管理问题也是该地区发展中需要关注的。兰斯塔德的公共事务管理至少由5个部委、4个省、200个市（含4个主要城市）分别负责。公共交通是由市政、私有和国有运输企业、基础设施提供者等共同负责。这种管理结构存在复杂、低效、内耗等问题。针对这一问题，兰斯塔德城市群进行了多元化的管理改革试点。一是通过区划调整改组政府管理机构。政府管理机构改组的主要方向是减少机构数量和设立城市群一级的管理政府。大力推动小城市合并，并且这一趋势还将继续。二是针对特定主题的治理协同机制。该地区建立了多个治理协同机制，例如商业促进办公室、地区间关于基础设施和空间发展的定期会议等。三是制定推动重点任务落实的紧急项目计划。针对所有权缺失等造成的地区项目推进迟缓的顽疾，荷兰政府建立了"兰斯塔德紧急项目计划"，共有35个项目纳入其中。四是充分调动社会力量开展区域治理，荷兰政府存在不同的政党与派系，凝聚各方力量共同聚焦于项目的推动则是推动区域治理的关键。每个重点项目设立一个"大使"职位，通常由受人尊敬的公民领袖担任，以此把各政党凝聚起来。

参考文献

Hall, P., "Global City-regions in the Twenty-first Century," in A. J. Scott (ed.), *Global City-regions*, Oxford: Oxford University Press, 2001.

Scott, A. J., "Introduction," in A. J. Scott (ed.), *Global City-regions*, Oxford: Oxford University Press, 2001a.

Sassen, S., "Global Cities and Global City-regions: A Comparison," in A. J. Scott (ed.), *Global City-regions*, Oxford: Oxford University Press, 2001.

Cheshire, P. C., "Explaining the Recent Performance of the Major Urban Regions of the European Community," *Urban Studies*, 1990, 27 (3).

Storper, M., "The Resurgence of Regional Economies, Ten Years Later: The Region as A Nexus of Untraded Interdependencies," *European Urban and Regional Studies*, 1995, 2 (3).

Ohmae, K., *The End of the Nation-state: The Rise of Regional Economies*, New York: The Free Press, 1995.

Allen J. Scott, "City-regions Reconsidered," *Economy and Space*, 2019 (1).

Davoudi, S., "Conceptions of the City-region: A Critical Review," *Proceedings of the Institution of Civil Engineers: Urban Design and Planning*, 2008 (161)

Scott, A. J., Agnew J., Soja, E. W., et al., "Global City-regions," in Scott, A. J. (ed.), *Global City-regions*, Oxford: Oxford University Press, 2001.

Dear, M. J., *The Postmodern Urban Condition*, Oxford: Wiley-Blackwell, 2001.

Laquian A. A., *Beyond Metropolis: The Planning and Governance of Asia's Mega-Urban Regions*, Baltimore, MD: Johns Hopkins University Press, 2005.

Soja, E. W., "Regional Urbanization and the End of the Metropolis Era," in Bridge, G. and Watson, S. (eds.), *The New Blackwell Companion to the City*, Oxford: Wiley-Blackwell, 2012.

Hall, P. and Pain, K., *The Polycentric Metropolis: Learning from Mega-City Regions in Europe*, London: Routledge, 2012.

K. Pain, "The Strategic Planning Protagonist: Unveiling the Global Mega-City Region," in Sir Peter Hall, *Pioner in Regional Planning Transport and Urban Geography*, Springer, 2016.

Lüthi, S., A. Thierstein and V. Goebel, "Spatial Development on the Quiet in the Megacity Region of Munich," *Paper Presented at the European Regional Science Association (ERSA) September* 2007.

Thierstein, A., S. Lüthi, C. Kruse, S. Gabi and L. Glanzmann, "Changing Value Chain of the Knowledge Economy: Spatial Impact of Intra-firm and Inter-firm Networks within the Emerging Mega-city Region of Northern Switzerland," *Regional Studies*, 2008, 42 (8).

Kloosterman, R. and S. Musterd, "The Polycentric Urban Region: Towards a Research Agenda," *Urban Studies*, 2001 (38).

Hu, X., Zhou, Y., Gu, C., *Study on the Spatial Concentration and Diffusion of China's Coastal Concentrated Urban Areas*, Beijing: Science Press, 2000.

Portnov, B. A., Erell, E., *Urban Clustering: The Benefits and Drawbacks of Location*, Aldershot: Ashgate, 2001.

Wang, X. P., "Metropolitanization: New Trend in China's Urbanization," *Journal of Urban Planning Forum*, 2002 (4).

Fang, C., Song, J., Zhang, Q., Li, M., "The Formation Development and Spatial Heterogeneity Patterns for the Structures System of Urban Agglomerations in China," *Acta Geographica Sinica*, 2005, 60 (5).

Fang, C., Song, J., Lin, X., *Theories and Practices of China's Urban Agglomeration Sustainable Development*, Beijing: Science Press, 2010.

Fang, C., Yao, S., Liu, S., *The 2010 Report of China's Urban Agglomeration Development*, Beijing: Science Press, 2011.

Fang, C., Mao, Q., Ni, P., "Debates and Explorations of Scientifically Selecting and Hierarchically Developing China's Urban Agglomerations," *Acta Geographica Sinica*, 2015, 70 (4).

Fang, C., "Scientifically Selecting and Hierarchically Nurturing China's Urban Agglomerations for the New Normal," *Bulletin of the Chinese Academy of Sciences*, 2015, 30 (2).

Ni, P., *Report of Chinese Cities' Competitiveness*, Beijing: Social Science Literature Press, 2008.

Teaford, J., *The Metropolitan Revolution*, New York: Columbia University Press, 2006.

Fang, C., Yu, D., "Urban Agglomeration: An Evolving Concept of an Emerging phenomenon," *Landscape and Urban Planning*, 2017 (162).

严涵、聂梦遥、沈璐:《大巴黎区域规划和空间治理研究》,《上海城市规划》2014年第6期。

苏黎馨、冯长春:《京津冀区域协同治理与国外大都市区比较研究》,《地理科学进展》2019年第1期。

周岱霖、吴丽娟:《芝加哥2040战略规划的经验与启示》,https://mp.weixin.qq.com/s/SM60QHtfL7uC-He3SduRtA? scene=25#wechat_redirect,2017年8月4日。

屠启宇等:《上海大都市圈空间协同规划目标愿景研究》,2019。

陶希东:《全球城市区域跨界治理模式与经验》,东南大学出版社,2014。

石崧:《全球城市区域:缘起、内涵及对中国的启示》,《"全球化与大都市发展论坛国际会议"论文集》,2007。

B.2
2020丝路城市指数：发挥区域比较优势，推进"一带一路"倡议实现高质量发展[*]

刘玉博 邓智团 屠启宇[**]

摘　要： 本报告沿用上年丝路节点城市2.0的研究方法和分析思路，更新城市发展数据，甄别共建"一带一路"过程中凸显出来的重要区域和城市。基于数据可得性，本报告共包含138个样本国家和350个样本城市，通过构建包括伙伴关系、区域影响、成长引领以及"五通"在内的评价指标体系，共筛选23个重要节点城市（主要位于西欧和东欧地区）、19个次要节点城市（主要位于东欧地区）、23个一般节点城市（主要位于东南亚和西亚地区）。这三类节点城市构成了深入推进"一带一路"高质量发展的重要空间载体。另外，识别了100个潜在节点城市，主要位于东亚、东南亚和西亚地区，进一步分析了在"五通"领域表现优秀的节点城市，以满足特定类型的投资个性化需求。在进行区域分析时，课题组发现各区域内城市的节点功能存在较为明显的差异性，除关注东欧、西欧、东南亚和西亚等重要区域外，在非

---

[*] 基金项目：国家社科基金重大项目（编号：16ZDA016）。
[**] 刘玉博，博士，上海社会科学院城市与人口发展研究所助理研究员，主要研究方向：城市经济、区域经济；邓智团，本书副主编，博士，上海社会科学院城市与人口发展研究所研究员，主要研究方向：城市经济、城市更新；屠启宇，本书主编，博士，上海社会科学院城市与人口发展研究所副所长、研究员，博士生导师，主要研究方向：城市战略规划、城市创新体系、社会系统工程。

洲地区应以增强设施联通性为突破口提升当地城市节点功能，并以奥克兰为支点撬动美洲和大洋洲地区的节点功能建设。

关键词： 丝路节点城市 "一带一路" 城市指数

2019~2023年，"一带一路"建设迈向第二个五年高质量发展的新阶段。2019年4月，推进"一带一路"建设工作领导小组办公室发布《共建"一带一路"倡议：进展、贡献与展望》，指出截至2019年3月底，中国已同125个国家和29个国际组织签署173份合作文件，共建"一带一路"国家由亚欧地区延伸至非洲、拉美等地区，"一带一路"建设正式升级为"六路"共建——和平之路、繁荣之路、开放之路、绿色之路、文明之路和廉洁之路。

"一带一路"倡议从绘就总体布局的"大写意"到聚焦重点、精雕细琢的"工笔画"，"一带一路"倡议的落地和实施更加需要聚焦到"城市"这一空间的引导和把控政策，由点到线、由线及面，绘就一幅缜密、生动的"工笔画"。本报告沿用丝路节点城市2.0[1]的研究方法和指标体系[2]，根据相应官方文件更新数据和排名，在内容上增加主要丝路节点城市两年间排名变化情况和主要原因分析。

一 丝路节点城市整体排名

本年度丝路节点城市筛选样本国家共138个，样本城市共350个，本部分分析丝路节点城市整体得分和排名情况。

---

[1] 屠启宇主编《国际城市发展报告（2019）》，社会科学文献出版社，2019。
[2] 样本国家和城市数量、指标体系及数据来源、数据处理方法见文末附录。

（一）整体表现：指数得分均值较上年有所提升，节点功能整体不显著

表1为丝路节点城市2.0指数得分统计信息。表1显示，丝路节点城市2.0指数综合得分均值为39.11，较上年36.89的平均水平有所上升，表明样本城市的节点功能有所增强，但总体仍处于相对较低的水平。样本城市丝路节点指数得分最大值为65.65，较上年最大值60.12得分提升5.53；最小值为18.79，较上年最小值得分提升1.69。在伙伴关系、区域影响和成长引领3项二级指数中，伙伴关系指数表现较好，均值为5.05，满分达标率[①]为50.53%；区域影响指数表现欠佳，满分达标率为19.03%。在政策沟通、设施联通、贸易畅通、资金融通和民心相通5项"五通"二级指数中，政策沟通指数和资金融通指数表现较好，满分达标率分别为58.93%和45.73%。

表1 丝路节点城市2.0指数得分统计信息

指数		均值	最大值	最小值	标准差	中位数
丝路节点城市指数		39.11	65.65	18.79	9.03	38.91
二级指数	伙伴关系	5.05	9.78	0.44	2.15	4.08
	区域影响	1.90	8.38	0.00	1.73	2.00
	成长引领	4.22	6.17	0.53	0.94	4.34
	政策沟通	8.84	12.85	2.99	2.33	9.74
	设施联通	4.35	12.71	0.00	2.73	3.35
	贸易畅通	3.83	8.03	0.00	1.16	3.80
	资金融通	6.86	13.62	3.29	2.14	6.75
	民心相通	4.06	8.86	0.95	1.79	4.78

（二）频率分布：节点城市极化现象明显改善，各城市得分数值分布更为均匀

以数值5为组距对350个样本城市丝路节点指数综合得分进行分组，观

---

① 满分达标率＝指数得分/指标权重×100%。

察各城市得分频次分布。图1为各组城市频次分布图。由图1可知，相对于2018年，2019年各样本城市丝路节点指数得分较为均匀，指数得分极化现象有明显改善。其中，57个城市得分位于［26，31），60个城市得分位于［31，36），65个城市得分位于［36，41），64个城市得分位于［41，46），51个城市得分位于［46，51）。总体来说，84.9%的样本城市得分位于［26，51）。

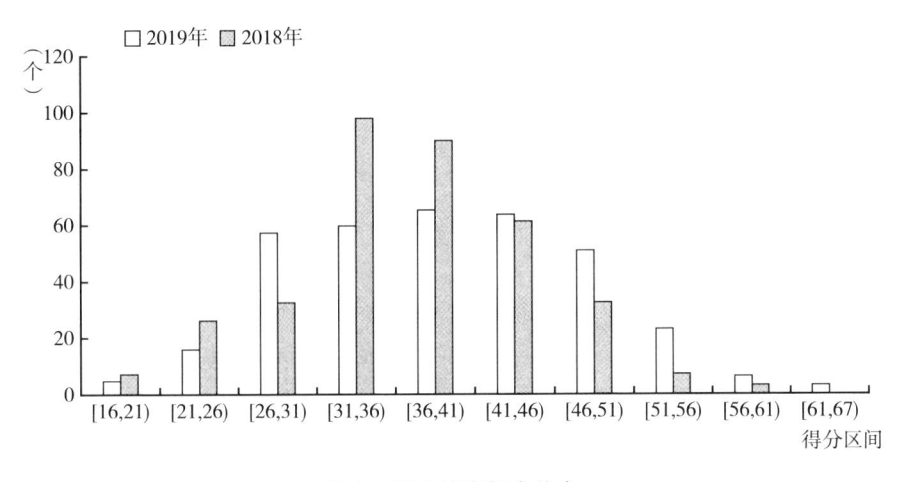

图1 样本城市频次分布

（三）满分达标率：样本城市的政策沟通性较好，区域影响力相对不足

可计算样本城市8个二级指数的均值满分达标率。与2018年相比，2019年丝路节点城市的区域影响指数和"五通"指数表现较好，伙伴关系和成长引领性有所下降。2019年样本城市8项二级指数中，区域影响指数满分达标率最低，仅为19.03%，相对不足。政策沟通指数、伙伴关系指数和资金融通指数的满分达标率最高，分别为63.11%、50.53%和49.01%（见图2）。

（四）丝路节点城市20强：12个城市来自欧洲，西欧地区重要程度上升

新加坡丝路节点城市指数得分最高，为65.65，蝉联首位。泰国曼谷得

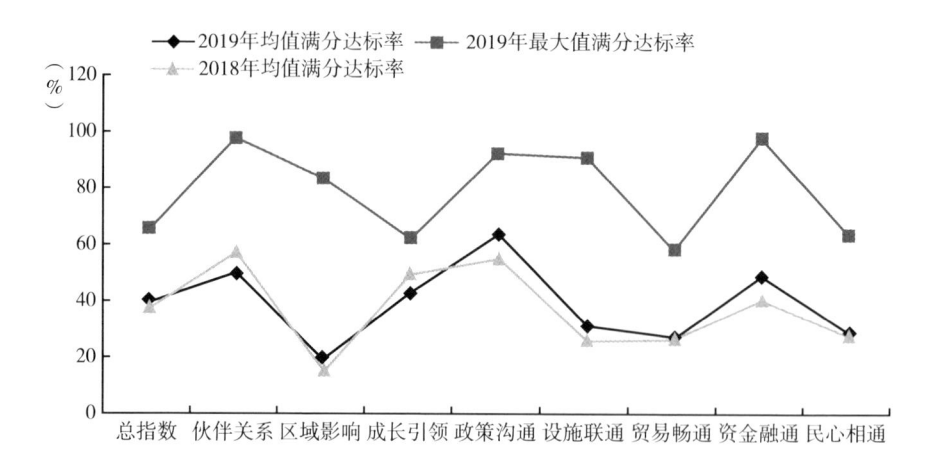

图 2　丝路节点城市二级指数均值和最大值满分达标率

分62.39，蝉联第二名。排前20位城市中，波兰华沙、法国巴黎、荷兰阿姆斯特丹、葡萄牙里斯本、卢森堡、瑞士苏黎世和日本东京等7个城市为新晋成员，除日本东京外，其中6个城市均位于欧洲（见表2）。数据表明，欧洲国家与中国伙伴关系、资金融通性和民心相通性的改善，是欧洲城市名次得以提升的主要原因。

表2　丝路节点城市指数得分前20强

排名	城市	国家	区域	总分	I1	I2	I3	W1	W2	W3	W4	W5
1	新加坡	新加坡	东南亚	65.65	5.31	8.38	4.84	12.85	12.18	3.76	13.62	4.72
2	曼谷	泰国	东南亚	62.39	7.53	5.25	4.48	9.92	11.44	3.80	11.12	8.86
3	首尔	韩国	东亚	62.38	6.19	3.45	4.93	11.29	12.71	5.87	11.39	6.55
4	莫斯科	俄罗斯	东欧	60.24	9.78	5.18	3.58	10.27	9.71	4.51	10.86	6.36
5	圣彼得堡	俄罗斯	东欧	58.28	9.78	4.15	3.61	10.27	8.44	5.76	10.81	5.47
6	布达佩斯	匈牙利	东欧	57.52	7.61	5.23	3.64	11.02	9.07	4.35	10.62	5.98
7	华沙	波兰	东欧	56.91	7.61	4.96	3.79	10.58	8.89	4.62	10.78	5.66
8	维也纳	奥地利	西欧	56.39	4.86	5.59	4.29	11.66	9.88	3.09	10.88	6.14
9	巴黎	法国	西欧	56.35	4.31	3.86	5.45	10.97	10.36	3.58	11.38	6.45
10	伊斯坦布尔	土耳其	西亚	55.92	5.97	5.55	3.71	10.27	8.44	4.77	10.95	6.25
11	汉堡	德国	西欧	55.71	3.33	4.71	5.33	11.28	9.53	4.68	11.36	5.48

续表

排名	城市	国家	区域	总分	丝路节点城市2.0指数得分							
					I1	I2	I3	W1	W2	W3	W4	W5
12	伦敦	英国	北欧	55.58	4.31	3.80	5.11	11.41	6.66	4.11	12.01	8.17
13	阿拉木图	哈萨克斯坦	中亚	55.39	8.36	4.66	3.71	10.57	8.08	4.43	10.26	5.31
14	吉隆坡	马来西亚	东南亚	55.33	6.86	5.61	4.84	6.54	10.00	4.59	11.48	5.40
15	迪拜	阿联酋	西亚	55.28	6.86	3.81	4.55	12.09	5.90	4.92	11.82	5.34
16	阿姆斯特丹	荷兰	西欧	55.06	2.08	5.00	4.88	11.85	10.49	3.78	11.38	5.61
17	里斯本	葡萄牙	南欧	54.86	6.86	3.80	3.91	11.31	9.10	3.05	10.83	6.01
18	卢森堡	卢森堡	西欧	54.80	3.97	5.31	4.07	11.63	9.32	3.03	12.05	5.42
19	苏黎世	瑞士	西欧	53.62	3.64	7.31	5.05	12.39	6.35	3.39	10.44	5.06
20	东京	日本	东亚	53.32	0.89	3.82	6.13	12.08	8.96	6.00	11.74	3.70

注：I1、I2和I3分别代表伙伴关系指数、区域影响指数和成长引领指数，W1~W5分别代表政策沟通指数、设施联通指数、贸易畅通指数、资金融通指数和民心相通指数。下同。

从分布情况看，丝路节点城市前20强全部来自欧洲和亚洲，欧洲城市12个，其中西欧6个、东欧4个、南欧和北欧各1个；亚洲城市8个，其中东南亚3个、东亚和西亚各2个、中亚1个。与2018年相比，欧洲城市比重由45%上升为2019年的60%。

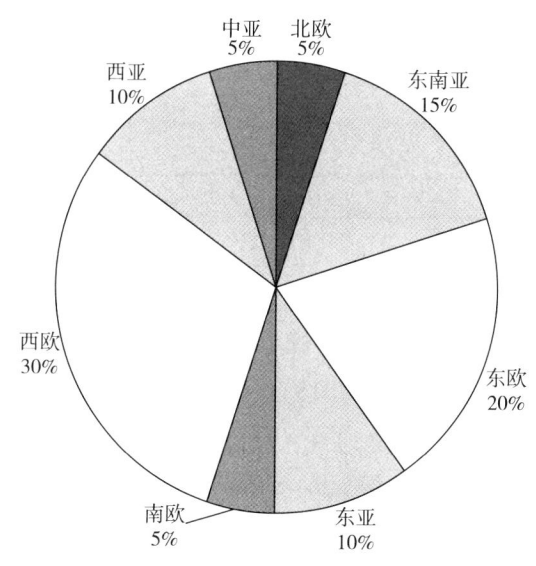

图3 丝路节点城市前20强分布

（五）丝路节点城市100强：欧亚相对力量开始转变，亚洲百强城市减少12个

表3为前100位丝路节点城市指数得分统计信息。综合指数得分均值为50.07，最低分为44.99，最高分为65.65。从二级指数均值满分达标率来看，100强城市政策沟通性较好，政策沟通指数满分达标率达76.25%；其次为资金融通性，资金融通指数满分达标率为62.12%。

表3　丝路节点城市2.0指数前100位城市得分统计信息

指数		均值	最大值	最小值	标准差	中位数	均值满分达标率(%)
丝路节点城市2.0指数		50.07	65.65	44.99	4.30	49.46	50.07
二级指数	伙伴关系	5.98	9.78	0.89	2.36	6.19	59.77
	区域影响	3.36	8.38	0.02	1.68	3.50	33.58
	成长引领	4.34	6.13	1.14	0.84	4.36	43.41
	政策沟通	10.67	12.85	6.54	1.05	10.60	76.25
	设施联通	7.56	12.71	3.17	1.96	8.14	54.00
	贸易畅通	4.20	8.03	1.51	1.08	4.11	30.02
	资金融通	8.70	13.62	4.36	2.29	7.08	62.12
	民心相通	5.26	8.86	2.59	0.92	5.32	37.54

2019年100强城市综合指数得分均值高出2018年4.09。图4对比了2019年和2018年100强丝路节点城市二级指数得分均值，2019年伙伴关系指数和贸易畅通指数得分与2018年基本持平；2019年100强城市区域影响力、政策沟通性、设施联通性、资金融通性和民心相通性较好，高于2018年相应二级指数得分，但2019年100强城市成长引领指数得分比2018年低1.03。

从分布情况看，2019年100强丝路节点城市主要分布于欧亚大陆，共

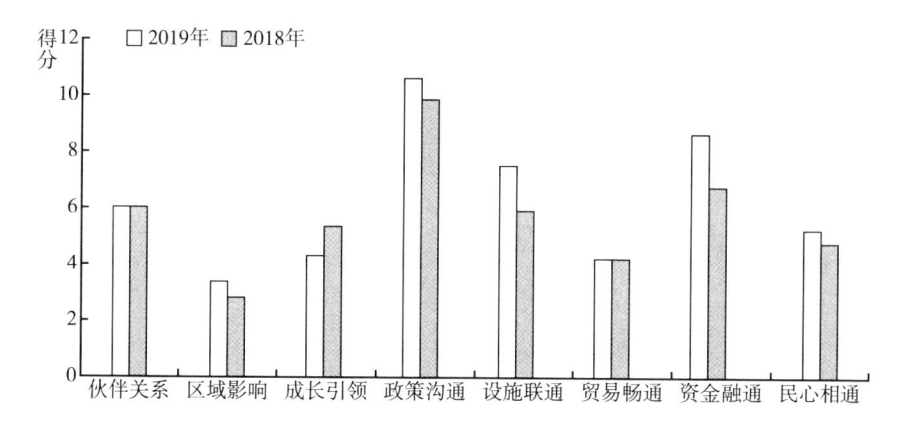

2020丝路城市指数：发挥区域比较优势，推进"一带一路"倡议实现高质量发展

图4 丝路节点城市100强二级指数均值

计95个。欧洲包含54个100强城市，以东欧和西欧数量最多，分别包含20个和16个100强丝路节点城市；亚洲包含41个100强城市，以东亚、东南亚和西亚数量最多，分别包含13个、11个和10个100强丝路节点城市。非洲和澳新地区分别包含3个和2个100强城市。

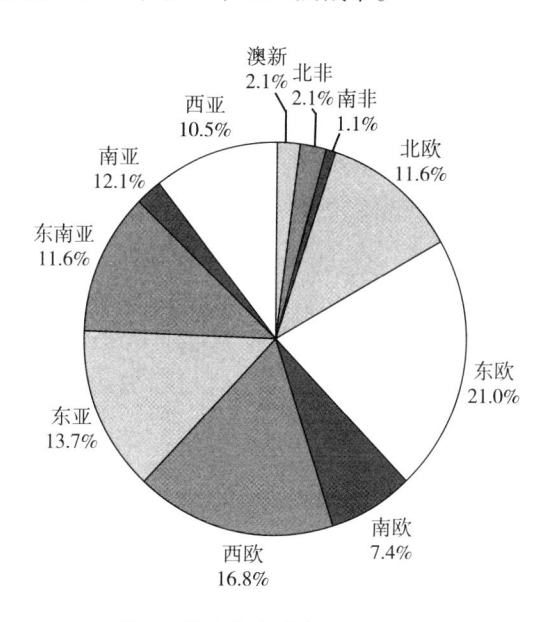

图5 丝路节点城市100强分布

035

二 丝路节点城市类型划分

沿用上年的分类方法[①]，根据丝路节点城市综合指数得分，以2.5分为组距，对样本城市得分进行分组。分组结果见表4。其中重要节点城市23个，次要节点城市19个，一般节点城市23个，共计65个，构成"一带一路"倡议高质量发展的先导区域。

表4 样本城市分类方法及数量

序号	城市组别		分值区间	数量（个）	指数得分均值
1	重要节点城市		≥52.5	23	56.48
2	次要节点城市		[50,52.5)	19	50.98
3	一般节点城市		[47.5,50)	23	48.95
4	潜在节点城市	潜在节点城市Ⅰ类	[45,47.5)	34	46.12
		潜在节点城市Ⅱ类	[42.5,45)	37	43.84
		潜在节点城市Ⅲ类	[40,42.5)	29	40.86
5	普通城市		<40	185	32.00

（一）重要节点城市：西欧和东欧经济体居多，区域影响力、设施联通性和资金融通性有明显优势

重要节点城市综合指数得分≥52.5，共计23个，是深化"一带一路"的重要区域。由表5可知，重要节点城市综合指数得分均值为56.48，高于全样本均值17.37。政策沟通指数和资金融通指数的均值满分达标率接近80%。

[①] 课题组尝试利用ArcGIS工具对样本城市按自然间断点分级法（Jenks）进行分类，若以五类划分，得分从高到低：第一类城市共51个，第二类城市共86个，第三类城市共76个，第四类城市共69个，第五类城市共68个。尽管自然间断点分级法较为常见，但结合实际，为了更明确地体现样本城市节点功能的层次性，本报告依然沿用较为传统的2.5分组距分类法对样本城市进行分类。

表5 重要节点城市指数得分

排名	城市	国家	区域	总分	I1	I2	I3	W1	W2	W3	W4	W5
1	新加坡	新加坡	东南亚	65.65	5.31	8.38	4.84	12.85	12.18	3.76	13.62	4.72
2	曼谷	泰国	东南亚	62.39	7.53	5.25	4.48	9.92	11.44	3.80	11.12	8.86
3	首尔	韩国	东亚	62.38	6.19	3.45	4.93	11.29	12.71	5.87	11.39	6.55
4	莫斯科	俄罗斯	东欧	60.24	9.78	5.18	3.58	10.27	9.71	4.51	10.86	6.36
5	圣彼得堡	俄罗斯	东欧	58.28	9.78	4.15	3.61	10.27	8.44	5.76	10.81	5.47
6	布达佩斯	匈牙利	东欧	57.52	7.61	5.23	3.64	11.02	9.07	4.35	10.62	5.98
7	华沙	波兰	东欧	56.91	7.61	4.96	3.79	10.58	8.89	4.62	10.78	5.66
8	维也纳	奥地利	西欧	56.39	4.86	5.59	4.29	11.66	9.88	3.09	10.88	6.14
9	巴黎	法国	西欧	56.35	4.31	3.86	5.45	10.97	10.36	3.58	11.38	6.45
10	伊斯坦布尔	土耳其	西亚	55.92	5.97	5.55	3.71	10.27	8.44	4.77	10.95	6.25
11	汉堡	德国	西欧	55.71	3.33	4.74	5.33	11.28	9.53	4.68	11.36	5.48
12	伦敦	英国	北欧	55.58	4.31	3.80	5.11	11.41	6.66	4.11	12.01	8.17
13	阿拉木图	哈萨克斯坦	中亚	55.39	8.36	4.66	3.71	10.57	8.08	4.43	10.26	5.31
14	吉隆坡	马来西亚	东南亚	55.33	6.86	5.61	4.84	6.54	10.00	4.59	11.48	5.40
15	迪拜	阿联酋	西亚	55.28	4.76	3.81	4.55	12.09	5.90	4.92	11.82	5.34
16	阿姆斯特丹	荷兰	西欧	55.06	2.08	5.00	4.88	11.85	10.49	3.78	11.38	5.61
17	里斯本	葡萄牙	南欧	54.86	6.86	3.80	3.91	11.31	9.10	3.05	10.83	6.01
18	卢森堡	卢森堡	西欧	54.80	3.97	5.31	4.07	11.63	9.32	3.03	12.05	5.42
19	苏黎世	瑞士	西欧	53.62	3.64	7.31	5.05	12.39	6.35	3.39	10.44	5.06
20	东京	日本	东亚	53.32	0.89	3.82	6.14	12.08	8.96	6.00	11.74	3.70
21	努尔苏丹	哈萨克斯坦	中亚	52.87	8.36	1.69	4.32	10.57	8.44	3.18	10.91	5.40
22	马德里	西班牙	南欧	52.64	3.86	3.31	4.45	10.74	10.03	3.61	11.14	5.50
23	特拉维夫—雅法	以色列	西亚	52.58	6.42	4.07	4.85	11.19	5.36	3.20	11.43	6.07
	均值			56.48	5.86	4.72	4.50	10.99	9.10	4.18	11.27	5.87
	均值满分达标率(%)			56.48	58.59	47.17	45.00	78.49	65.01	29.84	80.51	41.90
	高于全样本均值			17.37	0.81	2.81	0.28	2.15	4.75	0.35	4.41	1.80

注：I1、I2和I3分别代表伙伴关系指数、区域影响指数和成长引领指数，W1~W5分别代表政策沟通指数、设施联通指数、贸易畅通指数、资金融通指数和民心相通指数。下同。

从空间分布看，重要节点城市集中在欧亚大陆，主要分布于西欧、东欧、东南亚和西亚地区（见图6）。欧洲包含13个重要节点城市，其中西欧6个，东欧4个；亚洲包含10个重要节点城市，其中东南亚和西亚各3个。

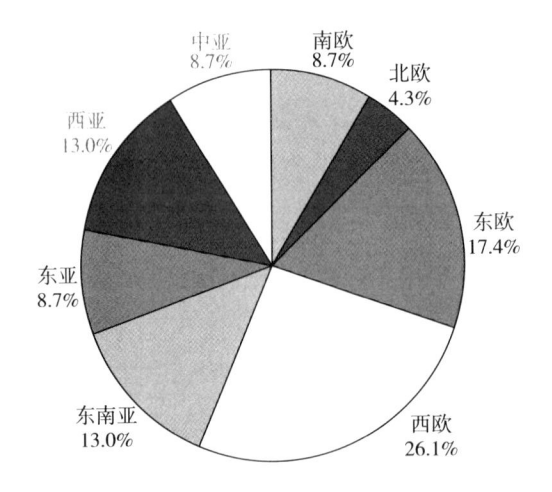

图6 重要节点城市空间分布

图7对比了重要节点城市和全样本城市二级指数均值。相对于全样本城市，重要节点城市在区域影响、设施联通和资金融通三个方面具有明显优势。重要节点城市伙伴关系、成长引领和贸易畅通方面与全样本城市均值基本持平。

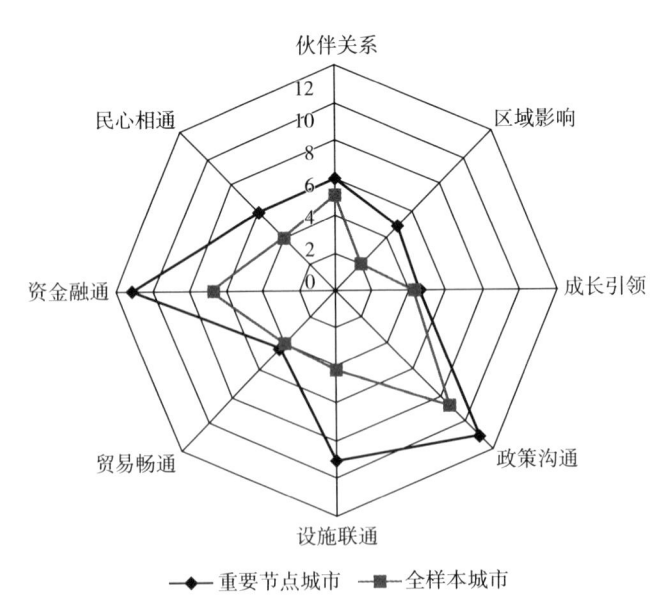

图7 重要节点城市二级指数均值

（二）次要节点城市：地理分布集中，近一半城市位于东欧，在设施联通领域具有明显优势，成长引领性相对欠缺

次要节点城市综合指数得分位于[50，52.5），共计19个，在推进"一带一路"高质量发展的过程中具有重要作用。由表6可知，次要节点城市综合指数得分均值为50.98，高于全样本均值11.86。伙伴关系指数、政策沟通指数和资金融通指数的均值满分达标率较高。

表6 次要节点城市指数得分

排名	城市	国家	区域	总分	I1	I2	I3	W1	W2	W3	W4	W5
1	新西伯利亚	俄罗斯	东欧	52.22	9.78	2.81	3.62	10.27	8.62	4.51	6.92	5.70
2	布拉格	捷克	东欧	52.21	4.64	5.07	4.03	10.01	9.48	3.15	10.84	4.99
3	釜山	韩国	东亚	51.91	6.19	0.20	4.92	11.29	6.71	5.87	11.29	5.43
4	柏林	德国	西欧	51.89	3.33	4.67	5.35	11.29	9.71	4.68	7.15	5.71
5	米兰	意大利	南欧	51.51	6.86	5.09	4.06	10.12	4.90	3.57	11.02	5.88
6	罗马	意大利	南欧	51.44	6.86	4.90	4.12	10.12	5.45	3.57	10.76	5.66
7	乌法	俄罗斯	东欧	51.36	9.78	2.02	3.55	10.27	8.26	5.76	6.92	4.81
8	苏菲亚	保加利亚	东欧	51.25	4.64	5.00	3.63	9.76	8.06	4.65	10.53	4.98
9	叶卡捷琳堡	俄罗斯	东欧	51.01	9.78	2.03	3.60	10.27	8.44	4.51	6.92	5.47
10	布鲁塞尔	比利时	西欧	50.88	2.75	3.79	3.28	11.06	9.35	3.22	10.82	6.61
11	克拉斯诺亚尔斯克	俄罗斯	东欧	50.85	9.78	2.02	3.67	10.27	8.44	4.51	6.92	5.25
12	下诺夫哥罗德	俄罗斯	东欧	50.47	9.78	2.02	3.47	10.27	8.26	4.51	6.92	5.25
13	大阪	日本	东亚	50.45	0.89	2.56	6.11	12.08	8.59	6.00	11.40	2.81
14	赫尔辛基	芬兰	北欧	50.34	1.64	3.05	4.39	11.58	9.93	3.07	10.76	5.93
15	雅典	希腊	南欧	50.30	7.61	5.52	3.31	10.01	4.68	3.06	10.20	5.90
16	雅加达	印度尼西亚	东南亚	50.19	6.86	5.19	4.38	10.19	3.82	5.18	10.28	4.28
17	科隆	德国	西欧	50.16	3.33	3.89	5.47	11.28	9.53	4.68	7.15	4.82
18	鄂木斯克	俄罗斯	东欧	50.08	9.78	2.02	3.52	10.27	8.26	4.51	6.92	4.81
19	萨马拉	俄罗斯	东欧	50.02	9.78	2.02	3.46	10.27	8.26	4.51	6.92	4.81
	均值			50.98	6.53	3.36	4.10	10.56	7.83	4.40	8.98	5.22
	均值满分达标率（%）			50.98	65.29	33.62	41.02	75.44	55.92	31.39	64.15	37.26
	高于全样本均值			11.86	1.48	1.46	-0.11	1.73	3.48	0.57	2.12	1.15

图 8 表明，次要节点城市的地理分布较为集中，近一半次要节点城市分布于东欧地区，共包含 9 个次要节点城市。84.21% 的次要节点城市分布于欧洲，亚洲地区仅包含 3 个次要节点城市。

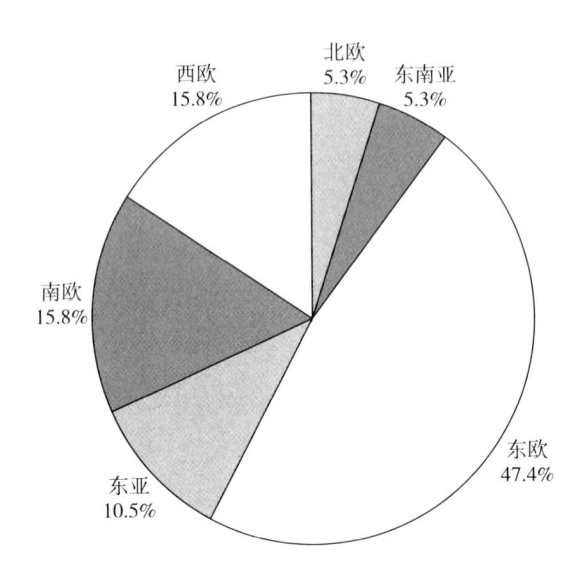

图 8 次要节点城市空间分布

与全样本相比，次要节点城市在设施联通领域具有明显优势，伙伴关系、区域影响、政策沟通、资金融通和民心相通等领域的发展略优于全样本城市，成长引领指数和贸易畅通指数得分与全样本城市基本持平（见图 9）。

（三）一般节点城市：空间分布较为均匀，各区域在各领域发展的相对优劣势开始凸显

一般节点城市在共建"一带一路"中具有重要参考意义。一般节点城市数值处于 [47.5, 50)，共计 23 个，综合指数得分均值为 48.95，高于全样本均值 9.84。从满分达标率的角度，一般节点城市在政策沟通和伙伴关系领域发展较好，均值满分达标率分别为 75.06% 和 66.18%（见表 7）。

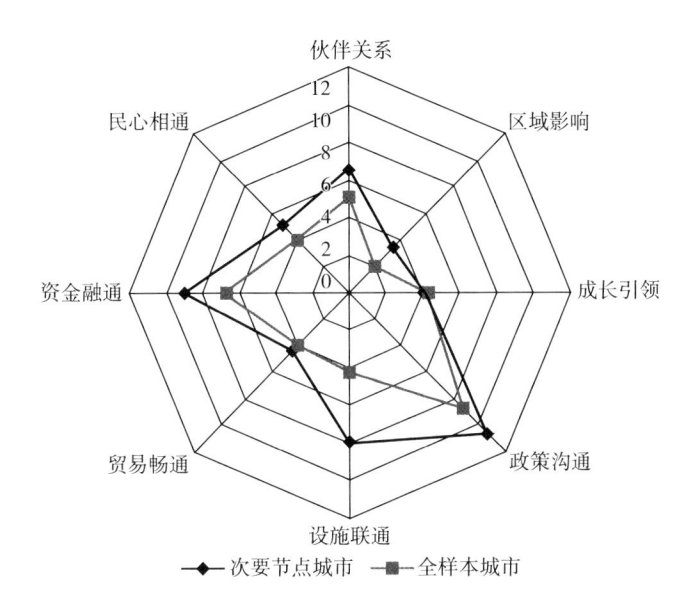

2020丝路城市指数：发挥区域比较优势，推进"一带一路"倡议实现高质量发展

图9 次要节点城市二级指数均值

表7 一般节点城市指数得分

排名	城市	国家	区域	总分	I1	I2	I3	W1	W2	W3	W4	W5
1	马尼拉	菲律宾	东南亚	49.92	6.86	5.30	4.35	9.55	4.04	4.11	10.26	5.46
2	格拉斯哥	英国	北欧	49.89	4.31	2.60	4.96	11.41	5.57	4.11	10.98	5.95
3	阿布扎比	阿联酋	西亚	49.80	6.86	2.93	4.63	8.09	5.54	4.92	11.49	5.34
4	仁川	韩国	东亚	49.68	6.19	0.16	5.02	11.29	8.71	5.87	7.01	5.43
5	胡志明市	越南	东南亚	49.64	7.53	4.92	4.79	10.38	8.14	5.60	4.36	3.91
6	哥本哈根	丹麦	北欧	49.60	3.86	3.28	4.45	11.63	5.87	3.11	10.73	6.67
7	万象	老挝	东南亚	49.58	7.53	3.07	4.29	9.89	6.51	8.03	5.32	4.95
8	喀山	俄罗斯	东欧	49.54	9.78	0.96	3.60	10.27	8.26	4.51	6.92	5.25
9	拉合尔	巴基斯坦	南亚	49.38	9.25	4.34	4.53	9.25	5.79	4.57	6.63	5.02
10	塔林	爱沙尼亚	北欧	49.24	3.97	2.85	3.99	11.25	8.77	3.01	10.62	4.77
11	安卡拉	土耳其	西亚	49.20	5.97	4.34	3.78	10.27	7.90	4.77	6.80	5.37
12	鹿特丹	荷兰	西欧	49.16	2.08	4.27	4.79	11.85	9.76	3.78	7.02	5.61
13	波尔图	葡萄牙	南欧	49.14	6.86	2.60	3.87	11.31	8.73	3.05	6.70	6.01
14	波尔多	法国	西欧	49.04	4.31	3.40	5.55	10.97	9.45	3.58	6.67	5.12
15	河内	越南	东南亚	48.93	7.53	4.73	5.08	10.38	8.14	4.35	4.36	4.36
16	彼尔姆	俄罗斯	东欧	48.34	9.78	0.02	3.56	10.27	8.26	4.51	6.92	5.03
17	布加勒斯特	罗马尼亚	东欧	48.21	6.28	4.85	3.54	9.99	7.93	3.59	6.80	5.24
18	伊兹密尔	土耳其	西亚	48.16	5.97	3.89	3.63	10.27	7.90	4.77	6.80	4.92

续表

排名	城市	国家	区域	总分	丝路节点城市指数得分							
					I1	I2	I3	W1	W2	W3	W4	W5
19	车里雅宾斯克	俄罗斯	东欧	48.13	9.78	0.02	3.57	10.27	8.26	4.51	6.92	4.81
20	伊斯兰堡	巴基斯坦	南亚	47.99	9.25	3.95	4.43	9.24	6.15	3.32	6.63	5.02
21	惠灵顿	新西兰	澳大利亚和新西兰	47.95	6.11	2.24	5.34	11.73	4.83	3.15	11.26	3.29
22	金边	柬埔寨	东南亚	47.79	7.53	4.21	4.79	9.72	7.00	4.32	6.37	3.86
23	多哈	卡塔尔	西亚	47.57	4.64	3.29	4.18	12.42	4.86	3.11	10.80	4.28
	均值			48.95	6.62	3.14	4.38	10.51	7.23	4.29	7.75	5.03
	均值满分达标率(%)			48.95	66.18	31.40	43.79	75.06	51.66	30.64	55.39	35.92
	高于全样本均值			9.84	1.57	1.24	0.16	1.67	2.88	0.46	0.89	0.96

一般节点城市空间分布较为均匀，东南亚城市相对较多，包含5个一般节点城市，西亚和东欧各包含4个一般节点城市，北欧包含3个一般节点城市。总体来看，一般节点城市仍主要分布于亚欧大陆，亚洲包含12个一般节点城市，欧洲包含10个一般节点城市，另有1个一般节点城市在新西兰（见图10）。

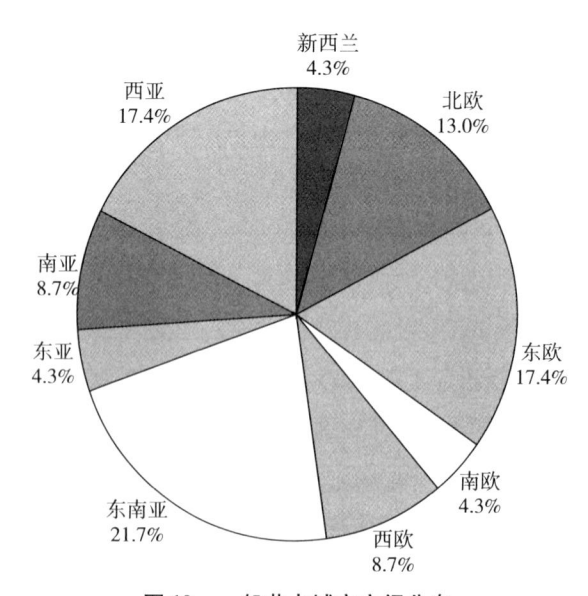

图10 一般节点城市空间分布

与全样本城市相比，一般节点城市在设施联通领域具有明显优势（见图11）。东南亚国家在伙伴关系、区域影响、贸易畅通领域发展较好；东欧国家在伙伴关系领域具有明显优势，但城市的区域影响力不足；西亚国家在资金融通领域发展较好，伙伴关系相对不足。

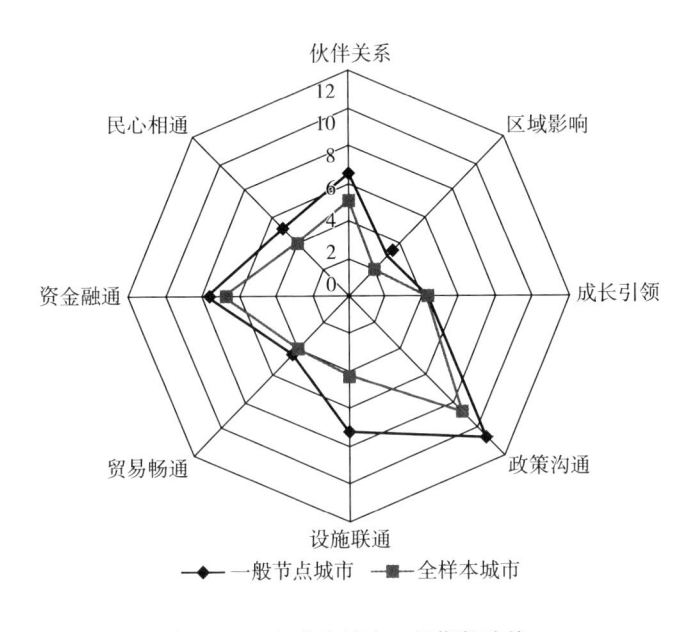

图11 一般节点城市二级指数均值

（四）潜在节点城市：城市基数大，Ⅰ类潜在节点城市设施联通方面好，Ⅱ类潜在节点城市政策沟通方面好，Ⅲ类潜在节点城市贸易畅通方面优势明显

潜在节点城市取值区间为[40，47.5），共计100个，构成推进共建"一带一路"的预备空间。潜在节点城市指数综合得分均值43.75，高于全样本均值4.64。以2.5分为组距对潜在节点城市进一步分类为Ⅰ类潜在节点城市、Ⅱ类潜在节点城市和Ⅲ类潜在节点城市。

1. 共识别34个Ⅰ类潜在节点城市

Ⅰ类潜在节点城市综合指数得分均值为46.12，高于全样本均值7.01。

从二级指数得分情况看，与全样本城市相比，Ⅰ类潜在节点城市设施联通方面较好，在成长引领方面相对不足。从满分达标率的角度，Ⅰ类潜在节点城市在政策沟通方面均值满分达标率最高，为76.04%；其次为伙伴关系和资金融通指数，达标率分别为53.77%和52.54%（见表8）。

表8 Ⅰ类潜在节点城市指数得分

排名	城市	国家	区域	总分	I1	I2	I3	W1	W2	W3	W4	W5
1	乌兰巴托	蒙古	东亚	47.18	6.86	4.03	3.68	10.17	7.01	3.23	6.34	5.86
2	巴库	阿塞拜疆	西亚	47.16	3.97	4.69	3.51	10.37	8.27	1.51	10.47	4.36
3	开普敦	南非	南非	47.09	6.86	2.63	4.15	8.78	3.17	4.65	10.96	5.89
4	北榄府（沙没巴干府）	泰国	东南亚	46.92	7.53	2.05	4.41	9.92	7.44	3.80	6.92	4.86
5	里尔	法国	西欧	46.91	4.31	1.38	5.44	10.97	9.45	3.58	6.67	5.12
6	奥克兰	新西兰	澳大利亚和新西兰	46.78	6.86	3.55	5.51	11.73	5.92	3.15	6.77	3.29
7	里加	拉脱维亚	北欧	46.78	3.97	3.14	3.50	11.24	8.43	3.24	7.53	5.72
8	龙仁	韩国	东亚	46.65	6.19	0.06	5.22	11.29	5.80	5.87	7.01	5.21
9	麦纳麦	巴林	西亚	46.65	3.97	3.55	4.76	10.92	4.68	3.09	10.95	4.73
10	大田	韩国	东亚	46.64	6.19	0.09	4.96	11.29	5.80	5.87	7.01	5.43
11	曼彻斯特	英国	北欧	46.54	4.31	2.80	5.01	11.41	5.93	4.11	7.01	5.95
12	不莱梅	德国	西欧	46.51	4.08	3.15	5.36	7.28	9.53	4.68	7.15	5.26
13	第比利斯	格鲁吉亚	西亚	46.46	3.97	4.79	3.37	10.95	7.47	4.41	6.72	4.77
14	大邱	韩国	东亚	46.32	6.19	0.13	4.86	11.29	5.98	5.87	7.01	4.99
15	格但斯克	波兰	东欧	46.29	7.61	0.04	3.75	10.58	8.53	3.37	6.73	5.66
16	杜尚别	塔吉克斯坦	中亚	46.22	8.36	3.15	3.97	10.62	6.64	3.39	6.81	3.28
17	光州	韩国	东亚	46.18	6.19	0.09	4.94	11.29	5.80	5.87	7.01	4.99
18	慕尼黑	德国	西欧	46.02	3.33	2.76	5.49	7.28	5.89	4.68	11.32	5.26
19	水原	韩国	东亚	45.95	6.19	0.09	5.17	11.29	5.80	5.87	7.01	4.55
20	开罗	埃及	北非	45.89	6.86	3.72	3.72	9.87	4.00	5.05	6.76	5.90
21	南安普顿	英国	北欧	45.83	4.31	2.44	5.03	11.41	5.57	4.11	7.01	5.95
22	安特卫普	比利时	西欧	45.74	2.75	4.32	3.24	11.06	9.17	3.22	6.70	5.28
23	明斯克	白俄罗斯	东欧	45.69	6.86	4.59	1.14	9.74	8.91	3.14	6.71	4.60

续表

排名	城市	国家	区域	总分	I1	I2	I3	W1	W2	W3	W4	W5
24	伯明翰	英国	北欧	45.67	4.31	2.74	5.01	11.41	5.57	4.11	7.01	5.51
25	昌原	韩国	东亚	45.67	6.19	0.06	4.90	11.29	5.80	5.87	7.01	4.55
26	都灵	意大利	南欧	45.62	6.86	4.06	4.07	10.12	4.72	3.57	6.79	5.44
27	比什凯克	吉尔吉斯斯坦	中亚	45.61	8.36	2.47	4.23	10.06	6.56	3.05	6.72	4.17
28	塔什干	乌兹别克斯坦	中亚	45.61	8.36	3.32	1.41	10.54	7.32	1.56	6.89	6.20
29	布拉迪斯拉发	斯洛伐克	东欧	45.57	3.97	4.55	3.75	10.35	8.48	3.07	6.70	4.70
30	海防	越南	东南亚	45.56	7.53	2.04	4.87	10.38	6.87	5.60	4.36	3.91
31	伯尔尼	瑞士	西欧	45.17	3.64	4.14	5.05	12.39	5.80	3.39	5.69	5.06
32	维尔纽斯	立陶宛	北欧	45.14	3.97	2.47	3.94	10.66	8.45	3.54	6.69	5.40
33	神户	日本	东亚	45.06	0.89	2.03	6.02	12.08	8.59	6.00	6.85	2.59
34	奥斯陆	挪威	北欧	45.05	0.97	3.11	4.46	11.93	4.90	3.13	10.77	5.78
均值				46.12	5.38	2.59	4.35	10.65	6.71	4.08	7.36	5.01
均值满分达标率(%)				46.12	53.77	25.94	43.50	76.04	47.95	29.13	52.54	35.76
高于全样本均值				7.01	0.32	0.69	0.13	1.81	2.36	0.25	0.49	0.94

I类潜在节点城市中有16个城市位于亚洲，主要分布在东亚；15个I类潜在节点城市位于欧洲，主要分布在北欧和西欧地区。另有2个I类潜在节点城市分布于非洲地区，1个I类潜在节点城市位于澳新地区（见图12）。

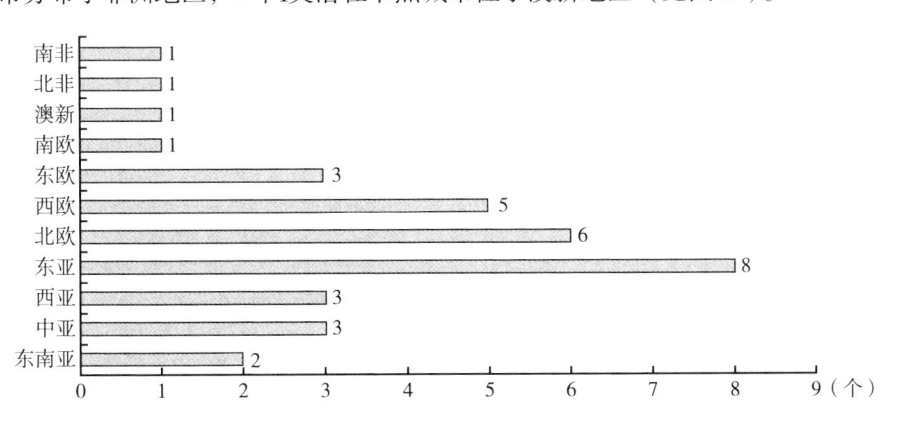

区域	个数
南非	1
北非	1
澳新	1
南欧	1
东欧	3
西欧	5
北欧	6
东亚	8
西亚	3
中亚	3
东南亚	2

图12 I类潜在节点城市空间分布

2. 共识别37个Ⅱ类潜在节点城市

Ⅱ类潜在节点城市综合指数得分均值为43.84，高于全样本均值4.73。与全样本相比，Ⅱ类潜在节点城市政策沟通指数得分相对较高，在成长引领方面较弱。从满分达标率的角度，Ⅱ类潜在节点城市在政策沟通和伙伴关系领域发展较好，均值满分达标率分别为72.34%和56.84%（见表9）。

表9 Ⅱ类潜在节点城市指数得分

排名	城市	国家	区域	总分	I1	I2	I3	W1	W2	W3	W4	W5
1	卡萨布兰卡	摩洛哥	北非	44.99	3.89	3.03	3.98	10.44	3.31	3.41	11.34	5.60
2	新德里	印度	南亚	44.99	3.44	2.85	5.08	10.30	7.15	4.55	10.56	1.06
3	罗斯托克	德国	西欧	44.93	4.08	2.07	5.31	11.28	5.53	4.68	7.15	4.82
4	德黑兰	伊朗	南亚	44.84	6.86	2.72	3.51	10.20	7.44	3.75	4.72	5.64
5	贝尔格莱德	塞尔维亚	南欧	44.82	7.61	4.81	3.46	10.29	8.08	1.58	3.73	5.25
6	那不勒斯	意大利	南欧	44.81	6.86	3.31	4.01	10.12	4.72	3.57	6.79	5.44
7	加济安泰普	土耳其	西亚	44.71	5.97	0.26	3.81	10.27	7.90	4.77	6.80	4.92
8	科尼亚	土耳其	西亚	44.70	5.97	0.24	3.82	10.27	7.90	4.77	6.80	4.92
9	仰光	缅甸	东南亚	44.70	7.53	4.04	2.15	9.38	5.66	3.14	6.94	5.87
10	科威特市	科威特	西亚	44.51	3.89	4.77	3.98	9.90	3.58	3.17	10.80	4.42
11	热那亚	意大利	南欧	44.49	6.86	3.46	3.98	10.12	4.72	3.57	6.79	4.99
12	伏尔加格勒	俄罗斯	东欧	44.44	9.78	0.02	3.45	10.27	4.26	4.51	6.92	5.25
13	达卡	孟加拉国	南亚	44.23	6.19	4.66	4.89	9.53	5.99	3.84	3.86	5.26
14	都柏林	爱尔兰	北欧	44.22	1.86	3.50	5.02	11.73	4.78	3.21	8.08	6.04
15	沃罗涅日	俄罗斯	东欧	44.13	9.78	0.02	3.58	10.27	4.26	4.51	6.92	4.81
16	罗斯托夫	俄罗斯	东欧	44.07	9.78	0.02	3.52	10.27	4.26	4.51	6.92	4.81
17	卡拉奇	巴基斯坦	南亚	44.01	9.25	4.66	4.28	9.24	1.61	3.32	6.63	5.02
18	名古屋	日本	东亚	43.98	0.89	1.59	6.15	12.08	8.05	6.00	6.84	2.37
19	里昂	法国	西欧	43.87	4.31	2.28	5.50	10.97	5.45	3.58	6.67	5.12
20	曼德勒	缅甸	东南亚	43.86	7.53	2.07	2.25	9.38	5.66	4.39	6.94	5.64
21	布尔萨	土耳其	西亚	43.79	5.97	3.40	3.75	10.27	3.90	4.77	6.80	4.92
22	威尼斯	意大利	南欧	43.59	6.86	2.03	4.06	10.12	4.72	3.57	6.79	5.44
23	巴塞罗那	西班牙	南欧	43.59	3.86	2.10	4.44	10.74	5.48	3.61	6.86	5.50
24	横滨	日本	东亚	43.44	0.89	2.09	6.11	12.08	7.50	6.00	6.85	1.92
25	西约克	英国	北欧	43.40	4.31	0.48	5.00	11.41	5.57	4.11	7.01	5.51
26	清迈	泰国	东南亚	43.36	7.53	0.05	4.41	9.92	5.44	3.80	6.92	5.30

续表

排名	城市	国家	区域	总分	丝路节点城市指数得分							
					I1	I2	I3	W1	W2	W3	W4	W5
27	赫法（海法）	以色列	西亚	43.27	6.42	0.40	4.62	11.19	5.00	3.20	6.82	5.62
28	萨格勒布	克罗地亚	南欧	43.12	5.08	4.92	3.43	10.46	4.53	3.01	6.70	4.98
29	马赛-普罗旺斯地区艾克斯	法国	西欧	43.02	4.31	1.51	5.42	10.97	5.45	3.58	6.67	5.12
30	孟买	印度	南亚	42.95	3.44	4.91	4.76	10.30	2.79	4.55	10.69	1.51
31	泗水	印度尼西亚	东南亚	42.90	6.86	3.93	4.31	10.19	2.91	3.93	6.48	4.28
32	基辅	乌克兰	东欧	42.89	3.89	2.72	3.15	10.11	7.71	4.49	6.70	4.11
33	马什哈德	伊朗	南亚	42.82	6.86	2.51	3.58	10.20	7.26	2.50	4.72	5.19
34	库姆	伊朗	南亚	42.76	6.86	2.44	3.59	10.20	7.26	2.50	4.72	5.19
35	利雅得	沙特阿拉伯	西亚	42.71	6.86	4.10	4.51	7.12	4.48	3.80	10.46	1.36
36	斯德哥尔摩	瑞典	北欧	42.65	1.19	3.27	4.57	7.72	5.61	3.16	11.29	5.84
37	内罗毕	肯尼亚	东非	42.58	6.78	2.73	5.39	5.40	1.89	7.30	7.56	5.53
均值				43.84	5.68	2.57	4.24	10.13	5.35	3.97	7.20	4.72
均值满分达标率(%)				43.84	56.84	25.66	42.39	72.34	38.19	28.32	51.39	33.70
高于全样本均值				4.73	0.63	0.66	0.02	1.29	0.99	0.14	0.33	0.66

Ⅱ类潜在节点城市主要分布于南亚、西亚和南欧地区。其中南亚包含7个Ⅱ类潜在节点城市，西亚和南欧各包含6个Ⅱ类潜在节点城市。综合来看，亚洲地区共包含19个Ⅱ类潜在节点城市，欧洲地区共包含16个Ⅱ类潜在节点城市，另有2个Ⅱ类潜在节点城市位于非洲（见图13）。

3. 共识别29个Ⅲ类潜在节点城市

Ⅲ类潜在节点城市综合指数得分均值为40.86，高于全样本均值1.75。与全样本相比，Ⅲ类潜在节点城市贸易畅通和成长引领方面发展较好，分别高于全样本均值5.85和1.15，政策沟通和资金融通方面发展相对不足，得分分别低于全样本均值6.78和2.96。从满分达标率的角度，Ⅲ类潜在节点城市贸易畅通、伙伴关系和成长引领发展较好，均值满分达标率分别为69.12%、53.66%和53.66%（见表10）。

国际城市蓝皮书

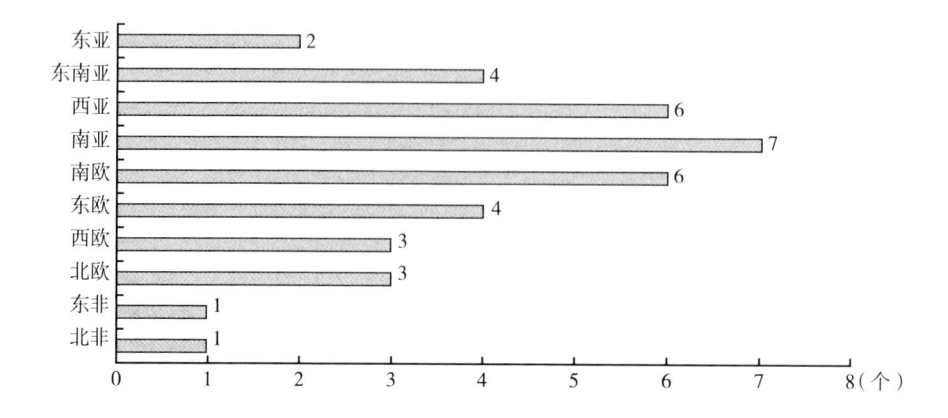

图13　Ⅱ类潜在节点城市空间分布

表10　Ⅲ类潜在节点城市指数得分

排名	城市	国家	区域	总分	丝路节点城市指数得分							
					I1	I2	I3	W1	W2	W3	W4	W5
1	三宝垄	印度尼西亚	东南亚	42.16	6.86	2.22	4.48	10.19	2.91	5.18	6.48	3.84
2	沙迦	阿拉伯联合酋长国	西亚	42.11	6.86	0.49	4.84	8.09	4.99	4.92	7.03	4.89
3	尼科西亚	塞浦路斯	西亚	41.90	3.97	4.86	3.81	7.09	4.58	3.01	10.58	4.01
4	加尔各答	印度	南亚	41.67	3.44	4.04	4.68	10.30	6.60	4.55	6.75	1.29
5	春武里	泰国	东南亚	41.59	7.53	0.06	4.41	9.92	3.44	3.80	6.92	5.53
6	费萨拉巴德	巴基斯坦	南亚	41.40	9.25	2.04	4.28	9.24	1.61	3.32	6.63	5.02
7	约翰内斯堡	南非	南非	41.28	6.86	3.05	4.24	4.78	3.17	3.40	10.78	5.00
8	万隆	印度尼西亚	东南亚	41.21	6.86	2.23	4.32	10.19	2.91	3.93	6.48	4.28
9	札幌	日本	东亚	41.15	0.89	0.06	6.13	12.08	6.78	6.00	6.84	2.37
10	北九州-福冈	日本	东亚	41.03	0.89	1.31	6.12	12.08	5.87	6.00	6.84	1.92
11	奎达	巴基斯坦	南亚	41.00	9.25	2.01	4.36	5.24	5.61	3.32	6.63	4.57
12	茂物	印度尼西亚	东南亚	40.93	6.86	2.21	4.50	10.19	2.91	3.93	6.48	3.84
13	木尔坦	巴基斯坦	南亚	40.92	9.25	2.02	4.26	9.24	1.61	3.32	6.63	4.57

续表

排名	城市	国家	区域	总分	丝路节点城市指数得分							
					I1	I2	I3	W1	W2	W3	W4	W5
14	巨港	印度尼西亚	东南亚	40.89	6.86	2.22	4.46	10.19	2.91	3.93	6.48	3.84
15	棉兰	印度尼西亚	东南亚	40.81	6.86	2.22	4.37	10.19	2.91	3.93	6.48	3.84
16	安塔利亚	土耳其	西亚	40.79	5.97	0.24	3.92	10.27	3.90	4.77	6.80	4.92
17	芹苴	越南	东南亚	40.75	7.53	2.04	5.31	10.38	2.87	4.35	4.36	3.91
18	蒙得维的亚	乌拉圭	南美	40.74	3.89	4.00	3.61	9.39	4.06	3.04	6.70	6.05
19	瓦莱塔	马耳他	南欧	40.55	3.97	1.44	3.94	7.19	4.62	3.02	10.43	5.95
20	阿什哈巴德	土库曼斯坦	中亚	40.51	5.39	2.41	2.12	10.36	7.77	0.83	6.68	4.95
21	哈拉雷	津巴布韦	东非	40.49	6.78	2.48	4.07	8.84	1.07	5.51	6.58	5.16
22	卢布尔雅那	斯洛文尼亚	南欧	40.37	3.97	2.28	3.80	10.39	4.58	3.05	6.70	5.60
23	科伦坡	斯里兰卡	南亚	40.20	6.19	2.25	3.81	9.47	3.54	3.04	6.68	5.22
24	静冈-浜松	日本	东亚	40.19	0.89	0.07	6.16	12.08	6.23	6.00	6.84	1.92
25	广岛	日本	东亚	40.13	0.89	0.05	6.11	12.08	6.23	6.00	6.84	1.92
26	拉各斯	尼日利亚	西非	40.10	3.89	2.71	4.17	8.93	0.94	6.91	6.73	5.81
27	达累斯萨拉姆	坦桑尼亚	东非	40.04	4.33	2.42	5.34	10.74	0.88	4.36	6.64	5.34
28	巴拿马城	巴拿马	中美洲	40.02	3.22	3.63	4.48	9.87	3.22	3.14	7.56	4.90
29	斯里巴加湾市	文莱	东南亚	40.01	6.19	2.45	3.47	11.58	4.33	3.02	3.69	5.29
	均值			40.86	5.37	2.05	5.37	2.05	4.47	9.68	3.90	4.12
	均值满分达标率(%)			40.86	53.66	20.52	53.66	14.65	31.91	69.12	27.84	29.46
	高于全样本均值			1.75	0.31	0.15	1.15	-6.78	0.12	5.85	-2.96	0.06

Ⅲ类潜在节点城市主要分布于亚洲地区，共计21个，比重为72.41%，以东南亚居多，共包含8个Ⅲ类潜在节点城市，其次为南亚地区，共包含5个Ⅲ类潜在节点城市。另有4个Ⅲ类潜在节点城市位于非洲地区，2个Ⅲ类潜在节点城市位于南欧，2个Ⅲ类潜在节点城市位于南美和中美地区（见图14）。

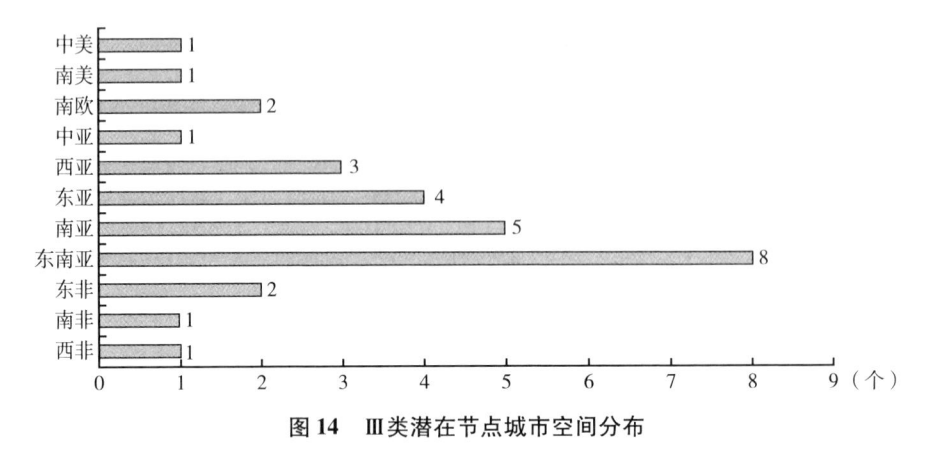

图14 Ⅲ类潜在节点城市空间分布

中美 1
南美 1
南欧 2
中亚 1
西亚 3
东亚 4
南亚 5
东南亚 8
东非 2
南非 1
西非 1

三 "五通"领域领先的丝路节点城市

"五通"领域重点关注丝路节点城市的市场成熟度。政策沟通指数侧重评价丝路节点城市的政策稳定程度，设施联通指数侧重分析丝路节点城市的通信时效，贸易畅通指数侧重评价丝路节点城市与中国的贸易往来密集度，资金融通指数侧重评价丝路节点城市的货币稳定性和国际化程度，民心相通指数关注丝路节点城市与中国的民间沟通和文化相近性，对特定类型的投资主体具有重要的参考意义。

（一）政策沟通型城市：政策稳定性较高

政策沟通型城市的政策稳定性较高、法律秩序较好、经济自由度较高，与中国城市具有友好合作关系。将政策沟通指数得分排名前50位的城市界定为政策沟通型城市（见表11）。

表11 政策沟通型城市

政策沟通指数排名	城市	国家	区域	丝路节点城市指数得分	城市类别
1	新加坡	新加坡	东南亚	65.65	α
2	多哈	卡塔尔	西亚	47.57	γ

续表

政策沟通指数排名	城市	国家	区域	丝路节点城市指数得分	城市类别
3	苏黎世	瑞士	西欧	53.62	α
4	伯尔尼	瑞士	西欧	45.17	δ++
5	迪拜	阿拉伯联合酋长国	西亚	55.28	α
6	东京	日本	东亚	53.32	α
7	大阪	日本	东亚	50.45	β
8	神户	日本	东亚	45.06	δ++
9	名古屋	日本	东亚	43.98	δ+
10	横滨	日本	东亚	43.44	δ+
11	札幌	日本	东亚	41.15	δ
12	北九州—福冈	日本	东亚	41.03	δ
13	静冈—浜松	日本	东亚	40.19	δ
14	广岛	日本	东亚	40.13	δ
15	仙台	日本	东亚	39.82	ε
16	奥斯陆	挪威	北欧	45.05	δ++
17	马累	马尔代夫	南亚	37.39	ε
18	阿姆斯特丹	荷兰	西欧	55.06	α
19	鹿特丹	荷兰	西欧	49.16	γ
20	惠灵顿	新西兰	澳大利亚和新西兰	47.95	γ
21	奥克兰	新西兰	澳大利亚和新西兰	46.78	δ++
22	都柏林	爱尔兰	北欧	44.22	δ+
23	维也纳	奥地利	西欧	56.39	α
24	卢森堡	卢森堡	西欧	54.80	α
25	哥本哈根	丹麦	北欧	49.60	γ
26	斯里巴加湾市	文莱	东南亚	40.01	δ
27	赫尔辛基	芬兰	北欧	50.34	β
28	伦敦	英国	北欧	55.58	α
29	格拉斯哥	英国	北欧	49.89	γ
30	曼彻斯特	英国	北欧	46.54	δ++
31	南安普顿	英国	北欧	45.83	δ++
32	伯明翰	英国	北欧	45.67	δ++
33	西约克	英国	北欧	43.40	δ+
34	里斯本	葡萄牙	南欧	54.86	α
35	波尔图	葡萄牙	南欧	49.14	γ
36	首尔	韩国	东亚	62.38	α
37	釜山	韩国	东亚	51.91	β
38	仁川	韩国	东亚	49.68	γ
39	龙仁	韩国	东亚	46.65	δ++

续表

政策沟通指数排名	城市	国家	区域	丝路节点城市指数得分	城市类别
40	大田	韩国	东亚	46.64	δ++
41	大邱	韩国	东亚	46.32	δ++
42	光州	韩国	东亚	46.18	δ++
43	水原	韩国	东亚	45.95	δ++
44	昌原	韩国	东亚	45.67	δ++
45	温得和克	纳米比亚	南非	36.27	ε
46	汉堡	德国	西欧	55.71	α
47	柏林	德国	西欧	51.89	β
48	科隆	德国	西欧	50.16	β
49	罗斯托克	德国	西欧	44.93	δ+
50	塔林	爱沙尼亚	北欧	49.24	γ

注：分别以 α、β、γ、δ++、δ+、δ、ε 代表重要节点城市、次要节点城市、一般节点城市、潜在节点城市Ⅰ类、潜在节点城市Ⅱ类和潜在节点城市Ⅲ类、普通城市。下同。

（二）设施联通型城市：通信时效性高

设施联通型城市基础设施水平较高、拥有枢纽性的铁路站点、信息化水平较高，以及往来中国航班数较多。将设施联通指数得分排名前50位的城市界定为设施联通型城市（见表12）。

表12 设施联通型城市

设施联通指数排名	城市	国家	区域	丝路节点城市指数得分	城市类别
1	首尔	韩国	东亚	62.38	α
2	新加坡	新加坡	东南亚	65.65	α
3	曼谷	泰国	东南亚	62.39	α
4	阿姆斯特丹	荷兰	西欧	55.06	α
5	巴黎	法国	西欧	56.35	α
6	马德里	西班牙	南欧	52.64	α
7	吉隆坡	马来西亚	东南亚	55.33	α
8	赫尔辛基	芬兰	北欧	50.34	β

续表

设施联通指数排名	城市	国家	区域	丝路节点城市指数得分	城市类别
9	维也纳	奥地利	西欧	56.39	α
10	鹿特丹	荷兰	西欧	49.16	γ
11	莫斯科	俄罗斯	东欧	60.24	α
12	柏林	德国	西欧	51.89	β
13	汉堡	德国	西欧	55.71	α
14	科隆	德国	西欧	50.16	β
15	不莱梅	德国	西欧	46.51	δ++
16	布拉格	捷克	东欧	52.21	β
17	波尔多	法国	西欧	49.04	γ
18	里尔	法国	西欧	46.91	δ++
19	布鲁塞尔	比利时	西欧	50.88	β
20	卢森堡	卢森堡	西欧	54.80	α
21	安特卫普	比利时	西欧	45.74	δ++
22	里斯本	葡萄牙	南欧	54.86	α
23	布达佩斯	匈牙利	东欧	57.52	α
24	东京	日本	东亚	53.32	α
25	明斯克	白俄罗斯	东欧	45.69	δ++
26	华沙	波兰	东欧	56.91	α
27	塔林	爱沙尼亚	北欧	49.24	γ
28	波尔图	葡萄牙	南欧	49.14	γ
29	仁川	韩国	东亚	49.68	γ
30	新西伯利亚	俄罗斯	东欧	52.22	β
31	大阪	日本	东亚	50.45	β
32	神户	日本	东亚	45.06	δ++
33	格但斯克	波兰	东欧	46.29	δ++
34	布拉迪斯拉发	斯洛伐克	东欧	45.57	δ++
35	维尔纽斯	立陶宛	北欧	45.14	δ++
36	伊斯坦布尔	土耳其	西亚	55.92	α
37	努尔苏丹	哈萨克斯坦	中亚	52.87	α
38	圣彼得堡	俄罗斯	东欧	58.28	α
39	叶卡捷琳堡	俄罗斯	东欧	51.01	β
40	克拉斯诺亚尔斯克	俄罗斯	东欧	50.85	β
41	里加	拉脱维亚	北欧	46.78	δ++
42	巴库	阿塞拜疆	西亚	47.16	δ++

续表

设施联通指数排名	城市	国家	区域	丝路节点城市指数得分	城市类别
43	乌法	俄罗斯	东欧	51.36	β
44	下诺夫哥罗德	俄罗斯	东欧	50.47	β
45	鄂木斯克	俄罗斯	东欧	50.08	β
46	萨马拉	俄罗斯	东欧	50.02	β
47	喀山	俄罗斯	东欧	49.54	γ
48	彼尔姆	俄罗斯	东欧	48.34	γ
49	车里雅宾斯克	俄罗斯	东欧	48.13	γ
50	胡志明市	越南	东南亚	49.64	γ

（三）贸易畅通型城市：与中国贸易往来较频繁

贸易畅通型城市一般拥有中国境外合作区或共建园区、遵守WTO贸易协定、双边贸易总额较高，以及自由贸易区数量较多。将贸易畅通指数得分排名前50位的城市界定为贸易畅通型城市（见表13）。

表13 贸易畅通型城市

贸易畅通指数排名	城市	国家	区域	丝路节点城市指数得分	城市类别
1	万象	老挝	东南亚	49.58	γ
2	内罗毕	肯尼亚	东非	42.58	δ+
3	艾哈迈达巴德	印度	南亚	36.03	ε
4	拉各斯	尼日利亚	西非	40.10	δ
5	蒙巴萨	肯尼亚	东非	37.45	ε
6	阿达纳	土耳其	西亚	37.81	ε
7	东京	日本	东亚	53.32	α
8	大阪	日本	东亚	50.45	β
9	神户	日本	东亚	45.06	δ++
10	名古屋	日本	东亚	43.98	δ+
11	横滨	日本	东亚	43.44	δ+
12	札幌	日本	东亚	41.15	δ
13	静冈-浜松	日本	东亚	40.19	δ
14	广岛	日本	东亚	40.13	δ
15	北九州-福冈	日本	东亚	41.03	δ

续表

贸易畅通指数排名	城市	国家	区域	丝路节点城市指数得分	城市类别
16	仙台	日本	东亚	39.82	ε
17	首尔	韩国	东亚	62.38	α
18	仁川	韩国	东亚	49.68	γ
19	釜山	韩国	东亚	51.91	β
20	大邱	韩国	东亚	46.32	δ++
21	龙仁	韩国	东亚	46.65	δ++
22	大田	韩国	东亚	46.64	δ++
23	光州	韩国	东亚	46.18	δ++
24	水原	韩国	东亚	45.95	δ++
25	昌原	韩国	东亚	45.67	δ++
26	圣彼得堡	俄罗斯	东欧	58.28	α
27	乌法	俄罗斯	东欧	51.36	β
28	胡志明市	越南	东南亚	49.64	γ
29	海防	越南	东南亚	45.56	δ++
30	卢萨卡	赞比亚	东非	32.98	ε
31	哈拉雷	津巴布韦	东非	40.49	δ
32	雅加达	印度尼西亚	东南亚	50.19	β
33	三宝垄	印度尼西亚	东南亚	42.16	δ
34	吉达	沙特阿拉伯	西亚	37.34	ε
35	开罗	埃及	北非	45.89	δ++
36	迪拜	阿拉伯联合酋长国	西亚	55.28	α
37	阿布扎比	阿拉伯联合酋长国	西亚	49.80	γ
38	沙迦	阿拉伯联合酋长国	西亚	42.11	δ
39	伊斯坦布尔	土耳其	西亚	55.92	α
40	安卡拉	土耳其	西亚	49.20	γ
41	伊兹密尔	土耳其	西亚	48.16	γ
42	加济安泰普	土耳其	西亚	44.71	δ+
43	科尼亚	土耳其	西亚	44.70	δ+
44	布尔萨	土耳其	西亚	43.79	δ+
45	安塔利亚	土耳其	西亚	40.79	δ
46	柏林	德国	西欧	51.89	β
47	汉堡	德国	西欧	55.71	α
48	科隆	德国	西欧	50.16	β
49	不莱梅	德国	西欧	46.51	δ++
50	慕尼黑	德国	西欧	46.02	δ++

（四）资金融通型城市：金融国际化水平较高

资金融通型城市来自中国的 FDI 规模较大、货币稳定性较高、签订了双边投资协定，以及金融国际化水平较高。将资金融通指数得分排前 50 位的城市界定为资金融通型城市（见表 14）。

表 14　资金融通型城市

资金融通指数排名	城市	国家	区域	丝路节点城市指数得分	城市类别
1	新加坡	新加坡	东南亚	65.65	α
2	卢森堡	卢森堡	西欧	54.80	α
3	伦敦	英国	北欧	55.58	α
4	迪拜	阿拉伯联合酋长国	西亚	55.28	α
5	东京	日本	东亚	53.32	α
6	阿布扎比	阿拉伯联合酋长国	西亚	49.80	γ
7	吉隆坡	马来西亚	东南亚	55.33	α
8	特拉维夫—雅法	以色列	西亚	52.58	α
9	大阪	日本	东亚	50.45	β
10	首尔	韩国	东亚	62.38	α
11	阿姆斯特丹	荷兰	西欧	55.06	α
12	巴黎	法国	西欧	56.35	α
13	汉堡	德国	西欧	55.71	α
14	卡萨布兰卡	摩洛哥	北非	44.99	δ+
15	慕尼黑	德国	西欧	46.02	δ++
16	釜山	韩国	东亚	51.91	β
17	斯德哥尔摩	瑞典	北欧	42.65	δ+
18	惠灵顿	新西兰	澳大利亚和新西兰	47.95	γ
19	马德里	西班牙	南欧	52.64	α
20	曼谷	泰国	东南亚	62.39	α
21	米兰	意大利	南欧	51.51	β
22	格拉斯哥	英国	北欧	49.89	γ
23	开普敦	南非	南非	47.09	δ++
24	伊斯坦布尔	土耳其	西亚	55.92	α
25	麦纳麦	巴林	西亚	46.65	δ++
26	努尔苏丹	哈萨克斯坦	中亚	52.87	α

续表

资金融通指数排名	城市	国家	区域	丝路节点城市指数得分	城市类别
27	维也纳	奥地利	西欧	56.39	α
28	莫斯科	俄罗斯	东欧	60.24	α
29	布拉格	捷克	东欧	52.21	β
30	里斯本	葡萄牙	南欧	54.86	α
31	布鲁塞尔	比利时	西欧	50.88	β
32	圣彼得堡	俄罗斯	东欧	58.28	α
33	多哈	卡塔尔	西亚	47.57	γ
34	科威特市	科威特	西亚	44.51	δ+
35	华沙	波兰	东欧	56.91	α
36	约翰内斯堡	南非	南非	41.28	δ
37	奥斯陆	挪威	北欧	45.05	δ++
38	赫尔辛基	芬兰	北欧	50.34	β
39	罗马	意大利	南欧	51.44	β
40	哥本哈根	丹麦	北欧	49.60	γ
41	孟买	印度	南亚	42.95	δ+
42	塔林	爱沙尼亚	北欧	49.24	γ
43	布达佩斯	匈牙利	东欧	57.52	α
44	尼科西亚	塞浦路斯	西亚	41.90	δ
45	新德里	印度	南亚	44.99	δ+
46	苏菲亚	保加利亚	东欧	51.25	β
47	雷克雅未克	冰岛	北欧	39.42	ε
48	巴库	阿塞拜疆	西亚	47.16	δ++
49	利雅得	沙特阿拉伯	西亚	42.71	δ+
50	苏黎世	瑞士	西欧	53.62	α

（五）民心相通型城市：与中国文化距离较小

民心相通型城市与中国文化距离较小、孔子学院数量较多、与中国往来航空客流量较大，大多位于中国免签国家。将民心相通指数得分排前50位的城市界定为民心相通型城市（见表15）。

表15 民心相通型城市

民心相通指数排名	城市	国家	区域	丝路节点城市指数得分	城市类别
1	曼谷	泰国	东南亚	62.39	α
2	伦敦	英国	北欧	55.58	α
3	哥本哈根	丹麦	北欧	49.60	γ
4	布鲁塞尔	比利时	西欧	50.88	β
5	首尔	韩国	东亚	62.38	α
6	巴黎	法国	西欧	56.35	α
7	莫斯科	俄罗斯	东欧	60.24	α
8	加拉加斯	委内瑞拉	南美	26.93	ε
9	加德满都	尼泊尔	南亚	39.81	ε
10	伊斯坦布尔	土耳其	西亚	55.92	α
11	塔什干	乌兹别克斯坦	中亚	45.61	δ++
12	维也纳	奥地利	西欧	56.39	α
13	特拉维夫—雅法	以色列	西亚	52.58	α
14	耶路撒冷（以色列）	以色列	西亚	39.75	ε
15	蒙得维的亚	乌拉圭	南美	40.74	δ
16	都柏林	爱尔兰	北欧	44.22	δ+
17	里斯本	葡萄牙	南欧	54.86	α
18	波尔图	葡萄牙	南欧	49.14	γ
19	布达佩斯	匈牙利	东欧	57.52	α
20	格拉斯哥	英国	北欧	49.89	γ
21	曼彻斯特	英国	北欧	46.54	δ++
22	南安普顿	英国	北欧	45.83	δ++
23	瓦莱塔	马耳他	南欧	40.55	δ
24	赫尔辛基	芬兰	北欧	50.34	β
25	雅典	希腊	南欧	50.30	β
26	开罗	埃及	北非	45.89	δ++
27	开普敦	南非	南非	47.09	δ++
28	瓦伦西亚	委内瑞拉	南美	24.57	ε
29	马拉开波	委内瑞拉	南美	24.19	ε
30	马拉凯	委内瑞拉	南美	23.97	ε
31	巴基西梅托	委内瑞拉	南美	23.97	ε
32	米兰	意大利	南欧	51.51	β
33	仰光	缅甸	东南亚	44.70	δ+
34	马普托	莫桑比克	东非	35.08	ε
35	乌兰巴托	蒙古	东亚	47.18	δ++
36	斯德哥尔摩	瑞典	北欧	42.65	δ+
37	阿克拉	加纳	西非	36.88	ε

续表

民心相通指数排名	城市	国家	区域	丝路节点城市指数得分	城市类别
38	拉各斯	尼日利亚	西非	40.10	δ
39	科纳克里	几内亚	西非	33.12	ε
40	奥斯陆	挪威	北欧	45.05	δ++
41	利伯维尔	加蓬	中非	36.76	ε
42	班珠尔	冈比亚	西非	31.83	ε
43	阿皮亚	萨摩亚	波利尼西亚	32.58	ε
44	布琼布拉	布隆迪	东非	29.25	ε
45	里加	拉脱维亚	北欧	46.78	δ++
46	柏林	德国	西欧	51.89	β
47	新西伯利亚	俄罗斯	东欧	52.22	β
48	华沙	波兰	东欧	56.91	α
49	格但斯克	波兰	东欧	46.29	δ++
50	罗马	意大利	南欧	51.44	β

四 分区域城市排名和类别分析

从空间分布看，各类型节点城市的分布具有明显的空间差异性。重要节点城市主要分布在西欧、东欧地区；次要节点城市主要分布在东欧地区；一般节点城市主要分布在东南亚、西亚和东欧地区；潜在节点城市则主要分布在东亚、东南亚、南亚和西亚地区。本部分分区域分析丝路节点城市排名和类别（见表16）。

表16 各类别样本城市的区域空间分布

单位：个

城市类别	东亚	东南亚	南亚	中亚	西亚	东欧	北欧	西欧	南欧
重要节点城市	2	3	—	2	3	4	1	6	2
次要节点城市	2	1	—	—	—	9	1	3	3
一般节点城市	1	5	2	—	4	4	3	2	1
潜在节点城市	14	14	12	4	12	7	9	8	9
合计	19	23	14	6	19	24	14	19	15

续表

城市类别	北非	东非	南非	西非	南美	中美	澳新
重要节点城市	—	—	—	—	—	—	—
次要节点城市	—	—	—	—	—	—	—
一般节点城市	—	—	—	—	—	—	—
潜在节点城市	2	3	2	1	1	1	1
合计	2	3	2	1	1	1	2

（一）亚洲地区

1. 东亚地区：设施联通性较强、伙伴关系较弱

东亚地区共包含21个样本城市，其中包含2个重要节点城市、2个次要节点城市、1个一般节点城市、14个潜在节点城市和2个普通城市（见表17）。21个城市指数综合得分为45.50，高于全样本均值6.39。与全样本城市均值相比，东亚地区设施联通指数、政策沟通指数较高，分别高于全样本均值2.77和2.66。从满分达标率角度看，东亚地区政策沟通指数均值满分达标率最高，为82.09%，区域影响指数均值满分达标率最低，为10.62%。

表17　东亚地区样本城市

城市	国家	丝路节点城市指数得分	城市类别	城市	国家	丝路节点城市指数得分	城市类别
首尔	韩国	62.38	α	昌原	韩国	45.67	δ++
东京	日本	53.32	α	神户	日本	45.06	δ++
釜山	韩国	51.91	β	名古屋	日本	43.98	δ+
大阪	日本	50.45	β	横滨	日本	43.44	δ+
仁川	韩国	49.68	γ	札幌	日本	41.15	δ
乌兰巴托	蒙古	47.18	δ++	北九州—福冈	日本	41.03	δ
龙仁	韩国	46.65	δ++	静冈—浜松	日本	40.19	δ
大田	韩国	46.64	δ++	广岛	日本	40.13	δ
大邱	韩国	46.32	δ++	仙台	日本	39.82	ε
光州	韩国	46.18	δ++	平壤	朝鲜	28.49	ε
水原	韩国	45.95	δ++				

2020丝路城市指数：发挥区域比较优势，推进"一带一路"倡议实现高质量发展

2. 东南亚地区：与中国伙伴关系较好，节点功能处于全样本均值水平

东南亚地区共包含33个样本城市，其中包含3个重要节点城市、1个次要节点城市、5个一般节点城市、14个潜在节点城市和10个普通城市（见表18）。33个城市指数综合得分为43.30，高于全样本均值4.19。与全样本城市相比，除伙伴关系指数得分高于全样本均值、资金融通指数得分略低于全样本均值外，其他二级指数得分与全样本均值基本持平。从满分达标率角度看，东南亚地区伙伴关系指数均值满分达标率最高，为69.80%，区域影响指数相对较弱，均值满分达标率最低，为26.95%。

表18 东南亚地区样本城市

城市	国家	丝路节点城市指数得分	城市类别	城市	国家	丝路节点城市指数得分	城市类别
新加坡	新加坡	65.65	α	春武里	泰国	41.59	δ
曼谷	泰国	62.39	α	万隆	印度尼西亚	41.21	δ
吉隆坡	马来西亚	55.33	α	茂物	印度尼西亚	40.93	δ
雅加达	印度尼西亚	50.19	β	巨港	印度尼西亚	40.89	δ
马尼拉	菲律宾	49.92	γ	棉兰	印度尼西亚	40.81	δ
胡志明市	越南	49.64	γ	芹苴	越南	40.75	δ
万象	老挝	49.58	γ	斯里巴加湾市	文莱	40.01	δ
河内	越南	48.93	γ	达沃市	菲律宾	39.08	ε
金边	柬埔寨	47.79	γ	内比都	缅甸	38.98	ε
北揽府（沙没巴干府）	泰国	46.92	δ++	巴淡岛	印度尼西亚	37.43	ε
				登巴萨	印度尼西亚	37.18	ε
海防	越南	45.56	δ++	北干巴鲁	印度尼西亚	37.07	ε
仰光	缅甸	44.70	δ+	望加锡	印度尼西亚	36.90	ε
曼德勒	缅甸	43.86	δ+	德波	印度尼西亚	35.33	ε
清迈	泰国	43.36	δ+	勿加泗	印度尼西亚	35.22	ε
泗水	印度尼西亚	42.90	δ+	丹格朗	印度尼西亚	35.04	ε
三宝垄	印度尼西亚	42.16	δ	帝力	东帝汶	21.58	ε

3. 南亚地区：样本城市节点功能略低于全样本均值水平

南亚地区共包含86个样本城市，其中包含2个一般节点城市、12个潜

在节点城市和72个普通城市（见表19）。86个城市指数综合得分为34.04，低于全样本均值5.07。与全样本城市相比，除成长引领和贸易畅通指数得分略高于全样本均值外，其余二级指数得分均值低于全样本均值。从满分达标率角度看，南亚地区政策沟通领域发展较好，均值满分达标率最高，为54.46%，伙伴关系指数均值满分达标率为46.80%，区域影响指数均值满分达标率最低为11.51%。

表19 南亚地区样本城市

城市	国家	丝路节点城市指数得分	城市类别	城市	国家	丝路节点城市指数得分	城市类别
拉合尔	巴基斯坦	49.38	γ	古杰朗瓦拉	巴基斯坦	37.02	ε
伊斯兰堡	巴基斯坦	47.99	γ	拉瓦尔品第	巴基斯坦	36.87	ε
新德里	印度	44.99	δ+	斯里贾亚瓦德纳普拉科特	斯里兰卡	36.10	ε
德黑兰	伊朗	44.84	δ+	艾哈迈达巴德	印度	36.03	ε
达卡	孟加拉国	44.23	δ+	吉大港	孟加拉国	35.76	ε
卡拉奇	巴基斯坦	44.01	δ+	阿散索尔	印度	35.35	ε
孟买	印度	42.95	δ+	卡拉季	伊朗	34.49	ε
马什哈德	伊朗	42.82	δ+	印多尔	印度	33.67	ε
库姆	伊朗	42.76	δ+	哥打	印度	33.66	ε
加尔各答	印度	41.67	δ	纳西克	印度	33.58	ε
费萨拉巴德	巴基斯坦	41.40	δ	奥兰加巴德	印度	33.56	ε
奎达	巴基斯坦	41.00	δ	勒克瑙	印度	33.51	ε
木尔坦	巴基斯坦	40.92	δ	阿格拉	印度	33.50	ε
科伦坡	斯里兰卡	40.20	δ	巴罗达	印度	33.43	ε
加德满都	尼泊尔	39.81	ε	阿姆利则	印度	33.37	ε
伊斯法罕	伊朗	38.84	ε	瓦拉纳西（贝纳雷斯）	印度	33.37	ε
西拉	伊朗	38.71	ε	那格浦尔	印度	33.37	ε
大不里士	伊朗	38.63	ε	卢迪亚纳	印度	33.35	ε
金奈（马德拉斯）	印度	38.51	ε	坎普尔	印度	33.24	ε
班加罗尔	印度	38.37	ε	阿瓦士	伊朗	32.68	ε
海得拉巴（印度）	印度	37.72	ε	浦那	印度	31.66	ε
马累	马尔代夫	37.39	ε	维杰亚瓦达	印度	31.66	ε
海得拉巴（巴基斯坦）	巴基斯坦	37.15	ε	莫拉达巴德	印度	31.61	ε
白沙瓦	巴基斯坦	37.11	ε				

续表

城市	国家	丝路节点城市指数得分	城市类别	城市	国家	丝路节点城市指数得分	城市类别
詹谢普尔	印度	31.41	ε	巴雷利	印度	29.52	ε
蒂鲁吉拉伯利	印度	31.34	ε	博帕尔	印度	29.51	ε
库尔纳	孟加拉国	31.18	ε	维沙卡帕特南	印度	29.50	ε
科钦	印度	30.79	ε	斯利那加	印度	29.49	ε
马拉普兰	印度	30.33	ε	瓜廖尔	印度	29.49	ε
科泽科德	印度	30.08	ε	迈索尔	印度	29.45	ε
科莱	印度	29.99	ε	塞勒姆	印度	29.42	ε
特里苏尔	印度	29.97	ε	密鲁特	印度	29.41	ε
苏拉特	印度	29.88	ε	巴特那	印度	29.41	ε
蒂鲁普	印度	29.86	ε	马杜赖	印度	29.40	ε
特里凡得琅	印度	29.85	ε	昌迪加尔	印度	29.40	ε
哥印拜陀	印度	29.78	ε	胡布利—达尔瓦德县	印度	29.40	ε
赖布尔	印度	29.75	ε
拉杰果德	印度	29.62	ε	古瓦哈提	印度	29.37	ε
阿利加尔	印度	29.59	ε	阿拉哈巴德	印度	29.35	ε
坎努尔	印度	29.58	ε	贾巴尔普尔	印度	29.34	ε
布巴内斯瓦尔	印度	29.57	ε	杜尔格	印度	29.33	ε
焦特布尔	印度	29.54	ε	丹巴德	印度	29.30	ε
斋浦尔	印度	29.54	ε	喀布尔	阿富汗	28.98	ε
兰契	印度	29.52	ε	廷布	不丹	24.96	ε

4. 中亚地区：伙伴关系领域发展较好，百万城市节点功能凸显

中亚地区共包含6个样本城市，其中包含2个重要节点城市和4个潜在节点城市（见表20）。6个城市指数综合得分为47.70，高于全样本均值8.59。与全样本城市相比，除成长引领和贸易畅通指数得分略低于全样本均值外，其余二级指数得分均值略高于全样本均值。从满分达标率角度看，中亚地区伙伴关系指数和政策沟通指数表现较好，均值满分达标率分别为78.66%和74.69%，贸易畅通指数均值满分达标率最低，为19.57%。

表20　中亚地区样本城市

城市	国家	丝路节点城市指数得分	类别	城市	国家	丝路节点城市指数得分	类别
阿拉木图	哈萨克斯坦	55.39	α	比什凯克	吉尔吉斯斯坦	45.61	δ++
努尔苏丹	哈萨克斯坦	52.87	α	塔什干	乌兹别克斯坦	45.61	δ++
杜尚别	塔吉克斯坦	46.22	δ++	阿什哈巴德	土库曼斯坦	40.51	δ

5. 西亚地区：样本城市节点功能略低于全样本均值水平

西亚地区共包含42个样本城市，其中包含3个重要节点城市、4个一般节点城市和12个潜在节点城市（见表21）。42个城市指数综合得分为37.29，低于全样本均值1.83。与全样本城市相比，除区域影响和资金融通指数得分稍高于全样本均值外，其余二级指数得分稍低于全样本均值。从满分达标率的角度看，西亚地区样本城市政策沟通指数均值满分达标率最高，为59.82%，其次为资金融通指数，达标率为50.97%。

表21　西亚地区样本城市

城市	国家	丝路节点城市指数得分	城市类别	城市	国家	丝路节点城市指数得分	城市类别
伊斯坦布尔	土耳其	55.92	α	科威特市	科威特	44.51	δ+
迪拜	阿拉伯联合酋长国	55.28	α	布尔萨	土耳其	43.79	δ+
特拉维夫—雅法	以色列	52.58	α	赫法（海法）	以色列	43.27	δ+
阿布扎比	阿拉伯联合酋长国	49.80	γ	利雅得	沙特阿拉伯	42.71	δ+
安卡拉	土耳其	49.20	γ	沙迦	阿拉伯联合酋长国	42.11	δ
伊兹密尔	土耳其	48.16	γ	尼科西亚	塞浦路斯	41.90	δ
多哈	卡塔尔	47.57	γ	安塔利亚	土耳其	40.79	δ
巴库	阿塞拜疆	47.16	δ++	耶路撒冷（以色列）	以色列	39.75	ε
麦纳麦	巴林	46.65	δ++	马斯喀特	阿曼	39.06	ε
第比利斯	格鲁吉亚	46.46	δ++	埃里温	亚美尼亚	38.59	ε
加济安泰普	土耳其	44.71	δ+	阿达纳	土耳其	37.81	ε
科尼亚	土耳其	44.70	δ+	安曼	约旦	37.61	ε
				吉达	沙特阿拉伯	37.34	ε

续表

城市	国家	丝路节点城市指数得分	城市类别	城市	国家	丝路节点城市指数得分	城市类别
达曼	沙特阿拉伯	37.12	ε	哈马	叙利亚	23.72	ε
麦加	沙特阿拉伯	35.86	ε	萨那	也门	22.96	ε
麦地那	沙特阿拉伯	35.65	ε	摩苏尔	伊拉克	22.08	ε
贝鲁特	黎巴嫩	33.03	ε	苏莱曼尼亚	伊拉克	21.85	ε
阿勒颇	叙利亚	28.45	ε	巴士拉	伊拉克	21.84	ε
大马士革	叙利亚	28.22	ε	埃尔比勒	伊拉克	21.68	ε
亚丁	也门	27.27	ε	加沙	巴勒斯坦	18.93	ε
巴格达	伊拉克	27.11	ε	耶路撒冷（巴勒斯坦）	巴勒斯坦	18.79	ε
霍姆斯	叙利亚	24.03	ε				

（二）欧洲地区

1. 东欧地区：承担丝路节点功能的重要区域

东欧地区共包含27个样本城市，其中包含4个重要节点城市、9个次要节点城市、4个一般节点城市和7个潜在节点城市（见表22）。27个城市指数综合得分为48.34，高于全样本均值9.23。与全样本城市相比，除成长引领指数得分稍低于全样本均值外，其余二级指数得分均高于全样本均值，其中伙伴关系指数得分高于全样本均值2.75。从满分达标率的角度看，东欧地区样本城市伙伴关系指数和政策沟通指数均值满分达标率最高，分别为78.07%和73.18%。区域影响指数均值满分达标率最低，为24.38%。

2. 北欧地区：资金融通性较好，百万城市节点功能较强

北欧地区共包含15个样本城市，其中包含1个重要节点城市、1个次要节点城市、3个一般节点城市和9个潜在节点城市（见表23）。15个城市指数综合得分为46.62，高于全样本均值7.51。与全样本城市相比，伙伴关系指数和贸易畅通指数得分低于全样本均值，其余二级指数得分均高于全样本均值。从满分达标率的角度看，北欧地区样本城市政策沟通指数均值满分达标率最高，为78.08%，贸易畅通指数均值满分达标率最低，为25.31%。

表22 东欧地区样本城市

城市	国家	丝路节点城市指数得分	城市类别	城市	国家	丝路节点城市指数得分	城市类别
莫斯科	俄罗斯	60.24	α	彼尔姆	俄罗斯	48.34	γ
圣彼得堡	俄罗斯	58.28	α	布加勒斯特	罗马尼亚	48.21	γ
布达佩斯	匈牙利	57.52	α	车里雅宾斯克	俄罗斯	48.13	γ
华沙	波兰	56.91	α	格但斯克	波兰	46.29	δ++
新西伯利亚	俄罗斯	52.22	β	明斯克	白俄罗斯	45.69	δ++
布拉格	捷克	52.21	β	布拉迪斯拉发	斯洛伐克	45.57	δ++
乌法	俄罗斯	51.36	β	伏尔加格勒	俄罗斯	44.44	δ+
苏菲亚	保加利亚	51.25	β	沃罗涅日	俄罗斯	44.13	δ+
叶卡捷琳堡	俄罗斯	51.01	β	罗斯托夫	俄罗斯	44.07	δ+
克拉斯诺亚尔斯克	俄罗斯	50.85	β	基辅	乌克兰	42.89	δ+
下诺夫哥罗德	俄罗斯	50.47	β	基希讷乌	摩尔多瓦	37.27	ε
鄂木斯克	俄罗斯	50.08	β	敖德萨	乌克兰	34.10	ε
萨马拉	俄罗斯	50.02	β	哈尔科夫	乌克兰	34.08	ε
喀山	俄罗斯	49.54	γ				

表23 北欧地区样本城市

城市	国家	丝路节点城市指数得分	城市类别	城市	国家	丝路节点城市指数得分	城市类别
伦敦	英国	55.58	α	伯明翰	英国	45.67	δ++
赫尔辛基	芬兰	50.34	β	维尔纽斯	立陶宛	45.14	δ++
格拉斯哥	英国	49.89	γ	奥斯陆	挪威	45.05	δ++
哥本哈根	丹麦	49.60	γ	都柏林	爱尔兰	44.22	δ+
塔林	爱沙尼亚	49.24	γ	西约克	英国	43.40	δ+
里加	拉脱维亚	46.78	δ++	斯德哥尔摩	瑞典	42.65	δ+
曼彻斯特	英国	46.54	δ++	雷克雅未克	冰岛	39.42	ε
南安普顿	英国	45.83	δ++				

3.西欧地区：承担丝路节点功能的重要区域

西欧地区共包含19个样本城市，其中包含6个重要节点城市、3个次要节点城市、2个一般节点城市和8个潜在节点城市。19个城市指数综合得分为49.75，高于全样本均值10.64。与全样本城市相比，伙伴关系指数得分低于全样本均值1.43,其余二级指数得分均高于全样本均值。从满分达标率的角度看,西欧地区样本城市政策沟通指数均值满分达标率最高,为78.35%,贸易畅通指数均值满分达标率最低,为27.40%(见表24)。

表24 西欧地区样本城市

城市	国家	丝路节点城市指数得分	城市类别	城市	国家	丝路节点城市指数得分	城市类别
维也纳	奥地利	56.39	α	波尔多	法国	49.04	γ
巴黎	法国	56.35	α	里尔	法国	46.91	δ++
汉堡	德国	55.71	α	不莱梅	德国	46.51	δ++
阿姆斯特丹	荷兰	55.06	α	慕尼黑	德国	46.02	δ++
卢森堡	卢森堡	54.80	α	安特卫普	比利时	45.74	δ++
苏黎世	瑞士	53.62	α	伯尔尼	瑞士	45.17	δ++
柏林	德国	51.89	β	罗斯托克	德国	44.93	δ+
布鲁塞尔	比利时	50.88	β	里昂	法国	43.87	δ+
科隆	德国	50.16	β	马赛—普罗旺斯地区艾克斯	法国	43.02	δ+
鹿特丹	荷兰	49.16	γ				

4. 南欧地区:区域影响力较好,贸易畅通性相对不足

南欧地区共包含19个样本城市,其中包含2个重要节点城市、3个次要节点城市、1个一般节点城市和9个潜在节点城市(见表25)。19个城市指数综合得分为43.99,高于全样本均值4.88。与全样本城市相比,成长引领和贸易畅通指数得分低于全样本均值,其余二级指数得分均高于全样本均值。从满分达标率的角度,南欧地区样本城市政策沟通指数均值满分达标率最高,为71.02%,贸易畅通指数均值满分达标率最低,为22.18%。

(三)非洲地区

1. 北非地区:以增强设施联通性为抓手提升城市节点功能

北非地区共包含10个样本城市,其中包含2个潜在节点城市(见表26)。10个城市指数综合得分为36.65,低于全样本均值2.46。与全样本城市相比,政策沟通、资金融通和民心相通指数得分稍高于全样本均值外,其

余二级指数得分低于全样本均值。从满分达标率的角度看,政策沟通指数均值满分达标率最高,为65.47%,区域影响指数均值满分达标率最低,为14.77%。

表25 南欧地区样本城市

城市	国家	丝路节点城市指数得分	城市类别	城市	国家	丝路节点城市指数得分	城市类别
里斯本	葡萄牙	54.86	α	威尼斯	意大利	43.59	δ+
马德里	西班牙	52.64	α	巴塞罗那	西班牙	43.59	δ+
米兰	意大利	51.51	β	萨格勒布	克罗地亚	43.12	δ+
罗马	意大利	51.44	β	瓦莱塔	马耳他	40.55	δ
雅典	希腊	50.30	β	卢布尔雅那	斯洛文尼亚	40.37	δ
波尔图	葡萄牙	49.14	γ	斯科普里	北马其顿共和国	39.77	ε
都灵	意大利	45.62	δ++	地拉那	阿尔巴尼亚	38.26	ε
贝尔格莱德	塞尔维亚	44.82	δ+	波德戈里察	黑山	29.27	ε
那不勒斯	意大利	44.81	δ+	萨拉热窝	波斯尼亚和黑塞哥维那	27.74	ε
热那亚	意大利	44.49	δ+				

表26 北非地区样本城市

城市	国家	丝路节点城市指数得分	类别	城市	国家	丝路节点城市指数得分	类别
开罗	埃及	45.89	δ++	非斯	摩洛哥	37.31	ε
卡萨布兰卡	摩洛哥	44.99	δ+	马拉喀什	摩洛哥	37.25	ε
突尼斯	突尼斯	38.40	ε	亚历山大港	埃及	36.69	ε
阿尔及尔	阿尔及利亚	37.86	ε	喀土穆	苏丹	31.29	ε
拉巴特	摩洛哥	37.71	ε	的黎波里	利比亚	19.11	ε

2. 东非地区:以增强设施联通性为抓手提升城市节点功能

东非地区共包含17个样本城市,其中包含3个潜在节点城市(见表27)。17个城市指数综合得分为32.87,低于全样本均值6.24。与全样本城市相比,成长引领和民心相通指数得分稍高于全样本均值,其余二级指数得分低于全样本均值。从满分达标率的角度看,政策沟通指数均值满分达标率最高,为57.91%,设施联通指数均值满分达标率最低,为9.93%。

表27 东非地区样本城市

城市	国家	丝路节点城市指数得分	城市类别	城市	国家	丝路节点城市指数得分	城市类别
内罗毕	肯尼亚	42.58	δ+	塔那那利佛	马达加斯加	32.53	ε
哈拉雷	津巴布韦	40.49	δ	坎帕拉	乌干达	32.27	ε
达累斯萨拉姆	坦桑尼亚	40.04	δ	基加利	卢旺达	31.36	ε
亚的斯亚贝巴（埃塞俄比亚首都）	埃塞俄比亚	39.59	ε	多多马	坦桑尼亚	31.17	ε
				布琼布拉	布隆迪	29.25	ε
				马托拉	莫桑比克	29.14	ε
蒙巴萨	肯尼亚	37.45	ε	吉布提市	吉布提	27.39	ε
马普托	莫桑比克	35.08	ε	朱巴	南苏丹	23.61	ε
维多利亚	塞舌尔	33.04	ε	摩加迪沙	索马里	20.90	ε
卢萨卡	赞比亚	32.98	ε				

3. 南非地区：以增强政策沟通和设施联通性为抓手提升城市节点功能

南非地区共包含7个样本城市，其中包含2个潜在节点城市（见表28）。7个城市指数综合得分为38.94，低于全样本均值0.18。与全样本城市相比，伙伴关系、资金融通和民心相通指数得分稍高于全样本均值，其余二级指数得分低于全样本均值。从满分达标率的角度看，伙伴关系指数均值满分达标率最高，为68.49%，区域影响指数均值满分达标率最低，为15.17%。

表28 南非地区样本城市

城市	国家	丝路节点城市指数得分	城市类别	城市	国家	丝路节点城市指数得分	城市类别
开普敦	南非	47.09	δ++	温得和克	纳米比亚	36.27	ε
约翰内斯堡	南非	41.28	δ	伊丽莎白港（纳尔逊曼德拉湾）	南非	35.94	ε
德班	南非	39.98	ε
艾库鲁勒尼	南非	38.00	ε	茨瓦内	南非	34.00	ε

4. 西非地区：以增强设施联通性为突破口提升城市节点功能

西非地区共包含19个样本城市，其中包含1个潜在节点城市（见表29）。19个城市指数综合得分为32.28，低于全样本均值6.83。与全样本城市相比，民心相通指数得分高于全样本均值1.23，成长引领和贸易畅通指数与全样本城市均值基本持平，其余二级指数得分低于全样本均值，其中设施联通指数得分最低，低于全样本均值3.11。从满分达标率的角度，政策沟通指数均值满分达标率最高，为51.21%。

表29 西非地区样本城市

城市	国家	丝路节点城市指数得分	城市类别	城市	国家	丝路节点城市指数得分	城市类别
拉各斯	尼日利亚	40.10	δ	哈科特港	尼日利亚	31.68	ε
阿克拉	加纳	36.88	ε	奥尼查	尼日利亚	30.76	ε
弗里敦	塞拉利昂	35.47	ε	贝宁市	尼日利亚	30.41	ε
库马西	加纳	34.86	ε	伊巴丹	尼日利亚	30.34	ε
普拉亚	佛得角	33.62	ε	卡诺	尼日利亚	30.32	ε
科纳克里	几内亚	33.12	ε	卡杜纳	尼日利亚	30.12	ε
阿比让	科特迪瓦	33.00	ε	努瓦克肖特	毛里塔尼亚	30.04	ε
阿布贾	尼日利亚	32.60	ε	洛美	多哥	29.21	ε
班珠尔	冈比亚	31.83	ε	亚穆苏克罗	科特迪瓦	27.23	ε
达喀尔	塞内加尔	31.71	ε				

5. 中非地区：以增强设施联通性为突破口提升城市节点功能

中非地区共包含7个样本城市（见表30）。7个城市指数综合得分为31.27，低于全样本均值7.84。与全样本城市相比，政策沟通指数得分略高于全样本均值，其余二级指数得分低于全样本均值，其中设施联通指数得分最低，低于全样本均值3.38。从满分达标率的角度看，政策沟通指数均值满分达标率最高，为64.37%。

表30 中非地区样本城市

城市	国家	丝路节点城市指数得分	城市类别	城市	国家	丝路节点城市指数得分	城市类别
利伯维尔	加蓬	36.76	ε	雅温得	喀麦隆	28.84	ε
布拉柴维尔	刚果（布）	35.39	ε	杜阿拉	喀麦隆	28.21	ε
黑角	刚果（布）	34.07	ε	恩贾梅纳	乍得	24.08	ε
罗安达	安哥拉	31.56	ε				

（四）美洲和大洋洲地区：丝路节点功能的潜力区域，可重点关注奥克兰

美洲和大洋洲地区共包含22个样本城市，其中包含1个一般节点城市、3个潜在节点城市（见表31）。22个城市指数综合得分为32.25，低于全样本均值6.86。与全样本城市相比，除民心相通指数得分略高于全样本均值外，美洲和大洋洲地区二级指数得分均低于全样本均值，其中设施联通指数最低，低于全样本均值1.57。从满分达标率的角度看，政策沟通指数均值满分达标率最高，为54.82%。

表31　美洲和大洋洲地区样本城市

城市	国家	丝路节点城市指数得分	城市类别	城市	国家	丝路节点城市指数得分	城市类别
惠灵顿	新西兰	47.95	γ	罗索	多米尼克	32.45	ε
奥克兰	新西兰	46.78	δ++	乔治敦	圭亚那	31.48	ε
蒙得维的亚	乌拉圭	40.74	δ	圣乔治	格林纳达	31.06	ε
巴拿马城	巴拿马	40.02	δ	帕拉马里博	苏里南	28.21	ε
莫尔兹比港	巴布亚新几内亚	36.44	ε	加拉加斯	委内瑞拉	26.93	ε
圣荷西	哥斯达黎加	36.29	ε	圣约翰（纽芬兰）	安提瓜和巴布达	25.60	ε
拉巴斯	玻利维亚	34.81	ε	瓦伦西亚	委内瑞拉	24.57	ε
圣克鲁斯	玻利维亚	34.40	ε	马拉开波	委内瑞拉	24.19	ε
西班牙港	特立尼达和多巴哥	33.74	ε	马拉凯	委内瑞拉	23.97	ε
科恰班巴	玻利维亚	33.41	ε	巴基西梅托	委内瑞拉	23.97	ε
阿皮亚	萨摩亚	32.58	ε	阿洛菲	纽埃	19.97	ε

附　录

1. 纳入本报告研究的城市样本

延续上年筛选丝路节点城市情况，纳入本报告的丝路节点城市样本主要

包含三个部分。其一，共建"一带一路"国家中人口规模超过100万的城市。① 其二，样本国家的首都城市。其三，"一带一路"网络中的重要港口城市。基于数据可得性，最终选出138个国家的350个样本城市。样本国家和城市在各区域的分布情况如附表1所示。

附表1 纳入本报告研究的样本国家和城市

单位：个

大洲	地理亚区	国家（地区）名称	数量	城市数量
大洋洲	美拉尼西亚	巴布亚新几内亚	1	1
	波利尼西亚	萨摩亚、纽埃	2	2
	澳大利亚和新西兰	新西兰	1	2
美洲	南美	玻利维亚、乌拉圭、委内瑞拉、苏里南、圭亚那	5	11
	中美	哥斯达黎加、巴拿马	2	2
	加勒比地区	格林纳达、多米尼克、安提瓜和巴布达、特立尼达和多巴哥	4	4
欧洲	南欧	希腊、塞尔维亚、黑山、斯洛文尼亚、波斯尼亚和黑塞哥维纳、阿尔巴尼亚、克罗地亚、马其顿、马耳他、葡萄牙、西班牙、意大利	12	19
	东欧	白俄罗斯、保加利亚、捷克、匈牙利、波兰、罗马尼亚、俄罗斯、乌克兰、摩尔多瓦、斯洛伐克	10	27
	西欧	奥地利、比利时、德国、法国、荷兰、卢森堡、瑞士	7	19
	北欧	立陶宛、拉脱维亚、爱沙尼亚、爱尔兰、冰岛、丹麦、芬兰、挪威、瑞典、英国	10	15
亚洲	南亚	阿富汗、孟加拉国、印度、伊朗、尼泊尔、巴基斯坦、斯里兰卡、不丹、马尔代夫	9	86
	东南亚	柬埔寨、印度尼西亚、马来西亚、缅甸、菲律宾、新加坡、泰国、越南、东帝汶、文莱、老挝	11	33
	东亚	蒙古、韩国、朝鲜、日本	4	21
	中亚	哈萨克斯坦、乌兹别克斯坦、土库曼斯坦、塔吉克斯坦、吉尔吉斯斯坦	5	6
	西亚	亚美尼亚、阿塞拜疆、格鲁吉亚、伊拉克、以色列、约旦、科威特、黎巴嫩、阿曼、沙特阿拉伯、叙利亚、土耳其、阿联酋、也门、巴勒斯坦、巴林、卡塔尔、塞浦路斯	18	42

① United Nations, "Department of Economic and Social Affairs, Population Division (2018)," World Urbanization Prospects: The 2018 Revision, Online Edition.

2020丝路城市指数：发挥区域比较优势，推进"一带一路"倡议实现高质量发展

续表

大洲	地理亚区	国家（地区）名称	数量	城市数量
非洲	东非	埃塞俄比亚、肯尼亚、马达加斯加、莫桑比克、索马里、乌干达、坦桑尼亚、赞比亚、津巴布韦、塞舌尔、布隆迪、南苏丹、吉布提、卢旺达	14	17
	西非	科特迪瓦、加纳、几内亚、毛里塔尼亚、尼日利亚、塞内加尔、塞拉利昂、多哥、佛得角、冈比亚	10	19
	中非	安哥拉、喀麦隆、乍得、刚果、加蓬	5	7
	南非	纳米比亚、南非	2	7
	北非	阿尔及利亚、埃及、利比亚、摩洛哥、苏丹、突尼斯	6	10
合计			138	350

注：地理亚区参考联合国相关划分标准。

2. 丝路节点城市评价指标体系及数据来源

丝路节点城市指数指标体系共包含8个二级指数和31个三级指标。8个二级指数分别是伙伴关系指数、区域影响指数、成长引领指数、政策沟通指数、设施联通指数、贸易畅通指数、资金融通指数及民心相通指数（见附表2）。

附表2 丝路节点城市评价指标体系

单位：%

二级指数	序号	三级指标	数据属性	权重
伙伴关系指数	1	所在国家与中国的双边政治关系	国家	4
	2	中国发起成立的国际合作组织、机构/协议中的成员国	国家	3
	3	中国"一带一路"网列出的国家	国家	3
区域影响指数	4	所在国家拥有区域合作组织总部	国家	2
	5	区域中心城市	城市	3
	6	城市首位度	城市	3
	7	"一带一路"走廊城市	城市	2
成长引领指数	8	"全球竞争力报告"国家表现	国家	3
	9	近五年年均经济增长率	国家	2
	10	未来十年预期人口平均增长率	城市	3
	11	世界500强企业数量	国家	2

续表

二级指数	序号	三级指标	数据属性	权重
"五通"指数				
政策沟通指数	12	政治稳定性	国家	4
	13	法律秩序	国家	3
	14	友好城市	城市	4
	15	经济自由度	国家	3
设施联通指数	16	基础设施水平	国家	3
	17	区域性铁路站点	城市	4
	18	信息化水平	国家	3
	19	往来中国航空公司数	城市	4
贸易畅通指数	20	中国境外合作区、开发区、共建园区	城市	5
	21	WTO成员	国家	3
	22	双边贸易总量	国家	3
	23	自由贸易区数量	国家	3
资金融通指数	24	来自中国的直接外商投资	国家	3
	25	货币稳定性	国家	3
	26	双边投资协定	国家	3
	27	金融国际化水平	城市	5
民心相通指数	28	文化距离	国家	3
	29	孔子学院、孔子课堂数量	城市	4
	30	城市往来中国航空客流量	城市	4
	31	中国免签国家	国家	3

各指标含义及数据来源见附表3。

附表3 指标含义及数据来源

序号	指标	含义	参考数据来源	发布机构
1	所在国家与中国的双边政治关系*	城市所在国与中国的合作定位	外交部声明公报	外交部
2	中国发起成立的国际合作组织、机构/协议中的成员国	主要包括下列组织机构：金砖国家、上合组织国家、参与亚洲基础设施银行成员国家AIIB	AIIB官网、上海合作组织官网、金砖国家官网	AIIB官网、上海合作组织官网、金砖国家官网
3	中国"一带一路"网列出的国家	中国"一带一路"网列出的国家	中国一带一路网（https://www.yidaiyilu.gov.cn/index.htm）	国家信息中心

续表

序号	指标	含义	参考数据来源	发布机构
4	所在国家拥有区域合作组织总部	该城市所在国家拥有相对重要的区域合作组织总部	根据维基百科按区域查询汇总	维基百科
5	区域中心城市	GaWC世界城市排名中的城市等级	GaWC世界城市名单2018	GaWC
6	城市首位度（城市人口与国家人口比值）	该国城市人口与所在国家总人口比值	《世界人口展望（2018）》	联合国
7	"一带一路"走廊城市	位于"一带一路"城市走廊中的城市	"'一带一路'沿线城市网络与中国战略支点布局研究"课题研究成果	"'一带一路'沿线城市网络与中国战略支点布局研究"课题组
8	"全球竞争力报告"国家表现	衡量国家竞争力，反映了长期增长的决定因素	《全球竞争力报告2018》	世界经济论坛
9	近五年年均经济增长率	过去五年该国经济的平均增长速度	https://data.imf.org/?sk=388DFA60-1D26-4ADE-B505-A05A558D9A42	国际货币基金组织
10	未来十年预期人口平均增长率	未来十年预期人口平均增长率	《世界人口展望（2018）》	联合国
11	世界500强企业数量	该国拥有的世界500强企业总部的数量	《财富》世界500强排行榜	《财富》杂志
12	政治稳定性	该国政治稳定性	《世界各国风险指南》	The PRS Group
13	法律秩序	该国是否拥有较好的法律秩序	《世界各国风险指南》	The PRS Group
14	友好城市	是否与中国建立了友好城市关系	http://www.cifca.org.cn/Web/Search_By_City.aspx?HYCity=&WFCity=%E3%80%82	中国国际友好城市联合会
15	经济自由度	政府对经济的干涉程度	《2018经济自由度指数》（2018 Index of Economic Freedom）	美国传统基金会
16	基础设施水平	国家基础设施建设水平	The Global Competitiveness Report	世界经济论坛（World Economic Forum）

续表

序号	指标	含义	参考数据来源	发布机构
17	区域性铁路站点	城市是否拥有区域性铁路站点	中欧、中亚铁路通道图	中国铁道出版社（2015年3月）
18	信息化水平	国家信息化水平	《国际统计年鉴》	中华人民共和国国家统计局
19	往来中国航空公司数	不同城市往来中国的航空公司数	国际民用航空组织（ICAO）航班起讫点统计	国际民用航空组织
20	中国境外合作区、开发区、共建园区	拥有中国境外合作区、开发区、共建园区的数量	http://www.fmprc.gov.cn；www.mofcom.gov.cn	外交部、商务部等
21	WTO成员方	城市所在国家为世界贸易组织的成员或观察员	https://www.wto.org	世界贸易组织官网
22	双边贸易总量	该城市所在国家与中国的进出口贸易总额	《中国统计年鉴2018》	中华人民共和国国家统计局
23	自由贸易区数量	城市所在国家拥有的"自由贸易区"数量	https://en.wikipedia.org/wiki/List_of_free-trade_zones#Seychelles	维基百科/世界自贸区网
24	来自中国的直接外商投资	城市所在国家一年内吸引来自中国的投资总额	《中国统计年鉴2018》	中华人民共和国国家统计局
25	货币稳定性	城市所在国家货币与美元间官方汇率的变动幅度	Real Historical Exchange Rates for Baseline Countries/Regions（2010 base year），1970-2014	USDA
26	双边投资协定	是否与中国签订了专门用于国际投资保护的双边条约	http://tfs.mofcom.gov.cn/article/Nocategory/201111/20111107819474.shtml	中华人民共和国商务部条约法律司
27	金融国际化水平	该国金融活动超越国界，在全球范围展开经营、寻求融合、求得发展	https://en.wikipedia.org/wiki/Global_Financial_Centres_Index	维基百科（Global Financial Centres Index）
28	文化距离	不同国家文化差异、价值取向	https://geert-hofstede.com/	吉尔特·霍夫斯塔德官方网站

续表

序号	指标	含义	参考数据来源	发布机构
29	孔子学院、孔子课堂数量	拥有的孔子学院、孔子课堂的加权平均数	http://www.hanban.edu.cn/confuciousinstitutes/node_10961.htm	孔子学院总部/国家汉办
30	城市往来中国航空客流量	指一年内该城市往来中国的航空客流总数	国际民用航空组织（ICAO）航班起讫点统计	国际民用航空组织
31	中国免签国家	是否为中国免签国	中国与外国互免签证协定一览表	中国领事服务网

注："＊"根据外交部资料，与中国双边政治关系主要包括：友好合作关系、合作伙伴关系、友好合作伙伴关系、全面合作伙伴关系、全面友好合作伙伴关系、全方位合作伙伴关系、全方位友好合作伙伴关系、战略互惠关系、互惠战略伙伴关系、战略合作关系、战略性合作关系、战略伙伴关系、战略合作伙伴关系、创新全面伙伴关系、创新战略伙伴关系、全面战略伙伴关系、全面战略合作伙伴关系、全方位战略伙伴关系、全面战略协作伙伴关系和全天候战略合作伙伴关系20类。

3. 数据处理方法

以 x_i 代表构成二级指数 x 的第 i 项单项指标（$i = 1,\cdots,4$），其中 $x \in \{a,b,c,d,e,f,g,h\}$，分别代表伙伴关系、区域影响、成长引领、政策沟通、设施联通、贸易畅通、资金融通和民心相通8个二级指标。

对各项指标运用极值化方法对变量数据进行标准化处理，即通过变量取值的最大值和最小值，将原始数据转换为［0，1］的数值，以消除指标计量单位和数量级对指标得分的影响，具体的：

$$x'_{ij} = \frac{x_{ij} - \min\{x_{ij}\}}{\max\{x_{ij}\} - \min\{x_{ij}\}}$$

其中，x_{ij} 代表二级指数 x 第 i 项单项指标中第 j 个城市的统计性原始数据；$\min\{x_{ij}\}$ 为指标 x_i 的最小值，$\max\{x_{ij}\}$ 为指标 x_i 的最大值；x'_{ij} 为标准化后的数据，且 x'_{ij} 位于［0，1］。

特别地，对逆向指标"文化距离"，标准化公式需要调整为：

$$x'_{ij} = \frac{\max\{x_{ij}\} - x_{ij}}{\max\{x_{ij}\} - \min\{x_{ij}\}}$$

对各项二级指数加权平均得到丝路节点城市指数得分，计算公式为：

$$I_x = \sum_{i=1}^{m} x_i w_i$$

其中，I_x 代表二级指数 x 的综合得分，x_i 为 x 的第 i 项二级指数，w_i 为二级指数 x_i 的权重。一共计算得出 8 个二级指标，分别是伙伴关系、区域影响、成长引领 3 个二级指数和政策沟通、设施联通、贸易畅通、资金融通和民心相通 5 个丝路节点城市"五通"指数。

城市防灾篇

Urban Risk Management

B.3
劳埃德世界城市风险报告（2015~2025）概览及对中国城市风险的延伸分析[*]

周荣华 夏立[**]

摘 要： 英国剑桥大学剑桥风险研究中心于2015年发布《劳埃德2015~2025年世界城市风险预测指数》，评估了2015~2025年十年全球301个主要城市的22项人为和自然威胁造成的损失。301个城市中包含了36个中国城市。该中心预计，在此期间，所有样本城市的GDP为373万亿美元，其中所有威胁造成的

---

[*] 作者感谢余全明（上海社科院博士生）、黄彦（上海社科院硕士生）、冯佳敏（上海社科院硕士生）、毛竞宇（李光耀创新城市研究中心硕士生）的协助。本文主要基于剑桥风险研究中心"劳埃德世界城市风险指数"的多年报告进行二次分析，尤其对中国城市情况予以分析，特此致谢。

[**] 周荣华，上海社会科学院应用经济研究所博士研究生，主要研究方向：产业经济；夏立，巴黎政治学院城市学院硕士，主要研究方向：城市社会学、城市治理。

损失为 4.6 万亿美元。有 11 个中国城市位于绝对损失风险（风险 GDP）前 50 位，有 10 个中国城市位于相对损失风险（风险 GDP 占城市 GDP 的比重）前 50 位。

关键词： 城市风险　城市治理　世界城市风险 GDP

一　世界城市风险报告介绍

剑桥风险研究中心是由剑桥大学贾吉商学院设立的独立研究中心，专注于分析、评估和缓解全球风险。在权威的专业保险和再保险公司劳埃德（Lloyd's）支持下，组建多学科研究团队，开展了世界城市风险预测研究。

（一）风险识别

共识别五大类 22 小类风险，如表 1 所示。

表 1　风险分类

地缘政治和安全	健康与人道主义	金融经济和贸易	自然灾害和气候	科技和网络
分离主义	人类流行病	商品价格冲击	地震	网络攻击
社会动荡	动植物流行病	金融市场闪崩	热带风暴	太阳风暴
区际冲突		主权债务违约	温带气旋	核事故
恐怖主义			海啸	断电
			火山爆发	
			洪涝	
			严寒	
			干旱	
			热浪	

（二）样本选择

报告选择了 301 个城市为研究样本，代表了世界领先城市，是基于其对全球GDP的重要意义而从5000多个人口超过25万的城市中选出。入选的城市包括人口超过300万的所有城市、50个最大的经济体中最大的城市，以及世界一半的国家首都。其中，最大的经济体中有较多的城市代表入选。这些城市2015年的GDP加总占世界GDP的一半，预计到2025年将占世界GDP的2/3。其中有中国城市36个。

（三）风险GDP（GDP@risk）模型

该报告主要预测城市因灾的绝对损失风险（风险GDP）和相对损失风险（城市风险GDP占城市GDP的比重）。

第一步，计算预期风险GDP损失，即GDP_C。预期风险GDP损失的计算有三个流程，具体如图1所示。

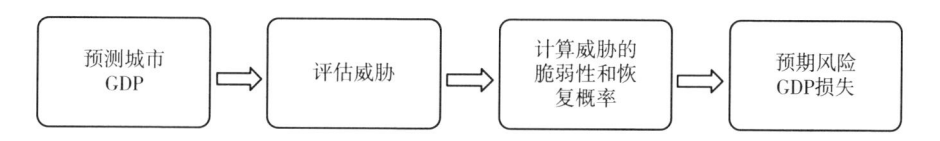

图1 风险GDP损失的计算方法

首先，预测城市GDP。为了模拟各种威胁在选定的301个城市发生灾难造成的损失，有必要对每个城市的未来GDP都进行可靠的估计。城市GDP水平建模过程由以下公式得出：

$$CityGDP_t = CityPop_t \left[\frac{CityGDP_{t-1}}{CityPop_{t-1}} + \frac{CityGDP_{t-1}}{CityPop_{t-1}} \frac{d}{dt}\left(\frac{CityGDP_t}{CityPop_t}\right) \right]$$

式中，$CityGDP_t$表示t年份中的城市预期GDP。$CityPop_t$是t年份中城市的预期人口，$\frac{d}{dt}\left(\frac{CityGDP_t}{CityPop_t}\right)$导数是城市所属国家的人均GDP增长。国家人均GDP的增长率用过去十年的平均增长率来计算。

其次，根据不同的威胁，收集相关数据，评估威胁。

再次，计算威胁的脆弱性和恢复概率。从脆弱性、缺乏处理能力、财政弹性三个角度来衡量恢复概率。

最后，得到预期风险 GDP 损失（GDP_C）。

第二步，同时使用以下公式估算威胁在十年期间内任何时间发生的可能性：

$$P_{10} = 1 - (1 - P_1)^{10}$$

其中，P_{10} 是在十年期间至少发生一次此类事件的概率，P_1 是在任何给定年份发生的概率。为了简化估算风险 GDP，假设经济损失发生在 2018～2023 年期间。

第三步，计算风险 GDP，用于比较各种威胁对城市的经济影响。它是威胁可能性与潜在经济损失严重性的乘积。风险 GDP 的计算方法是：

$$\text{风险 GDP} = GDP_C \times P_{10}$$

将十年内随时发生的特定灾难 c 的概率乘以特定冲击的严重程度，以比来衡量 GDP_C，其中 GDP_C 代表每次灾难的 GDP 损失。

报告数据来源主要是经合组织和各个国家的统计、布鲁金斯学会，以及麦肯锡、PWC 等在线资源。

二 全球城市风险概况

（一）全球城市风险的总体情况

1. 预期各类风险对世界造成相当于 GDP 的 1.5% 损失

分析表明，从 2015 年 1 月 1 日到 2025 年 1 月 1 日，这 301 个城市的预期风险 GDP（灾难造成的总损失）将达到 5.4 万亿美元。预计十年间这些城市的 GDP 为 373 万亿美元，因此灾难造成的预期损失是预计 GDP 的 1.5%。经济学家估计，未来十年世界经济将平均增长 3.2%。预期的灾难损失约占全球预期增长的一半。对未来增长的预测是基于过去的进展模型，其中包括实际的灾难损失，因此很难估计不受灾难影响的基准经济增长情况，但是各种灾害对世界经济造成相当于全球 GDP 的 1.5% 损失。如果没有战争、金融危机、流行病以及所有灾害的冲击，经济将实现更快的增长。

2. 各种威胁带来的总风险

在301个城市中，排前7位的威胁造成的损失占GDP损失总额的3/4。其中，金融市场闪崩占总风险的20%，区际冲突占总风险的15%。人类流行病、热带风暴、地震和洪涝威胁程度相近，各为9%左右。网络攻击占比为5%，排前7位的威胁合计占总风险的76%。其他15种威胁占总风险的1/4，增加了风险格局的复杂性，因此不能忽视（见表2）。

表2　主要威胁占总风险的比重

单位：%

威胁种类	占总风险比重	威胁种类	占总风险比重
金融市场闪崩	20	洪涝	7
区际冲突	15	网络攻击	5
人类流行病	11	其他威胁	24
热带风暴	10	总计	100
地震	8		

3. 人为风险的危害性将超越自然灾害，新兴风险持续崛起

报告认为传统自然威胁包括地震、火山爆发、热带风暴、洪涝等比较常见自然灾害；其他自然威胁包括干旱、严寒、太阳风暴、人类流行病、动植物流行病等发生概率低的自然灾害；人为威胁是指金融市场闪崩、商品价格冲击、区际冲突、恐怖主义、断电等人为因素造成的灾害。传统上，人们将自然灾害认为是城市繁荣面临的主要威胁。该分析表明，对城市经济造成灾难性破坏的威胁所涉及的范围比自然灾害要广。从表3可知，传统自然灾害给所有城市造成的损失不到1/3。未来一半以上的风险来自人为威胁。

该报告认为网络攻击、社会动荡、动植物流行病是新兴威胁。未来1/3的风险来自快速变化的"新兴威胁"。这会改变我们对未来风险的思考方式。传统的自然灾害威胁着有形的"生产资料"（建筑物和机械）。而破坏社会生产的威胁，如网络、贸易关系和获取资本的威胁正在变得越来越重要，并且随着时间的推移可能会日趋严峻。

表3 威胁种类占总风险的比重

单位：%

威胁种类	占总风险比重	威胁种类	占总风险比重
人为威胁	55	新兴威胁	33
传统自然威胁	29	传统威胁	67
其他自然威胁	16	总计	100
总计	100		

4.风险的地理转变

结合各种威胁的风险GDP模式以及所有威胁加总后的风险GDP发现，中国、日本、东南亚国家、中东、拉丁美洲和印度半岛的新兴市场面临的风险对世界经济增长的国家冲击最大。

表4 各地区排前20位和前50位的城市数量

单位：个

地区	前20位	前50位	地区	前20位	前50位
中国	3	9	北美	2	5
日本	2	3	西欧	2	3
东南亚国家	3	6	非洲	0	2
中东	2	9	东欧	0	3
拉丁美洲	4	6	大洋洲	0	0
印度半岛	2	4			

在风险最高的前20个城市中，有8个来自中国、日本和东南亚国家，来自北美和欧洲的各有2个。同时，在风险排名前50的城市中，有18个来自中国、日本和东南亚，有5个来北美，有6个来自欧洲。

这是从历史上传统的北美和欧洲面临的最大风险的损失模式转变而来的。新兴市场城市的预计增长表明，在许多极易遭受各种灾难的地区，灾难造成的GDP损失将增加。在某些情况下，这些新兴市场城市的增长中就易出现人为威胁引发的风险损失，如网络攻击或社会动荡。

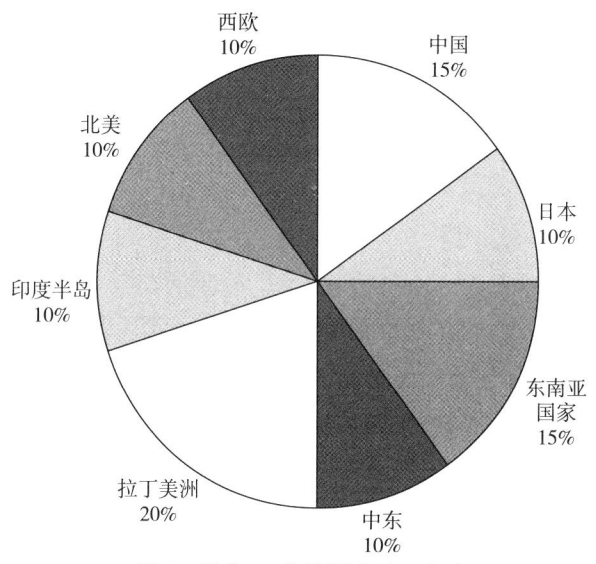

劳埃德世界城市风险报告（2015~2025）概览及对中国城市风险的延伸分析

图2 排前20位的城市地区占比

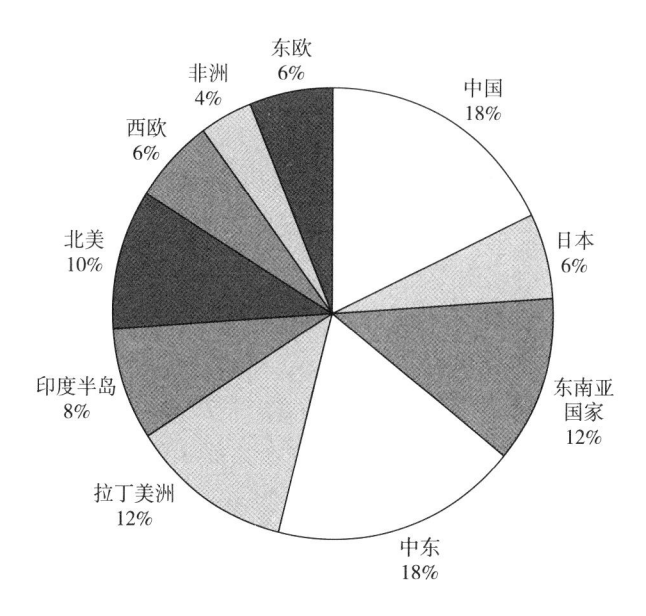

图3 排名前50的地区占比

（二）各种威胁造成的高风险城市情况

1. 因灾绝对损失风险（风险GDP）前50个城市

这项研究的结果可用于评估各个城市的风险状况，并更好地了解风险如何影响全球经济。报告显示了按各种因灾风险GDP排名的前50个城市（见表5）。这表示城市在2015年1月1日至2025年1月1日的十年内的损失（某情况导致的GDP损失，由该情况的发生概率决定）。台北和东京这两个城市容易受到多种风险的影响，包括自然威胁和人为威胁，两者风险GDP加总超过3850亿美元。不可避免的是，GDP较高的城市位居榜首，也就是说它们将遭受更多的财富损失。

表5　因灾绝对损失风险（风险GDP）前50个城市

单位：亿美元

排名	城市	国家	风险GDP	层级
1	台北	中国	2020	第一级
2	东京	日本	1830	第一级
3	首尔	韩国	1370	第二级
4	马尼拉	菲律宾	1140	第二级
5	德黑兰	伊朗	1090	第二级
6	伊斯坦布尔	土耳其	1060	第二级
7	纽约	美国	910	第三级
8	大阪	日本	910	第三级
9	洛杉矶	美国	910	第三级
10	上海	中国	880	第三级
11	香港	中国	880	第三级
12	布宜诺斯艾利斯	阿根廷	860	第三级
13	孟买	印度	810	第三级
14	德里	印度	770	第三级
15	利马	秘鲁	730	第三级
16	圣保罗	巴西	630	第四级
17	巴黎	法国	560	第四级
18	北京	中国	550	第四级
19	墨西哥城	墨西哥	540	第四级

劳埃德世界城市风险报告(2015~2025)概览及对中国城市风险的延伸分析

续表

排名	城市	国家	风险GDP	层级
20	伦敦	英国	540	第四级
21	莫斯科	俄罗斯	540	第四级
22	新加坡	新加坡	510	第四级
23	天津	中国	500	第四级
24	广州	中国	500	第四级
25	特拉维夫	以色列	490	第四级
26	喀布尔	阿富汗	490	第四级
27	科威特城	科威特	490	第四级
28	曼谷	中国	490	第四级
29	成都	中国	490	第四级
30	卡拉奇	巴基斯坦	490	第四级
31	深圳	中国	480	第四级
32	喀土穆	苏丹	470	第四级
33	杭州	中国	460	第四级
34	吉达	沙特阿拉伯	460	第四级
35	原文遗漏			第四级
36	利雅得	沙特阿拉伯	440	第四级
37	芝加哥	美国	430	第四级
38	旧金山	美国	420	第四级
39	东莞	中国	420	第四级
40	雅卡法	印度尼西亚	410	第五级
41	伯恩	瑞士	380	第五级
42	基辅	乌克兰	370	第五级
43	伊兹米尔	土耳其	350	第五级
44	开罗	埃及	340	第五级
45	名古屋	日本	320	第五级
46	休斯敦	美国	320	第五级
47	博加塔	哥伦比亚	310	第五级
48	圣地亚哥	智利	310	第五级
49	拉各斯	尼日利亚	310	第五级
50	加尔各答	印度	300	第五级

从研究结果可知,就绝对风险GDP而言,台北和东京构成城市层级的第一层;第二级城市包括首尔、马尼拉、德黑兰和伊斯坦布尔4个城市;第

三级城市有纽约、大阪、洛杉矶、上海、香港、布宜诺斯艾利斯、孟买、德里、利马，共9个。第四级城市最多，为24个，占据了前50个城市的近一半。第五级有11个城市。

2. 因灾相对损失风险排名的前50个城市

报告显示了因灾相对损失风险，可以看到不同的结果（见表6），菲律宾马尼拉和阿根廷罗萨里奥分别位于因灾相对损失风险排名的第1和第2，这两个城市都遭受了自然灾害带来的极大损失（热带风暴和地震）。同时，很多在表5排名靠前的城市不在此表之列。经济发达的城市因灾绝对损失风险很高，也就是风险GDP很大，但是由于城市的GDP体量大，这部分损失在GDP中所占的比重很小，则相对损失风险就很低。较贫穷的国家更容易遭受较高比例的经济损失，并且由于基础设施落后和保险普及率较低，特别容易遭受自然灾害风险。

表6 因灾相对损失风险排名的前50个城市

单位：%

排名	城市	国家	风险GDP占比
1	马尼拉	菲律宾	5.00
2	罗萨里奥	阿根廷	4.90
3	台北	中国	4.50
4	厦门	中国	4.20
5	喀布尔	阿富汗	4.10
6	太子港	海地	3.60
7	加德满都	尼泊尔	3.30
8	圣多明各	多米尼加	3.30
9	宁波	中国	3.20
10	杭州	中国	3.20
11	东莞	中国	3.10
12	基多	厄瓜多尔	3.10
13	德黑兰	伊朗	3.00
14	马那瓜	尼加拉瓜	2.80
15	危地马拉城	危地马拉	2.80
16	加尔各答	印度	2.80

劳埃德世界城市风险报告（2015～2025）概览及对中国城市风险的延伸分析

续表

排名	城市	国家	风险GDP占比
17	大马士革	叙利亚	2.80
18	河内	越南	2.50
19	萨那	也门	2.50
20	贝鲁特	黎巴嫩	2.50
21	唐山	中国	2.50
22	昆明	中国	2.50
23	釜山	韩国	2.40
24	埃里温	亚美尼亚	2.30
25	库姆	伊朗	2.30
26	大邱	韩国	2.30
27	巴格达	伊拉克	2.30
28	伊兹米尔	土耳其	2.30
29	阿拉木图	哈萨克斯坦	2.20
30	阿瓦士	伊朗	2.20
31	圣萨尔瓦多	萨尔瓦多	2.20
32	摩加迪沙	索马里	2.20
33	哈瓦那	古巴	2.20
34	设拉子	伊朗	2.10
35	原文遗漏		
36	卡拉杰	伊朗	2.10
37	科曼莎	伊朗	2.10
38	大田	韩国	2.10
39	光州	韩国	2.10
40	广州	中国	2.10
41	南宁	中国	2.10
42	万隆	印度尼西亚	2.10
43	大不里士	伊朗	2.10
44	亚的斯亚贝巴	埃塞俄比亚	2.10
45	利马	秘鲁	2.00
46	苏州	中国	2.10
47	阿达纳	土耳其	1.90
48	无锡	中国	1.90
49	伊斯兰堡	巴基斯坦	1.80
50	天津	中国	1.80

（三）主要风险威胁对城市风险 GDP 的影响

以下对影响世界城市的主要风险逐一介绍。

（1）金融市场闪崩对全球风险 GDP 的影响比较大，尤其是对亚洲、欧洲、美洲和大洋洲的影响较大，但是对非洲的影响较小。金融市场闪崩造成的风险 GDP 都比较大，即这种威胁造成的损失比较大。对金融市场闪崩这种威胁，城市风险 GDP 排名第 1 的城市是中国台北，预计十年累计风险 GDP 为 280 亿美元。

（2）人类流行病对全球风险 GDP 有显著影响，尤其是亚洲、欧洲、美洲受到的影响比较大。对于人类流行病这种威胁，城市风险 GDP 排名第 1 的城市是中国香港，预计十年累计风险 GDP 为 180 亿美元。在城市风险 GDP 排名前 10 的城市中，中国城市除了香港以外，还有上海、北京和成都。

（3）热带风暴对全球的影响比较集中，东南亚受到的影响较大。对于热带风暴这种威胁，城市风险 GDP 排名第 1 的城市是中国台北，预计十年累计风险 GDP 为 810 亿美元。在城市风险 GDP 排名前 10 的城市中，中国城市除了台北以外，还有杭州、东莞、厦门和宁波。热带风暴对中国城市 GDP 造成的损失比较大。

（4）地震风险 GDP 比较高的城市主要位于环太平洋地震带、欧亚地震带、海岭地震带上。城市风险 GDP 排名第 1 的城市是秘鲁利马，预计十年累计风险 GDP 为 360 亿美元。中国城市台北和天津分别位于第 4 和第 5，预计十年累计风险 GDP 为 300 亿美元和 210 亿美元。

（5）洪涝对全球的影响主要集中在东南亚、南亚、西欧和美洲沿岸。城市风险 GDP 排名第 1 和第 2 的城市分别是日本的东京和大阪，预计十年累计风险 GDP 为 170 亿美元和 130 亿美元。美国的洛杉矶和纽约分别排第 3 位和第 4 位，预计十年累计风险 GDP 均为 130 亿美元。中国的台北和上海分别排第 7 位和第 8 位，预计十年累计风险 GDP 为 100 亿美元和 90 亿美元。

(6)网络攻击主要影响东南亚、南亚、美洲、欧洲和大洋洲。非洲面临网络攻击的威胁比较小。从城市风险GDP排名前10的城市来看,除了巴西的圣保罗和俄罗斯的莫斯科外,主要是发达国家的城市。其中,美国有4个城市,是纽约、洛杉矶、芝加哥和旧金山,分别居第1位、第2位、第8位和第10位。网络攻击这一威胁对美国的影响非常大,预计十年累计风险GDP约为350亿美元。

三 中国城市风险

世界城市风险指数预测包含了36个中国城市,其中有4个直辖市、20个省会城市。江苏省有5个城市,广东、浙江省各有3个城市,辽宁、山东、河南各有2个城市。

(一)2015~2025年预测的中国城市总体情况

根据预测,中国有10个城市位于全球城市因灾绝对损失(风险GDP)排名前50,占比20%;有12个城市位于全球城市因灾相对损失(风险GDP)排名前50,占比24%。

(二)绝对损失(风险GDP)进入前50位的中国城市

报告结果显示,台北位于城市排名的第一级,十年累计风险GDP最高为2016.2亿美元;上海、香港位于城市排名第二级,十年累计风险GDP分别为881.5亿美元和877.2亿美元;北京位于城市排名第三级,十年累计风险GDP为551亿美元。天津、广州、成都、深圳、杭州和东莞位于第四级,预计十年累计风险GDP为415~503亿美元。这些城市主要位于东部沿海发达地区。从风险类别来看,热带风暴、金融市场闪崩、地震是影响风险GDP的重要因素,其中热带风暴影响最大。

表7 2015~2025年绝对损失排全球前50位的中国城市（风险GDP）

城市	风险GDP（亿美元）	风险GDP全球排名	主要风险
台北	2016.2	1	地震(14.72%)、热带风暴(40.25%)、金融市场闪崩(14.18%)、区际冲突(10.05%)
上海	881.5	10	热带风暴(30.41%)、洪涝(11.17%)、金融市场闪崩(12.24%)、人类流行病(16.45%)、分离主义(9.86%)
香港	877.2	11	热带风暴(17.75%)、金融市场闪崩(16.36%)、分离主义(12.95%)、人类流行病(21.61%)
北京	551.0	18	地震(13.91%)、金融市场闪崩(16.16%)、分离主义(13.04%)、人类流行病(21.76%)
天津	502.4	23	地震(41.41%)、金融市场闪崩(12.80%)、分离主义(8.96%)、人类流行病(14.96%)
广州	495.6	24	热带风暴(31.91%)、金融市场闪崩(22.43%)、分离主义(10.34%)、人类流行病(17.26%)
成都	488.6	29	地震(13.80%)、洪涝(9.77%)、金融市场闪崩(15.93%)、分离主义(12.95%)、人类流行病(21.61%)
深圳	478.3	31	热带风暴(30.96%)、金融市场闪崩(12.86%)、分离主义(10.40%)、人类流行病(17.36%)
杭州	464.6	33	热带风暴(62.26%)、人类流行病(9.06%)、洪涝(6.11%)、热浪(6.67%)
东莞	415.1	39	热带风暴(63.47%)、人类流行病(9.42%)、金融市场闪崩(6.74%)、分离主义(5.64%)

（三）相对损失（风险GDP占城市GDP的比重）进入前50位的中国城市

因灾相对损失风险排前50位的中国城市有12个，台北、杭州、东莞、广州、天津等因灾绝对损失风险排前50位的城市仍然位于因灾相对损失风险前50位，而北京、上海、香港、成都等不在此名单中，厦门、宁波、唐山、昆明、南宁、苏州和无锡等列前50位（见表8）。

劳埃德世界城市风险报告（2015~2025）概览及对中国城市风险的延伸分析

表8 2015~2025年因灾相对损失风险排前50位的中国城市

单位：%

城市名称	排名	风险GDP占城市GDP的比重	城市名称	排名	风险GDP占城市GDP的比重
台北	3	4.5	昆明	22	2.5
厦门	4	4.2	广州	40	2.1
宁波	9	3.2	南宁	41	2.1
杭州	10	3.2	苏州	46	2.1
东莞	11	3.1	无锡	48	1.9
唐山	21	2.5	天津	50	1.8

（四）2018年预测的中国城市风险情况

剑桥风险研究中心还发布了2018年全球城市风险指数，这是影响风险GDP的主要因素。36个中国城市风险情况如表9所示。

表9 2018年预测的中国城市风险情况

单位：亿美元，%

序号	城市	风险GDP	占城市GDP比重	健康与人道主义	金融经济和贸易	自然灾害和气候	市场崩溃	人类流行病	地震	热带风暴	洪涝	区际冲突	网络攻击	干旱
1	台北	128.8	7.16				6.0		19.1	79.7		6.2		
2	上海	84.8	1.54	18.6	24.1	43.4	15.1	12.1		23.8	9.1			
3	杭州	60.45	3.34			74.1				40.4				
4	苏州	50.73	2		18.4		7.8			20.9				
5	天津	57.2	1.73	16.6	21.5	49.5	9.1	7.3	22.7			2.8		
6	北京	50.35	1.19	24.1	31.2	26.9	10.2	9.9	6.8					
7	深圳	50.26	1.54	18.2	24.0	43.5	9.3	7.3		10.7				
8	广州	50.23	1.47	19.5	25.2	40.8	9.7	7.8		10.5				
9	宁波	50.04	3.32			74.3				30.4				

续表

序号	城市	风险GDP	占城市GDP比重	健康与人道主义	金融经济和贸易	自然灾害和气候	市场崩溃	人类流行病	地震	热带风暴	洪涝	区际冲突	网络攻击	干旱
10	东莞	40.06	3.3			74.0				20.8				
11	厦门	30.97	5.75			84.9				30.3				
12	无锡	32.1	1.91		19.2	55.9	4.5	3.5		17.1		1.4		
13	重庆	28.8	0.91	31.5	41.0		8.7	6.9				2.7	2.2	
14	南京	26.7	1.42		25.9	40.3	5.1	4.0		7.6	3.1			
15	唐山	25.7	2.13		17.2	60.7	3.3	2.5	14.1					
16	成都	20.49	1.19	23.5	31.0	28.0	5.7	4.5	3.1		2.3			
17	武汉	20.35	1.07	26.8	34.7	18.7	6.0	4.8			3.6			
18	长沙	22.4	1.33	21.4	28.0	34.8	4.6	3.7		6.9		1.4		
19	常州	20.15	2.1		17.6	59.1	2.8	2.2		10.1				
20	昆明	10.75	2.23		16.6	61.4	2.2		9.6					
21	青岛	10.66	0.91	30.7	40.5		5.0	3.9						
22	合肥	10.56	1.38	20.3	26.9	37.7	3.1	2.4						
23	大连	10.44	1.06	26.1	34.8	19.6	3.7	2.9	2.0					
24	南宁	10.41	2.12		17.5	59.1	1.8	1.5		6.9				
25	郑州	14.00	0.98	28.1	37.5		3.9	3.0				1.2	1.4	
26	徐州	12.8	1.23	22.7	30.0	30.4	2.8	2.2	1.5					1.0
27	沈阳	10.23	0.99	26.9	36.8	16.2	3.4	2.5			1.3			
28	西安	11.6	1.02	28.2	36.6	14.3	3.1	2.5			1.2	1.0		
29	哈尔滨	10.12	1.05	26.0	34.9	19.6	2.9	2.2			1.7			
30	南昌	10.11	1.42	19.4	25.9	40.3	2.1	1.6		3.2				
31	济南	10.10	0.92	30.9	40.4		3.3	2.6						
32	长春	9.5	0.9	30.2	40.7		2.9	2.2				0.8		
33	太原	5.5	1.13	23.8	32.4	26.0	1.3	1.0	0.7		0.5			
34	兰州	4.7	1.12	24.6	32.8	24.3	1.1	0.9	0.6					
35	驻马店	3.3	0.94	29.2	39.2		1.0	0.7			0.3			
36	义乌	2.2	0.92	29.7	39.9		0.7	0.5						

参考文献

"Global Risk Index 2015 – 2025 Part I Overview and Results," Cambridge Centre for Risk Studies, University of Cambridge, 2015.

"Global Risk Index 2015 – 2025 Part II Methodology Documentation," Cambridge Centre for Risk Studies, University of Cambridge, 2015.

"Global Risk Index 2017 Executive Summary, Cambridge Centre for Risk Studies," University of Cambridge, 2017.

"Global Risk Index 2018 Executive Summary, Cambridge Centre for Risk Studies," University of Cambridge, 2018.

"Global Risk Index 2019 Executive Summary, Cambridge Centre for Risk Studies," University of Cambridge, 2019.

B.4
颠覆性技术及其在减灾管理中的应用[*]

林 兰 王嘉炜[**]

摘 要: 国际通信联盟（ITU）2019年发布了《颠覆性技术及其在减灾管理中的应用》背景报告。本报告列举了颠覆性技术在减少城市灾害风险和管理灾害方面的应用案例，分析了其可能面临的应用挑战，探讨了复杂国情与灾害环境下颠覆性技术的应用条件，并在此基础上，提出了相关建议。

关键词: 颠覆性技术 灾害管理 城市

当前，包括中国在内的许多发展中国家正处于快速城市化进程中，城市规模不断扩大、功能不断增强，运行系统也日益复杂。规模庞大的城市及城市群具有集聚能力强、人口密集、空间格局紧凑等特点，这使得发生在城市的公共危机事件的发生机理和表现形式更为复杂，治理难度增大。如何降低城市灾害发生的概率、提高城市的抗灾能力并有效应对城市发生的灾难成为亟待解决的问题。

技术的进步和创新为城市提高抗灾能力和降低风险创造了新的机遇。无线网络、智能手机和云计算的迅速普及为灾害管理技术的应用奠定了物理基础，而人工智能、物联网和大数据等颠覆性技术的发展也辅助于减灾和改善

---

[*] 本文基于国际通信联盟（ITU）2019年发布的《颠覆性技术及其在减灾管理中的应用》开展介评，并对中国城市的参考借鉴予以研究分析，特此感谢。
[**] 林兰，博士，上海社会科学院城市与人口发展研究所研究员，主要研究方向：技术创新、高技术产业、城市文化；王嘉炜，上海社会科学院城市与人口发展研究所硕士研究生，主要研究方向：人口资源、环境经济学。

灾后管理模式。例如，大数据在分析危机管理方面也具有巨大的潜力，可通过灾害前后金融交易数据的对比分析来判定经济恢复程度；依托云计算、宽带无线网络、传感器实现的数据分析则催生了强大的物联网系统，在灾害预测方面具有不可替代的优势；人工智能可以有效提高灾难管理水平、缩短恢复和响应时间。可以说，技术的进步和创新为城市的灾难管理提供了丰富的手段。

一 灾害管理中的技术应用及应用案例

"颠覆性技术"的概念诞生于20多年前，指的是对现有企业具有重大颠覆性影响的新技术。随着时间推移，颠覆性技术的应用范围得到了极大的扩展，在城市灾害管理和降低灾害风险中发挥了重要的作用（见表1）。

表1 相关技术在灾害管理中的运用

技术	优势	应用形式	实际应用案例
手机	应用方便、普及率高、可移动使用	● 利用短信服务解决语音传输线在灾难期间超载的问题 ● 智能手机可用于全球定位，或作为陀螺仪和磁力计的传感器 ● 用户发布消息,辅助灾害管理 ● 用户参与灾情信息报告,如道路和房屋的损坏等	● 2010年1月,海地大地震后,短信代码"4636"诞生,受灾者可以发短信告知志愿者其所处位置,并依此创建"危机地图"
无人机	可在无人干预的情况下运行,可低空飞行	● 预测灾害的发生,如拍摄火山活动并确定何时发出警报 ● 运送物资 ● 拍摄灾区状况,以协助开展恢复工作,进行损害评估 ● 水下无人航行器用于测量风暴强度和方向	● 2005年,美国卡特里娜飓风之后,借助无人机搜寻幸存者和评估河流水位 ● 2018年,美国佛罗伦萨飓风期间,水下无人航行器携带传感器来测量海洋热量、盐度和密度等变化
大数据	数据涵盖范围广,能够系统地反映客观状况	● 使用金融大数据监测经济活动 ● 利用社交媒体发布大数据信息,以避免虚假信息的传播 ● 基于移动电话数据可监测人口流动 ● 通过分析物联网传感器大数据,预测灾害的发生	● 2014年9月,飓风"Odile"袭击墨西哥。研究人员利用大数据技术,研究了飓风前后的国家金融交易数据,分析了飓风造成的经济影响

续表

技术	优势	应用形式	实际应用案例
物联网	集成性、实时性	• 树木传感器通过检测温度、湿度和二氧化碳等数据来监测火灾 • 地面传感器可以探测到地球运动,进行地震预警 • 水位传感器可以监测水位变化情况	• 2015年5月,利波里亚纳河发生洪水,引发了灾难性的山体滑坡。哥伦比亚政府联合企业,利用物联网技术开发灾害早期预警系统
人工智能	减轻人类的工作量	• 处理信息,如利用AI对卫星照片进行处理,识别受损建筑和道路等 • 在危机期间用以应对激增的紧急呼叫服务 • 对社交媒体的信息进行验证、过滤和分类,并予以分析预测 • 参与灾害的预测和分析工作	• 坦桑尼亚气象局使用PHP编程语言编写气象观测方程,以便做出更加准确、灵活的预测 • ConvNetQuake软件实现了基于卷积神经网络计算机学习的人工智能,可以区分噪声和真实的地震信号
机器人	可代替人类进行危险的工作	• 参与人类和动物的救援工作 • 深入灾区,评估灾害破坏程度	• 2017年,"小太阳鱼"小型机器人在受2011年地震破坏的福岛第一核电站中,成功地找到了反应堆核心内丢失的燃料
区块链	去中心化、改善信息控制	• 更快速、更可靠地收集数据 • 为救济地机构快速提供可靠的数据 • 为货币筹款活动加密	• 美国疾控中心对区块链技术应用进行了试点,以便在危机期间更快速、可靠地收集数据,避免公共卫生疾病的传播
社交媒体	群众参与性、实时性	• 创建多人可见的标签,发布官方消息 • 警报功能 • 使用社交媒体改进计划,实现更高效的灾难通信 • 发布、提供捐款等相关的信息 • 灾难地图工具可用于监测灾难期间的移动网络覆盖和人口流动情况	• 2015年,印度金奈洪水期间,印度当局通过Twitter社交软件设立标签发布官方信息;民众通过Facebook创建灾害地图
众筹	群众参与性	• 为灾难受害者筹集资金 • 通过众包任务,添加灾区地图等重要的细节	• 2010年,海地地震后,超过4000万美元是通过众筹获得的

续表

技术	优势	应用形式	实际应用案例
雷达	无线电波	● 实时监测海洋表面，监测海啸活动情况	● 用于监测海啸活动的高频海洋雷达系统，可以实时监测海洋表面，测量海水流速，并通过计算机软件预测海啸发生的可能性

二 颠覆性技术应用面临的挑战

尽管颠覆性技术的应用能够极大地改善灾害准备，应对灾害，减轻人类的工作量，但其也面临着一些挑战。

在灾难环境中使用颠覆性技术面临以下限制和挑战。

（一）技能缺乏

尽管简单的操作性工作需要很少的技能，但大数据分析需要先进的软件、专业的计算机和数据科学人才，并涉及大量的测试和建模以及投资；无人机和机器人等的操作和维护也需要人们具有熟练的技能。在发展中国家，许多这类技能人才和支持资源明显供应不足。

（二）数据泛滥

信息技术和传感器的应用产生了大量数据，这给数据管理、分析和验证带来了挑战。"在灾难中产生的信息泛滥，可能会像信息匮乏一样，使人道主义救援陷入瘫痪。"这种信息洪流通常被称为"大危机数据"，给灾害预测与救援带来了不小的挑战。

（三）虚假信息

实时信息传播提高了挽救生命的效率，但由于实时数据通常难以核

实，如夹杂虚假信息，也可能对灾害准备和反应产生消极的影响。第一种表现是极端压力下的夸大事实。社交媒体研究分析了2013年波士顿马拉松爆炸案相关的800万条推文，发现只有20%的推文传达了准确的信息，29%的推文包含虚假内容或谣言，51%的推文只是一般评论和观点。第二种表现是信息处理过程中的偏见，尤其是在完全依赖大数据的情况下。谷歌流感追踪机构在预测2013年流感大流行的规模时，就高估了1倍。

（四）法律挑战

颠覆性技术对现有法律也形成了挑战。无人机通常需要注册并遵守民用航空条例才可使用，尤其是在拥挤的城市区域。出于安全考虑，相当一部分司法管辖区都禁止使用无人机。为此，约有60个国际救济组织联合制定了一项关于在人道主义工作中使用无人机的行为守则。大数据的使用对数据保护和隐私也提出了挑战，在数据跨境共享时更是如此，给防灾的国际研究合作带来了不便。

（五）规模和费用

很少有颠覆性技术能够通过开箱即用的方式得到广泛应用，而设计适当的解决方案困难重重。尽管无人机和传感器等硬件的成本在不断下降，大数据本身的生成成本也很低，但硬件操作和数据集成、信息分析的成本很高，导致执行灾害管理数字解决方案的费用高企，少有解决方案能够大幅降低成本所需的规模。

（六）所有权

所有权涉及两个方面：一是政府和其他参与救灾的国际组织是否有能力拥有相关的颠覆性技术设备；二是是否拥有数据所有权。从长远来看，所有权直接决定了灾害预测、救援、恢复等的可持续性。

（七）准备情况

由于各个城市利用数字技术应对灾害的基础和能力不同，一些颠覆性技术难以获得广泛的应用。此外，城市居民年龄、性别结构等差异都可能影响社交媒体的使用效果。

三 颠覆性技术的应用条件

理论上，任何一种颠覆性技术在农村和城市地区的适用性的差别都不大。但在实际中，农村地区的应用却面临更多障碍，缺乏通信基础设施是最主要的原因。例如，在瓦努阿图，由于缺乏移动宽带无线覆盖，实时无人机的使用效果评估受到了影响；机器人在农村地区的使用则受限更大。地区经济发展水平对大数据的获得也有影响，较低的经济密度和强度难以支撑海量数据的获得。

不同的颠覆性技术在救灾的不同阶段作用各异。物联网技术常常用于水文条件或气象条件的监测，以做好灾前准备；Twitter等社交网络主要应用于响应和恢复阶段，用于通知公众相关信息、建立通信联系；人工智能和大数据则都属于事后研究，在瓦努阿图，无人机拍摄的损害情况为优化救援次序提供了非常大的帮助。

各项颠覆性技术应用的成本不尽相同。无人机技术的应用离不开援助机构提供的专业设备和专业知识；社交网络的成本则相对较低，主要是用户数据通信费用；大数据的应用往往依托于研究项目；人工智能不仅需要强大的计算机硬件基础，还必须考虑到偏远地区因部署移动宽带而可能产生的成本。在移动宽带覆盖的区域，无人机、社交网络和物联网的应用都将具有更高的效率。

颠覆性技术在各个领域应用的复杂性不尽相同。机器人和人工智能应用的复杂程度最高，需要积累一定的研发基础；大数据分析更多依赖于数据科学家；无人机和物联网应用对技术知识和操作经验有较高的要求，但技术和技能相对来说容易获得；社交网络应用的复杂程度最低。

从参与部门看，颠覆性技术应用于减灾管理时，其潜在的参与主体包括政府、国际机构、非政府组织、私人部门、公共部门和研究人员等。

表2 颠覆性技术的应用条件

项目	无人机	社交媒体	大数据	机器人	人工智能	物联网
城市地区实用性	取决于法规	相对较高	较高	高	高	可用
农村地区实用性	高,除非缺乏相关基础设施(如3G、4G移动覆盖)	较低(取决于通信技术的传播)	较低(取决于金融包容水平)	案例较少	高	由3G和通信系统覆盖情况决定
灾难阶段	响应、恢复阶段	缓解、准备阶段	恢复阶段	恢复阶段	灾前准备阶段	灾前准备阶段
成本	中	低	低	高	高	中
复杂性	从中到高(合格的无人机操作员、建立和解释数据流)	传播的复杂性低、分析和解释的复杂性高	高(分析和解释数据)	从中到高(操作机器人、解释数据、维护系统)	高	中
利益相关者	世界银行、非政府组织、联合国	公众、非政府组织、政府	银行、联合国	政府、私人部门	高校	政府、私人部门
监管	空域规定、数据和隐私保护	一些国家有	数据、隐私保护	道德	道德、数据保护	数据隐私和保护、环境考虑

四 启示与建议

颠覆性技术在城市减灾中发挥着越来越重要的作用,但其大规模应用还有待时日。例如,卫星图像和地震检波器仍然是探测、监测和获取灾害信息的最重要方法;手机短信仍是与公众交流的最广泛手段。在加强颠覆性技术辅助城市减灾管理时,应注意以下几点。

(一)确保技术应用的标准化

一是鼓励使用简洁的技术标准(如鼓励使用短代码),以消除技术使用者和设备操作者的困惑。二是通过开放标准来降低成本和增强操作性。例如,通过制定《共同警报协议》,对国家和国际灾难信息进行标准化;开放第四代无线技术（LTE-M）支持物联网的机对机通信标准；开放大数据应用程序编程接口，建立清晰透明的大数据共享协议。

（二）建设灾害管理信息库

大部分颠覆性技术的应用都依赖于信息技术和数字技术的发展。有效的做法是：建立一个全球国家共享的城市灾害管理信息库，形成全球数字技术应用于灾害管理的信息池，以防止成功的救灾经验被埋没在新闻文章和研究报告中。信息包括：灾害预测、探测、响应和救灾的数字技术；有效的数字干预措施、实施主体的做法；各个颠覆性技术与灾害类型的匹配条件等。向数据库提供信息的主体主要有：一是控制着大数据信息的私人部门；二是对减灾防灾进行跟踪研究的学术界；三是遭受灾害的社区。因此，也需要加强受灾社区、私人部门和学术界之间的联系。

（三）加强颠覆性技术防灾的应用培训

颠覆性技术多为突破式技术，许多相关技术在灾害防治与管理中的应用仍处于试点阶段，或是非正式的辅助方式。加之城市的灾情各异，有必要加强防灾中颠覆性技术应用的培训，主要包括手册制定、场景模拟、软件编辑与使用、人员组织、真伪信息识别等。培训往往还与顶层部署的架构密切相关，在有条件开发颠覆性技术并付诸常规使用的城市，应用培训的成本较小、效果较好。

（四）破除颠覆性技术应用的法律困境

颠覆性技术应用于城市防灾管理往往会陷入法律困境，究竟是挖掘还是保护信息、是鼓励还是限制应用。尽管大数据时代终将到来，但在当前和未来相当长一段时间内，当城市和其他区域发生灾害时，其"即时获取性"仍然无法得到满足。由于各国法律具有不可随意破除的特点，有必要加强协调与部署，在灾害频发区域和领域提前签订颠覆性技术使用时数据访问和共享的相关协议，以确保灾害信息透明化。

B.5
丹佛都市圈灾后恢复预案的设计思路*

余全明**

摘　要： 美国丹佛发布的《丹佛全险区域恢复框架》是美国地方政府灾后恢复的样板性方案。这一框架旨在为各机构和组织提供恢复框架以指导其职责范围内的计划制定和实施。本报告探讨了丹佛所确定的11个恢复支持功能，各组织机构应承担的责任和义务，短期、中期和长期恢复过程中各组织和机构的恢复范围和工作重点。并在分析该恢复框架特点的基础上，提出了对中国城市未来灾后恢复的建议。

关键词： 丹佛　灾后恢复　恢复支持功能

2012年，丹佛都市圈①安全委员会（Denver Urban Area Security Initiative）联合科罗拉多州政府和美国联邦相关部门发布了《丹佛全险②区域恢复框架》。该框架的制定获得美国国土安全部科学与技术局的资助和推荐，成为美国地方政府灾后恢复的样板性方案。该方案为城市尽快脱离灾害后遗症提供指导，为各级政府和组织机构的灾后恢复工作提供指引，并且为制定区域

---

* 本文主要参考了Denver Urban Area Security Initiative 编制的Denver UAS All-Hazards Regional Recovery Framework。上海社科院硕士研究生黄彦、顾佳跃、王嘉伟对本文素材的前期翻译工作也有贡献，特此致谢。
** 余全明，上海社会科学院应用经济研究所博士研究生，主要研究方向：产业经济。
① 含丹佛市、丹佛县及Jefferson County、Douglas County、City of Englewood、Boulder County等地区。
② 指应对所有风险。

协作的灾后恢复计划奠定了基础。丹佛都市圈确定了11个恢复支持功能，即清理工作的优先级、灾后住房、垃圾管理、公共卫生和医疗服务、经济重建、公共信息和消息传递、致死率管理、公共安全/访问控制、识别并稳定和维护基础设施及财产、未满足的需求、自然和文化资源。并且，恢复框架从短期、中期、长期三个灾后恢复阶段指出灾后的恢复范围和工作重点。

一 区域恢复框架的目的和范围

恢复是指灾难事件发生后使地区恢复到正常状态的过程。[①] 要使地区有效恢复，必须关注居民和一线工作者的健康与安全、社区基础设施的恢复以及该地区的经济可行性等情况。如图1所示，恢复框架列出了恢复过程中的目的、范围和总体问题；短期、中期和长期恢复的方法和原则；恢复区域功能的优先级。恢复框架旨在增强丹佛都市圈的广域恢复能力，确保在灾难性事件发生后及时恢复功能和基本服务以及重新建立社会和经济秩序。

该恢复框架是丹佛都市圈应对所有风险灾难的样板性方案。通过这个全方位框架，地方政府可以及时做出许多重要的恢复决策，地方各组织和机构能够制定适合自身的恢复计划。

（一）区域恢复框架的目的

为更好更快速地保证区域从灾后恢复，设置恢复目标是必不可少的。该框架的主要目标包括：最大限度地保护生命、财产和环境；尽可能缩短恢复时间；将受灾地区恢复到灾前状况和正常状态，即"新常态"。

为更好地制定区域恢复计划，该框架描述了不同阶段的特定功能，并确定每个恢复阶段的重点事项，如表1所示。

[①] 本文使用的恢复术语由国家灾难恢复框架定义。在国家响应框架（2008）中，恢复也被定义为对恢复基本服务和职能的响应阶段的扩展。从长远来看，恢复既是个人生活的恢复，也是社会生活的恢复。恢复包括：服务和站点恢复计划的制定、协调和执行；重组政府的业务和服务；提供住房和促进重建的方案；对受影响个体的长期护理和治疗；用于社会、环境和经济恢复的其他措施。

灾后恢复的支持功能

- 清理工作的优先级
- 垃圾管理
- 经济重建
- 致死率管理
- 识别并稳定和维护基础设施及财产
- 自然和文化资源
- 灾后住房
- 公共卫生和医疗服务
- 公共信息和消息传递
- 公共安全/访问控制
- 未满足的需求

灾后恢复的阶段

- 第一阶段：短期几天到几周
- 第二阶段：中期几周到几个月
- 第三阶段：长期几个月到几年

图1 恢复框架概览

表1 各恢复阶段的重点事项

灾前准备	短期恢复	中期恢复	长期恢复
灾前恢复计划	大众护理和安置 • 提供整合的大众护理和应急服务	住房 • 提供可获得的临时性住房解决方案	住房 • 制定长期住房解决方案
灾情减轻计划和实施	垃圾 • 清理出主要的交通干道	垃圾和基础设施 • 清除垃圾 • 规划需立即修复的基础设施	基础设施 • 重建未来城市各区域所需的基础设施
社区能力和韧性建立	商业活动 • 建立临时性基础设施以支持店铺再开业 • 重建现金流	商业活动 • 支持适当的商业活动再开展 • 建立适当的业务恢复一站式中心	商业活动 • 实施经济复兴战略 • 设立商业重建基金
进行防灾演习	情感/心理 • 识别出需要辅导和行为健康服务的成人及儿童，并提供治疗	情感/心理 • 参与持续性护理网络的建立	情感/心理 • 持续性跟进辅导、行为健康和个案管理服务

续表

灾前准备	短期恢复	中期恢复	长期恢复
建立伙伴关系	公共健康和卫生护理 ●提供应急性和临时性医药治疗及建立适当的监管协议	公共健康和卫生护理 ●通过临时设施确保护理的连续性	公共健康和卫生护理 ●重建受损的公共健康和健康关心设施
在灾难计划中阐明协议，以便对成人和儿童的情感和健康护理提供服务	灾情减轻活动 ●评估和理解风险与脆弱性	灾情减轻活动 ●通知社区成员有更多机会重新振作起来	灾情减轻活动 ●实施灾情减轻战略

阶段1：短期恢复是指事件发生后的几天到几周。这个恢复阶段解决了救援之外的健康和安全需求、评估损害和需求范围、恢复基本基础设施的功能、恢复组织和资源的动员工作。

阶段2：中期恢复是指事件发生后的几周到几个月。这个恢复阶段涉及如何使个人、家庭、关键基础设施和政府或商业服务恢复到灾难发生前的状态。这个阶段所采取的行动为过渡成永久措施提供桥梁般的中介作用。

阶段3：长期恢复是指事件发生后的几个月到几年。这个恢复阶段致力于彻底重建和振兴受影响的区域；重建或者搬迁受损和毁坏的社会、经济、自然和建筑环境；实现自给自足、可持续发展和社会韧性。

（二）区域恢复框架的范围

该恢复框架的应用范围包括丹佛都市圈所有可能发生的灾难事件的恢复措施。丹佛都市圈是地理分布多样的地区，拥有超过160个城市、地区、城镇和直辖市，人口超过250万，土地面积6922平方英里。科罗拉多州有超过50%的人口居住在丹佛都市圈。丹佛都市圈还有超过460个政府部门，并且拥有许多关键基础设施。

丹佛都市圈面临各种灾害风险。由于地理分布的多样性，该地区东部容易遭遇龙卷风，西部山麓容易遭遇野火。丹佛都市圈可能会遇到其他自然灾害，包括冬季极端天气、草地大火和洪水。由于地理位置和人口数量，丹佛

都市圈也面临着人为灾难的威胁，如危险物质泄漏和恐怖袭击。根据具体事件的严重性、位置和发生时间，灾难事件可能会带来毁灭性的影响。由于这些原因，该框架采用全险方法。该框架有三个限制：它不是包罗万象的，因为不可能列出所有的恢复操作；它不解决立即响应或沟通的问题；它未涉及可获得的联邦援助或联邦资金的具体内容。科罗拉多州应急管理办公室（COEM）是联邦灾难援助计划的初始联系点。

二 恢复支持功能（RSF）的经济发展指引

"经济再开发"的广义定义是：在灾难性事件发生后，为恢复并最终改善丹佛都市圈的经济活动而实施的规划和行动。经济重建的主要目标是在经济恢复的所有阶段留住和吸引本地企业和工人。

经济重建工作在整个恢复过程中持续进行。在不同阶段制定不同的政策，以实现每个阶段的目标。恢复速度是影响企业和人口重返丹佛都市圈的重要因素。必须有一种围绕恢复的紧迫感，制定即时战略以便留住企业。

（一）确认支持职能部门

在恢复过程中，确定每一层级的支持职能部门是十分重要的。各支持职能部门能够引导并加快恢复工作的有序进行。在地方一级，有地方经济发展办公室、规划部门和商会参与。在州一级，相关的支持机构包括地方事务部门和地方政府部门。

（二）注意事项

（1）有破产计划的企业在灾难后倒闭的可能性比没有破产计划的企业小。一旦出现破产迹象，就应该启动连续经营（COOP）计划。

（2）清理关键基础设施时，需考虑优先级，经济恢复是关键的影响因素。关键基础设施需要在相关地区予以加强，以确保人员、政府和企业的迁移。

（3）丹佛经济发展公司（EDC）确定了丹佛经济的八个核心领域：航天、

航空、生物科学、广播与电信、能源、金融服务、医疗保健和IT/软件。

（4）由于本地企业在本地经济中的支出是非本地企业的2倍，应优先考虑支持本地企业的恢复。

（5）关键业务应在重大事件发生前由城市管理者和经济发展主管确定。

（6）需在丹佛都会区外备份私营部门公司注册登记的资料以确保及时同外部共享资源。

（7）在长期恢复期间，为引入新业务的激励措施做准备是必要的。可以开发一个技术"工具箱"，用于提供信贷和财务激励，增加信贷和资本的可用性，帮助企业尽快恢复。这个工具箱可以由地方市长、规划和社区发展小组开发和批准。

（三）第一阶段：短期恢复

范围：计划保留、维持和提高丹佛都市圈的经济活力。

（1）计划和政策

制定城市地区安全协议战略，与撤离该地区的企业进行咨询交流，确定在中期恢复期间的何种激励政策能够吸引撤离企业回流。

中小微企业的运营资金在短期内可能会耗尽，应设立紧急小额贷款项目，确保中小微企业能够持续营业。

建立信息交换所。由科罗拉多州监管机构部门（DORA）及其保险部门提供意见，确认各种业务的可靠性。信息交换所应重点关注消费者保护方面，包括价格评估等政策。

重新规划土地用途以支持优先级的工作。

（2）基础设施

确定地方关键经济基础设施。关键经济基础设施包括道路、通信、学校、住房、医疗、燃料、公共交通，以及满足大众基本需求的基础设施。同时，确定人口居住分布对恢复工作的顺利进行很重要。

重新开放拥有近1.5万名员工的丹佛机场，确保航空公司不会将业务转移到其他地区。

鼓励国防设施部门做好准备，支援其周边地区的经济维持和恢复。国防部雇用大量基地内外人员以支持周边地区的经济发展。

（3）企业

政府机构在所有阶段与非政府机构密切合作；提供有关计划的信息，并从私营部门获得反馈；允许非政府机构参与决策过程。各机构建立业务资源中心，与统一恢复协调小组建立联系。

建立业务援助中心，援助受灾难影响的当地企业。该中心可以提供各种业务需求的信息，并回答这样一些问题：可以聘请哪些公司协助？它们有资质吗？它们是否接受过当前标准的培训？目前有哪些规范和标准？短期内为更好地恢复，是否有规范和放宽标准？

各公司的保险代表应立即参与恢复的过渡阶段。

制定激励措施，将受灾企业迁至丹佛都市圈的备选地区。鼓励措施包括：支持在备选地区扩大或维持现有的关键经济基础设施、免除许可证费用或管制要求、实行短期税收优惠和发放搬迁贷款。

重新规划土地用途，提高对灾害的适应能力并促进地方加快恢复。

（四）第二阶段：中期恢复

范围：实施和完善战略，继续保持、维持和提高丹佛都市圈的经济活力，包括保护并促进主要行业增长（如制造业）。

注意事项如下。

各机构须与私营部门密切合作，协调资源并提供丰富的信息，增强企业长期生存能力的信心。

建立引导机构，促进企业和工人的回流，减轻丹佛都市圈灾害所带来的经济影响。

私营部门投资对小企业重建至关重要。引导机构应主动接触投资者，降低当地企业的借贷成本。

丹佛经济成功的关键是高附加值的工作。科罗拉多州的学士学位持有者数量在全国排名第二，航空航天领域从业人数排名第二，高科技领域从业人数排名第三。吸引并留住这类人才和产业对丹佛USAI的经济发展至关重要。

提供关于清理资源的信息，确定私营部门可以保留和清理的设施。提供关于重新占用许可的信息，提供对业务保留或重新占用的奖励。

鼓励优先利用当地劳动力和资源，促进当地经济恢复。

商会可以与其他地方组织合作，为经济重建提供外联和战略方面的援助。

在中期恢复期间，可以将员工培训为承包商。各地区可以建立培训和教育计划，帮助地区建立新的劳动力队伍。

寻求大型企业在该地区保留或重建的公共承诺，增强人们对经济健康运行的信心。

建立小型企业的公共资源中心，为其持续经营提供保障。在企业重建设施时，学校和公园等当地资源可用作企业临时生产空间。

（五）第三阶段：长期恢复

范围：随着主要目标的实现，可以逐步取消激励措施，引导经济回到正常的发展轨道。一旦实现了区域目标，经济发展将转归地方管辖。

注意事项如下。

发展计划开始启动，公众参与过程已经建立。

制定房产税抵免、基础设施改善、工资补贴和延长失业福利等形式的激励措施。

随着新形势的出现，州和联邦对丹佛都市圈激励政策的支持力度可能会减弱。这可能影响政府向企业提供财政激励的能力。

促进旅游业、贸易发展，以及举办商务和政府会议的激励措施有助于提升健康和运作良好的地区形象，并为丹佛都市圈的发展带来所需的外部资金。

三 启示和建议

灾难是检验城市建设成果的机会，城市将以更健全的体系应对未来灾难

的转机，为对未来的城市建设带来多方位指导的新机遇。丹佛都市圈的灾后经济恢复方案有如下启示。

第一，成立领导小组，多部门协作，引导灾后恢复工作有序进行。灾后恢复工作涉及民生、企业生产经营、经济恢复和发展等方面。通过成立领导小组，主管地方恢复工作，保证恢复工作有序进行。通过多部门协作，地方政府可以最大限度地发挥地方潜力，加速推进恢复工作。依据不同恢复阶段的目标，制定不同的恢复政策，引导灾后恢复工作有序推进。

第二，建立信息资源查询平台，多渠道共享恢复信息，重塑经济和社会发展的信心。灾害会对地方的基础设施、消费资料供应、生产资源供应、投资方向等产生负面影响。建立信息资源查询平台，及时发布各部门有关灾后恢复指导信息，有助于个人、企业、组织机构获得具有公信力的信息；有助于企业和组织机构及时获取信息资源，推进自身的恢复工作；有助于引导恢复工作按阶段有序进行，避免恢复工作出现波折；有助于吸引投资，重建人们对地方经济发展的信心。多渠道共享恢复信息，有助于信息的快速扩散，指导个人、企业、组织机构推动灾后恢复工作，加快推进企业、组织机构的恢复工作，重建其对地方社会稳定和经济健康运行的信心。

第三，提供应急低息贷款，减轻企业生产经营的压力，维持企业活力。灾害发生后会影响企业的生产经营，众多中小企业可能在短期内面临运营资金耗尽的困境。因此，为企业提供应急低息贷款有助于缓解企业生产经营的压力；有助于降低企业破产压力，避免大量劳动者失业，维护社会稳定；有助于增强企业的灾后生存能力，维持企业活力。并且，灾后企业保持生产经营有助于增强人们对地方经济恢复的信心。

参考文献

Denver UASI, "State of Colorado and Federal Stakeholders," Denver UAS All-Hazards Regional Recovery Framework, October 31, 2012.

城市创新篇

Urban Innovation

B.6 全球智慧城市发展图景及策略展望[*]

盛垒 张子彧[**]

摘 要：随着智能技术的日新月异，全球智慧城市发展正迎来重要的转折点。经过近十年的尝试与探索，全球的城市智能化进展显著，高收入城市在技术基础设施以及数字应用程序方面优势显著，一些亚洲的发展中城市正在快速崛起，并将成为未来全球智慧城市运动的中心地带。智慧城市需要智慧的政府，但私营部门和所有居民的参与在塑造城市的未来中具有至关重要的作用。

关键词：智慧城市 高收入城市 发展中城市

---

[*] 本文基于2018年6月麦肯锡全球研究院发布的《智慧城市：为更好的生活提供数字方案》开展介评，并对中国城市的参考借鉴予以研究分析，特此致谢。

[**] 盛垒，上海社会科学院世界经济研究所研究员，硕士生导师；张子彧，上海社会科学院世界经济研究所硕士生。

随着新技术革命的日新月异和智能技术的飞速发展，经过近十年探索的智慧城市建设正在迎来新的转折点。2018年6月，麦肯锡全球研究院发布《智慧城市：为更好的生活提供数字方案》研究报告，对当前全球智慧城市建设进展及前景进行了分析。本报告基于这一研究报告的有关内容，对全球范围内的智慧城市发展概况进行介绍与分析。

一 智慧城市正处在一个新的转折点

智能手机已成为当代城市的新钥匙。它们是任何人都可以使用的接口，以此访问关于交通、重要服务、警报和社区新闻的大量即时信息，并自主生成数据流。信息由嵌入整个物理环境的一层传感器不断输入。这些传感器实时捕捉大量数据，并将其输入复杂的城市运营和基础设施分析系统，有时甚至可以进行无需人工干预的即时远程调整。当数以百万计的个体行为者利用数据做出更好的决策时，这些效应叠加起来，使整个城市变得更有效率、反应更灵敏：在运输和排队上花费的时间更少，健康和安全状况也有所改善，能源、资源、空间和投资得到更有效的利用。

今天，人们在城市中穿行的方式看起来与十年前已大不相同，并且很有可能在未来的十年里发生更剧烈的变化。经过多年的试验和探索，城市变得越来越智慧。全球主要城市吸取了早期的经验和教训，正在走出试点阶段。

技术本身不再是一个限制。智能手机普及、物联网、机器分析和学习的快速进步，为一系列创新铺平了道路。新应用程序的范围不断扩大，功能也越来越复杂。然而，当引入新技术时，为采用它所需要的所有行为更改和组织变革都需要时间。这表明，未来几年，城市将继续以更深层次、更深远的方式变得更智慧。

智能城市的下一阶段之所以与众不同，是因为它更加关注人。大多数城市的领导者已经意识到，居民和员工的担忧必须成为任何技术战略考量的重点。数字智能为城市提供了一套全新的工具，以切实可行的方式提高居民生活质量。诸多的应用程序使城市不仅运行更有效率，而且更适合居住。未来，城市可能为增进居住其中的人们的福祉作出更有意义的改善。

二 全球智慧城市发展现状图景

麦肯锡全球研究院对全球范围内的50个智慧城市发展现状进行了分析，这些城市包括高收入和低收入地区，以及不同密度、基础设施质量和规模的城市。其研究结果表明，第一，即使是世界上最先进的智慧城市，也还有很长的路要走。许多城市尚未实施一些可能对其优先事项产生最大影响的应用程序。第二，治理城市的框架并不决定着城市变得更加智慧的能力。政府权力更集中的城市可以强制实施改革，但权力更分散的城市往往拥有更开放的生态系统，居民会要求对影响其生活的问题做出反应。较富裕的城市显然更有能力建立全面的通信和传感器网络，但这并不意味着每个高收入城市都有动力实施所有可能的应用。然而，作为一个整体，高收入城市的转变通常更快。另外，研究发现，在一些老龄化问题较严重的高收入城市，智能技术的使用水平较低。这可能受到多种因素的影响：对现有功能的满意程度、对变革的抗拒、对技术的高期望、应用程序本身缺乏直观的用户体验或者缺乏沟通和公众参与。相比之下，在中国城市中看到了惊人的智能技术使用水平。新兴经济体的发展取决于其城市的发展。而亚洲城市年轻的数字原住民和需要解决的重大问题，可能使其成为未来全球智慧城市运动的中心地带。

（一）高收入城市建设高水平技术基础设施，而发展中城市则处于劣势

拥有最先进技术基础设施的城市包括新加坡、纽约、首尔、斯德哥尔摩和阿姆斯特丹。这些城市拥有超高速通信网络，并正在推出5G服务，同时采取不同的方式建设世界级数字基础设施。例如，首尔拥有世界上最快的互联网速度和广泛的LPWA网络；斯德哥尔摩受益于一项扩大宽带接入范围、用智能电表取代传统电表的国家计划；新加坡通过建设尖端通信网络打造现

代化、无缝的商业环境，是世界上第一个覆盖免费 WiFi 的地方；桑坦德在垃圾桶上安装了数千个 RFID 追踪器；哥本哈根因开放数据门户的创新方式而闻名；旧金山拥有强大的宽带和 LPWA 基础设施，以及密集的智能能源和水表网络；纽约的 LinkNYC 和公共 WiFi 使用非常便捷。

所有城市都具有向上发展的潜力。在传感器和设备的部署范围、通信网络的质量和开放数据的存储方面，即使是全球最先进的城市也只是完成了大约 2/3 的工作。大多数城市仍然存在网络弱点、覆盖范围的差距和数字鸿沟，某些弱势地区和群体无法上网。在整个城市的所有可能有用的数据收集点安装传感器的工作还远远没有完成。总的来说，北美、欧洲、东亚的城市都拥有相对强大的技术基础，中东的城市同样如此。但是，拉丁美洲、非洲和东南亚的公司发展比较滞后，尤其是在资本最密集的传感器安装方面。此外，智能手机的普及率也存在明显的差异。4 个高收入城市都属于智能手机普及率超过 90% 的国家，而有 7 个低收入城市都属于智能手机普及率低于 60% 的国家。同时，一个城市的规模与其技术基础的实力并不相关。一些较小的城市，如斯德哥尔摩、奥斯汀和桑坦德，得分相对较高。除了曼谷、拉各斯、孟买、墨西哥城、圣地亚哥和银川等地外，50 个城市中大多数都有开放的数据门户。建设这些门户网站可以帮助低收入城市转型。由于公共数据有助于促进私营部门的创新，开放的数据门户可以为不需要公共投资的应用程序普及铺平道路。

（二）北美和亚洲城市在应用程序推出方面具有领先地位

在应用程序推出力度最大的 7 个城市中，有 6 个位于北美和亚太地区。对于大多数城市来说，流动性一直是大多数城市的政策关注点，而那些应用程序使用数量最多的城市，如纽约、洛杉矶、伦敦、新加坡、深圳和首尔，其政策关注的重点已经变得更加广泛。将关注点扩展到流动性以外，使得这些城市将更快地形成良性发展循环。同时，也有许多城市还没有实施有助于解决城市问题的数字应用程序。

在移动程序应用方面，流动性显然是欧洲城市的政策重点，这些城市在其他领域实施的政策往往较为温和。几乎所有城市都有使用私营部门的网约车服务，以及自行车和汽车共享应用。相比之下，很少有地方采用基于需求的微型交通、公共交通的预测、维护或拥堵定价。

在安全程序应用方面，在犯罪率高的城市，如里约热内卢、开普敦、墨西哥城和芝加哥，安全应用程序跃居优先应用的首位。大多数城市至少已经试点了智能监控、实时犯罪地图以及为警察配备随身摄像头。但是，有近一半的城市还没有使用甚至还未试用数字应用程序，以加快对紧急情况做出第一反应的人员派遣速度，也很少有城市进行由数据驱动的建筑检查工作。

在健康程序应用方面，北美城市在智能医疗应用方面处于领先地位。相比之下，非洲的主要城市则远远落后。大多数城市都安装了空气质量监测传感器，远程医疗也正在广泛试点。以中国银川为例，该城市已将数字医疗服务嵌入专门打造的智能社区。虽然大多数城市都有全面的传染病监测系统，但许多发展中城市并没有。另外，有一半以上的城市没有采取基于数据的公共卫生干预措施。

在公用事业应用程序方面，拥有强大技术基础的城市在公用事业应用方面更多地依赖于数字应用方案。迪拜为电网配备了智能电表，并实现了家庭自动化系统和基于行为的电力消费跟踪应用。在该方面，北美、亚洲和欧洲的国家首都都排在前列，而拉丁美洲的城市则远远落后。

在经济发展、住房和社区参与程序应用方面，世界各地的城市居民都可以利用某种平台进行面对面的联系。各个城市在政府数字化以及面向公民的服务方面处于不同的阶段。在美国，波士顿、西雅图等城市已经开发了311个用于非紧急情况的应用程序，如报告滋扰、坑洞和涂鸦。巴塞罗那创造的数字平台成为居民参与决策的途径之一。虽然个性化的学习平台在教育和就业再培训方面可以发挥很大的作用，但这一领域基本上仍未得到充分开发。

（三）少数几个亚洲大城市在认知和使用方面非常突出

亚洲城市特别是中国的城市，如北京、深圳、上海等，在对智能技术的

认知、使用和满意度方面表现最为出色，公众普遍将智能城市应用程序融入日常生活。相比之下，澳大利亚和一些欧洲的城市在对智能技术的认知和使用方面显得较为滞后。其原因可能是人们拒绝改变，也可能是人们对传统基础设施系统的功能非常满意，并不认为智能城市应用程序能带来显著改善。在东京情况也是如此。在所有 50 个城市中，东京在应用程序的认知和使用方面排名垫底。另外，对于隐私和数据安全的重视程度和文化态度，可以进一步解释许多欧洲人对使用智能城市应用程序并不像亚洲和北美的同龄人那样感兴趣。

三 全球智慧城市发展策略展望

在智慧城市建设上，全球所有城市都面临这样或那样的挑战与问题，但无论城市处在怎样的发展阶段，未来的进步都取决于管理和执行能力。

（一）将智能规划与资产开发相结合，以最大限度地利用系统

智慧城市技术可以帮助城市获得更多资源。传统的基础设施建设将城市锁定在资本密集型的长期计划中，而这些计划的基础是它们对需求演变的预期。现在，使用传统构造和智能解决方案的组合，可以动态地响应需求的变化。政府可以在更短的规划周期进行更灵活的由数据驱动的投资。智能技术并不是解决城市问题的万灵药方，但如果将它们与互补政策和基础设施投资相结合，可以加速城市的发展。例如，首尔正在努力减弱私家车的必要性。除了实施智能交通解决方案外，该市还在采取相关措施，如将街道车道重新分配给行人和自行车，并严格限制新建公共建筑的停车位数量。而纽约则提供了一个关于智能技术局限性的警示。该市现在通过数字标牌向公交乘客提供实时信息更新，并计划在不同的交通方式下提供非接触式数字支付服务。但这不足以解决地铁系统的老化问题。硬资产和设施维护的需求是无法回避的。智能技术无法弥补基础设施短缺的问题，但随着核心组件的升级，智能技术可以通过增加新功能来帮助投资更高效。

（二）以开放的态度支持创新，吸引私营部门的参与

政府是所有服务和基础设施系统的出资者和营运者。虽然大多数应用程序由公共部门实施，但大部分初始投资可能来自私营部门。公共资金只能预留给那些必须由政府提供的公共产品。此外，公共部门需要进行的初步投资一半以上将产生积极的财政回报，这为公私合作打开了大门。城市政府机构可以适当收缩，为私营企业、国有公用事业企业、大学、基金会和非营利组织提供发挥作用的空间。当私营部门的创新有机会涌现时，政府的作用主要在于监管、召集关键参与者、提供补贴和改变采购决策。一些城市没有采取制定总体规划的方法，而是将自身定位为生态系统，创建联合体，甚至是实体协作空间。例如，阿姆斯特丹智慧城市采取的是公私合作方式，发挥市政机构、教育机构、非营利组织、私营企业和初创企业的作用。

（三）把人作为城市中心，用科技联结城市

技术可以改变政府和居民之间的关系。居民可以通过社交媒体和互动应用程序与政府官员和机构进行对话。城市可以利用科技，在广泛的议题上把握民意走向，以公众反馈为基础，不断完善制度。大多数应用程序都需要智能手机，因此让更多的人能够便捷上网是当务之急。当城市选择实施项目时，所有居民和社区的需求都应该被提上议程。利用技术为老龄人口服务是一个极具发展潜力的领域。例如，新加坡和东京等城市正在使用远程病人监测和远程医疗等应用程序，帮助老年人在家养老。技术具有隔离人群的趋势，但城市可以通过积极寻找将其用于构建现代社区和个人联系的方法来扭转这种趋势。例如，利用社交网络在更大范围内进行支援服务、监控、育儿支持和社区活动。

（四）吸引科技人才，创造跨机构创新的空间

城市智能化不是自然而然发生的。城市需要给机构创造适合创新的空间。不断吸引科技人才，是城市政府的首要任务。许多地方已经开始增加新

的角色，像首席数字官或建立跨学科的智慧城市单元。例如，波士顿建立了一个数字分析部门，而芝加哥组建了一个数据科学团队。不过，随着时间的推移，智能化建设需要渗透到政府事务的各个方面。

（五）用网络智慧解决隐私和安全问题

越来越多的警务工作基于监控和数据驱动，这引发了人们对时刻被监视和禁止政治异见的可能性的担忧。政府和私营部门在持有并共享敏感的个人数据时，必须制定保护个人数据的周密协议和措施。智慧城市的网络安全漏洞也日益构成重要挑战。物联网为黑客攻击提供了广泛的"表面区域"。安全系统、医疗监测器和自动驾驶汽车一旦受到破坏，可能将引发生死攸关的风险，如果不法分子破坏城市的电网或供水系统，产生的后果不可估量。城市需要优先考虑最敏感的资产，并采取最严格的防御机制。关键的应用程序在被大规模应用之前应该具备很高的安全性。

参考文献

McKinsey Global Institute, "Smart Cities: Digital Solutions for a More Livable Future," McKinsey&Company, June 2018.

McKinsey Global Institute, "Housing Affordability: A Supply-side Tool Kit for Cities," McKinsey&Company, October 2017.

McKinsey Global Institute, "A Labor Market that Works: Connecting Talent with Opportunity in the Digital Age," McKinsey&Company, June 2015.

B.7
特拉维夫城市创新生态系统建设的启示

纪慰华 伇晓光*

摘 要： 特拉维夫作为全球科创新秀城市取得了令世人瞩目的成绩，拥有全国最集中的科创资源和优势，日益成为全球知名的创新创业新高地。特拉维夫的城市创新生态系统建设既有深刻的以色列"烙印"，又有自身独到的经验，显著区别于全球其他城市，值得中国在建设全球科创中心城市的中予以借鉴。

关键词： 创新生态系统 全球科创中心城市 特拉维夫

以色列位于地中海东岸，自1950年代正式建国以来，从一个资源匮乏、周边领土争端不断的农业国家逐步发展为有影响力的全球科创中心，在电子信息、新能源、医疗器械、生物制药、农业等领域具有较强的国际竞争力。1909年建立于以色列东部的一片荒漠中的特拉维夫，是以色列第二大城市，赢得了"硅溪""世界最聪明城市"[①]"欧洲创新领导者"[②] 等诸多荣誉，是目前全球新创企业密集度最高的城市之一，是新兴的全球科创中心。特拉维夫持续加大对高科技产业的投入，实现了对先天恶劣环境的不断改造，逐渐发掘了适合自己的发展路径。它的成功，既有整

---

* 纪慰华，博士，浦东改革发展研究院助理研究员，主要研究方向：城市规划、城市创新；伇晓光，硕士，浦东改革发展研究院助理研究员，主要研究方向：企业经济学。
① 2014年，特拉维夫在巴塞罗那举办的智能城市博览会世界大会上获得"世界最聪明城市"称号，也获得了"智能城市博览会"竞赛的第一名。
② 2017年，特拉维夫在由欧洲委员会发起的"欧洲创新之都"排名中列第二名，仅次于巴黎。

个国家层面科技创新体系的深刻"烙印",也有其独特的创新系统运作模式和具体策略。

一 以色列及特拉维夫科技创新实力概况

高新技术产业已成为以色列的主导产业,科技创新成为国家经济发展的主要驱动力。特拉维夫高度注重发挥高新技术在城市发展中的作用,不断增加高新技术产品的市场份额,日益成为全球新的科技和经济中心。

(一)以色列科技创新实力已位居世界前列

以色列国土面积狭小且资源匮乏,但在这片土地上诞生了规模惊人的科技创新产业,其创新能力长期位于世界前列。以色列现拥有6000多家创新科技公司,初创企业总数仅次于美国硅谷,创业密度居世界第一。2016年,以色列以平均每天增加3家的速度涌现了1000多家创新科技公司。①

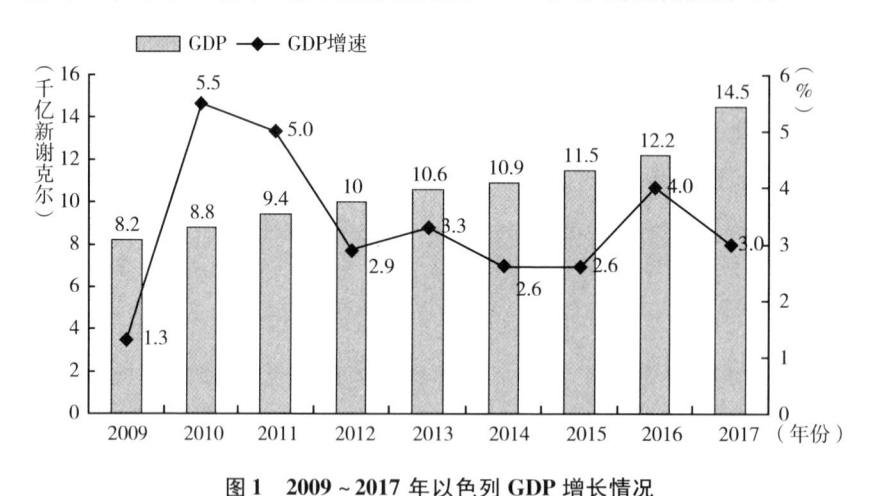

图1 2009~2017年以色列GDP增长情况

资料来源:以色列中央统计局,https://www.cbs.gov.il/he/pages/default.aspx。

---

① 《以色列"创新传奇":初创企业总数仅次于美国硅谷》,http://www.chinanews.com/gj/2017/01-23/8133029.shtml,2017年1月23日。

世界经济论坛（WCF）发布的《2017~2018全球竞争力报告》，以色列排第16位，较上年提升8个位次，是137个经济体中上升速度最快的。[①] 在美国彭博社发布的2018年彭博创新指数排行榜上，以色列以得分80.64跻身全球十强，[②] 也是进步最明显的国家（见表1）。

表1 彭博创新指数

2018年排名	2017年排名	排名变化	国家	总分	R&D强度	制造业增加值	生产力	高科技强度	第三产业效率	研究员集中	专利活动
1	1	0	韩国	89.28	2	2	21	4	3	4	1
2	2	0	瑞典	84.70	4	11	5	7	18	5	8
3	6	+3	新加坡	83.05	15	5	12	21	1	7	12
4	3	-1	德国	82.53	9	4	17	3	28	19	7
5	4	-1	瑞士	82.34	7	7	8	9	11	17	17
6	7	+1	日本	81.91	3	6	24	8	34	10	3
7	5	-2	芬兰	81.46	8	16	10	13	19	6	4
8	8	0	丹麦	81.28	6	15	11	15	26	2	10
9	11	+2	法国	80.75	12	35	14	2	10	21	9
10	10	0	以色列	80.64	1	27	9	5	41	1	19
19	21	+2	中国	73.36	16	19	40	12	4	42	6

资料来源：http://www.sohu.com/a/219550178_100003831。

（二）特拉维夫已是声名鹊起的"硅溪"

特拉维夫拥有世界上数量最多的高新技术创业公司、国际软件行业巨擘的研发中心以及全球最高密度的人才分布。特拉维夫面积和人口分别仅占以色列的0.2%和5%，但高新技术工业已占全国的一半以上，产值约占全市GDP的30%，主要集中在计算机软件、电子、医药和通信设备等领域。城市内集聚了全国23%的高科技企业和67%的种子阶段新创企业，约700家；

---

① 赛迪智库：《2017~2018年全球竞争力报告》，http://m.book118.com/html/2018/0903/702504314000/145.shtm，2018年1月29日。
② 《美国彭博社正式发布了〈彭博创新指数2018〉，中国排名上升2位！》，http://www.sohu.com/a/219550178_100003831，2018年1月29日。

1/3 的人口是 18～35 岁的年轻人，平均每 1000 位居民拥有 0.85～1.15 家初创企业，平均每平方公里就有 19 家新创公司，每 431 人中就有 1 人在创业。[1] 在所有特拉维夫初创企业雇员中，49% 的员工都曾在高科技企业工作，高于欧洲各生态系统 21% 的平均水平；连续性创业者的比例达到 47%，仅次于硅谷的 56%。[2] 此外，特拉维夫还拥有谷歌、微软、通用汽车、夏普[3]等全球知名跨国企业的研发中心超过 350 家。

由此，特拉维夫的全球城市排名日益提升，是全球仅次于硅谷的"硅溪"（Silicon Wadi）：在全球化与世界级城市研究小组与网络（GaWC）的名册中，被认为在中东城市中最具"形成世界级城市的明显迹象"，2016 年被评为 α 级；在《经济学人》信息部（EIU）的全球城市竞争力指数排名中，与纽约、伦敦、香港一起被评选为世界上最具竞争力的城市；在中国社会科学院与联合国人居署共同发布的《全球城市竞争力报告（2017～2018）》中，经济竞争力排名第 30 位，可持续竞争力排名 169 位。[4]

二 特拉维夫城市创新生态系统要素构成

特拉维夫被认为是美国以外创业生态系统最优越的区域。其城市创新创业生态系统要素由三大类 12 个小类构成：第一大类外层宏观环境主要含政策、经济、军事、文化与人口；第二大类中层实体支撑机构由 4 个小类政府、初等/中等/高等教育机构组成；第三大类内层生产者与消费者由 5 个小类研发中心、孵化器、技术转移公司、其他企业、风投公司组成（见图 2）。

---

[1] 《"以色列硅谷"特拉维夫带来的创新启示》，http://static.nfapp.southcn.com/content/201706/29/c513125.html，2017 年 6 月 29 日。
[2] 《以色列创新竞争力从哪里来》，http://intl.ce.cn/sjjj/qy/201810/27/t20181027_30638921.shtml，2018 年 10 月 27 日。
[3] 《探访以色列"硅溪"特拉维夫：媲美美国硅谷》，http://ihl.cankaoxiaoxi.com/2015/0602/803288.shtml，2015 年 6 月 2 日。
[4] 《2017～2018 全球城市竞争力排名、全球城市的竞争力指数排名及中国上榜城市经济竞争力排名分析》，http://www.chyxx.com/industry/201712/596042.html，2017 年 12 月 5 日。

外层宏观环境将自身蕴含科技因子作用于中层实体支撑机构,实体支撑机构将科技因子经过自身的加工再造,并进一步组建生产者,生产出真正的科技要素,进而向消费者推广,完成系统内各要素间的第一次作用;风投公司与其他企业在消费与应用科技要素时,增强了企业自身实力,推动了生产力发展,对外层宏观环境与中层实体支撑机构产生影响,从而完成各要素的第二次作用。①

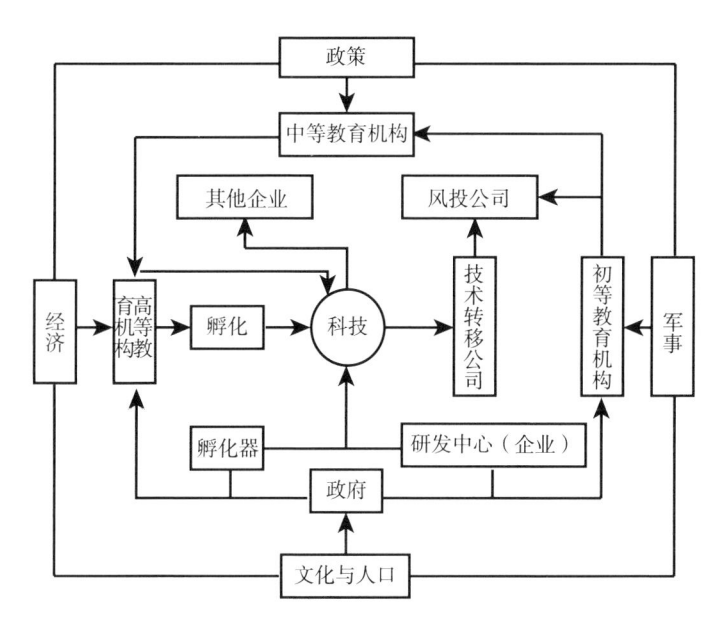

图 2 特拉维夫城市创新创业生态系统的要素构成

三 以色列国家层面对特拉维夫城市创新生态系统的影响

此外,与其他创新中心城市具有共性的是,特拉维夫的城市创新创业系

---

① 李锐、张秀娥、马百功:《以色列特拉维夫创业生态系统研究及动态模型构建》,《科技创业月刊》2018年第5期。

统也是政府支持、市场作用的共同结果,并且以色列国家层面的政策导向和文化要素对城市创新生态系统的构建发挥了基础性作用。

(一)创投基金的引领作用

风险投资对科创企业的重要性已成为共识。以色列是全球风险投资最为密集的国家之一。特拉维夫吸引了大多数国际银行和风险投资公司的总部入驻,形成了多种来源的投融资体系,大体分为政府创投基金和风险投资公司两大类(见图3)。

图3 2004~2013年以色列高新技术企业风险投资的构成情况

一是政府创投基金在企业种子期和中早期的推动作用。1991年,以色列的国家科技孵化器计划奠定了政府为初创企业"花钱"的基本模式。该计划为孵化器内项目以国家保证金或国家补贴利率贷款的方式提供前两年预算的85%。[①] 此后,以色列政府还设立了多种计划帮助创业初期的企业,为高风险的创业提供初创资金以及相关行政、法律指导,并帮助其在两年孵化期满后寻求私募支持,种子基金TNUFA就是专门用于扶持萌芽期的

---

① 《"有形之手"如何推动创新》,http://news.163.com/16/0926/06/C1SCGRQK00014AED.html,2016年9月26日。

创业企业。特拉维夫市政府还成立了政府投资中心等创投基金，初创软件企业可以申请最高66%的税收减免。①

二是风险投资公司是主要的创投资金来源。以色列的风险投资中超过2/3来自境外，以IPO和并购为主要渠道。这主要得益于《促进资本投资法案》《促进产业研发法案》《风险投资税收法案》《天使投资法案》《全球企业研发合作框架》等的实施。2017年以色列各类风险投资基金额度达到8.14亿美元，为五年来最高水平，较2016年增长了25%。这些风险投资基金的运营总部基本集中在特拉维夫。2012～2015年，特拉维夫初创企业风险资金融资额增长了2倍，名列全球第三；平均每家初创企业在萌芽期的融资规模高达50.9万美元，远高于全球25.2万美元的平均水平；在风险资金退出收益方面，2017年以色列公司退出交易额达到230亿美元，IPO数量112件，而特拉维夫增长了3.5倍。② 特拉维夫还拥有以色列唯一的交易所，有622家上市公司，其中有60家在海外上市，还有180种交易基金、60种国债、500种公司债，以及超过1000种的共同基金。③

（二）国际化移民人才的中坚作用

以色列科研人员占总人口的比例在全球排名第一。特拉维夫的人才质量、人才获取、人才成本等指标均名列全球前茅，有硕士与博士学位的比例高达40%，与硅谷不分上下。辍学生创业者与硕士博士毕业生创业者的比例，特拉维夫为1∶2.33，与硅谷的1∶2.5相差无几。④ 以色列的创新人才，

---

① 谢淳子、李平：《创新民主化：特拉维夫的创新型城市建设》，《特区实践与理论》2015年第5期。
② 《以色列创新竞争力从哪里来》，http：//intl.ce.cn/sjjj/qy/201810/27/t20181027_30638921.shtml，2018年10月27日。
③ 《特拉维夫金融中心产业集聚与辐射能力分析》，http：//ishare.iask.sina.com.cn/f/35RFWhziN44.html，2016年8月11日。
④ 《以色列创新竞争力从哪里来》，http：//intl.ce.cn/sjjj/qy/201810/27/t20181027_30638921.shtml，2018年10月27日。

除了依托本国林立的、享有国际盛誉的各类高校和科研机构，以及军队系统的培养外，外来移民也是其各种技术创新人才的重要源泉。以色列接纳世界各地的犹太人，尤其是苏联解体后的十年间，接收了近100万名苏联科学家和工程师，为高科技产业储备了雄厚的人才基础。以色列政府还制定了一系列人才移民政策，专门成立移民吸引部（The Ministry of Immigrant Absorption），如"回到祖国"战略、"卓越研究中心"（I-CORE）项目，都旨在利用高工资、尖端研究设施和促进跨学科的创新合作等吸引全球顶级的科学家。

特拉维夫对移民的包容度更为"激进"。2013年，特拉维夫市政府和全球城市办公室专门针对"游客、留学生、创业者、同性恋者"成立了工作小组，负责制定城市营销计划。2016年，特拉维夫是12%以色列新移民的目的地。[1] 当前，在特拉维夫"打造创新型全球城市"的号召下，来自世界各地的创新者、技术人才源源不断地涌入这座移民城市，为城市注入新的活力。

（三）独特文化环境的"催化"作用

提到特拉维夫的科技创新，必须关注以色列特殊的文化环境。这种多元、激烈碰撞且包容的文化极大地激发了创新的活力。犹太文化的"Chutzpah"精神、以色列特有的军队文化都推崇求异思维、挑战权威、打破旧有逻辑秩序、开拓新空间与运用新方法路径，这促使创新企业如雨后春笋般大量涌现。军队生涯还为创业者在联谊网络中找到合伙人、资本、项目等创造了机会。特拉维夫深受以色列文化影响，"创新创业是特拉维夫人DNA中的一部分"[2]。

此外，以色列国土面积狭小，非常注重利用国际资源提升研发能力，新创企业普遍具有国际视野，都以全球市场为目标，充分利用全球的市场、资

---

[1] 《城市更新之科技回归都市：特拉维夫，都市基因里的科技密码》，http://www.360doc.com/content/18/0119/09/32324834_723281343.shtml，2018年1月19日。
[2] 特拉维夫市政府网站，https://www.tel-aviv.gov.il/en/Pages/HomePage.aspx。

本、信息、人力资源等。2017年，以色列制造业产品出口总值达到450亿美元，中高技术以上产品占78.7%，[1] 全年仅在生命科学领域就有36家企业在NASDAQ上市，其中12家企业融资6.73亿美元（首次公开发行和后续发行）。[2] 特拉维夫每年约有40家新创企业被谷歌等高科技公司收购。

四 特拉维夫市完善城市创新生态系统的举措

特拉维夫为了更好地给初创企业和中小微企业营造宽松的环境，显著提升公众参与度，维持其在世界领先创新创业生态系统的竞争优势，实行了一些独到并卓有成效的做法。

（一）着力打造"全球最智能城市"

特拉维夫充分利用先进的高科技生态系统，大力提升城市的数字服务功能，积极推动向智慧城市转型。重要的解决方案有：一是市政府推出的一个系统，在全市范围内接入WiFi。该系统占地约370万平方米，包括城市的海滩、林荫大道、咖啡店和创业中心。二是"DigiTel"项目，根据个性化要求，通过电子邮件和短信的方式提供城市信息，包括活动折扣和提醒附近道路工程信息等。目前平台拥有超过20.6万用户。这一平台增加了城市和居民间的联系，为他们提供其他城市根本无法提供的服务，极大推进了"为所有居民创建一个城市"的发展愿景的实现。

（二）为初创者提供"共享工作区"

"让我们一起工作！"市政府为刚起步的初创企业提供共享工作空间。这些空间以补贴和可获得的价格提供，使创业者有机会在令人愉快的生产性环境中与其他企业家会面并建立联系，与政府顾问和市政官员联系，以及获

---

[1] 以色列中央统计局，https://www.cbs.gov.il/he/pages/default.aspx。
[2] 《以色列生命科学产业的发展现状分析》，http://med.sina.com/article_detail_103_2_56247.html，2018年11月21日。

得其他支持服务，如 WeWork 和 MindSpace。此外，特拉维夫市的图书馆也是重要的创新空间，是城市创业生态系统的中心。图书馆除了秉持传统的价值观，即知识、教育和好奇心，为它们注入技术、创新和创业能量外，还致力于为互联网初创公司和科技公司的团队提供合作空间和设施，为年轻的技术梦想家举办网络活动、聚会和提供专业的基础设施。①

（三）鼓励搭建形式内容各异的孵化加速器

特拉维夫市内遍布孵化器、加速器②和研发中心，为种子阶段的初创企业提供了财政援助和指导，如果算上工业中心和联合办公室，总数超过120家。这些加速器有城市政府资助的平台（如 Haratzif 中心）、非营利组织项目（如 Gvahim 成立的 TheHive）、有跨国公司成立的平台（如 IBM 设立的 AlphaZone）、大学创业创业中心（如特拉维夫大学的 StartTau、特拉维夫—雅法学院的 HaMitham/StartHub）。财政扶持的扶持重点各不相同，有针对科技金融的 TechStars 等，有重点服务新兴产业领域的 Thetime③ 等，有鼓励年轻创业人员开展交流的 TheLibrary 等，还有专注于专门领域的 TheHive（关注国际企业家，新移民和归国公民）等。

（四）积极筹办丰富多彩的宣传推广活动

特拉维夫市政府非常注重推广创新创业，每年都会举办大量活动，增强创业者的自我认同感与满足感，同时也鼓励更多年轻人随时随地加入创新创业行列。每年举行的"DLD 特拉维夫创新节"（DLD Tel Aviv Innovation

---

① 特拉维夫市政府网站，https：//www.tel-aviv.gov.il/en/Pages/HomePage.aspx。
② 孵化器分为政府出资、私人运营两类，一般集中在生物技术、医疗设备、清洁技术或以产品为中心的企业。加速器针对范围更广，既有私人出资也有政府出资，既有股权模式也有非营利模式。加速器通常运营周期为 3~6 个月的短期项目，每期面向若干学员企业，为它们提供指导和教育，毕业时举办公开活动或演示日。
③ Thetime 是以色列创新型孵化器的杰出代表，2010年、2011年连续两次被首席科学家办公室评为以色列最佳孵化器。其总部位于特拉维夫，服务对象是在服务电信（Telecom）、互联网（Internet）、媒体（Media）、娱乐（Entertainment）领域进行技术创新的年轻创业公司，这也是其名字"T.I.M.E"的由来。

Festival）包括大型论坛、讲座、工作坊、企业路演等活动。活动围绕"创新、创业、商业、科技"，内容涵盖数字化旅游、金融创新、智能城市、物联网、先进制造等。2018 年的活动吸引了全球超过 70 个国家的科技产业从业者，上千家的创新科技公司、风投机构、政府机构等。[1]

由以色列外交部及 TelAviv Global 共同主办的 Startup Tel Aviv Competition 项目，将全球 18 个国家的创业公司聚集在一起，通过比赛方式获得为期五天的免费特拉维夫创业之旅，充分体验城市创业生态环境。[2] 2013 年中国也加入其中成为一个分赛区。这样的活动一方面吸引了世界不同国家优秀的创业者会聚于特拉维夫，也为本土尚未"走出去"的创业公司提供了对外交流的机会。

五 特拉维夫创新创业生态系统建设的启示

我国正处于创新发展的追赶阶段，国际科创中心城市的建设也处于起步阶段，迫切需要借鉴国外的成功经验。特拉维夫的诸多成功做法有其特殊背景，但其中也有值得中国学习和借鉴的可贵之处。

（一）夯实全球科创资源配置能力

在全球创新资源加速流动的态势下，国际合作是以色列提高创新资源配置效率的重要途径。特拉维夫的创新创业企业自建立之初就锁定国际市场，国际高端人才、国际化资本在其高科技产业发展中发挥着关键作用，从而成为国际科创资源的配置高地。因此，中国的科创中心城市建设一定要聚焦全球资源，在自贸区进一步扩大开放的基础上，加强国际创新创业合作。一方

---

[1] DLD 特拉维夫创新节期间，创新企业争相开放办公场所，向公众充分展示其创意和突破性的技术。其中最盛大的活动是为期约一周的创业公司开放日（Startup Open Day）。在活动期间，整个城市弥漫着"节日"氛围。
[2] 《特拉维夫是如何成为新的创业"朝圣地"》，http：//www.docin.com/p - 907056391.html，2014 年 9 月 2 日。

面,支持我国企业走出国门实现全球化网络布局,建立海外研发中心;另一方面,强化外资研发中心与本土创新主体之间的融合,提升本土企业的科技创新能力。

(二)做实做强创投资金的引领功能

为了切实发挥风险投资对创新创业的推动作用,以色列政府更加注重建立市场化投融资机制,出台了一系列鼓励多元化投资的法律法规为创新创业企业的发展保驾护航。相较之下,中国财政资金支持的方式较为单一,财政科技投入还缺乏自身造血功能。因此,有必要借鉴国外经验,建立市场化的财政科技投入机制,并根据企业和产业发展特点创新资助方式。政府更多在"市场失灵"的领域发挥作用,积极介入早期阶段风险极高的研发项目,并在培养人才、建设专业孵化器、推动产学研合作、深化国际合作研发、技术商业化等领域给予直接性的政策扶持。

(三)推动孵化器运营管理体制改革

与以色列相比,中国的孵化器建设还属于薄弱环节,存在专业化不足、社会参与度不够等问题。首先,对于初创企业而言,政府的扶持是非常关键的,政府有责任帮助初创企业闯过前三年的"死亡谷"。其次,初创企业的持续发展需要市场化的加速器的扶持,因此,可着重于推动孵化器的混合所有制改革和提升专业化、创新加速器扶持方式、关注重点领域和新兴产业的专业加速器建设、引进国际大企业和国际知名孵化机构的总部等。

(四)积极营造兼容并蓄的文化氛围

特拉维夫对创新创业的高度包容和鼓励的文化氛围促使创新企业大量涌现。我国在引导中小企业发展的过程中,要强化这种允许不断试错和宽容失误的导向,建立高度包容失败的容错机制,尤其是加强对种子阶段企业的引导和扶持,营造宽松的创新创业氛围。

参考文献

《以色列"创新传奇"：初创企业总数仅次于美国硅谷》，http：//www.chinanews.com/gj/2017/01-23/8133029.shtml，2017年1月23日。

赛迪智库：《2017~2018年全球竞争力报告》，http：//m.book118.com/html/2018/0903/702504314000/145.shtm，2018年1月29日。

《美国彭博社正式发布了〈彭博创新指数2018〉，中国排名上升2位！》，http：//www.sohu.com/a/219550178_100003831，2018年1月29日。

《"以色列硅谷"特拉维夫带来的创新启示》，http：//static.nfapp.southcn.com/content/201706/29/c513125.html，2017年6月29日。

《探访以色列"硅溪"特拉维夫：媲美美国硅谷》，http：//ihl.cankaoxiaoxi.com/2015/0602/803288.shtml，2015年6月2日。

《2017~2018全球城市竞争力排名、全球城市的竞争力指数排名及中国上榜城市经济竞争力排名分析》，http：//www.chyxx.com/industry/201712/596042.html，2017年12月5日。

李锐、张秀娥、马百功：《以色列特拉维夫创业生态系统研究及动态模型构建》，《科技创业月刊》2018年第5期。

《"有形之手"如何推动创新》，http：//news.163.com/16/0926/06/C1SCGRQK00014AED.html，2016年9月26日。

谢淳子、李平：《创新民主化：特拉维夫的创新型城市建设》，《特区实践与理论》2015年第5期。

《特拉维夫金融中心产业集聚与辐射能力分析》，http：//ishare.iask.sina.com.cn/f/35RFWhziN44.html，2016年8月11日。

《城市更新之科技回归都市：特拉维夫，都市基因里的科技密码》，http：//www.360doc.com/content/18/0119/09/32324834_723281343.shtml，2018年1月19日。

特拉维夫市政府网站，https：//www.tel-aviv.gov.il/en/Pages/HomePage.aspx。

以色列中央统计局，https：//www.cbs.gov.il/he/pages/default.aspx。

《以色列生命科学产业的发展现状分析》，http：//med.sina.com/article_detail_103_2_56247.html，2018年11月21日。

《特拉维夫是如何成为新的创业"朝圣地"》，http：//www.docin.com/p-907056391.html，2014年9月2日。

B.8
纽约布鲁克林创新经济的发展概况[*]

胡苏云 詹春林[**]

摘 要： 城市未来中心（CUF，Center for an Urban Future）的报告指出，近年来随着纽约布鲁克林区的科技初创企业、创意公司和新一代制造商不断增加，纽约布鲁克林区逐渐成为美国创新经济增长驱动的地区之一。报告将布鲁克林区与曼哈顿、芝加哥、洛杉矶等地有关科技初创企业、创意公司和新一代制造商的数量和规模进行详细比较，并提供了有关布鲁克林创新经济规模和范围的数据，同时分析了纽约布鲁克林在部分经济中的竞争优势，并指出其创新经济规模将继续扩张。

关键词： 纽约布鲁克林 创新经济 区域经济

在过去的十年里，与纽约其他地方一样，纽约布鲁克林区在医疗保健、零售、餐饮以及教育领域的就业增长十分强劲。该区在创新经济中取得了巨大的成功，经济表现比大多数地区都更优。数据显示，纽约布鲁克林区是全美少数以创新经济为主要经济增长驱动力的地区之一，而创新产业是由技术、创造力和发明推动的，创造了许多国家级高薪岗位。在过去的十年中，

---

[*] 本文基于城市未来中心的《纽约布鲁克林创新经济的发展概况》开展介评，并对中国城市的参考借鉴予以分析，特此致谢。

[**] 胡苏云，博士，上海社会科学院城市与人口发展研究所研究员，主要研究方向：人口经济学、社会保障、医疗卫生改革和人口老龄化；詹春林，上海社会科学院城市与人口发展研究所硕士研究生，主要研究方向：人口资源学。

纽约布鲁克林区在这些创新产业中的表现优于纽约市其他地区，这些产业为纽约全市增加了数千个高薪工作岗位，有助于该地经济的多样化，并形成布鲁克林在纽约市各区中重要的竞争优势。城市未来中心（CUF, Center for an Urban Future）从创新经济的三个核心主体，即科技初创企业、创意公司以及新一代制造商，对纽约布鲁克林的创新经济进行了分析。同时指出，由于创新经济的发展，布鲁克林的经济发展将持续受益。

一 纽约布鲁克林科技初创企业发展情况

（一）企业规模变迁

2008年以来，在美国所有主要技术中心中，纽约布鲁克林的创业增长率仅次于旧金山。纽约布鲁克林356%的增长率不仅超过了纽约市（308%），还超过了费城（290%）、洛杉矶（279%）和芝加哥（270%）等（见图1）。

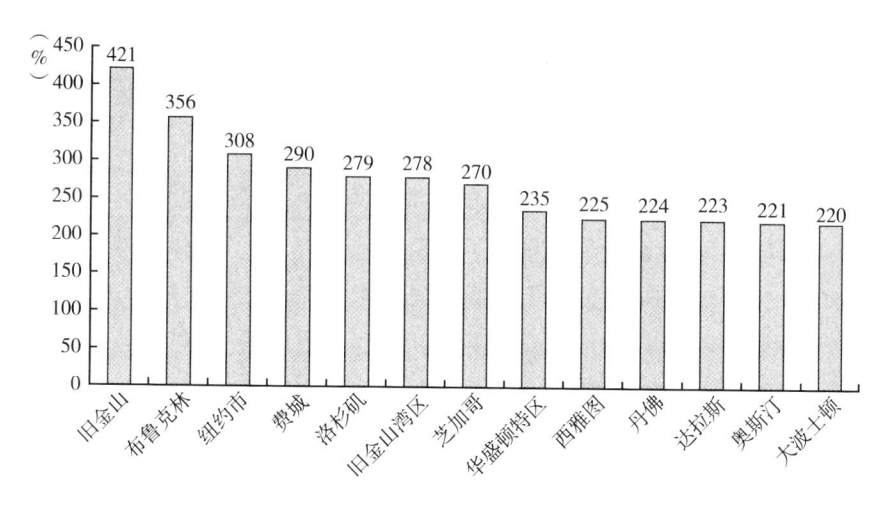

图1 2008年以来美国主要科技中心创业增长率

资料来源：Jonathan Bowlew, Eli Dvorkin, Naomi Sharp, Charles Shaviro, "Brooklyn's Growing Innovation Economy," Center for an Urban Future from Crunchbase, 2019。

数据显示，纽约布鲁克林在2008年拥有264家科技初创企业，而到2018年科技初创企业已达到1205家。纽约全市的科技初创企业有9.2%在布鲁克林区，这也是布鲁克林的历史最高水平，而2000年这一比例只有6.3%。2007~2017年，布鲁克林科技行业的就业人数大幅增长了175%，而曼哈顿科技行业就业人数增长率为86%，前者是后者的2倍多（见图2）。

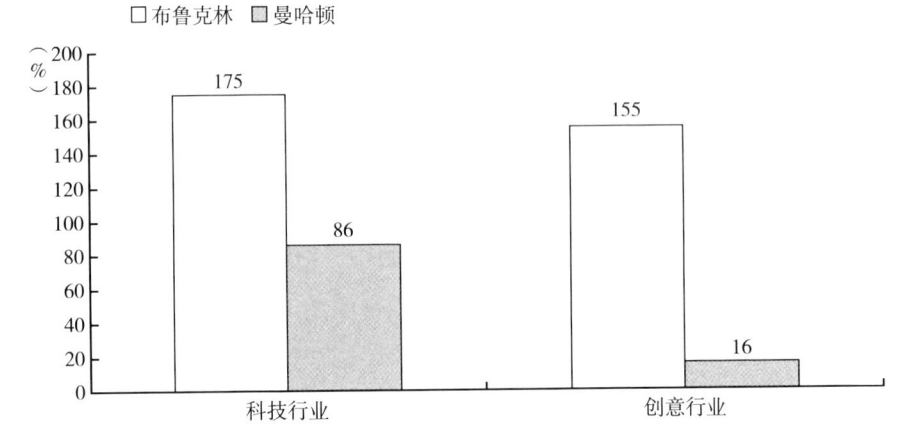

图2 2007~2017年布鲁克林和曼哈顿的科技和创意行业就业增长率

资料来源：Jonathan Bowlew, Eli Dvorkin, Naomi Sharp, Charles Shaviro, "Brooklyn's Growing Innovation Economy," Center for an Urban Future from Crunchbase, 2019。

此外，纽约布鲁克林的科技初创企业主要集中在媒体娱乐、商业和购物、金融服务以及数据分析领域。在过去的三年里，纽约布鲁克林新增的企业主要集中在新兴领域，如人工智能、区块链和虚拟现实等。

尽管曼哈顿是纽约行政区中科技初创企业数量最多的，但布鲁克林的科技初创企业数量几乎是皇后区、布朗克斯区和史泰登岛地区总和的6倍。

自2000年以来，陆续至少有441家位于纽约布鲁克林的科技初创企业获得了风险投资或天使投资。布鲁克林所有受资助的科技初创企业占纽约的7.2%，而2000年这一占比只有4.3%。

2018年在纽约市成立的85家科技初创企业中，有10家来自布鲁克林，占11.76%，是该区有史以来的最高水平，需要注意的是，2000年以来布鲁克林有84%的公司是在2008年及以后才成立的。

2000~2008年，布鲁克林年均诞生29家科技初创企业，而2009~2017年，布鲁克林年均诞生的科技初创企业就达到了101家。

（二）科技初创企业行业发展状况

纽约布鲁克林的319家科技初创企业中，近1/3从事软件开发业务，同时还涉及媒体娱乐、互联网服务、商业和购物、移动设备、销售和营销、硬件、金融服务、数据分析、产品设计、内容和发布以及应用程序开发等领域（由于产业的复合性，每家科技初创企业可能出现在多个类别中，如软件和移动设备）（见表1）。过去的三年中，纽约布鲁克林的企业数量在许多新兴领域中也显著增长，包括人工智能、区块链和虚拟现实等。

表1 纽约布鲁克林主要科技初创企业类别及数量

单位：家

类别	数量	类别	数量
媒体娱乐	249	数据分析	81
互联网服务	196	产品设计	81
商业和购物	174	内容和发布	80
移动设备	128	应用程序开发	76
销售和营销	104	人工智能	23
硬件	102	区块链	14
金融服务	102	虚拟现实	8

资料来源：Jonathan Bowlew, Eli Dvorkin, Naomi Sharp, Charles Shaviro, "Brooklyn's Growing Innovation Economy," Center for an Urban Future from Crunchbase, 2019。

在纽约布鲁克林的初创生态系统中表现出色的行业包括医疗保健、社区和生活方式、房地产、科学与工程、食品和饮料、广告、视频、教育及音乐和音频（见表2）。

表2 纽约布鲁克林科技初创企业中出色的行业类别及数量

单位：家

类别	数量	类别	数量
医疗保健	66	广告	51
社区和生活方式	63	视频	51
房地产	59	教育	49
科学与工程	54	音乐和音频	46
食品和饮料	53		

资料来源：Jonathan Bowlew, Eli Dvorkin, Naomi Sharp, Charles Shaviro, "Brooklyn's Growing Innovation Economy," Center for an Urban Future from Crunchbase, 2019。

同样，纽约布鲁克林科技初创企业涵盖的行业种类较为丰富，报告依据企业所在行业的数量增幅，列示布鲁克林发展最快的30个行业（见表3）。

表3 纽约布鲁克林发展最快的30个行业及企业增幅

单位：家，%

行业	2013年	2018年	增幅	排序
区块链	1	14	1300	1
虚拟现实	1	8	700	2
加密货币	3	13	333	3
市场	7	24	243	4
金融科技	7	23	229	5
付款	10	30	200	6
机器人技术	3	9	200	7
3D技术	3	9	200	8
人工智能	8	23	188	9
政府/军方	4	11	175	10
移动应用	8	20	150	11
数字娱乐	5	11	120	12
信息服务	5	11	120	13
科学与工程	25	54	116	14

续表

行业	2013年	2018年	增幅	排序
软件即服务(SAAS)	17	34	100	15
社交网络	6	12	100	16
房地产	31	59	90	17
大数据	7	13	86	18
金融服务	55	102	85	19
生活方式	12	22	83	20
餐饮	29	53	83	21
服装	17	30	76	22
导航和制图	8	14	75	23
信息技术	50	87	74	24
医疗保健	38	66	74	25
硬件	59	102	73	26
数字媒体	18	31	72	27
制造业	23	39	70	28
数据和分析	48	81	69	29
产品设计	12	20	67	30

资料来源：Jonathan Bowlew, Eli Dvorkin, Naomi Sharp, Charles Shaviro, "Brooklyn's Growing Innovation Economy," Center for an Urban Future from Crunchbase, 2019。

报告显示了自2013年以来纽约布鲁克林科技初创企业数量增加较多的30个行业（见表4）。

表4 纽约布鲁克林发展最快的30个初创企业所在行业及增量

单位：家

行业	增量	2013年	2018年	排序
软件	118	201	319	1
媒体和娱乐	69	180	249	2
互联网服务	68	128	196	3
商业和购物	52	122	174	4
金融服务	47	55	102	5
硬件	43	59	102	6
移动设备	42	86	128	7

续表

行业	增量	2013年	2018年	排序
信息技术	30	50	87	8
数据分析	33	48	81	9
科学与工程	29	25	54	10
房地产	28	31	59	11
医疗保健	28	38	66	12
电子商务	28	86	114	13
销售和营销	27	77	104	14
应用程序开发	26	50	76	15
社区和生活方式	25	38	63	16
产品设计	25	56	81	17
餐饮	24	29	53	18
付款	20	10	30	19
市场	17	7	24	20
软件即服务(SaaS)	17	17	34	21
视频	17	34	51	22
社交媒体	17	37	54	23
金融科技	16	7	23	24
制造业	16	23	39	25
人工智能	15	8	23	26
内容和出版	15	65	80	27
消费品	14	27	41	28
消费电子	14	30	44	29
区块链	13	1	14	30

资料来源：Jonathan Bowlew, Eli Dvorkin, Naomi Sharp, Charles Shaviro, "Brooklyn's Growing Innovation Economy," Center for an Urban Future from Crunchbase, 2019。

（三）与曼哈顿区的初创企业的产业比较

作为纽约的市中心以及最重要的商业、金融、保险机构集散地，曼哈顿区的产业发展是布鲁克林经济发展的重要参考和比较对象。

城市未来中心的报告重点结合20个行业初创企业的占比情况，将布鲁克林和曼哈顿做了比较（见图3）。

纽约布鲁克林创新经济的发展概况

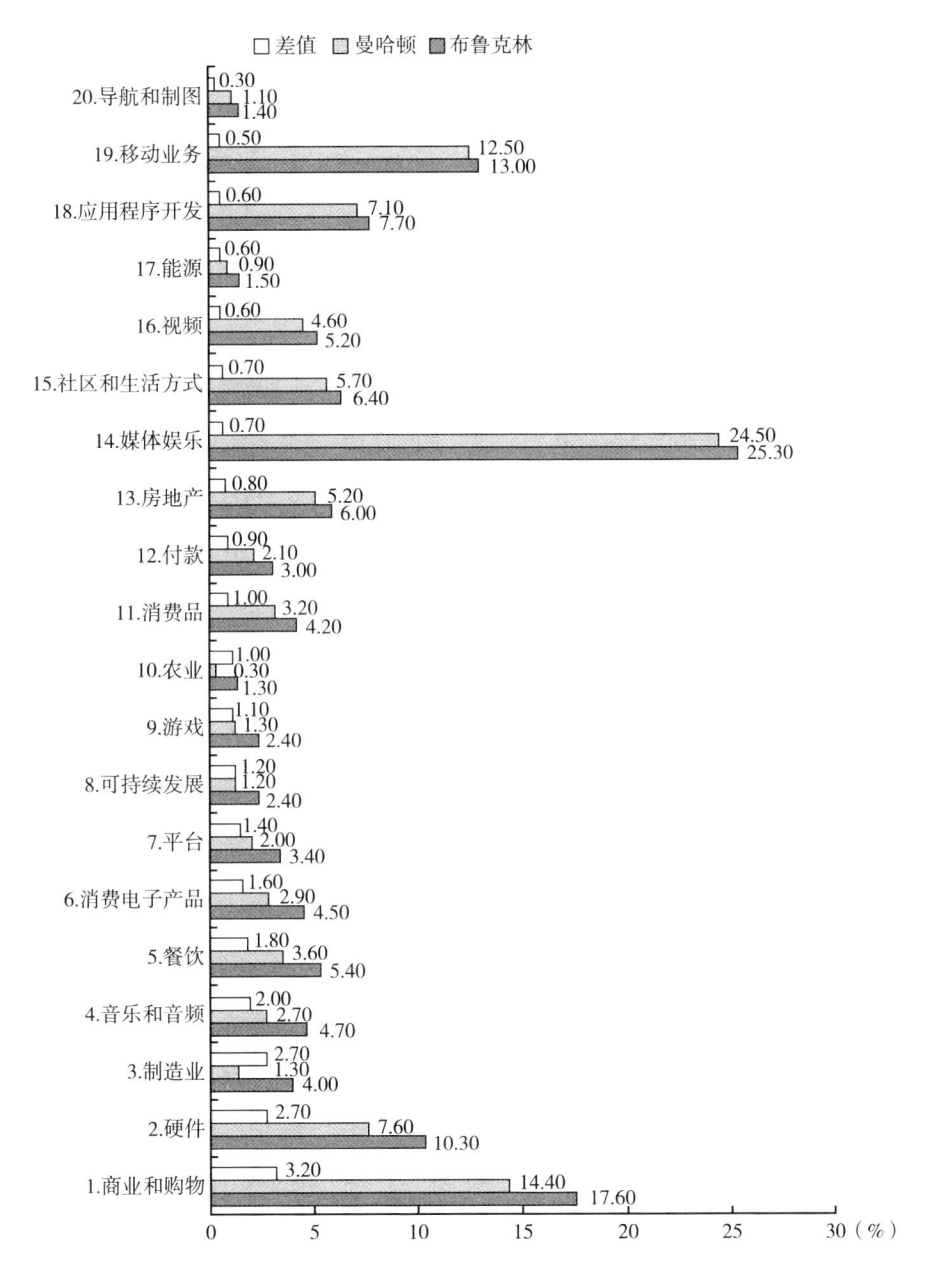

行业	差值	曼哈顿	布鲁克林
20.导航和制图	0.30	1.10	1.40
19.移动业务	0.50	12.50	13.00
18.应用程序开发	0.60	7.10	7.70
17.能源	0.60	0.90	1.50
16.视频	0.60	4.60	5.20
15.社区和生活方式	0.70	5.70	6.40
14.媒体娱乐	0.70	24.50	25.30
13.房地产	0.80	5.20	6.00
12.付款	0.90	2.10	3.00
11.消费品	1.00	3.20	4.20
10.农业	1.00	0.30	1.30
9.游戏	1.10	1.30	2.40
8.可持续发展	1.20	1.20	2.40
7.平台	1.40	2.00	3.40
6.消费电子产品	1.60	2.90	4.50
5.餐饮	1.80	3.60	5.40
4.音乐和音频	2.00	2.70	4.70
3.制造业	2.70	1.30	4.00
2.硬件	2.70	7.60	10.30
1.商业和购物	3.20	14.40	17.60

图3 布鲁克林和曼哈顿20个行业的初创企业占比情况

资料来源：Jonathan Bowlew, Eli Dvorkin, Naomi Sharp, Charles Shaviro, "Brooklyn's Growing Innovation Economy," Center for an Urban Future from Crunchbase, 2019。

可以明显看出，以上20个行业中，布鲁克林的初创企业占比均高于曼哈顿，而这20个行业更多属于新兴产业领域。

二 纽约布鲁克林创意产业发展情况

（一）创意产业的就业增长情况

在过去的十年中，纽约布鲁克林创意产业的就业人数增加了155%，这一指标大大超过了曼哈顿的16%。与此同时，在以下8个创意产业中，就业人数都有非常显著的增加：工业设计（登记的就业人数增加423%）、电影和视频（361%）、录音业（321%）、广告（277%）、商业摄影（277%）、图形设计（262%）、景观设计（214%）和市场营销（200%）（见表5）。[①]

表5 纽约布鲁克林8个创意产业就业人数增幅

单位：%

产业	增幅	产业	增幅
工业设计	423	商业摄影	277
电影和视频	361	图形设计	262
录音业	321	景观设计	214
广告	277	市场营销	200

资料来源：Jonathan Bowlew, Eli Dvorkin, Naomi Sharp, Charles Shaviro, "Brooklyn's Growing Innovation Economy," Center for an Urban Future from Crunchbase, 2019。

近年来，全美范围内创意产业所创造的新工作岗位中，纽约布鲁克林占有很大份额。2007～2017年，纽约布鲁克林区创造了全美所有时装和珠宝设计工作岗位的5%。同时，该区在美国其他几个创意产业（包括电影和电视产业）中创造的新工作岗位占比也很大（占全美新增职位的4%）。其中，

[①] 城市未来中心对美国劳工统计局2007～2017年季度就业和工资普查（QCEW）数据的分析。

广告业和工业品外观设计分别占3%和2%。过去十年中，尽管全美范围的图形设计产业就业下降了14%，但布鲁克林地区的就业人数却增长了262%,[①] 十分引人关注。

（二）优势创意产业发展状况

1. 设计人才发展——美国平面设计协会（AIGA，American Institute of Graphic Arts）纽约分会成员中37%来自布鲁克林

美国平面设计协会纽约分会的成员中，37%的成员来自布鲁克林。报告对美国平面设计协会成员名单分析后发现，最新一拨的设计师来自布鲁克林的可能性更大。

与此同时，105名拥有25年以上工作经验的设计师中，有85名居住在曼哈顿，占比81%，而来自布鲁克林的有15名，占比14%。但有趣的是，来自两个区的拥有0~5年经验的新晋设计师比重很接近，457名新晋设计师中，有192名来自布鲁克林，211名来自曼哈顿。559名拥有5~10年经验的设计师中，有50%（282名）居住在布鲁克林，而只有41%（230名）居住在曼哈顿。可见，布鲁克林拥有大量的设计人才，未来将拥有非常雄厚的设计能力。

2. 游戏产业发展——布鲁克林的游戏公司在纽约市占有很大比重

报告指出，在gamedevmap.com上的86个来自纽约的游戏工作室中，有24个（占28%）位于布鲁克林，而在纽约大学游戏中心网站上列出的29个活跃的纽约游戏工作室中，有10个位于布鲁克林区，仅比曼哈顿区少1个，而皇后区仅有2个，其余的都在城市外。

在2018 Indie Cade Festival的决赛游戏中，有19.4%（36个中的7个）由布鲁克林的开发人员（其中4个在纽约大学游戏中心）制作，开发人员数量仅次于洛杉矶。

[①] 城市未来中心对美国劳工统计局2007~2017年季度就业和工资普查（QCEW）数据的分析。

3.广告产业发展——来自布鲁克的广告代理商在纽约市所占的份额越来越大

来自纽约布鲁克林的广告代理商是2018年度AdAgeA-List大奖中最大的赢家之一,67个获奖机构中有6个在纽约,布鲁克林设有至少1个办事处。尽管大多数获奖机构的总部位于曼哈顿或洛杉矶,但有3个机构的总部设在布鲁克林,布鲁克林的这一指标与芝加哥和伦敦并列第三位。

三 纽约布鲁克林创新制造商发展情况

(一)制造业就业状况变迁

过去十年中,纽约布鲁克林的制造业就业人数下降了16%,从23498人下降至19741人。但布鲁克林在纽约市所有制造业岗位中所占的比例从24.7%增长到28.4%。[①] 自2008年经济大萧条结束以来,纽约布鲁克林的制造业就业人数略有反弹。2011年后,纽约只有史坦顿岛和布鲁克林的制造业就业人数略有增加,布鲁克林的制造业就业人数从2011年的19543人增加到2018年的19741人,增长了1%。[②]

在制造业、技术和设计等新一代企业的推动下,纽约布鲁克林的制造业在大萧条中的反弹水平超过了纽约市平均水平。2011年至2018年第三季度,纽约市范围内的制造业就业人数下降了7.2%(净亏损5398个工作岗位),而布鲁克林净增长了1%(198个工作岗位)。

和纽约市的其他区一样,布鲁克林的许多传统制造业部门都遭受了打击,失业问题也十分严重。但是,自2011年以来,布鲁克林区在与技术或设计相关的制造业子行业中实行了工作岗位的净增长,其中包括电气设备和电器制造业(增加347个工岗位)、珠宝和银器制造业(增加218个岗位)、

---

① 来自纽约州劳工部,QCEW,2018年第三季度和2008年第三季度的数据。
② 来自纽约州劳工部,QCEW,2018年第三季度和2008年第三季度的数据。

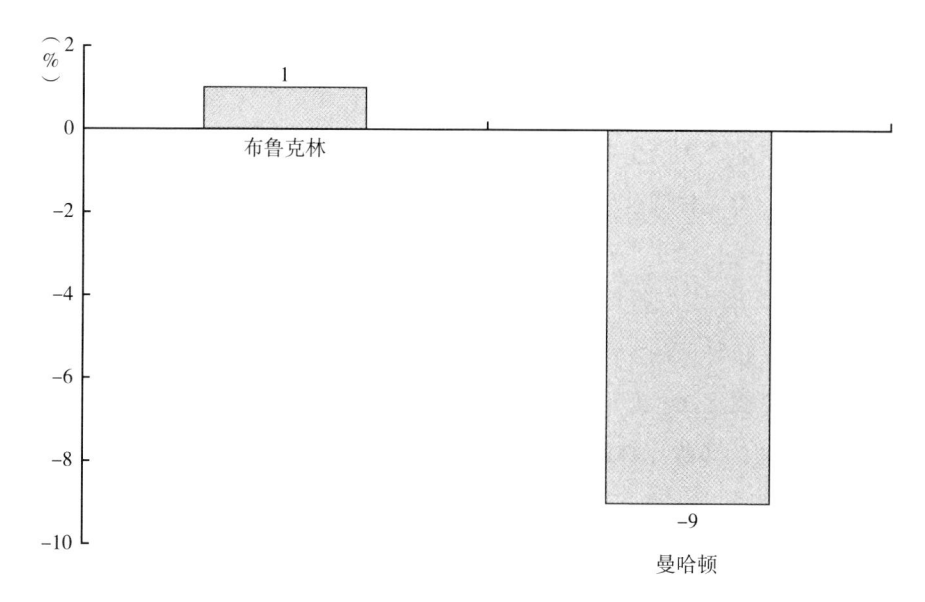

图4 2011年至2018年第三季度布鲁克林和曼哈顿制造业就业人数增加情况

资料来源：Jonathan Bowlew, Eli Dvorkin, Naomi Sharp, Charles Shaviro, "Brooklyn's Growing Innovation Economy," Center for an Urban Future from Crunchbase, 2019-6。

装饰和建筑金属制品制造业（增加110个岗位）、家具及相关产品制造业（增加82个岗位）、医疗设备和用品制造业（增加81个岗位）、机械制造业（增加21个岗位）。

此外，在纽约布鲁克林，高学历人士在制造业中的就业机会更多一些。尽管布鲁克林的制造业岗位中有75%仍然由无学士学位的工人承担，[①] 但拥有本科及以上学历的从业人数从2008年的4621人增加到2018年的5129人，增幅11%。

（二）创新制造业和制造商发展

很多迹象表明，纽约布鲁克林正将传统制造业与设计融合在一起，不断促成制造业创新发展，形成多产业融合式发展态势。例如，城市未来中心通

---

① 来自对美国人口普查数据季度劳动力指标的分析。可用于按教育程度分析工作增长的最新数据。

过对 Crunchbase 数据库的分析，确定了纽约布鲁克林 1205 家以技术为铺垫和基础的初创企业，其中有 39 家属于制造业领域（2013 年为 23 家）。纽约布鲁克林的其他技术型初创企业正在与制造业紧密联系的领域中兴起，包括硬件相关（纽约布鲁克林现有 102 家硬件相关的初创企业）、食品和饮料（53 家）、消费电子产品（44 家）、消费品（41 家）、服装服饰（30 家）以及政府/军方（11 家）。总体而言，通过对纽约布鲁克林科技领域制造商的分析，发现与曼哈顿区相比，布鲁克林在制造业和创意产业相关的多个领域中的优势不断增强，包括计算机硬件、消费电子、音乐和音频以及游戏产业。

目前，纽约布鲁克林的制造业发展受到"制造 + 技术"或"制造 + 设计"相融合的公司推动。2008~2018 年，布鲁克林电气设备制造子行业的就业人数几乎翻了一番，成为该行业唯一实现就业增长的自治市镇。电气设备制造业、食品制造业、饮料制造业和初级金属制造业是 2008~2018 年布鲁克林就业增长最快的四个行业。

报告在对 Crunchbase 的初创数据库分析后发现，库中 1205 个以技术为基础的初创企业中，越来越多的企业是制造业或制造业相关领域的，其中纽约布鲁克林有 39 家制造业初创企业（较 2013 年增长了 70%）、102 家硬件初创企业、53 家食品和饮料初创企业、30 家服装和服饰初创企业、11 家政府和军队初创企业、41 家消费品初创企业、44 家消费电子初创企业。

纽约布鲁克林科技初创企业中有 4% 属于制造业，比曼哈顿区的 1.3% 高 2.7 个百分点，布鲁克林科技初创企业中有 10.3% 是硬件生产相关领域的企业，比曼哈顿的 7.6% 高 2.7 个百分点。可见，制造业在布鲁克林的科技初创企业中所占的份额更大。

四 纽约布鲁克林创新经济发展分析

（一）创新经济模式概述

城市未来中心的报告认为，创新经济体系包括科技初创企业、创意公司以及新一代制造商与传统制造业的多样化组合。在整个布鲁克林，这三个核心主体相互促进，为创新发展培育了沃土。尽管纽约布鲁克林的这些公司的业务涉及广泛，但它们通过新兴技术和创新工具的共享使用而联系在一起，以便开发、设计和生产出更好的创新产品、应用程序。

（二）纽约布鲁克林的创新经济企业

纽约布鲁克林的创新经济发展以及基于创新经济发展模式的众多企业的增加，反映了其十分活跃的商业思想，也展示出其本土作为自治市镇的优势。例如，位于纽约布鲁克林城区内的将被以2.3亿美元收购的播客行业领导企业金莱特媒体公司（Gimlet Media），总部位于纽约布鲁克林海军公园并已获得超过4200万美元融资的关怀公司（Care/of），位于纽约布鲁克林城中心、生产无须依靠蜂窝和无线局域网的新式分布式通信网络设备厂商去天娜公司（goTenna），先进的人工智能优化云计算平台纸空间公司（PaperSpace）等。与此同时，布鲁克林还催生了数十家将技术与设计融为一体的创新制造商，如位于布鲁克林陆军候机楼的高科技针织服装制造商"量身定制工厂"（Tailored Industry）、位于布鲁克林海军船坞的智能节能散热盖创建者散热器实验室公司（Radiator Labs），以及一家几乎零排放的生产香薰蜡烛的B2C企业烛光蜡烛公司（Keap Candles）。上述先进企业是纽约布鲁克林创新经济企业中的优秀代表，更是布鲁克林创新经济中的成功实践。

（三）小结

从联合广场到南布朗克斯，纽约市的创新经济规模不断壮大，而布鲁克林已成为纽约市创新产业增长最快的地区。结合全美人口普查数据可以发现，2015~2017年，专业科学和技术服务行业的布鲁克林居民数量增加了14569名，占全市就业增长的51%，2017年至少有6327名居民从事信息行业的工作，增长也十分迅猛。全纽约市从事艺术、娱乐和休闲工作的人口增长中，布鲁克林人占30%，此外，居住在布鲁克林的人数占全市在制造业工作的总人数的31%。

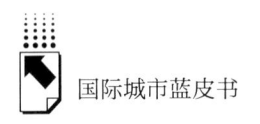

五　对城市区域和产业创新发展的启示

近年来，布鲁克林不断发展的创新经济为该地区乃至全市的经济发展注入了新活力，在与传统发达地区如曼哈顿区做比较后，可以看出布鲁克林有非常明显的发展优势。分析纽约布鲁克林创新经济发展中的具体产业和行业参数等量化指标，对于我们探讨如何保持该地区的创新经济增长和保障该地区居民尤其是低收入群体获得更高收入，同时保证该地区稳定发展尤其是在创新行业领域中的就业岗位供给，有着十分重要的意义。

（一）依托区域协同创新，形成城市或区域品牌

区域创新经济的发展是区域创新凝聚力和扩张力的双重体现，而如何依托区域创新力将区域企业的创新能力、创新精神以及创新成果凝结成区域品牌或标准，并为区域经济发展注入品牌增益，是未来城市和区域发展中的重要课题，如将上海打造成"人工智能高地"、形成世界级"人工智能品牌"，将杭州打造成全球"互联网新城"、形成智慧城市建设"杭州标准"，将深圳打造成"全球高科技企业集聚地"等，区域的创新发展需要区域内全体科技企业的合力以及企业与政府、科研机构、高校间的有机联动，以实现区域科技硬实力与软实力的完美结合。

纽约布鲁克林区科技创新集聚式发展的案例，为我国区域发展尤其是区域内创新企业合作发展树立了典范。区域科技创新协同是区域协同创新的重要内容，也是长三角区域协同发展的重要内容。当前，长三角区域的科技产业技术创新主体是高校和科研机构，政府部门作为辅助起到引导作用。因此，政府应加大支持力度，推动企业间跨区域的合作，尤其要激发科技初创企业的活力和张力，推进区域协同发展和共同进步，形成长三角区域协同发展新格局，推动长三角区域一体化发展进入新阶段。

（二）科技创新及产业升级发展

上海作为长三角区域的核心地区，科研实力优越、市场规模庞大。以最具代表性的人工智能产业为例，上海是我国人工智能发展的领先地区之一，凝聚了各类产业相关的优势企业，因此，下一步上海应加速建设研发平台、全面推进智慧应用和逐步完善创新生态，从产业布局、技术攻关、应用示范、生态营造等方面继续发力，[①] 逐步完成上海乃至全域内的科技创新发展和产业升级迭代，塑造地区创新经济发展新景象。

（三）促进创新人才流动

从纽约布鲁克林创新经济发展经验来看，科创企业集聚式发展的创新经济是区域经济发展的新路径，尤其在以科技创业型人才为核心和国际联通型科技创业生态系统中，创新人才的流动和企业发展的多通道融合，是创新经济发展的根本动力。我国传统的一线城市及"新一线"城市均具备一定的人才储备和产业基础，而如何使人才在区域内流动并发挥作用，则需政府和企业为此做好相关功课。目前，上海市针对人才引进已全面实现"一网通办"，应尽快向长三角区域乃至全国有序推广这一举措，以便地方引进人才尤其是创新人才，充分发挥人才效用。

参考文献

Jonathan Bowles, Eli Dvorkin, Naomi Sharp, Charles Shaviro, "Brooklyn's Growing Innovation Economy," Center for An Urban Future from Crunchbase, 2019.

《加快推动产业技术创新打造人工智能"上海高地"——"打造人工智能创新策源、

[①] 《加快推动产业技术创新打造人工智能"上海高地"——"打造人工智能创新策源、应用示范、制度供给、人才集聚高地"专题协商会政协委员建言选粹》，《联合时报》2019 年 8 月 2 日。

应用示范、制度供给、人才集聚高地"专题协商会政协委员建言选粹》,《联合时报》2019年8月2日。

许亦楠:《长三角区域协同创新与上海高技术产业发展研究》,《统计科学与实践》2018年第8期。

《上海一网通办服务提升 户籍证明等12类证明可在线开具》,《计算机与网络》2019年第8期。

陈佳靓:《国内外城市文化创意人才培养探究——以伦敦和上海为例》,《教育现代化》2019年第57期。

城市经济篇

Urban Economy

B.9
从追随者到领先者：中国经济特区的创新发展及其对全球的影响和启示

陈向明[*]

摘 要： 本报告基于中国的区域发展与转型及其在世界的影响，详细阐述"中国与世界"。通过追溯中国如何从追随者演变为领先者的过程，探讨中国建立经济特区（SEZ）并将其经验与其他发展中国家分享，进一步阐明跨地域层面的"中国与世界"的关系。

关键词： 中国 经济特区 全球化

---

[*] 陈向明，复旦大学特聘教授，美国三一学院讲席教授，主要研究方向：全球化与城市发展。作者感谢上海社会科学院硕士研究生冯佳敏的翻译工作。

在过去的几十年中，设立经济特区在世界各地都被认为是重要的国家发展政策。中国在这方面成绩非常特别和突出，不仅创造了数量最多的各式经济特区，而且在其他发展中国家也建立了一些经济特区。本文首先追踪过去40年各类经济特区演变过程，展示了经济特区的变化及其在促进发展中的作用。其次，重点关注中国在经济特区建设方面从追随者向领先者的过渡：创建了世界上数量最多的经济特区，在国内实现经济特区的多元化发展。最后，从中国经济特区的发展历程中得出了发展中国家经济特区发展的重要结论。

一 经济特区：21世纪的古老故事

《经济学人》（2015年4月4日）指出，第一个自由贸易区（FTZ）可以追溯到大约3000年前的古代腓尼基。凯勒·伊斯特林认为，这可以追溯到公元前1世纪蓬勃发展的爱琴海罗马提洛岛。[1] 13~17世纪，从类似自由贸易区的汉萨同盟中，我们可以找到第一个现代自由贸易区：1959年建于爱尔兰的香农机场。紧接着，20世纪60年代和70年代初，韩国和中国台湾利用出口加工区（EPZ），开始了以出口为导向的工业化进程。1980年，中国在东南沿海建立了四个经济特区（深圳、珠海、汕头、厦门），将经济特区提高到了一个新的水平；这些经济特区的规模远大于早期的经济特区，并设在现有城市或附近地区。

经济特区的数量从1995年的500个增加到现在存在于147个国家中的5400个。[2] 经济特区数量众多且类型多样，它们的差异也很大。中国是经济特区发展的全球领先者，拥有数量最多、类型最多的经济特区。相比之下，

---

[1] Easterling, Keller, "Zone: The Spatial Softwares of Extrastatecraft," Places Journal, 2012 (6), https://doi.org/10.22269/120610, 2019-05-25.
[2] UNCTAD, "World Investment Report 2019: Special Economic Zones," New York and Geneva: United Nations, 2019. UNDP (United Nations Development Programme), "Comparative Study on Special Economic Zones in Africa and China," Working Paper No. 6, Jointly with the International Poverty Reduction Center in China, 2015.

由于各种原因，如基础设施薄弱、官僚主义以及对土地征用的抵制，印度和非洲的经济特区通常做得不好。① 建立时间、治理结构以及其他决定性和促进因素，造成了经济特区成效的差异。现将以前总结的经济特区类型更新为在当今新经济特区格局下的动态看法。②

表1显示了三个主要阶段的四种类型经济特区。自由制造区（FMZ）标志着工业结构的升级，从劳动密集型和出口导向型向知识密集型创新制造业的腾飞。自从自贸区提供免税商品仓储等服务以来，自由服务区（FSZ）逐渐多样化，覆盖了更现代的高端服务，如物流。尽管特定行业区域（SSZ）与自由服务区（FSZ）的概念有所重叠，但特定行业区域（SSZ）的历史较短，聚焦更专业的经济功能和经济活动，预示着未来的发展。跨境（跨界）和域外（飞地）经济特区是最新的经济特区类型，具有最大的地理范围、真正的边境密集型特点和跨国性功能。表1旨在将经济特区重新划分为具有不同作用的次国家级经济发展单位，其能够基于变化的比较优势而影响国民经济发展。

表1 经济特区的演变与分化：一种类型学框架

区域类型	阶段1 （至1980年）	阶段2 （1990~2000年）	阶段3 （2010年以来）
1.自由制造区 （FMZ） 马山出口加工区 （韩国） 高雄出口加工区 （中国台湾）	崛起 ● 类飞地 ● 劳动密集型 ● 出口导向 ● 重激励 ● 实验和催化 ● 缩小焦点	升级 ● 区域外溢 ● 资本密集 ● 进出口平衡 ● 更广泛的激励 ● 传播效果 ● 多元化	创新 ● 区域内再聚焦 ● 知识密集型 ● 面向国内 ● 升级激励 ● 聚集效应 ● 整合

---

① ADB (Asian Development Bank), "Asian Economic Integration Report 2015: How Can Special Economic Zones Catalyze Economic Development?" Manila: Asian Development Bank, 2015. UNCTAD, "World Investment Report 2019: Special Economic Zones", New York and Geneva: United Nations, 2019. UNDP (United Nations Development Programme), "Comparative Study on Special Economic Zones in Africa and China", Working Paper No. 6, Jointly with the International Poverty Reduction Center in China, 2015.

② Chen, Xiangming, "The Evolution of Free Economic Zones and the Recent Development of Cross-National Growth Zones," *International Journal of Urban and Regional Research*, 1995, 19 (4).

续表

区域类型	阶段1（至1980年）	阶段2（1990~2000年）	阶段3（2010年以来）
2. 自由服务区（FSZ）	有限性 ● 贸易 ● 仓储 ● 运输	扩大 ● 金融 ● 后勤 ● 房地产	优势 ● 金融 ● 物理 ● 其他专业服务，如工程设计
3. 特定行业区域（SSZ）	稀少 ● 贸易 ● 运输	发展 ● 高科技产业 ● 呼叫中心	新兴并面向未来 ● 研发实验室 ● 数据媒体 ● 旅游
4. 跨境（跨界）和域外（飞地）区（ETZ）	萌芽 ● 马奎拉多拉斯（美墨边境）	发展 ● 增长三角区（东盟） ● 中哈边境合作中心	倍速增长 ● 森林城市 ● 非洲和中东的经济特区 ● 老挝磨丁经济特区

二 中国经济特区的经验

中国经济特区的建设在很大程度上顺应了过去40年的全球趋势，其中深圳是最成功的案例之一。如表2所示，前两种类型的区域始于20世纪80年代，彼此间隔数年，其中经济技术开发区（ETDZ）则于1984年成立。14个沿海工业城市建立的早期经济技术开发区，都作为绿地开发项目而选在离中心城市较远的地方。它们与深圳相似，新的位置和结构使区域之间的联系减少，从而会受到旧系统的影响。经济特区和经济技术开发区都经历了产业升级转型。之前的变化使人们认为高新区从20世纪90年代就已经建立，但从2000年开始，中国大部分经济地区才掀起了建设高新技术产业开发区的浪潮。第四种类型预示着中国经济特区发展进入新阶段，2013年"一带一路"倡议的提出反映了中国的经济将更加开放。

从追随者到领先者：中国经济特区的创新发展及其对全球的影响和启示

表2 按时间段划分的中国经济特区类型

区域类型	1980年	1990年	2000年	2010年
1. 经济特区	• 深圳 • 珠海 • 汕头 • 厦门 • 海南(省)	开始产业升级	产业升级不平衡	产业升级不平衡 • 喀什 • 霍尔果斯
2. 经济技术开发区(ETDZ)	14个沿海工业城市 • 上海 • 宁波 • 南通 • 其他	开始产业升级	向高科技制造服务的转型和多元化发展	完全制度化和稳定
3. 高新技术产业开发区(HNTZs)；边境经济特区		特区分布到沿海、中部和西部边境地区 • 瑞丽 • 磨憨(云南)	在全国范围内发展和传播	发展不平衡
4. 新的自由贸易区(FTZ)和海外经济贸易合作区(OECC)		沿海与内陆/边境地区之间的差距日益扩大	提出"西部大开发"和"走向全球"战略 • 中国在非洲建立的经济特区	发起"一带一路"倡议 • 上海自由贸易区 • 马来西亚柔佛州森林城 • 中国老挝(磨憨—磨丁)经济合作区(ECZ)

深圳是于1980年前后以低端和劳动密集型制造业为基础建立的经济特区，并在20世纪90年代初进入了一个新的发展阶段，特征是拥有越来越多的资本和技术密集型制造业，以应对不断上升的土地和劳动力成本以及日益恶化的环境问题。这一阶段的重点是将深圳建设为高新技术制造、金融服务和物流中心。2003年，深圳加强了对文化产业的重视。2009年，深圳致力于发展为国际创新中心。深圳模式推广至新疆的喀什和霍尔果斯等西部城市。[①]

几年前，深圳侧重于工业创新，为此采取了财政激励措施，以吸引国

---

① Chen, Xiangming, "Globalization Redux: Can China's Inside-Out Strategy Catalyze Economic Development Across Its Asian Borderlands and Beyond," *Cambridge Journal of Regions, Economy and Society*, 2018, 11 (1).

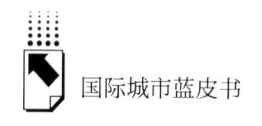

家、省级和市级的研发实验室以及跨国公司建立的实验室。国家和省级实验室，特别是那些获得"优秀"证书的实验室，将获得最高 1000 万元人民币（150 万美元）的资助，而每个市级实验室将获得 500 万元人民币（75 万美元）的资助。深圳还将提供 500 万元人民币的资助来抵消这些实验室的建设支出。此外，深圳还建立了新的研发实验室空间，新技术公司可以在两年内免费租用，并在接下来的三年内租金减半。这些新的激励措施促进了高科技和新兴技术公司的密集涌现和迅速发展，它们使深圳处于当今全球技术创新的最前沿。[1]

尽管深圳取得了巨大成功，但是中国经济特区的发展差异很大。尽管高新技术产业开发区的历史比经济特区和经济技术开发区短，但自 2000 年以来，高新技术产业开发区的生产率已经相当高，同时也在为向高附加值制造业和知识型产业转型而努力。到 2009 年，中国批准了 54 个高新技术产业开发区，面积 962 平方公里。尽管这些高新区面积仅占中国总面积的 1/10000，但当年它们贡献了中国工业总产值的 10.4%。在这些高新技术产业开发区中，有 16 个产值占其所在城市总产值的 20% 以上，而上年这一数据为 8 个。[2] 某些高新技术产业开发区的生产效率很高，但由于缺少土地，它们未经上级主管部门的批准占据了一些周边地区。在某些情况下，这些周边地区已经规划发展为住宅区和商业区，从而推高了土地价格。这偏离了建设高新技术产业的初衷。

三 经济特区推向海外的主要经验

（一）老挝经济合作区

中老共建经济合作区，位于中国边境云南省磨憨市和老挝边境磨丁镇之

---

[1] Chen, Xiangming, and Taylor Lynch Ogan, "China's Emerging Silicon Valley: How and Why Has Shenzhen Become a Global Innovation Center," *The European Financial Review*, December/January, 2017.

[2] Yu, Liang, "Land Constraints on the Development of High and New Technological Development Zones," *Science and Technology Forum*, 2011, 206 (3).

间。2015 年，在"一带一路"倡议下，中国政府和老挝政府签署了《中国老挝磨憨—磨丁经济合作区建设共同总体方案》。尽管该方案是在老挝政府于 2009 年建立磨丁经济特区之前制定的，但 2015 年之前几乎没有任何进展。中老通过建立经济合作区，在老挝磨丁经济特区所在地，建立了一个更大的城市，以推动磨丁经济特区的发展。2016 年，另一项经济合作区联合发展总体规划的签订加快了经济合作区的建设步伐，其愿景和目标是将该经济特区发展为一个拥有 30 万人的综合性城市，具有四个职能：国际贸易和金融，免税物流，文化、教育和医疗，旅游。

磨丁的经济合作区为磨丁经济特区和其他经济特区提供了可供借鉴的经济措施，包括：①对在该区域使用、出售和服务的所有商品和材料免征进口关税；②区域内工厂 2~10 年享有减免税优惠；③对第三国出口免征关税，以及相对于发达经济体而言最惠国待遇的资格。经济合作区还得益于其区位优势，是连接中国、老挝和泰国的铁路和公路的枢纽，这些铁路和公路延伸至马来西亚和新加坡。经济合作区还是跨境贸易和旅游的集散地。此外，经济合作区位于四个同心圆的中心，行驶半径为 1~7 个小时，可以快速地到达并穿越多个主要城市及其腹地，跨越了中国、缅甸、老挝、泰国和越南相连的边界地区。

经济合作区的发展在极大程度上取决于磨憨—磨丁边境地区中老铁路的建成和运营。中老铁路项目的正式协议于 2015 年 11 月签署，并于 2015 年 12 月在万象破土动工。这条线从昆明开始，向南行至景洪和磨憨，穿越老挝边境城市磨丁进入老挝。它将经过琅勃拉邦和万荣到达老挝首都万象。铁路主要用于载客和货运，能够通行高中速列车，其中 60% 的路段为桥梁和隧道。[1] 老挝政府预计，铁路建成初期每年将有约 400 万人次使用铁路的

---

[1] Zhao Lei, "China, Laos Sign Railway Deal," *The China Daily*, 14 November, 2015, http://www.chinadaily.com.cn/business/201511/14/content_22456633.htm.

420公里路线，中期这一数字将增长到610万人次，长期将达到810万人次。[①] 这是一个相当乐观的情况。

中国—老挝磨丁经济合作区的发展目标是成为跨境区域枢纽，但现在确定在中老铁路的某些车站附近规划以制造业为主的经济区还为时过早。例如，距老挝铁路万象的终点站仅1.5公里的中老合作赛塞莎开发区（SDZ），由于劳动力和土地价格昂贵，一些劳动密集型产业可转移至老挝的经济特区。中老合作赛塞莎开发区（SDZ）是磨憨—磨丁经济合作区愿景的体现，同时它也将因位于老挝首都万象的郊区而受益匪浅。

（二）埃塞俄比亚工业园区建设

中国公司纷纷来到非洲，特别是埃塞俄比亚开设工厂。华坚集团位于中国东莞，是大型制鞋商。2011年，华坚集团入驻东部工业园区（EIP），开始为九西（Nine West）、盖斯（Guess）和伊万卡·特朗普（Ivanka Trump）（后来关闭）等企业的时装生产线生产鞋。[②] 位于亚的斯亚贝巴市杜克镇35公里的东部工业园区是埃塞俄比亚的首个工业园区，自2011年兴建以来，带动了该国的出口导向型工业发展。[③] 亚的斯亚贝巴—吉布提高速公路和亚的斯亚贝巴—吉布提港口铁路途经杜克镇。与前面讨论的沿中老铁路建设经济合作区类似。像内陆老挝一样，埃塞俄比亚有95%的贸易通过吉布提，占据吉布提港贸易总量的70%。东部工业园区生产的鞋子可以通过铁路运输，出口到美国和欧洲市场。自2016年在亚的斯亚贝巴附近靠近第一家工厂的工业园区内开设第二家工厂以来，华坚集团现在雇用了7000多名当地

---

① "Laos and China Come to Terms on Loan Interest Rate for Railway Project," *Radio Free Asia*, 4 January, 2016, http://www.rfa.org/english/news/laos/laos-china-come-to-terms-on-loan-interest-rate-for-railway-project-01042016163552.html.

② Jenni Marsh, "Employed by China," CNN, August, 2018, https://edition.cnn.com/interactive/2018/08/world-china-africa-ethiopia-manufacturing-jobs-intl/.

③ Zhang, Xiaodi, DejeneTezera, Ciyong Zou, Ciyong Zou, Jie Zhao, Eneyew Abera Gebremenfas, and Jaidev Dhavle, "Industrial Park Development in Ethiopia Case Study Report", Inclusive and Sustainable Industrial Development Working Paper Series WP 21, United Nations Industrial Development Organization, New York: United Nations, 2018.

工人（见图1），每年生产500万双鞋用于出口，仅2017年就为埃塞俄比亚提供了3100万美元的创汇支持。①

图1 工业园区雇用了大量当地劳动者

资料来源：CNN, accessed from https：//edition.cnn.com/imteractive/2018/08/world/china-africa-ethiopia-manufacturing-jobs-intl/.

2019年，华坚集团通过获得埃塞俄比亚吉马工业园（JIP）40年的经营权，进一步加强了与埃塞俄比亚在制造业方面的合作。埃塞俄比亚吉马工业园位于埃塞俄比亚西部的奥罗米亚州，距亚的斯亚贝巴350公里，是由中国交通建设总公司（CCCC）投资6100万美元建造的。埃塞俄比亚吉马工业园占地75公顷，已经开发了35公顷，旨在吸引服装和制鞋厂。华坚已经率先租赁了9座厂房，面积达39000平方米，并承诺投资1亿美元来购置更多的制鞋设备等。该生产计划预计将创造12000~15000个工作岗位。华坚还计划在埃塞俄比亚吉马工业园开发另外40公顷土地，利用埃塞俄比亚种植咖啡的区域优势，建设咖啡加工厂，并增加其他农业生产活动，使出口产品

---

① "Chinese Firm Signs Agreement to Manage Ethiopian Industrial Park," May 31, 2019, http://www.xinhuanet.com/english/2019-05/31/c_138103636.htm.

多样化，从而创造更多就业机会。[①]

中国最近同意在2019年底之前开始建设一个价值3亿美元的新工业园区，进一步加强其在埃塞俄比亚工业园区建设中的作用。该工业园区位于埃塞俄比亚亚的斯亚贝巴99公里处的阿达玛市，主要业务为设备制造，其中85%的资金来自中国政府的优惠贷款，其余15%来自埃塞俄比亚政府。该园区与阿达玛工业园区类似，后者由中国土木工程建设公司（CCECC）斥资1.46亿美元建造的，由埃塞俄比亚总理阿比·艾哈迈德于2018年10月宣布启用。这两个园区共可创造约25000个就业机会。

四 中国经济特区的影响和启示

在过去的40年中，全球经济特区与中国经济特区相伴并共同发展。1980年前后，中国深圳经济特区采用了早期EPZ的要素。然后，中国通过建立各种形式的经济特区并加强基础设施建设，发展以低成本劳动力和土地优势为基础的出口导向型制造业。到1990年代末，随着中国低成本制造业（主要集中在沿海地区的工业区）升级，其内陆和边境地区建立了更多的经济特区，并开始与其他发展中国家分享经济特区经验，特别是老挝和埃塞俄比亚。中国已从适应经济特区的追随者或学习者发展为领先者。

中国的经济特区建设经验和教训如下。第一，政府协调各种类型和位置的经济特区实现多个目标的承诺：推动工业化、创造就业、促进出口、引导技术转让和创新、促进更广泛的区域协同发展。第二，有许多相同的经济特区，导致不公平竞争甚至部分失败，这是不符合发展规律的。纵向和横向政策协调以及运营敏感性对于创建真正需要的经济特区，以实现最有利位置之外的明确和可实现的发展目标至关重要。

由一家区域性的中国民营公司根据国家双边协议建立的中国—老挝

[①] "Huajian Takes Over Management of Ethiopia's State-owned Jimma Industrial Park and Plans to Build Shoemaking and Coffee-processing Plants," http://www.timedg.com/2019-06/05/20836228.shtml, June 5, 2019.

（Mohan-Boten）经济合作区存在以下经验和教训。首先，该经济特区基于边境地区的综合城市，活动规模大、种类繁多，能够促进老挝北部地区的发展。其次，这种区域性发展将只为投资者、工人和居民提供专属空间，当地的"其他人"可能被排除在外。

中国与非洲共建经济特区的尝试中有以下经验和教训。首先，经济特区可以促进经济发展，并且中国经济特区的成功经验可以通过必要的调整而与其他发展中国家分享。中国与埃塞俄比亚共建的制造业区不断增加，并在对内投资、创造就业机会和促进出口等方面取得预期成果。这与早期的研究相矛盾。早期的研究表明，中国与非洲共建的经济特区在很大程度上没有成功。[1] 其次，中国与埃塞俄比亚共建的经济特区拥有众多参与者，面临的挑战有确保高层政治承诺、支持有效的部际合作、将经济特区计划纳入国家发展战略和计划等。这不仅定义了中国经济特区的成功，而且反映了埃塞俄比亚致力于利用它们来加速工业化的承诺。

中国在经济特区方面取得了成绩，其经济特区的某些要素和做法可能会适用于一些发展中国家，无论是国家间政策的流动性还是中外合作区。随着"一带一路"建设的进一步推进，充分总结中国经济特区的经验，可以促使南南合作中经济的可持续发展。

参考文献

ADB（Asian Development Bank），"Asian Economic Integration Report 2015: How Can Special Economic Zones Catalyze Economic Development?" Manila: Asian Development Bank, 2015.

Chen, Xiangming, "The Evolution of Free Economic Zones and the Recent Development of Cross-National Growth Zones," *International Journal of Urban and Regional Research*, 1995,

---

[1] ADB（Asian Development Bank），"Asian Economic Integration Report 2015: How Can Special Economic Zones Catalyze Economic Development?" Manila: Asian Development Bank, 2015.

19 (4).

Chen, Xiangming, "Globalization Redux: Can China's Inside-Out Strategy Catalyze Economic Development Across Its Asian Borderlands and Beyond," *Cambridge Journal of Regions, Economy and Society*, 2018, 11 (1).

Chen, Xiangming, and Taylor Lynch Ogan, "China's Emerging Silicon Valley: How and Why Has Shenzhen Become a Global Innovation Center," *The European Financial Review*, December/ January, 2017.

Easterling, Keller, "Zone: The Spatial Softwares of Extrastatecraft," *Places Journal*, 2012 (6), https://doi.org/10.22269/120610, 2019 – 05 – 25.

Pairault, Thierry, "China in Africa: Phoenix Nests versus Special Economic Zones," Working Papers Hal – 01968812, HAL, 2019.

UNCTAD, "World Investment Report 2019: Special Economic Zones," New York and Geneva: United Nations, 2019.

UNDP (United Nations Development Programme), "Comparative Study on Special Economic Zones in Africa and China," Working Paper No. 6, Jointly with the International Poverty Reduction Center in China, 2015.

Yu, Liang, "Land Constraints on the Development of High and New Technological Development Zones," *Science and Technology Forum*, 2011, 206 (3).

Zhang, Xiaodi, DejeneTezera, Ciyong Zou, Ciyong Zou, Jie Zhao, Eneyew Abera Gebremenfas, and Jaidev Dhavle, "Industrial Park Development in Ethiopia Case Study Report," Inclusive and Sustainable Industrial Development Working Paper Series WP 21, United Nations Industrial Development Organization, New York: United Nations, 2018.

B.10 南加州"内陆帝国"都市区"机会产业"的发展态势*

樊豪斌**

摘　要： 近年来，南加州"内陆帝国"都市区因宜居性和靠近太平洋海岸的便利性而获得了惊人的增长，却没有呈现繁荣之势。并且经济的荣枯循环减少了许多好工作，让当地很多工人的处境糟糕。外部技术与贸易的发展存在削弱该地区几个最关键行业的竞争力的可能。发展集中"好工作"岗位和"有前途的工作"岗位的"机会产业"能填补该地区未来就业缺口，有助于提升当地居民收入水平。该地的发展经验与教训对中国都市区建设而言具有借鉴意义。

关键词： "内陆帝国"　机会产业　就业缺口

美国"内陆帝国"都市区是加州重要的城市区域，该区域的发展呈现出"发展却不繁荣"的奇特局面。近期美国知名智库布鲁金斯研究院对该都市区进行了专题研究。研究基于三重框架结构：①促进作为经济主要推动力的物流业和制造业的竞争力提升，确保这些行业企业能够持续提高其就业

---

* 本文主要基于布鲁金斯研究院大都市政策研究项目（Metropolitan Policy Program at Brookings）的 Chad Shearer、Isha Shah 和 Marek Gootman 的研究成果 "Advancing Opportunity in California's Inland Empire"（2019 年 2 月），特此致谢。

** 樊豪斌，博士，上海社会科学院城市与人口发展研究所助理研究员，主要研究方向：城市经济。

质量。②通过优先考虑机会产业的区域增长战略，实现经济基础多元化。③通过持续投资创新教育、培训计划为工人提供可获得职业机会的咨询建议，从而更好地为寻找机会的人们提供机遇。该研究对我国都市圈建设中考量较落后城市特点、避免陷入"内陆帝国"发展却不繁荣的怪圈具有借鉴意义。

一 "内陆帝国"都市区概况

美国"内陆帝国"都市区由加利福尼亚州的河滨郡（Riverside）和圣贝纳迪诺郡（San Bernardino）组成，以该地区的两个最大城市命名，位于洛杉矶以东约60英里处。这两个郡的版图从洛杉矶和橘子郡（Orange County）的西部边界一直延伸到加利福尼亚州与内华达州和亚利桑那州的东部边界。总而言之，该地区的面积几乎与南卡罗来纳州一样大，拥有超过450万名居民，人口数量超过了美国一半的州。

政治和地理边界将该地区划分为不同的子区域。郡线边界将该地区从东到西一分为二。山脉将该地区从北向南分开。3/4的居民居住在洛杉矶以东圣贝纳迪诺和圣哈辛托山以西的山谷中。其余人口居住在圣贝纳迪诺郡广阔的高沙漠地区和河滨郡的低沙漠地区的东部山区。

由于居住成本低和靠近太平洋海岸的区位优势，"内陆帝国"都市区已经蓬勃发展了数十年。自1990年以来，其人口增长了76%，部分来自南加州其他地区的家庭也被该地区较低的住房成本所吸引。"内陆帝国"都市区靠近洛杉矶—长滩港口综合体，使其成为从亚洲和太平洋进口货物转运到美国内陆的重要物流枢纽中心。随着经济发展，"内陆帝国"都市区已成为全美最年轻、种族与民族最多元化的大都市区之一。该地区超过一半的人口年龄在35岁以下，而美国人口的这一比例约为46%。相较于全美不足40%的有色人种比例，"内陆帝国"都市区却达到了68%。居民中超过一半为西班牙裔。

能为所有人创造机会的包容性经济增长已成为很多美国大都市区面临的一个重大挑战，"内陆帝国"都市区也不例外。几十年来，全美乃至全球的经济力量一直在推动该地区快速增长。可是该地许多工人和家庭仍然难以获得经济上的成功。这让如何缩小地区增长与个人机遇之间的差距成为当地政府面临的难题。

20世纪下半叶，"内陆帝国"都市区从一个农业社区演变为国防承包中心，然后又演变为全球物流枢纽。近年来，该地区的相对宜居性和靠近南加州太平洋海岸的优势，使其经济蓬勃发展。但是这种演变并不容易。冷战后该地区国防工业的衰落导致许多中产阶级失去工作。虽然物流业已成为该地的主导产业，并增加了数万个就业岗位，但当地人们并未找回与失去的工资和福利相匹配的就业岗位。"内陆帝国"依赖一小部分重点产业的特点导致了其经济易受荣枯循环影响，并对其取得成功造成了负面影响，现今"内陆帝国"都市区是同一规模级中全美最穷困的地区之一。

"内陆帝国"的民选官员、学院和大学校长、当地企业的首席执行官、主要非营利组织和慈善机构的负责人决心寻求一条更加繁荣、包容和可持续发展的道路来改变现状。这就需要考察"内陆帝国"都市区的产业、就业和技能，特别是那些能够为工人提供最佳机会以获得工作来维持家庭开支的产业、就业和技能。布鲁金斯的研究详述了专注区域经济和劳动力发展的"机会产业"。同时也考察了在全美100个最大的大都市区内的工作岗位和行业的发展状况，以及如何获得有前途的工作。

"内陆帝国"都市区的地理位置、规模和惊人的增长塑造了其优势，但也创造了复杂的经济和政治动态演变。首先，随着"内陆帝国"经济的发展，它还没有形成多元化的贸易。可交易型的产业对区域经济的增长和稳定至关重要。这些产业企业通常倾向于出售大部分产品和服务给该地区以外的客户，从而带来新的收入形成增长并塑造财富。"内陆帝国"都市区依赖于一种可交易型的产业，即物流业，从而使其对商业周期和产业转变特别敏感。其次，尽管经济有增长，"内陆帝国"都市区一直在持续地与高失业率和高贫困率做斗争，自2008年以来，生活在联邦贫困线以下的人口比例甚至超过了美国与大都市区二者的平均水平。与其他大都市区比较，"内陆帝国"都市区在繁荣和经济包容的指标上一直排在最后。至少自2006年以来，

其生活水平和就业率两个指标一直排全美大都市区的倒数第10位。最后，"内陆帝国"都市区的地理特点和发展模式在过去曾抑制了经济和社会问题上的区域合作。在美国其他大多数地区，商会和政府委员会等都致力于区域协调发展，但是在"内陆帝国"都市区，这两类机构分别在两个郡设置，合作较少。此外，该地区广阔而庞大的地理特征有时甚至会限制每个郡内的合作。

经济和政治动态演变导致该地区近年来经济增长不平衡。2007年的金融危机破坏了该地区的几大经济支柱，导致当地经济严重衰退。虽然该地区就业已经恢复到了快速增长的阶段，但它的包容性较低，尚未恢复其先前水平。

二 "内陆帝国"都市区的增长趋势

在过去20年的大部分时间里，"内陆帝国"都市区经济蓬勃发展。直到2007年房地产泡沫破灭和其后的经济萧条抹去了该地区十多年的就业增长。尽管近年来"内陆帝国"都市区实现了强劲的就业复苏，但许多工人仍然处境艰难。经济衰退以来企业盈利增长乏力，少有人受益。现今，许多工人和家庭都在努力维持生计。这种经济复苏的不均衡透露出的情况就像经济衰退前一样，该地区的经济依靠少数几个提供大量就业机会的行业，但很少有给中产阶层提供经济保障的途径。

（一）就业恢复超过预期

从2006年到2016年的十年是"内陆帝国"都市区的动荡时期。累计就业增长水平超过同期全美的平均水平，特别是2007年金融危机引发的大衰退，这算是一个显著的结果。像加利福尼亚州南部其他大都市区一样，"内陆帝国"都市区在21世纪初期房价大幅上涨，刺激了当地住房建设和消费支出，这促成了直到2006年的经济急剧增长时期。然而，随着2007年房价开始走弱以及建筑业发展放缓，该地区的经济开始步履蹒跚。到2010年，经济衰退已经抹去了该地区一半的住房价值和与之相关的近11%的就业岗位，远远超过对其他大都市区甚至整个国家的影响。

由于"内陆帝国"都市区的经济增长速度同时放缓，其经济衰退非常严重。住宅建设就是其中一个：从2007年到2010年，建筑业和房地产业分别裁员了38%和20%。另一个为消费支出：零售和酒店业分别裁减了12%和7%的雇员。物流业也在萎缩：运输、仓储和批发部门的就业人数下降近9%。临时职业机构，即那些雇用许多当地人的企业，裁减了35%的工人。从2001年到2007年，这些部门共同为"内陆帝国"都市区创造了57%的工作岗位，在经济衰退期间失业人数占比高达76%。

然而，尽管经济衰退严重，但该地区意外地出现了快速的就业复苏。在衰退之后，如果每个"内陆帝国"都市区产业的增长速度只有国家对应的增长率，那么该地区仍将努力恢复经济衰退期间失去了的就业机会。与之相反的是，该地区许多在经济衰退期间严重萎缩的产业，在推动该地区迅速复苏并在当下继续促进经济增长。到2016年，零售、酒店和物流部门均超过了其经济衰退前的就业水平；三者合并统计，从2010年到2016年，贡献了该地区就业增长的38%。虽然到2016年为止，建筑和房地产业尚未实现全面复苏，但在不断增加就业岗位。医疗保健行业在该地区的复苏期间贡献很大，占该地区就业增长的28%。

（二）收入增长滞后

虽然从2014年至2016年该地区的就业增长好于预期，但是工人的收入没有增长，其年均收入增长远低于预期。扣除物价因素，全国平均年收入从2006年到2016年实际增长了7.3%，每个岗位为65700美元。如图2所示，"内陆帝国"都市区的年均收入仅增长2.8%，达到56200美元。如果该地区行业的就业与收入保持与全美同样的增长率，则平均年收入将增加5.7%，接近57900美元。

为探究收入增长滞后的原因，考察该地区的繁荣与萧条周期。在经济衰退期间，"内陆帝国"都市区许多收入水平较高的行业大量裁员。建筑和制

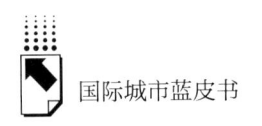

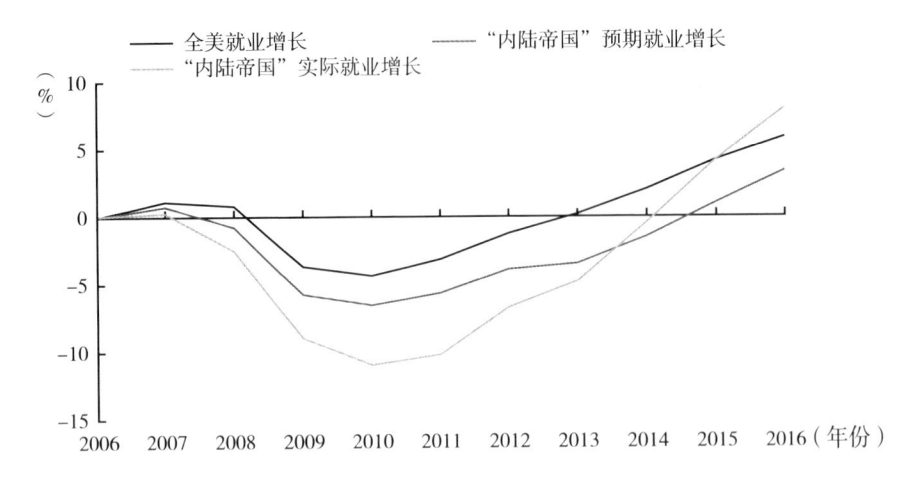

图1 "内陆帝国"都市区就业恢复力度好于预期

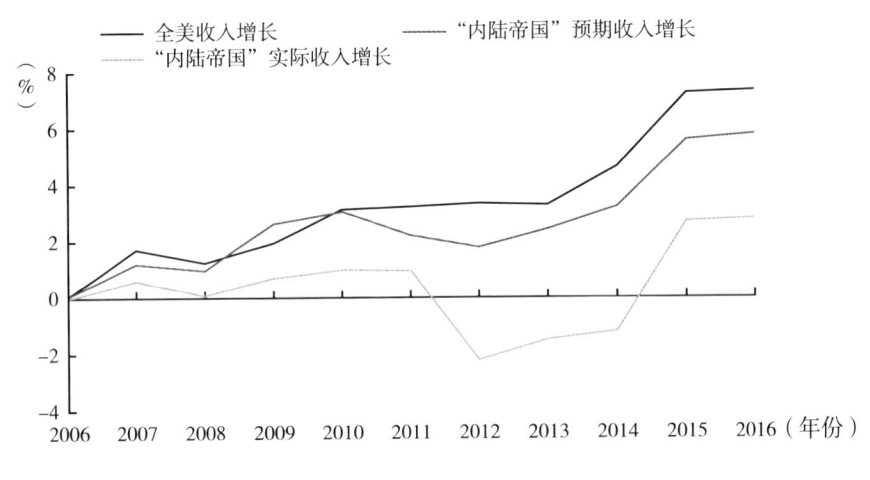

图2 "内陆帝国"都市区滞后的收入增长

造业的裁员情况尤其严重,而这两个行业的平均工资水平远高于地区平均水平。到2016年,这些部门和其他部门就业尚未恢复。

另外,在经济复苏期间,该地区在低收入部门获得了许多新的就业机会,这进一步抑制了平均收入增长。事实上,2006~2016年,包括医疗、卫生保健、物流和零售在内的年收入水平低于地区平均水平的行业占"内陆帝国"都市区净就业增长的3/4以上。2011年,该地区在建筑业、制造业和政府部门中削减了许多高薪工作岗位,导致人们年均收入急剧下降。同年,收入低于地区平均值的卫生保健行业却增长19%,进一步压低人们年均收入。直到2015年,像政府部门和建筑业这些高薪行业开始以更快的速度增加就业机会,"内陆帝国"都市区的平均收入才开始真正恢复。

除了收入增长比预期低外,"内陆帝国"都市区的收入增长也是非常不平衡的。如图3所示,只有一组"内陆帝国"都市区的工人获得收入增长,即收入分配中排名在百分位数80%(以上)的人。从2006年到2016年,工人在收入分配的80%(那些收入超过80%的工人)处的,按实际价值计算,他们的年收入增长了0.8%,每年约为70000美元。在百分位数90%处的工人(那些收入超过90%的人)则增长了3%,每年约为91200美元。然而,所有低于80%百分位数的工人的收入都有所下降,有些工人的平均年收入减少近12%。平均而言,没有学士学位的工人,收入下降幅度最大。对于所有受教育层次的工人来说,2016年收入的中位数仍低于2006年。到2016年,拥有学士学位的工人的年收入中位数比2006年低7%。然而,没有学士学位的工人的表现要差得多。2016年,仅拥有高中毕业证书的工人的收入中位数比2006年低10%。受过中等教育的工人,收入中位数下降了20%。从2010年开始,只接受过中等教育的雇员收入中位数经历了特别陡峭和持续性的损失,这可能与这些雇员在公共部门的就业率下降有关。2010~2011年,公共部门裁掉了大量工作岗位。具有高中文凭的工人的收入可能会在经济衰退后快速上升,那是得益于2012年后运输和仓储行业的就业增加以及2013年建筑业的复苏。

(三)更多家庭在努力维持收支平衡

"努力维持生计"的家庭不一定是处于贫困中的家庭。联邦贫困指南界定一个家庭所需的收入是指家庭将食物摆到桌面上所需的收入。"内陆帝国"都市区的贫困率从2005年的13%上升到2016年的16%。然而,正如该数字所表明的那样,该地区更多的居民属于那些努力负担其他基本生活开支的家庭。2016年,一个有两个孩子的四口之家的联邦贫困线为

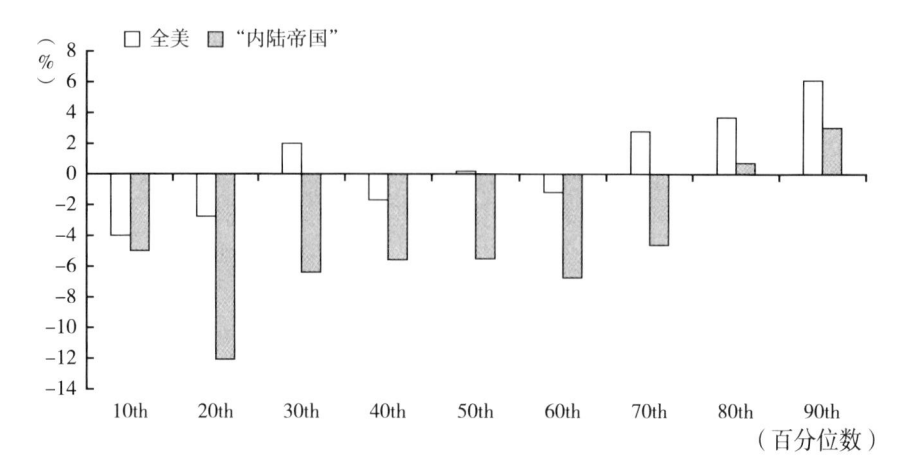

图3 2006~2016年"内陆帝国"都市区百分位数收入（实际年度工资）增加比

24300美元/年。虽然一个家庭可能高于这条线，但仍然没有很多选择，只能生活在不合标准的住房里，或者可能很难提供优质的儿童保育。贫困门槛也未能解释不同地区的生活费用差异。例如，圣贝纳迪诺郡（San Bernardino）的四口之家需要至少58926美元/年的收入以维持生计。而同样的家庭在河滨郡（Riverside）因更高的住房成本而需要62218美元/年。这些门槛反映了家庭需要足够收入来覆盖基本生活费用，如食物、住房、交通、儿童保育、医疗保健，以及为医疗、汽车修理或失业等紧急情况进行少量储蓄。

"内陆帝国"都市区的那些为了维持生计而努力奋斗的居民在2007年经济大萧条中不断增加，并且仍然很多。就在经济衰退之前，有近130万名居民或者36%的人口属于努力维持生计的家庭。在经济衰退期间，这一数字还增加了560000人，达到近190万人的历史最高峰，占2012年当地人口的47%。之后，很少有工人和家庭能够回到中产阶层财务稳定与安全的轨道上。2016年，有将近170万人（41%）属于陷入困境的家庭。

在"内陆帝国"都市区内两个郡中陷入困境的家庭居民数量大致相等。2016年，有约874000人，占"内陆帝国"都市区困难家庭居民数量的50.4%居住在河滨郡；有约862000人、占比49.6%的人口居住在圣贝纳迪诺郡。在每个郡内，经济困难人口的比例相似：河滨郡所有居民中有39%属于经济困难家庭，圣贝纳迪诺郡的这一比例为44%。并且，居住在河滨郡低沙漠地区的居民和居住在圣贝纳迪诺郡高沙漠地区的居民比整个都市区平均家庭生活更加不易。

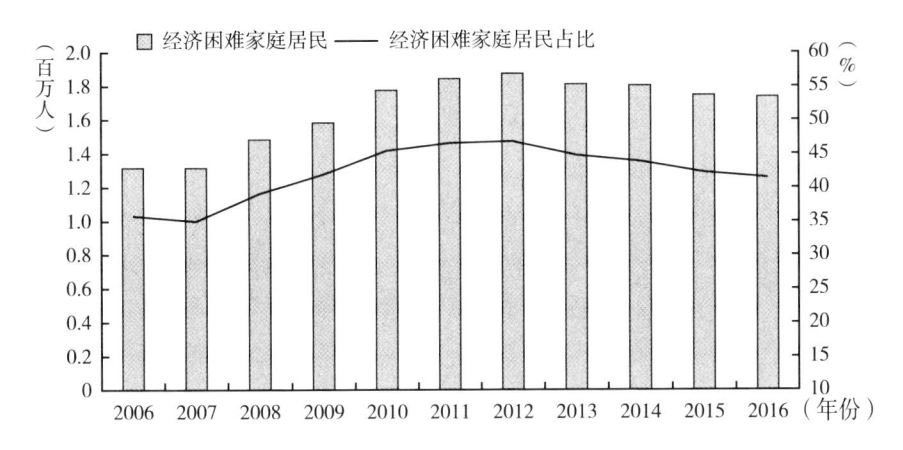

图4　"内陆帝国"都市区经济困难家庭居民数量和来自该类家庭居民的占比

（四）"内陆帝国"都市区面临经济转型压力

在目前"内陆帝国"都市区的发展道路上，上述趋势不太可能自行扭转。正如其他地区一样，一系列破坏性的外部力量正在影响"内陆帝国"都市区的经济发展以及为工人和家庭所提供的机会。近年来，激烈的贸易竞争和颠覆性技术使许多的技能过时，影响了很多的产业工人。然而，与其他地区不同的是，这些力量对"内陆帝国"都市区来说，虽然是负担却也是恩惠。

近年来，全球贸易竞争的加剧困扰着其他地区，但为"内陆帝国"的就业增长提供了动力。从1990年到2007年，全球商品贸易增长了400%。贸易增长对美国国内制造业来说是痛苦的，当然也包括"内陆帝国"都市区的制造业在内。但是，美国与亚洲国家之间的贸易增长导致位于洛杉矶和长滩港口的进口大幅增加，这些货物进入"内陆帝国"都市区并刺激该地

区的物流业发展。

技术变革和自动化导致某些行业对技能需求的巨大变化。"内陆帝国"都市区的科技影响一直很小，部分原因在于其产业结构以及物流自动化设施历来不值得大额花费。然而，技术突破让所有行业（包括物流）的自动化都更加容易，并且每个岗位都大大增加了数字内容。

今天，"内陆帝国"都市区的发展正处于逆风之中。由于地缘政治的紧张局势，美国与亚洲国家之间的贸易增长正在放缓。此外，南加州以外的基础设施改善可能会扰乱贸易路线，进一步减缓太平洋沿岸港口贸易的增长。与此同时，"内陆帝国"都市区的土地和劳动力成本——与其他地区相比，曾经的巨大优势——正在上升。所有这些因素可能会增加该地区制造业和物流业的压力，从而会通过引进技术来节省劳动力成本。事实上，维持这个地区的制造业和劳动密集型物流业的发展可能依赖于新技术的应用，进而可以巩固这两个行业在该地区的地位，但会导致大幅裁员现象出现。

三 "内陆帝国"都市区的机会产业

（一）机会产业的主要类型

基于那些在"内陆帝国"都市区内没有四年制大学学位的、正在工作或是正在找工作的且在收支水平线上挣扎的人，研究定义了三种类型的工作：首先，"好工作"是能够每年至少支付37440美元或全年每小时18美元的工作，并雇主提供健康保险。至少有一半"内陆帝国"都市区经济困难的工人是需要这个工资水平以获得财务独立和安全的。雇主赞助的健康保险可以作为其他福利形式，如带薪休假，这样可以确保大多数工人不需要医疗补助和其他公共援助计划。其次，如果"好工作"是努力工作的中产阶级的工作，那么"有前途的工作"就是为他们提供职业发展的入门级工作。"有前途的工作"不能达到"好工作"的标准，但根据笔者对历史数据显示的工作转换模式的分析和预测，现在一个工人大约10年内可以转换到一份

"好工作"。根据近年来人们在不同职业间的转换或同一职业晋升的记录，有"前途的工作"可以通过新创的职业—路径分析来定义。该分析总结了过去职业流动的趋势，并根据该地区的预期增长趋势，预计未来十年"内陆帝国"都市区的工人将如何在不同职业之间转换。另外，依据教育背景的不同，该分析还对"好工作"和"有前途的工作"进行了讨论。最后，既不属于"好工作"也不属于"有前途的工作"则被称为"其他工作"。"其他工作"不能提供像"好工作"那样的工资或福利，也没法提供找到"好工作"的可靠的职业发展途径。

基于职业类别确定"好工作"和"有前途的工作"，然后映射到"内陆帝国"都市区的产业。实际就是根据工人的人口统计特征和受教育程度分配到前面所确定的"好"或"有前途"工作类别中。这得出了相对精确的结果，揭示了800多个职业中每个职业所包括的工作份额。然后用各行业人员配置模式的详细数据将这些职业的工作质量指标与行业联系起来。

该分析使用了行业和职业的标准定义。行业定义来自北美工业分类系统（NAICS）。职业定义来自标准职业分类（SOC）系统。这种分析的结果可以巧妙地推算如果目前的趋势继续保持下去，"内陆帝国"都市区的劳动力市场将如何发展。调查结果指出，"内陆帝国"都市区的领导者可以寻求为没有学士学位的工人增加"好工作"和"有前途的工作"。例如，发展这类劳动密集型产业。劳动力市场中介机构可以运用自身的经验与洞察力来识别那些能够为工人提供更好机会的工业组织部门的雇主，从而让工人在劳动力市场上更好立足。随着雇主需求的不断变化，教育和培训机构可以确定其所需技能和能力，这是学生在劳动力市场中成长所需要的。至关重要的是，这些发现为系统性的相互促进与协同进而带来更多机会提供了一个解读。

（二）岗位数量难以满足就业需求

如图5所示，约31%的"内陆帝国"都市区的工作岗位是属于"好工

国际城市蓝皮书

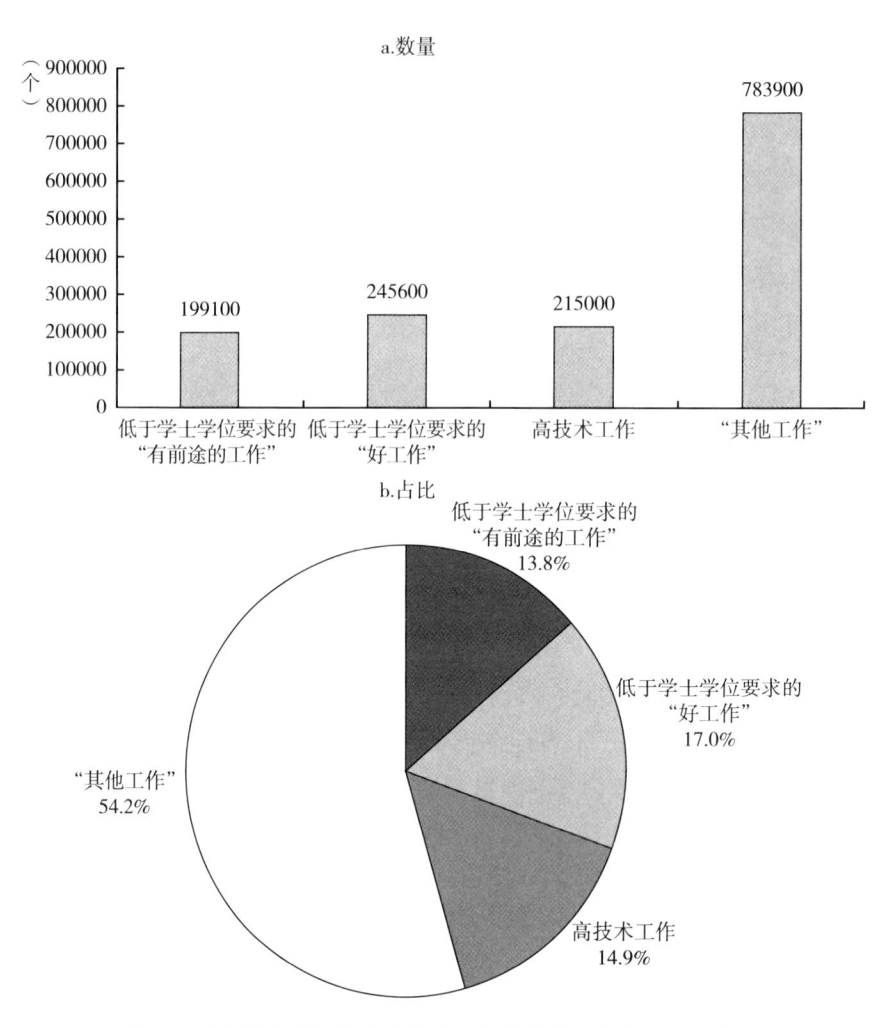

a.数量

类别	数量（个）
低于学士学位要求的"有前途的工作"	199100
低于学士学位要求的"好工作"	245600
高技术工作	215000
"其他工作"	783900

b.占比

- 低于学士学位要求的"有前途的工作" 13.8%
- 低于学士学位要求的"好工作" 17.0%
- 高技术工作 14.9%
- "其他工作" 54.2%

图5 "内陆帝国"都市区各类工作的数量与占比（2017年）

作"或"有前途的工作"，这些工作机会是可以让那些取得略低于大学学士学位的人达到中产阶层标准的财务安全。2017年，全部的就业岗位约为1443600个，其中近1100000个岗位由低于学士学位的人所拥有。在这些低于学士学位的人所工作的岗位，约245600个是能够维持家庭并提供健康保险的"好工作"。另外199100个同类工作是属于"有前途的工作"，可以为

174

这些取得低于学士学位的人提供有希望的职业发展途径，并最终在十年内转向一个好工作。上述这些"好工作"和"有前途的工作"占 2017 年"内陆帝国"都市区所有工作岗位的 31%。

当然，"内陆帝国"都市区也为那些至少拥有学士学位的高技术的人提供了许多"好工作"和"有前途的工作"。高技术工人获得了该地区的那些不是由低于学士学位的工人拥有的岗位。其中，约 179000 个高技术工人持有的工作岗位是"好工作"，另外 36000 个工作岗位属于"有前途的工作"，相当于"内陆帝国"都市区总工作岗位的 15%。拥有学士学位的人有更多的机会找到"好工作"，并且因为高技术的"好工作"和"有前途的工作"的工人的特质非常相似，所以在之后的分析中高技术工人的"好工作"和"有前途的工作"将会被放在一起考虑。然而，该地区54.2% 的工作岗位（"其他工作"）既不属于"好工作"也不属于"有前途的工作"，这些给那些各个层次教育水平的工人预备。"内陆帝国"都市区提供大约 783900 个"其他工作"岗位，这些工作不符合"好工作"标准，也似乎无法提供可靠的职业发展前景。

"内陆帝国"都市区虽然拥有很多"好工作"和"有前途的工作"，但没有足够的机会预备给所有的经济困难的工人，从而让他们在未来十年内达到中产阶层水平。对于没有学士学位的人来说，这种机会丧失情况最为严重。2016 年，"内陆帝国"都市区约有 170 万名工人，其中约 130 万名或 76% 的工人没有学士学位。在这些低于学士学位的工人中，约有 462500 人在努力维持生计。但是，2016 年数据反映了该地区只有 136300 名或 29% 的低于学士学位的经济困难的工人找到了"好工作"或"有前途的工作"。

另外，该地区的高技术工人也面临着规模略小的"好工作"和"有前途的工作"缺口。2016 年，"内陆帝国"都市区有 375000 名工人至少拥有学士学位，其中约有 49000 人在努力维持收支平衡。大约 27700 名或 67% 的这些经济困难的高技术工人有"好工作"或"有前途的工作"，其余的 21200 个高技术工人，需要"好工作"或"有前途的工作"，才能在十年内达到中产阶级的水平。总而言之，这意味着"内陆帝国"都市区面临着大

约347500个"好工作"或"有前途的工作"的缺口——约占现有工作的24%。

如果全美和"内陆帝国"都市区各自继续其目前的经济轨迹,"内陆帝国"都市区无法仅通过自身增长来弥补"好工作"和"有前途的工作"的缺口。事实上,该地区的机会缺口可能会继续扩大,"好工作"和"有前途的工作"在所有工作岗位中的份额都会缩小,结果是苦苦挣扎的工人队伍随着人口的增长而继续增加。

首先,预计"内陆帝国"都市区所增加的就业机会无法弥补当前"好工作"和"有前途的工作"的缺口。如图6所示,"内陆帝国"2017~2027年新增就业岗位约为118300个。其次,该地区大部分新工作将是"其他工作"岗位。并且,"其他工作"岗位已经占据该地区就业岗位的主要部分,预计增长速度将超过"好工作"和"有前途的工作"。拥有"好工作"和"有前途的工作"的所有工人将只占48%。依照该预期,"内陆帝国"的"好工作"和"有前途的工作"份额将会缩小。

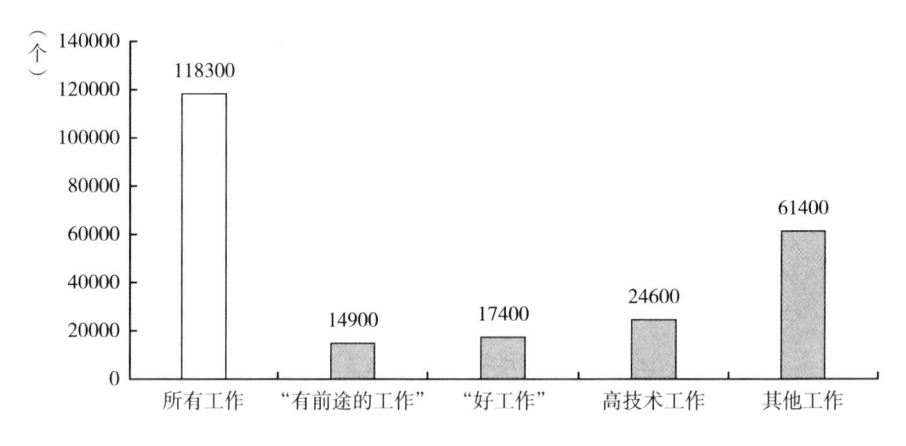

图6 "内陆帝国"都市区工作岗位预测(2017~2027年)

(三)投资机会产业有助于增加当地就业数量

"内陆帝国"都市区可以通过制定发展机会产业的战略来为该地区的工

南加州"内陆帝国"都市区"机会产业"的发展态势

人创造就业机会。机会产业一般集中了很多好的工作岗位，这意味着这些产业中好的工作岗位所占比例高于该地区的平均值。这些产业的增长可以帮助更多的工人获得这类工作，并且创造更多职业发展途径。机会产业及其提供的工作岗位对地区的经济发展至关重要。研究发现，大多数工人为了获得一份"好工作"转换行业甚至职业轨迹，特别是低于学士学位的工人。此外，许多机会产业也是该地区创新和贸易发展的关键驱动力，能够为很大一部分的经济增长和财富创造奠定基础。

对于"内陆帝国"来说，汇集了很多"好工作"的机会产业是创造机会至关重要的一环。"好工作"和"有前途的工作"基本都集中在几个特定的产业。这表明大多数人工人不是通过在单个公司或行业内攀登职业阶梯来获得"好工作"的，而是通过获取新知识和新技能在不同行业之间转换工作岗位。这说明工人获得"好工作"取决于其可得性。因此，定义和支持这些产业的发展就显得很重要。

如图 7 所示，物流业、批发业和制造业在"内陆帝国"都市区都是基础稳固的几个产业，并且它们"好工作"的集中度高于所有产业的平均值。三个产业合计所拥有的工作岗位数量几乎占全部工作岗位数量的 18%。其中，对于取得低于学士学位的工人来说，这三个产业给出的"好工作"比例为 27%，"有前途的工作"比例为 18%。这三个产业给高技术工人的"好工作"和"有前途的工作"合计占当地所有工作岗位的 11%。这三个产业支撑了"内陆帝国"都市区与其他地区很大一部分的货物和服务贸易。但是它们的竞争力不断下降，弱于全美平均水平。对"内陆帝国"都市区来说，2016 年在物流和批发业，每个工作岗位的平均产出分别为 85400 美元和 172200 美元，而全美的则分别为 109600 美元和 187100 美元。同年，"内陆帝国"都市区的制造业每个工作岗位的平均产出为 144906 美元，而全美的平均水平则为 176800 美元。这三个产业的平均工资水平也低于全美平均值。所以，对于"内陆帝国"都市区来说，维持这些贸易型基础产业并增加其发展机会是依赖于当地提升它们的竞争力的。

信息产业、企业总部经济、专业服务和金融服务业也均为那些取得低于

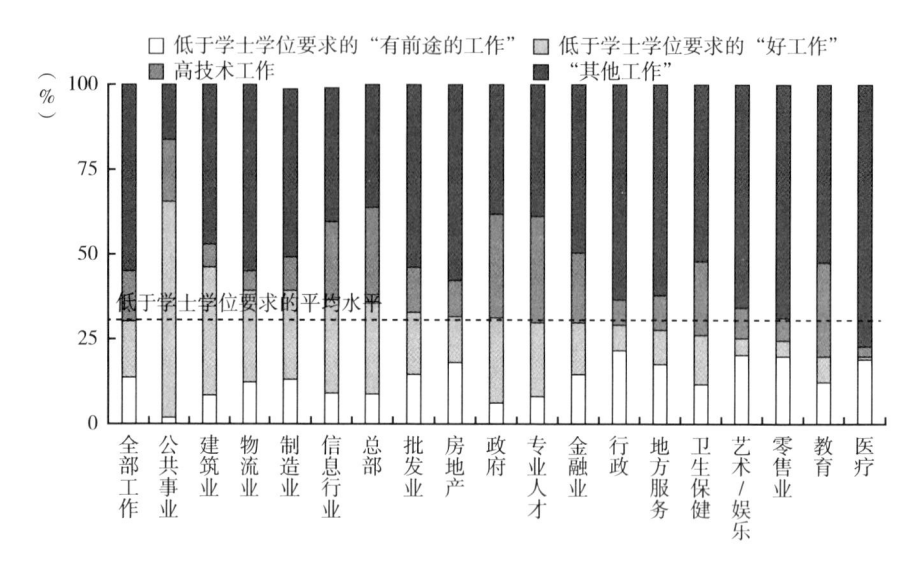

图7 依据产业分类的工作（2017年）

学士学位的工人提供了高于所有行业平均值的"好工作"和"有前途的工作"。数据显示，这些行业有至少15%的"好工作"和8%的"有前途的工作"。此外，这些产业包括电信服务、广播、管理咨询、建筑工程、软件和计算机系统设计、市场营销、会计与银行保险等。虽然目前这些产业的规模在当地还较小，但它们是未来创新和贸易发展的关键所在。

那些交易型产业是"内陆帝国"都市区未来经济发展和增加机会尝试特别需要引起注意的。"内陆帝国"都市区总共有147个交易型产业，它们在"好工作"集中度和"有前途的工作"集中度上均高于当地平均水平。这些产业共有75700个工作岗位，占当地所有工作岗位的5%。其中，有20200个"好工作"和"有前途的工作"是提供给那些低于学士学位的工人的。

四 结论与启示

（一）结论

"内陆帝国"都市区当前站在十字路口。经济和社会趋势以及劳动力市场的动态演变都表明"内陆帝国"都市区在发展却不繁荣。需要注意的是，多年的快速增长为成千上万名工人提供了就业机会，但许多工人的工资水平却在下降，很多家庭都难以维持生计。如果该地区继续沿着这条道路前进，它可能会继续增长，但增长却不太可能带来让居民经济宽裕的机会。

如果"内陆帝国"都市区想要看到比现在更好的未来，那么必须采取大胆的行动。为了能够给更多的工人和家庭提供经济机会，研究提出了三个战略目标。

首先，必须加强企业能够运用的知识和专业技能以提高运营水平，从而增强历史上曾经促进其增长和繁荣的那些行业的竞争力。

其次，必须利用现有产业的优势，实现产业多元化。可以通过与大学培养人才相结合，优先考虑发展与人才类型搭配且机会多的产业。

最后，需要持续投资那些能增加"好工作"与"有前途的工作"的产业。

实现这些目标需要新的多维度方法，从而可以统筹许多来自不同系统和机构的参与者的工具、资源和专业知识。这些方法往往需要在着重点和资源转移方面进行艰难的转变。私营部门的承诺也是实现这些目标必不可少的。尽管当前经济压力较大，但人才仍然是大多数企业的最大竞争优势。雇主必须找到与政府开展关于区域和内部事务合作的动力，从而让这些举措的实施能提升工人的技能和薪酬。

（二）对中国大都市圈建设的启示

2019年，上海市与江苏、浙江两省启动《上海大都市圈空间协同规划》编制工作，该方案初步拟定将会覆盖上海与苏州、无锡、常州、南通、嘉兴、宁波、舟山、湖州"1+8"市。9城中，城市间实力相差很大，与中心城市上海的地理距离也有分别。在考虑上海大都市圈空间协同发展时，除了实现体制机制互动、基础设施互通、产业发展互融、创新驱动互促、公共服务互享外，还需要思考每个城市在该都市圈中的定位和自身特点。因为9个城市在各个产业和经济能级排序上，有落后的也有发达的。而通过研究

"内陆帝国"都市区——这个靠近洛杉矶和长滩发达城市的区域——的历史发展模式,可以看到依托中心城市的外围城市在产业构建中需要避免过度依赖于中心城市的需求,否则将很容易使自身陷入中心城市发展带来的荣枯循环中。另外,外围城市在谋求通过与都市圈内城市的互动获得发展甚至繁荣的契机时,需要发展当地那些汇集了大量"好工作"和"有前途的工作"的产业,因为这些产业的发展能够带来居民及其家庭收入的提高,从而可以改善民生,增强经济发展基础。

参考文献

Chad Shearer, Isha Shah, and Marek Gootman, "Advancing Opportunity in California's Inland Empire," Metropolitan Policy Program at Brookings, 2019.

B.11
日本城市收缩状况及其应对特点

春 燕*

摘 要： 当前中国部分城市面临城市收缩的新状况，地方城市的人口数量大量减少，特别是具有经济活动能力的劳动人口向大都市迁移。对于城市收缩问题若应对不当，城市经济将出现问题。日本的"城市收缩"状况出现较早，为此采取了制定顶层设计、生活环境改善、城市活力再造等多维度综合应对措施。作为国际案例，日本城市收缩的问题及其采取的应对策略，对我国地区人口流动加剧形势下可能出现的问题具有警示意义，并为城市谋求新发展提供重要参考。

关键词： 国际城市 新型城镇化 城市收缩

城市收缩是指由于地方城市的人口数量大量减少，特别是具有经济活动能力的劳动人口向大都市迁移而导致的经济衰退现象。对于城市收缩问题若应对不当，城市经济将进一步恶化，且在不断强化循环中导致地方财政陷入危机。日本对"城市收缩"的复杂性和严重性予以高度关注，并采取应对策略，这为我国地区人口流动加剧形势下可能出现的问题提出警示，并为城市谋求更好发展提供了参考。

---

* 春燕，工学博士，上海社会科学院城市与人口发展研究所助理研究员，主要研究方向：城市与区域发展战略、决策分析。

一 日本城市收缩的总体状况

2014年5月,日本NHK电视以"新的人口减少危机"为题,报道了日本德岛县三好市人口老龄化及人口迁移引发的社会问题,受到日本社会的关注。德岛县三好市位于日本西南部,与近畿都市圈临近,市区人口约3万。近年来该地区许多年轻人口流向东京等大都市,导致三好市经营数十年的店铺纷纷关闭,越来越多房屋空置,同时地区的人口老龄化问题进一步加剧,严重影响了三好市的经济发展。

据日本厚生劳动省发布的《人口动态统计》及日本国立社会保障与人口问题研究所发布的研究报告,2013年是日本的人口高峰,人口数为1.2730亿。到2060年日本总人口将降少至9000万,比高峰期的总人口减少近3730万,同时老龄化率将接近40%。在这一背景下,地区年轻人口大量向大都市迁移,德岛县三好市的少子化、老龄化趋势加剧,形成了地区人口老龄化与年轻人口减少叠加—地区税收减少—地区经济衰退—城市收缩现象出现—过度投资使地方财政临近破产的恶性循环局面。由于德岛县三好市的这一情况在日本具有一定的代表性,受到中央政府高度重视,日本内阁府提出警示,要求采取措施努力避免这一人口"地区收缩"状况出现失控。

二 城市收缩的主要表现

日本国土交通省曾组织调查城市收缩的主要社会表现,如表1所示,占比较大的是"商店街中拉百叶窗的关闭店铺越来越多""空置房屋越来越多""街区中很少听到孩子的嬉闹声",还有"学校关闭""地区越来越缺乏发展活力""百货商店和超市倒闭""失去管理的道路与公园等公共设施的数量越来越多"等。因此可将城市收缩的社会表现归纳如下。

表1 民意调查"极端社会"的表现

单位：%

表现	都市圈	地方
学校关闭	27.2	26.8
街区中很少听到孩子的嬉闹声	38.5	37.3
商店街中拉百叶窗的关闭店铺越来越多	51.6	58.1
百货商店和超市倒闭	8.9	13.0
公交车辆的班次减少、线路取消	13.2	21.8
失去管理的道路与公园等公共设施的数量越来越多	4.5	3.0
医疗设施及福祉设施的减少	4.3	2.1
空置房越来越多	46.9	53.0
关于搬迁者的消息开始越来越多	4.5	4.7
地区越来越缺乏发展活力	20.1	19.8
其他	2.0	1.5

资料来源：国土交通省民意调查，http://www.mlit.go.jp/hakusyo/mlit/h26/hakusho/h27/html/n1122000.html。

（一）产业收缩、老龄化、就业机会降低、财政危机（公共服务水平下降）

由于人口外流，地方城市人口数量下降，人口老龄化加速，许多地区产业发展失去了支撑基础，特别是与生活相关的产业。而与生活相关的产业收缩不仅难以提供相关服务，给地区生活带来不便，还严重影响地区就业。据日本总务省国情调研，在各产业中与生活相关的产业提供的就业在地区就业总数中占67.5%（见表2），因此人口减少与生活服务产业减少相互影响，进一步加剧了地区的人口外流。此外，地方财政也由于人口流失、产业收缩，财政税收减少，同时，因地方人口老龄化加速而增加的社会保障费用使地方财政承受双重压力。不仅如此，过往高增长期建设的基础设施，如道路、桥梁、上下水道等，越来越多地需要维护更新，使地方财政难以应对。在这种情况下，一些地方政府采取暂停公共服务或增收公共服务费用等措施，但是这些措施不仅没能解决问题，反而加剧了人口外流。

表2 地方产业就业占比情况

单位：%

产业		占比
农林水产业		6.8
矿业、采石业等		0.1
建筑业		8.5
制造业		17.1
与生活相关的产业	电、燃气、供热、水道业	0.5
	信息通信业	1.5
	运输业、邮电业	5.3
	销售业、零售业	17.0
	金融业、保险业	2.3
	房地产业、物品租赁业	1.4
	医疗、福祉	11.9
	服务业	23.6
	公共服务及其他	4.0
		67.5

资料来源：日本国土交通省根据总务省（2010年）国情调研整理。

（二）社区功能衰退

地方城市人口减少削弱了社区居委会、社会自治团体等组织的活动能力。在日本，民间团体组织的社区居民共助是促进社区交流、组织文化活动、贯彻政府意志、负责安全防御等的重要力量。如社区居委会的消防团就承担着联合居民防御社区内各种自然灾害、保卫社区安全的重要职能。但由于地区人口减少，不少地区的消防团逐步解散，而消防团的解散使社区的灾害防御能力减弱，地区安全存在很大隐患。

从文化传承看，随着人口外流，儿童数量不断减少，地区的学生数、学校年级数、班级数都在减少。由于年轻人口数量的减少，各地有特色和有纪念意义的活动越来越少。缺少了这些活动，地区与外部的交流也就越来越少，地区的活力慢慢消失，地区的历史文化传承工作越来越难以开展。

社区功能衰退还体现在公共交通方面。日本的公共交通主要由民营企业运营。随着人口的减少，通勤、就学、交友等的交通需求越来越少，民营企业迫于成本核算只有取消和减少公共交通的运行班次或线路。但与此同时，高龄者由于失去自行驾驶能力，对公共交通的依赖有所增加，但在此情况下，衰落的地方公共交通将难以满足地方老龄化的需求。

（三）空置房、空置店铺、荒弃耕地使地区丧失吸引力

在人口减少的同时，各地区的住宅数量增加，空置房数量也在增加。特别是，没有租赁和出售计划且长期空置的房屋数量增加，这些房屋没有明确的管理和使用方向，因此与其他类别的空置房屋相比，修缮和管理情况都比较差。图1是国土交通省发布的空置房变化情况。除住房外，店铺和厂房的空置也成为这些地区面临的问题。地方经济活动的减弱以及企业的后继者不足，由此形成的空置店铺/工厂、荒弃耕地越来越多，进而使地方的景观受到破坏，同时治安状况恶化，如建筑设施倒塌、火灾发生等，地域魅力下降。

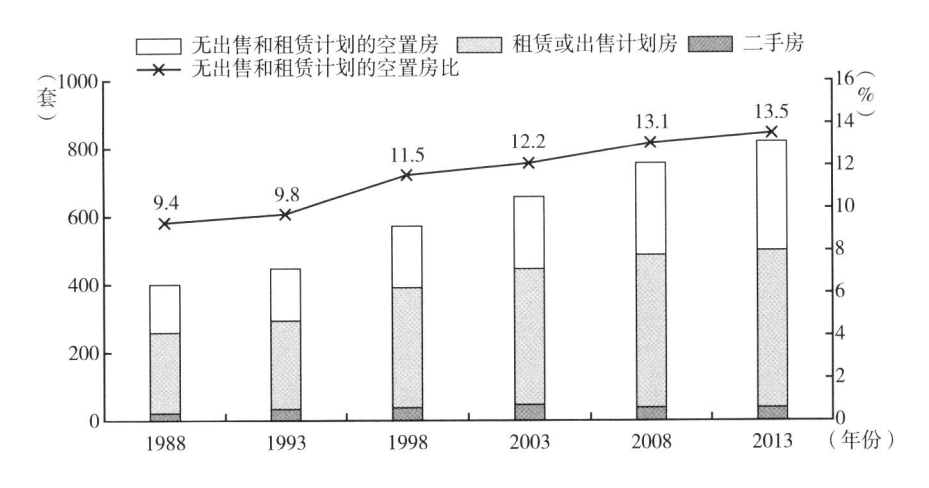

图1 日本空置房变化情况

三 日本城市收缩的应对特点

（一）采用国家战略实施顶层设计

为应对城市收缩，2014年7月，日本中央政府在内阁府设立"地方、人口、就业振兴总部"（以下简称"振兴总部"），提出制定国家战略规划未来日本人口及国土空间。同年11月，日本颁布实施《地方、人口、就业振兴法》，针对地方人口减少而引发的问题，围绕地方、人口、就业三大主题，提出加强地方城市基础建设，营造人人可安心生活、工作和生育的社会环境；扶持更多有吸引力和有地方特色的产业发展，提高就业人口吸引力，形成新的良性的人口流动循环，促进地方经济发展。

在此基础上，2014年12月，内阁会议讨论通过了日本《地方、人口、就业振兴长远规划愿景》（以下简称《愿景》）以及《地方、人口、就业振兴战略》（以下简称《振兴战略》）。《愿景》及《振兴战略》涉及育儿、产业与雇佣、国土形成、住宅、地方制度等诸多方面，目的是通过综合策略促进地区恢复发展活力，阻止人口减少趋势，应对少子化、老龄化问题。此外，振兴总部为推进战略实施，组建了由地区政府及相关部门参加的"振兴地方战略协议会"，同时突破行政管理的区划分割，在国土、医疗、照护、保险等领域编制了促进地方振兴的专项综合规划。在国家战略方针指导下，2015年各地区开始根据地区实际编制地区级的地区、人口、就业振兴愿景和综合战略。

（二）多维度的综合应对措施

日本针对城市收缩问题采取的措施以地方城市、人、就业为核心，从生产到生活予以综合应对（见图2）。

1. 以人为本改善地方生活环境

根据《愿景》和《振兴战略》，为减少地方城市人口流失，政府首先关

```
目    的
应对人口老龄化和地区人口流失，在控制地区人口流失的同时，限制人口过度向东京圈集中。
确保各地区良好的生活居住环境，以保证未来日本社会的可持续发展为目标，围绕"地区"
"人""就业"制定和实施相关的可持续发展措施及综合规划

创造地区"地区""人""工作"的内容如下：

地区：在每个人生活的地区，人们可以和谐、安心生活，每个人都拥有希望与梦想，并为之努力

人：保护有社会责任担当、有个性的各方面人力资源

工作：营造出更多有地区魅力的就业机会
```

```
基本理念
(1) 根据不同地区实际情况，以保持独特性和展示地区丰富多彩生活为目标，进行地区生产
    生活环境建设
(2) 从长远的需求和供给出发，根据居民的承受能力，获取企业和居民理解，在此基础上，
    确保满足当前及未来地区日常生活和社会生活的基本服务需求供给
(3) 在遵守结婚、生育是人的主观意志的原则的基础上，营造良好社会环境，提升人们对
    婚姻、生育、育儿的希望
(4) 营造有利于工作和生活的和谐社会环境。
(5) 鼓励开展有地区特色的创业活动，通过商业活动创造有吸引力的就业机会
(6) 根据地区实际，通过地方政府间的合作，确保高效和有效的行政管理
(7) 国家、地方公共组织和企业相互协作，共同规划地区发展
```

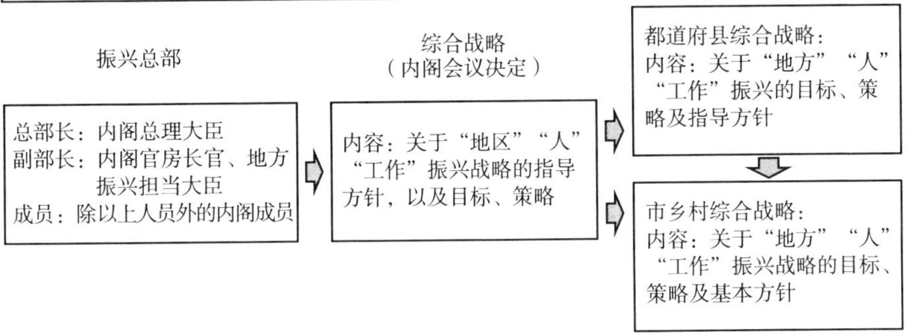

振兴总部	综合战略（内阁会议决定）	都道府县综合战略：内容：关于"地方""人""工作"振兴的目标、策略及指导方针
总部长：内阁总理大臣 副部长：内阁官房长官、地方振兴担当大臣 成员：除以上人员外的内阁成员	内容：关于"地区""人""工作"振兴战略的指导方针，以及目标、策略	市乡村综合战略：内容：关于"地方""人""工作"振兴战略的目标、策略及基本方针

图 2　日本应对"城市收缩"的顶层设计

注的是改善地方城市生活环境。比如，排除各种不利因素，增加对多子女家庭照顾及幼儿护理等公共服务；为年轻男女相识创造机会，同时利用多种方式普及怀孕等知识。此外，政府与企业积极沟通，促进劳动方式改革，力争使职工的工作与生活平衡，妇女有更多精力用于生育和参与社会活动，提升年轻夫妇家庭的可支配收入水平。

2. 增强地方城市发展活力

一是政策层面引导改变"东京一级集中"的人口迁移状态，控制年轻人向大都市的集聚趋势。如利用政策鼓励地方的升学、就业及调动，鼓励老年人选择到地方城市养老。对于地方企业扩大就业给予政策支持。二是提升地方竞争力。如推进地方大学整编以增强学校竞争力、加快地区的研发基地建设、扶持利用地区资源发展的企业、促进发展地区的农林水等产业、鼓励地方吸引技能人才。三是加快地方城市紧凑环境下的基础建设，鼓励高龄者迁移到地方生活，主要措施包括以医疗福利为中心，建设与生活服务关联的紧凑型（konbokuto）多功能生活据点，与周边城市联合形成网络。同时，鼓励各地区之间通过"合作协作"等方式联合建设养老院等。

四 日本应对城市收缩的主要启示

从日本城市收缩问题来看，日本的经济高速增长模式正在发生重大变化。战后的日本经济高速增长，城市化、人口增长等推动了经济实现了快速发展；而新的变化是人口流动加剧影响着地方城市的经济发展和社会形态，并成为影响日本未来人口及国土发展的重要课题。事实上，早在20世纪末，日本就已开始关注发展变化和地方人口问题，并积极采取应对措施，2000年日本中央政府制定的地方战略就是为应对城市收缩问题的。日本的城市收缩应对措施表明，在经济高速增长之后发展模式将与以往不同，地方人口减少将是大趋势。城市收缩问题将关系和影响国家未来发展格局，需要统筹协调，包括国家顶层战略设计、国家与地方相互配合的综合战略。我国当前正处于高速发展阶段，如何看待城市收缩这一问题关系到今后的发展。

（一）加强预判，以充足的理论和政策储备应对地区经济社会格局的变化

日本的城市收缩问题清晰表明，在经济高速增长之后，城市化进入了一

个新的发展阶段，以往的经济发展模式已不复存在，中小城市人口减少带来的人口老龄化加速，及其所连带的社会经济问题将会严重威胁到未来的发展。尽管发展阶段、发展路径不同，但国内城市化及人口迁移中出现的问题也在警示当前或未来一段时间内国内一些地区可能出现城市收缩问题。要避免这一问题的发生，削弱因人口减少而带来的负面影响，须对问题及早认识，结合当前形势，对城市化及区域的未来发展走向进行前瞻性预判及战略性的规划统筹，以充足的理论和政策储备来应对地区经济社会格局的变化。

（二）国家层面应采取措施最大限度地保障城市与县乡村发展的动态平衡

从当前国内发展形势看，未来几十年内乡村人口向城市转移、小城市人口向大中城市转移、落后地区人口向发达地区转移的趋势仍将持续，人们为更好生活的迁移是不可避免的大趋势。在这一趋势下，区域协调发展将面临越来越大的挑战，为避免城市收缩及其引发的问题，国家层面应采取措施，转变观念，创新发展理念，通过政策干预，统筹与协调城市县乡村的发展，引导不同的区域发展路径，最大限度地保障城市与县乡村发展的动态平衡。

（三）城市政府应制定中长期发展战略规划，限制地区扩张性建设

城市收缩问题起源于地方人口的减少，伴随地方人口减少而来的负面影响涉及人口老龄化、公共基础设施闲置等诸多问题。在人口流出、低生育率、人口老龄化问题严重，以及经济增速大幅下滑的地区，应因地制宜地制定中长期发展战略规划，通过规划将地区规模调整到适宜的人口规模，控制地区的扩张性建设，以户籍人口为标准进行城市规模核算，避免因建设浪费而增加财政负担。同时，还须考虑老龄化社会和城市形态问题，加强生态、绿色发展理念，促进紧凑型社区建设以及地区老年服务设施建设，满足地区老龄化社会发展需要。及早采取措施以避免人口减少可能出现的"聚落崩塌"或"聚落消亡"现象。

参考文献

广田纯一：《地方をめぐる昨今の議論と農村計画学研究》，《農村計画学会誌》，Vol. 34，No. 1，2015年6月。

NHK，《極点社会～新たな人口減少クライシス～》，http://www.nhk.or.jp/gendai/articles/3493/1.html，2014年5月1日。

佐佐井司：《日本应对人口减少的政策及经验》，《2016年会议报告》，2016。

日本总务省：《关于平成合并的报告》，平成22年3月。

国土交通省国土计划局综合计划课：《維持存続があふまれる集落の新らたな地域運営と資源活用に関する方策検討調査報告書》，2008。

刘春阳、郭孟林：《中国西部地区收缩现象分析及规划应对策略》，《共享与品质——2018中国城市规划年会论文集（12城乡治理与政策研究）》，2018。

戚伟等：《东北三省人口流失的测算及演化格局研究》，《地理科学》2017年第12期。

郑真真、杨舸：《中国人口流动现状及未来趋势》，《人民论坛》2013年第11期。

王晓玲：《收缩城市研究进展及战略思考》，《青岛科技大学学报》（社会科学版）2017年第1期。

徐博、庞德良：《增长与衰退：国际城市收缩问题研究及对中国的启示》，《经济学家》2014年第4期。

姜鹏、周静、崔勋：《基于中日韩实例研究的收缩城市应对思辨》，《现代城市研究》2016年第2期。

城市社会篇

Urban Society

B.12
伦敦"人的尺度"的创新与商业空间融合新趋势[*]

苏 宁[**]

摘　要： 本报告以伦敦金融城《以人为尺度的城市空间》研究报告为基础，探讨伦敦中心区高端人才与城市空间互动的新趋势与主要经验。伦敦的实践表明，全球城市中心区高密度商业生态环境是吸引全球人才及各类型企业的重要依托。城市中心区边界的融合式发展，有助于多类型企业的集聚。办公空间与创新空间正在发生以新兴人才需求为中心的变化，高端人才的集聚需要形成新型办公空间与区域联动体系。

---

[*] 本报告主要基于伦敦金融城《以人为尺度的城市空间》（The City as a Place for People）研究报告的介评，并对中国城市的相关借鉴进行了分析，特此致谢。
[**] 苏宁，本书副主编，博士，上海社会科学院世界经济研究所副研究员，研究室副主任，主要研究方向：城市经济、国际城市比较。

关键词： 伦敦金融城　人才　办公空间　规划

2019年，伦敦金融城发布《以人为尺度的城市空间》（The City as a Place for People）研究报告，对高端人才与城市空间之间的关系进行了探讨与归纳，并提出吸引高端人才的空间设定原则与趋势。该报告基于对伦敦金融城商务人士、创新群体以及开发商关于创新内容的访谈，分析这些群体的空间选择特性及其人力资源分布选择的主要影响因素。①

一 城市应是以人为尺度的空间

伦敦金融城的研究表明，相较以往，人与人才日益成为城市商业决策与竞争力的决定性因素。而空间位置对于获得适合的人才而言格外重要。目前，新兴产业最有价值的商务活动更多集聚于若干个世界级城市的中心城区。这些城市空间能够提供优质的人力资源、商业联系以及活跃氛围。

（一）区位的重要性依旧

技术进步使得弹性工作成为可能，并影响了全球的工作形态。知识经济的业务范围已经能够横跨大洲，服务业的市场范围则可以覆盖全球。信息技术使人们可以在任何地点开展业务。但伦敦的快速发展证明，世界范围的就业并非更为分散，而是趋于集聚与极化。经济增长更多集中在城市区域，全球300个最大城市贡献了一半的经济总量。在伦敦金融城，已经开发了125万平方米的空间的区位特点则决定了企业家能雇佣、会面、学习、共事以及交易的群体的特征。伦敦金融城的优势在于环境优越，为企业家提供了与相关行业的全球顶级商业团队接触的机会，并使其从城市的活跃氛围中获益。

---

① City of London Corporation, "The City as a Place for People," www.cityoflondon.gov.uk/economicresearch, 2019-10.

对 2500 位欧洲企业决策者的调查显示，89%的企业家认为伦敦是拥有最佳金融服务业人才的欧洲城市，58%的企业家认为伦敦是最佳欧洲商业城市。

（二）城市空间对经营的重要性

在知识经济时代，创新是重要的推动力量。在特定空间的创新得以分享与复制，同时新创意、新产品以及服务能够在瞬间进入全球市场。在这种快速变化的背景下，能否处于创新前沿显得尤为重要。

知识经济体系中，良好的区位使商业主体能够建构并增强与客户之间的联系。为了与客户交流复杂的创意与产品、了解用户需求与观点、获得客户的信任，与客户的面对面会见十分重要。这种面对面会见的需求，不仅表现在传统行业中，而且金融科技（Fintech）、手机应用开发等理论上能够不受空间限制开展业务的新兴行业也倾向于进驻伦敦等城市，以便接近创意、市场及关联企业。

诸多企业受益于与临近的相关行业开展业务。全球最大的金融机构巨头，包括商业与投资银行、财富管理与对冲基金等，均在伦敦设立欧洲总部。在伦敦金融城，超过 2/3 的企业间有相互业务联系。这些机构间的商业往来，使关联企业也从中受益。伦敦金融城的企业在联动中强化了创意的跨界传播，也催生了新的服务业态。

（三）城市空间对人才吸引的重要性

根据伦敦金融城对域内顶级企业与财富管理者的调研，高层次全球企业将人才作为业务运营的核心。而 81%的金融服务业企业和 92%的高科技企业将城市区位作为吸引人才的关键因素。交通连通性对于企业的区位选择十分重要，这种连通性使企业得以雇用更大空间范围内的毕业生，并与分布在全国乃至全球范围的团队成员以及客户保持高效、快捷的联系。

伦敦金融城的发展就依托于高密度的交通网络，90%的当地职员乘坐公共交通通勤。到 2019 年，地铁伊丽莎白线（ElizabethLine）将在伦敦中心区 45 分钟通勤区内日均运送乘客超过 150 万人次。

通过具有全球网络的企业吸引高技能与高流动性的就业群体是伦敦金融城取得成功的关键。这对于企业的管理层而言尤其具有吸引力。伦敦是最为国际化的全球城市之一，其管理型人才高度国际化，来自95个国家。这种高度多样化的知识经济就业格局，使伦敦成为全球高技能人力资本之都（High Skills Capital of the World）。

高端人才不仅在城市与企业间进行选择，而且更多在产业与行业间进行选择。很少有全球城市能够像伦敦这样，为国际就业者提供如此之多的具有吸引力的职业机会。伦敦的职业上升通道，吸引了英国1/5的高校毕业生在该市就业。研究表明，伦敦集聚的国际流动就业人群主要为该地的职业发展前景、高薪资以及行业的广度和深度吸引。

从当前的技能型人才的竞争态势看，对于人才的竞争模式开始发生变化。企业在高端人才的竞争策略方面正在转型。在传统的以薪酬、声望、就业前景为核心的人才吸引手段之外，企业正在通过区位、建筑设计风格、生活便利设施等特点来吸引与留住人才。空间（place）成为企业的资产而并非只是一个地点（location）属性。

二 融合企业的城区边界

由于企业与机构间的联系日趋紧密，伦敦金融城着力为各类经济主体提供相互交流、融合发展的土壤。空间的接近性对于企业经营具有重要意义，伦敦金融城为企业提供了与世界顶级专业人才、服务、客户的大规模近距离交流的条件，进而形成了在空间尺度上的比较优势。调查表明，新的空间接近性对于企业的选址判定也具有决定性作用。大量企业希望与创意发起点以及创新源头区临近，进而获取前沿信息。这种趋势也使得新兴行业机构向金融城集聚，并建构起新的专业化区域，进而在城市中形成新的行业集群以及空间选择特性。

伦敦金融城的环境使传统的金融、保险与法律专业行业得以不断创新与发展，同时，数字技术的进步为企业的运营模式提供了转型的机遇，并使企业面向全新的市场,这种机遇对于孵化期的企业以及崛起中的企业而言均不可多得。对于企业而言,新的发展机遇以及颠覆式创新机会,往往缘于不同行业间的最新观点的碰撞。因此,对于新兴技能人才的吸引,以及促进成熟型专业人士与多领域知识的接触,就成为企业进一步发展的重要关注点。

(一)抢抓边缘区优势

经济主体不断抢抓发展新机遇的重心转换,使企业倾向于接近潜在客户、合作者与人才,同时也带来空间上的效应。近期,伦敦商业项目的空间关注方向趋向于金融城,特别是其边缘区域,包括科技城(TechCity)及北部区域。

这一趋势引发了新一轮的行业集群在金融城边缘区域的布局。相关主体也通过这一布局不断发掘城区的财富优势以及新的发展机遇。成熟型企业希望与新兴的数字领域初创企业以及创意团队比邻而居,进而确保自身团队能够了解并利用新的商业机遇。

以金融城的北部边缘区域为例,阿尔法贝塔大厦(Alphabeta)成为同时面向肖尔迪奇(Shoreditch)区域与金融城核心区的门户空间,大厦同时集聚了金融与科技类企业。位于金融城核心区与科技城之间的普林西普大厦(Principal Place)占据了良好区位,并已成为亚马逊英国总部所在地。安理国际律师事务所(Allen and Overy)则在与该区域咫尺之遥的肖尔迪奇区域设立了技术研发部门。

这一趋势已开始重塑伦敦金融城的区域空间。一个创意产业集群已在Chancery路到西区之间的跨界区域逐渐成形,而在金融城东部,阿尔盖德(Aldgate)周边城区也凭借其创新资源,转型为创新型初创企业的集聚区。

(二)注重新兴人才力量的集聚

新类型企业也开始向金融城集聚,有数家建筑与工程企业已迁入金融城,以靠近在法灵顿(Farringdon)的设计人才。从2010年到2016年,伦敦金融城的信息与通信类企业已提供了38000个就业岗位,增长超过60%。

其中，布隆伯格（Bloomberg）公司的进驻是新近的著名案例。

行业的混合布局带来了对多种技能人才的需求，而能够接触伦敦大规模、多样化的技能劳动力市场的企业就拥有了一定的优势。资深企业往往寻求专业化人才，特别是具备技术资质并具有创新预见性的人才。

普华永道（PwC）公司就将数字化视为金融服务的重要增长推动力。相关企业在从外部引入人才的同时，也不断强化其机构内部的业务能力。伦敦金融城的计算机咨询行业在2010～2016年业务增长超过1倍。

当跨界行业开始影响新的领域时，数字化变革也带来了对专业技能人才的极大需求，这种需求的规模是过往20年所未见的。由于对于此类技能的竞争日趋激烈，企业战略的核心之一就在于确保吸引到最佳的人才。

三　构建人才合作空间

伦敦金融城的实践表明，尽管技术进步在理论上使得工作可以在任意空间进行，但这种变化并未带来办公空间的分散化，也没有降低城市商业区位的吸引力。事实上，随着就业的弹性化，空间区位变得更加重要。从地理因素来说，企业正在将其业务固化在一些特定区域。从办公空间层面看，设计水平以及组织形态的重要性不断提升。这些趋势反映出空间因素在促进人际互动、合作以及形成新型协作关系方面的潜力和重要性。

（一）高密度城市空间的吸引力

2010～2016年，伦敦金融城的企业数量增加了41%，其中包含每年1200家初创企业，这些企业都受益于高密度的商业生态系统。在AIG与Linklaters等蓝筹公司的发展过程中，可以看出此类企业在伦敦金融城开展业务的偏好。这些企业认识到团队间在邻近空间共同工作的价值，它们认为这种价值超过了削减办公空间或将办公场所移往郊外带来的成本节约。企业用脚投票，选择了高密度城市空间的多样互动与连接带来的收益。

顶级企业将空间资源视为企业价值的中心所在，这种对于沟通与网络的重视也体现在其办公场所的设计方面。企业不断寻求新的方法，以最大限度提升依靠人际关系互动建构以及学习、信任的高效合作伙伴关系带来的收益。合作能够提供解决问题的创新方法已经成为共识。

（二）创造"偶遇窗口"

有金融企业在调研中提及，对于创新而言，偶遇时刻十分重要。这种偶遇常常能够在不同的团队与专业人士之间激发新的合作关系。目前的前沿规划设计者已经在关注如何通过办公空间设计激发此类偶遇互动。

伦敦金融城的企业通过一系列空间安排以促进上述类型的互动。通过在开放空间与多功能空间的设计，以多种方式促进不同专业领域的办公人士之间的偶然交流。部分机构在更大尺度上进行了规划，对整栋建筑的结构进行综合设计，以强化共享设施的作用，从而增加这种偶遇交流的机会。

布隆伯格公司的开放式会议与就餐空间为人员邂逅提供了重要场所，且有助于项目的快速推进。相关设计对人员在不同空间中的移动模式进行了考量，从而使团队成员在工作时间能够有碰头聚会的机会。

该公司所在的 Leadenhall 大楼因形似"奶酪切削器"而得到这一绰号，该建筑的环状共享空间与共享设施的设计，有助于该楼不同位置的各个企业、机构的工作人员能够每天都有相遇交流的机会。这种日常性的聚会能够打破部门间的壁垒，使人才之间建立联系，同时增加问题解决方案的潜在机会。共享设施的成功实践激励了建筑的管理者，他们在大楼的公共空间开始举办每周一次的餐饮集市。

（三）形成"创新枢纽"

诸多企业开始在其所在商务楼宇中整合各企业的孵化器，运用公共办公空间满足核心办公需求。这些企业通过上述方法建立起不同机构间的新型合作关系。

如法律咨询公司 Allen and Overy 就在其位于伦敦金融城的企业总部建立了一个名为"Fuse"的合作型技术创新空间。有七家创业企业加入了这一

合作创新空间，与该企业的室内技术团队合作推进前沿数字创新项目。通常而言，新企业往往能够通过使用此类孵化器空间而多方面获益。这些企业在合作空间中能够共享资源，相互匹配技能需求，降低研发风险，甚至建立技术研发社群。一些参与合作空间的企业甚至能够提升自身的就业规模与销售业绩。

共享工作空间的发展，也已经超出了为初创企业与企业家服务的最初设定。伦敦的一家银行借助 British Land 大楼的共享工作空间，为专业化项目团队提供聚会点，有意使不同部门的人员离开其"舒适区"，进行合作交流，形成新点子。

伦敦金融城的企业家们认为，成熟企业能够在与创业企业的人员交流中获益。共享办公的著名企业 WeWork 的客户就包括 IBM 等大企业，这些大企业发现此类非传统弹性办公空间的设计有助于激发新创意，并促进项目思路的快速形成。

四 投资办公空间

办公空间被视为吸引与留住关键人才的重要因素。企业往往想尽办法创造人才能够更高效率工作的环境。尽管由于租金因素的影响，从1990年代到2010年代中期，英国的员工平均办公面积从16平方米降低到11平方米，但许多企业近期开始不断提升办公空间的设施水平，使办公空间成为留住人才的重要砝码。2000年以来，许多中小数字产业及创意产业企业着力使办公空间的设计围绕员工的需求而进行。良好的厨房设施、沙发、屋顶设施成为办公空间的重要配置。目前，以人为中心的办公空间理念已成为 UBS、布隆伯格等诸多伦敦金融城著名企业的共识。

（一）以人为中心的办公空间设计理念

对伦敦金融城专业人才的调研表明，在薪资水平之外，一个决定性因素是办公场所的吸引力，这代表了该机构的活力和形象。伦敦金融城物业企业认为，近些年，随着多元化的年轻人才的进入，这一吸引力的重要程度正在提升。为了配合这一趋势，金融城的物业管理部门着力在国际性企业总部周边提供更多样化的前卫办公空间，以吸引多领域的技能型人才。

在企业对于提升办公空间设计与设施水平的需求之下，开发商对于业主需求也进行了多方面的回应。包括保留建筑的特色功能（如具有历史风格的电梯）、更新建筑外观等，使建筑风格不走寻常路。新开发的建筑则更关注公共空间的设计，包括餐饮准备区域、自行车停放设施等，以提升工作空间的形象，以及建筑的使用体验。JLL 公司还进一步考虑到工作空间的卫生健康与福利水平。该公司在租用的 Leadenhall 大厦中建构了健康厨房，为就餐及会议提供空间，同时还组织瑜伽课程等健康项目。

（二）技术前沿在办公空间的应用

新技术在商务楼宇的应用对于改变办公空间有重要作用。移动视频识别技术对办公空间人员流动的管理具有重要作用，能够有效优化传统的烦琐等级流程。楼宇内的资源使用与环境条件的实时监控系统有助于为办公企业提供合适的温度与照明条件。新的技术创新也要满足办公客户的定制需要。诸如 British Land 这样的"智慧成就"（Smart Enabled）型建筑，能够为办公业主提供满足其需求的功能与技术，而不只是关注新技术的先进性。

伦敦金融城的企业与物业人士认识到，人们对于办公空间的需求已经发生了重大变化。以往以空间尺度和进驻率为核心的规划方向，逐渐让位于以人为工作空间核心的功能设计理念。建筑空间设计、设施配套以及技术应用，都以吸引人才为主要考量。伦敦金融城的实践表明，办公楼并不只是一栋建筑，更是为其所容纳的人才提供服务的空间。

（三）城市活力环境重要作用

伦敦市不断改善的公共空间以及标志性场馆、艺术与表演体系，已经成为城市吸引人才的重要资源。这种资源被归纳为伦敦的活力环境（Stimulating Environment）。伦敦金融城 41% 的就业者来自海外，而吸引如此众多的国际

人才的原因之一就在于伦敦的文化与生活方式。伦敦金融城的高技能专业人才对于伦敦的文化多样性以及夜生活选项普遍持积极评价，并认为这一特点是相较于其他金融中心的重要比较优势。

（四）办公空间变革促进企业收益提升

空间特性的改变不仅有助于吸引人才，办公空间的发展也有助于企业的成长。人员在办公区域的互动，有助于在大型企业与初创企业间形成创意与创新的扩散，从而使二者同时受益。伦敦的经验表明，咖啡馆以及公共空间作为"延伸办公空间"，能够承载一系列工作活动。企业往往运用地方设施作为思考、会面、制造、获取灵感、构建网络的空间，从而将其活动扩散到周边城市肌理之中。通过这一过程，城市环境成为办公室的有效延伸。

五 伦敦金融城空间规划对中国全球城市规划的启示

（一）"以人为尺度"成为重要规划原则

伦敦金融城的报告表明，作为国际金融中心的全球城市，其空间规划及设施配置，应全面围绕人的需求，特别是人才的需求进行。在网络技术改变办公与创新条件的当下，城市区位与品质仍然是吸引高端人才与海外人才的关键。以良好的区位促进人才之间的高密度交流，以精心设计的空间与设施促进不同类型企业的互动，是形成城市竞争力的重要前提。中国全球城市的下一轮规划应借鉴伦敦金融城的经验，将不同类型人与人才的需求作为规划的前提与原则，建构以人为尺度的空间体系。

（二）注重在高密度区域进行创新与金融企业的混合布局

伦敦金融城的实践表明，高密度、多样化的商业生态系统有助于城市经济的高质量发展。伦敦的成熟型金融企业在金融城及周边区域与数字创业企业、技术创意团队比邻而居，形成了有效互动。这种多类型企业的高密度融合式发展，使多种技能人才得以集聚，从而带来科技企业与相关专业服务业行业的发展，并形成良性互动。中国全球城市的中心商务区布局，应借鉴伦敦经验，避免单一关注金融、法律、咨询等服务业企业，应关注生产服务业企业与科创企业的混合布局，提高此类区域的商业生态多样性。

（三）应关注办公空间的功能变革与新规划方向

伦敦中心区的发展表明，办公空间的发展正在经历新的变革，以使其成为吸引人才的关键因素。伦敦金融城的办公空间正在成为创新与创意的交流空间，其整体规划、设施体系、功能领域都在发生新的变化，将餐饮、健康、艺术等元素引入，以适应多元化年轻人才的需求。同时，办公空间向周边街区等城市肌理街"延伸"，也应得到关注。周边咖啡馆与公共空间成为与楼宇办公空间有机互动的一体化活动系统，形成了扩展型办公—创新交流空间体系。中国全球城市的中心区，应提前关注办公空间的这种新的变化趋势，以人才的新需求为核心，打造有效促进创新交流、周边区域一体化联动的跨楼宇新型创新办公空间体系。

参考文献

City of London Corporation，"The City as a Place for People，" www.cityoflondon.gov.uk/economicresearch，2019 – 10.
PwC，"Financial Services Technology 2020 and Beyond：Embracing Disruption，" 2016 – 3.
Z/Yen，"The Global Financial Centres Index 22"，2017 – 5.
British Council of Offices，"Occupier Density Study，" 2013 – 3.

B.13 城市老龄友好社区建设的行动纲领[*]

胡苏云 曹显云[**]

摘 要： 随着城市老年人口不断增加，基于世界卫生组织（以下简称"世卫组织"）提出的"老龄友好型城市"，构建"城市老龄友好社区"，形成有利于老年人独立自主的生活环境，搭建社交平台，提升老年人的幸福感，创建有利于老年人身心健康的社区居家养老场所。遵循适老性原则和老年友好策略，城市老龄友好社区主要从社区与公众参与、住房、公共空间与交通、健康与社会服务等方面入手，旨在建设适宜老年人居住的社区，满足老年人多样化的物质需求和精神追求。

关键词： 老龄友好社区 行动纲领 社会服务

世界范围内正在发生两大社会变化，并正在重塑社区：人们的寿命越来越长，全球人口越来越集中在城市。老龄化和城市化的大趋势，意味着全球的城市正在变大、变老，设计必须适应这种变化。老龄化社区的设计就需要根据老年人的独特需求制定策略、创建老龄宜居环境。2019年，ARUP组织

---

[*] 本文基于2019年ARUP组织发布的《活力城市：设计老龄友好社区》开展介评，并对中国城市的参考借鉴予以研究分析，特此致谢。

[**] 胡苏云，博士，上海社会科学院城市与人口发展研究所研究员，主要研究方向：人口经济学、社会保障、医疗卫生改革和人口老龄化；曹显云，上海社会科学院城市与人口发展研究所硕士研究生，主要研究方向：人口资源学。

发布的《活力城市：设计老龄友好社区》提出未来需要为这些老年人提供良好的社区环境，构建老龄友好社区成为必然趋势。①

一 城市老龄友好社区的核心内涵

2007年世界卫生组织提出"老龄友好城市"，并于2007年11月发布《全球老龄友好城市建设指南》，提出建设包含社区与公众参与、住房、公共空间与交通、健康与社会服务等全方位的老龄宜居环境体系，确立了老龄化规划框架。政府和机构依据该报告来探寻应对老龄化趋势的方法，包括昆士兰政府的"2016行动计划"和西雅图的"2018时代友好行动计划"。美国退休人员协会资源库在全球友好的城市和社区网络中颇具特色。②

"老龄友好社区"基于"老龄友好城市"理念，本质是老龄宜居型社区，是适合老年人居住和生活的社区，既能满足老年人的物质需求，又能满足老年人的精神追求。世卫组织将其归纳为：社会和公民参与、服务提供和建筑环境。③ 社会和公民参与是指确保老年人拥有牢固的社会关系并感受到公民生活的战略；服务提供包括老年人从政府或非政府部门接受的服务和特别援助；建筑环境包括社区的户外环境、交通和活动、公共空间、居家养老。

二 构建城市老龄友好社区的原因和要素

（一）形成有利于老人独立自主生活的社区环境

世卫组织侧重于建筑环境部分的框架，确定城市和建筑环境专业人员更

---

① Michael Amabile et al., "Cities Alive: Designing Aging Communities," ageingcommunities@arup.com, 2019.
② AARP, "The 8 Domains of Livability: Case Studies," https://www.aarp.org/livable-communities/network-age-friendly-communities/info-2015/8-domains-of-livability-resources.html, 2019-03-27.
③ Buffel, Tineand Chris Phillipson, "Can Global Cities be 'Age-friendly Cities'? Urban Development and Ageing Populations," *Cities* 55, June, 2016.

好规划和设计社区，以满足老人自主生活的需求。一个适合老年人居住的社区是多种设计选择的结合体，具备可步行的社区、健全的医疗保健系统和可靠的交通网络。

日本富山的住宅区鼓励通过开发靠近公共交通的可步行住宅区，增强了老年人的出行无障碍性。这些区域包括市中心、有轨电车和铁路沿线500米以内的区域以及高频公交线路300米以内的区域。加上日益增加的交通选择，新建的交通服务有助于创造一个包容、有利于老年人生活的城市环境。

（二）关注老人身心健康，创建幸福美满生活的环境

户外环境影响身体健康，老年人对脆弱性的自我认知及对娱乐和健身活动的渴望影响其身体健康、心理健康和生活质量。老龄人口依赖于家庭、邻里和社区，对周围环境的依赖增加。社区建筑环境对老年人的身心健康和幸福生活起着关键作用：良好的户外环境可以促进老年人加强身体锻炼，如散步、游泳、跳舞和参加其他户外社区计划，减少孤独感，促进老年人心理健康。

（三）减少老年人的社会孤立感，促进公民参与

社区中年轻人和老年人之间缺乏接触会导致老龄层之间的沟通匮乏，降低老年人的社会联系和凝聚力。

城市老年人的住房不仅受到居住环境限制，而且受到经济影响。一方面经济适用房是许多城市居民关注的问题，另一方面城市老年人的社会联系受到环境的限制，很多社区规划没有考虑到老年人的需求，要以正确的规划和设计方法来解决这些问题，增强老年人的社会支持和归属感。曼彻斯特建筑学院与南威分校的合作伙伴共建的曼彻斯特老年友好型社区，正是期望通过采取适当的行动来推动解决老年人的社会隔离问题。

（四）有利于老年人的安全和社会服务

对于老年人来说，身体的衰弱和逃避危险情况的能力降低，使其面临的危险性升高。

极端天气对老年人来说尤其危险，城市密集的环境可能使情况更严峻。在2005年新奥尔良的卡特里娜飓风中，大约1000名遇难者中有一半人的年龄在75岁及以上。在2012年超级风暴桑迪中，洪水影响了许多住在城市高楼里的老年人。

户外跌倒对老年人来说是一个特别严重的问题，超过一半的老年人跌倒发生在户外，如加拿大因跌倒住院的老年人占住院老年人总数的85%。[1] 但是目前大部分的关注点集中在室内环境和个人风险因素上，缺乏对城市设计和规划的关注。[2] 预防性措施对于老年人来说是至关重要的，这与城市基础设施和城市设计有着密切的联系。

三 城市老龄友好社区发展策略和行动

（一）为老年人独立自主的生活搭建创造性的步行条件、能动性的居住环境

首先，无障碍的公共交通是创造一个能动性社区的先决条件。公共交通条件良好的社区可以支持老年人自主生活。便利的交通能为老年人的工作、医疗、生活及其他重要方面提供良好条件。

其次，具备专门为老年人设计的住房。如伯明翰市住房信托基金提供一种新的住房类型，两居室平房被设计成具有完全功能的房子，居住者在一楼便可使用所有必要的便利设施，无需爬楼梯或承受高房租；楼上有第二个卧室和浴室，这是灵活的，可以让客人、家人或照顾者居住，由此进一步构建老龄友好的居住空间。

再次，老龄化趋势下要求生活环境适于老人。曾经被认为是便利的设施

---

[1] Chang, Vicky C., "Risk Factors for Falls Among Seniors: Implications of Gender," *American Journal of Epidemiology*, April, 2015, 7 (1).

[2] Chippendale, Tracy, "The Neighborhood Environment: Perceived Fall Risk, Resources, and Strategies for Fall Prevention," *The Gerontologist*, August, 2015, 55 (4).

往往必须做出具体的调整，使老年人能够继续适应其多年来生活的家园。

最后，通过数字、音频和视频等信息可以在公共领域支持老年人独立、安全地移动，也可以帮助老年人自主定位。Access Map.io 是华盛顿州西雅图市的一个在线地图工具，[1] 用户通过时间和距离、访问性标准来识别路线，以避免缺少路缘石坡道、施工便道和出现陡坡等障碍。负责该项目的华盛顿大学研究人员还启动了一个开放式人行道项目。[2]

（二）为老年人身心健康、幸福生活提供良好医疗服务和锻炼场所

首先，高质量的医疗服务必须包括广泛的护理，从日常卫生管理到紧急服务和预防方案。传统上，这些功能往往是护理设施具备的，但一些社区将老年人的保健服务纳入城市公共生活。如新加坡住房发展委员会为超过80%的新加坡人提供住房，[3] 积极建立住房储备，将老年人纳入社区生活。

其次，易于使用的设备使老年人能够根据自己的能力安全地进行锻炼。创造受欢迎的空间，促进老年人锻炼，有益于身体健康。如中国是老年人积极生活的早期创新者，制定了《健康法》。1995年实行的健身计划带动了整个公园户外健身设施的建设。北京现在拥有4000多个户外健身房，促进健康的优先发展，增加公众使用健身器材的机会。

最后，改造和维护公共场所，以确保其安全、无障碍。2016年，伦敦金融城建立了一个"安静道路"网络，即在交通有限的街上，引导非机动车和行人沿着绿树成荫的街道、公园和水道行驶，以此鼓励老年人步行和骑自行车。[4] 同样，哥本哈根的桑德大道和纽约、旧金山的公园计划重新设计

---

[1] Chippendale, Tracy, "The Neighborhood Environment: Perceived Fall Risk, Resources, and Strategies for Fall Prevention," *The Gerontologist*, August 2015, 55 (4).

[2] Open Sidewalks, "Open Sidewalks," https://www.opensidewalks.com/, 2015.

[3] Housing and Development Board, "Public Housing-A Singapore Icon," https://www.hdb.gov.sg/cs/infoweb/about-us/our-role/public-housing—a Singapore icon, 2019-03-27.

[4] Morris, Karin, "Making Cities Better for Aging: Lessons from U.K," *Age-friendly Cities*, 2016 (25).

重要道路，优先考虑骑自行车的人和行人，改变了道路，在繁忙的城市中心创造了安全、灵活的出行路线。[1] 同时，在密集的城市环境中增加绿地面积，解决道路上的局部空气污染问题，提高人们生活质量，创建更健康的城市环境。

（三）加强老年人与社会的联系，帮助其战胜孤独、促进包容和公民参与、创造代际空间，为老年人留在社区养老创造良好的社区条件

首先，随着年龄的增长，人们会面临流动性降低、失去伴侣和朋友、健康问题，需要相应交流方式来与其他人及社区保持联系。[2] 设计良好的环境可以促进人与人之间的互动，如社区花园、图书馆等场所，公园和市民广场提供了人与人之间的联系空间。

U-City 总部位于澳大利亚阿德莱德市中心，于 2019 年开业，这是一个集无障碍住宿、退休公寓、老年护理、社会和医疗服务、支持和鼓励自行车使用等于一体的开发项目，目标在于包容性和多样性，主要目的是通过提供适合老年人的混合使用空间和住房选择，促进居民跨代的社会联系。

其次，新建社区在规划、设计和其他决策过程中考虑到老年人的需求。基于老年人的生活经验来获得其对居住社区的建议，确保城市环境满足他们的需求。如澳大利亚梅尔维尔的访问咨询小组通过采访当地轮椅使用者、老年人、聋人、失智患者、自闭症患者以及失明或部分失明者，采取参与和协作的方式，共同设计社区，促进老年人的发展，并创建有意义、清晰、安全、吸引人和多功能的社区。

最后，公共区域中适合年轻人和老年人的代际空间可以增进相互理解。在伦敦的一项服务学习项目中，对年轻人和老年人之间的互动进行了研究，

---

[1] London Mayor's Design Advisory Group, *Ageing London*, 2015.
[2] Tamosiunas, Abdonas et al., "Accessibility and Use of Urban Green Spaces, and Cardiovascular Health: Findings from a Kaunas Cohort Study," *Environmental Health*, March, 2014, 13 (20).

观察到了不同年龄段的人聚在一起的好处，即可以消除陈旧观念，改善彼此看法，尤其是能改善老年项目参与者的精神状态。香港对代际生活的相似需求刚刚开始。由香港房屋协会建造的和谐广场，具有和父母同住的功能，包括共享的健身和活动设施。①

（四）准备好应对极端恶劣气候、设计盲道、保障失智者安全

首先，对老年人而言面临许多威胁，包括高温、海浪、暴风雪、洪水等恶劣天气事件，源于自然环境，老龄友好社区在建设中应做好应对恶劣天气的预防措施。

其次，老年人在生命后期的失智可能引发安全挑战，失智者生活的建筑环境需要在安全和安保方面采取行动。英国沃特福德的布雷创新公园正在开发一个老年失智示范之家项目，提供能适应正在经历失智症发作和老年人不断变化的需求的住房。这是一个由健康和大学机构联合体与失智症组织共同完成的研究成果，并于2016年出版了《失智症之家的设计》一书。②

（五）有利于老年人生活的社区28项行动

有利于老年人生活的社区28项行动主要包括：促进紧凑型、多用途开发；为所有用户重新设计公共空间；沿着交通线路安置住房、工作和便利设施；为行动不便的人提供交通保障；支持家庭装修和翻新；建设适应性强的老年住房；应用通用设计，通过对公共领域的局部干预提高不同能力的人的受益度，确保他们能够轻松安全地四处走动；提供无障碍寻路设施；将医疗设施设在交通线路附近；将医疗保健与日常需求放在一起；建设成人娱乐中

---

① "Humanitas: Not Just a Ground-breaking 'Healthcare Model' but a Whole New Approach to Community Design," Medium Meaning, https://medium.com/meaning-conference/humanitas-not-just-a-ground-breaking-healthcare-model-but-a-whole-new-approach-to-community-21a8dea0d0b1, 2019-03-27.

② BRE, "Design for Dementia," https://www.bre.co.uk/dementia, 2019-03-27.

心；设计活动娱乐网络；在城市里创造更多的绿地；在新建筑中应用生物热学原理；使老年人有能力规划社区活动；定义老年人在规划建筑环境中的角色；建设和推广代际合租住房；鼓励和帮助老年人与（或接近）其家庭一起生活；年轻人共用一些老年人的高级设施和场所；使附属住房和其他住房类型合法化并加以推广；使正在搬家（裁员等）的老年人能够留在他们的社区；帮助老年人负担住房费用；减轻高温热浪的影响；改造现有建筑物以应对气候变化带来的影响；安装支持可行走性的物理基础设施；改善危险交叉口条件；创建失智友好社区；创建失智村。

四 中国城市老龄友好社区的发展愿景

（一）中国城市社区适老性问题显现

中国老龄化加速，预计2020年，全国60岁及以上老年人口将增加到2.55亿，到2050年，老年人将占我国总人口的1/3。数据显示，城市44.7%的老年人认为交通设施或建筑设计不合理，60.6%的老年人认为社区为老服务设施不完善，为此，城市老年友好型社区建设已刻不容缓。

目前，城市老年宜居环境基础设施薄弱，养老设施建设缓慢。中国老旧社区住宅设施普遍缺乏适老设计，没有电梯，老年人出行极为不便；户外空间和社区活动场地与休憩设施匮乏；交通设施及道路规划不成熟，无障碍通道缺乏，在家庭养老功能削弱的背景下，城市社会化养老服务供给不足、结构不合理，医养结合服务模式仍在探索中，难以满足规模庞大的老年群体的多样化养老需求。

（二）城市老龄友好社区经验借鉴

首先，为响应世界卫生组织提出的创建"全球老年友好城市网络"，中国选取了经济较发达、老龄工作基础较好的城市开展试点。推进宜居环境建设，为老年人提供安全、便利和舒适的生活环境。城市社区住宅、交通、公

共服务设施以及建成环境的规划设计与改造,以《关于推进老年宜居环境建设的指导意见》为指南,遵循适老性原则和老年友好策略。

其次,鼓励拓展老年人社会参与渠道,提高自我效能和获得感。政府、社会、社区为老年人提供更多的社会参与机会和途径,满足其社会参与需求,同时使其社会价值得到最大程度的发挥,包括:鼓励并引导老年人参与社区治理,解决社区事务,提高其自我价值认可;开展适合老年人的公益志愿者活动,使其在奉献中提高获得感;完善老年人社会参与的相关法律法规,保障老年人社会参与的合法权益。

最后,在"老年友好型城市"试点的基础上,逐步将老年友好型发展模式向全国推广,实现从城市到农村、从经济发达地区到经济欠发达地区的全覆盖。在这一过程中不仅要借鉴试点城市的经验,同时也要准确把握经济、文化差异,探索出一条适合当地老年友好型社区建设的道路,同时努力缩小差距,实现老年友好型社会的均衡发展。

(三)中国城市老龄友好社区建设的建议

1. 加强户外活动系统建设

城市老龄友好社区的户外公共交通建设使得老年人能够无障碍出行。道路两旁应设有基本座椅和辅助座椅,方便老年人休息。社区内车行道与人行道应该分开设置,保证老年人有独立的人行道,同时提供散步空间。老年医疗设施等要设置在路站交通沿线。

友好的社区环境有利于老年人的健康和交流。社区是城市环境的一部分,社区公园提供了接近自然、锻炼、与邻居互动的场所。增加社区内绿化范围,完善社区内适宜老年人锻炼的健身设施,吸引老年人走出家门呼吸新鲜空气、晒太阳、锻炼身体,以及增加社交活动。

2. 提升养老服务建设

随着老年人口增加,养老方式已由依赖机构养老转向以社区居家养老为主,加快社区居家养老的公共服务建设。中国城市长期护理保险制度应该扩大推广范围,方便老人享受医疗服务,增加对高龄老人、失智/失能老人的照护；长者照护之家和社区小型照护应该增设站点。城市社区应设置专门的老年活动中心，丰富老年人生活，为老年人搭建沟通交流的平台。

3. 关注老年人的精神需求

随着老年人增多，老年人的需求不仅仅包括衣食住行等物质层面，而且包括精神层面，城市老龄友好社区建设应该为老年人提供舒适的环境，如营造适宜老年人生活的和睦的社区邻里氛围；鼓励老年人参与社区建设，帮助老年人回归社会，增强老年人的社区归属感。

参考文献

AARP, "The 8 Domains of Livability: Case Studies," https://www.aarp.org/livable-communities/network-age-friendly-communities/info-2015/8-domains-of-livability-resources.html, 2019-03-27.

Buffel, Tine and Chris Phillipson, "Can Global Cities be 'Age-friendly Cities'? Urban Development and Ageing Populations," *Cities* 55, June, 2016.

Rantakokko Merja et al., "Quality of Life and Barriers in the Urban Outdoor Environment in Old Age," *Journal of the American Geriatrics Society*, November, 2010, 58 (11).

Iecovich, Esther, "Aging in Place: From Theory to Practice," *Anthropological Notebooks*, 2014, 20 (1).

Chippendale, Tracy, "The Neighborhood Environment: Perceived Fall Risk, Resources, and Strategies for Fall Prevention," *The Gerontologist*, August, 2015, 55 (4).

Chang, Vicky C., "Risk Factors for Falls Among Seniors: Implications of Gender," *American Journal of Epidemiology*, April, 2015, 7 (1).

"New Route-finding Map Lets Seattle Pedestrians Avoid Hills, Construction, Accessibility Barriers," University of Washington, https://www.washington.edu/news/2017/02/01/new-route-finding-map-lets-seattle-pedestrians-avoid-hills-construction-accessibility-barriers/, 2019-03-27.

Open Sidewalks, "Open Sidewalks," https://www.openside walks.com/, 2015.

Housing and Development Board, "Public Housing-A Singapore Icon," https://www.hdb.gov.sg/cs/infoweb/about-us/our-role/public-housing—a Singapore icon, 2019-03-27.

Morris, Karin, "Making Cities Better for Aging: Lessons from U. K," *Age-friendly Cities*, 2016 (25).

London Mayor's Design Advisory Group, *Ageing London*, 2015.

Tamosiunas, Abdonas et al., "Accessibility and Use of Urban Green Spaces, and Cardiovascular Health: Findings from a Kaunas Cohort Study," *Environmental Health*, March, 2014, 13 (20).

"Humanitas: Not Just a Ground-breaking 'Healthcare model' But a Whole New Approach to Community Design," Medium Meaning, https://medium.com/meaning-conference/humanitas-not-just-a-ground-breaking-healthcare-model-but-a-whole-new-approach-to-community-21a8dea0d0b1, 2019-03-27.

BRE, "Design for Dementia," https://www.bre.co.uk/dementia, 2019-03-27.

杨杨：《城市老龄友好社区建设》，湖南师范大学硕士学位论文，2010。

李培欢：《建设老龄友好城市 满足养老服务需求——"中加老龄友好社区建设进程与展望"国际学术研讨会综述》，《广东行政学院学报》2017年第4期。

Michael Amabile et al., "Cites Alive: Designing Aging Communities," ageingcommunities@arup.com, 2019.

B.14 英国城市规划与住房、财富分配的关系[*]

樊豪斌[**]

摘 要： 本报告探讨英格兰和威尔士的城市经济与房屋价值之间的关系。研究发现，大东南地区城市的房屋所有者比其他城市的所有者拥有更多的住房财富。随着大东南地区住房财富的增长，私人租户的租金也在增长。在经济发达城市，住房供应无法满足需求，推高了房价。城市规划加剧了该不平等状况，威胁金融稳定。同时，政策选择放大了房产价值，扩大了住房财富差异，加剧了不平等现象和南北分化，并且宽松的货币政策难以为新房的供应筹集资金。基于这些现象，本报告提出了相应对策及其对中国的启示。

关键词： 城市规划 住房短缺 住房财富分化 土地规划政策

住房负担能力在各个城市之间差异很大，特别是在经济发达城市，高房价让居民最难以承受。而在一个经济体中房价的上涨具备正反不同的两种效应：对一些人而言是住房成本上涨，而对另一些人而言是财富的增值。Anthony Breach 的《资本城市》（Capital Cities），阐述了英格兰和威尔士房地产的地理分布格局，以解释当地经济与住房财富之间的关系，住房短缺如何影响整个城市中居民财富的不平等，政策选择在规划中的作用和金融系统在加剧不平等中的重要性，并为政策制定者提供建议。

---

[*] 本文主要基于 Anthony Breach 的《资本城市》（Capital Cities）开展介评，并对中国城市的参考借鉴予以研究分析，特此致谢。
[**] 樊豪斌，博士，上海社会科学院城市与人口发展研究所助理研究员，主要研究方向：城市经济。

一 英格兰和威尔士的住房财富分化问题

英国不同城市的房价相差很大，相同的一套房子在不同城市形成的财富可谓天壤之别。通过研究抵押贷款数据可以了解英格兰和威尔士在 2013~2018 年房屋净值增长率情况。数据表明，自 2013 年以来，大东南地区的城市住房财富增幅最大。2013~2018 年，大东南地区每套房产的平均净值增长了 103000 英镑（35%），而英格兰其他地区和威尔士其他城市只增长了 23000 英镑（21%）。

拥有最高房产净值的城市其增长率也最大。例如，布莱顿，2013 年每套房屋的平均净值为 217000 英镑，到 2018 年增加了 83000 英镑（增长 38%），而 2013 年伯恩利平均房产净值为 68000 英镑，到 2018 年增加了 5000 英镑（增长 7%）。

若按城市划分，房产净值增长率也出现了明显的不平等。仅伦敦一地，房产净值总计增加了 4500 亿英镑，超过其他所有城市的总和。2013 年，斯劳和伯肯黑德的单套房屋平均房产净值分别为 147000 英镑和 129000 英镑，到 2018 年，斯劳的平均房产净值增长了 73000 英镑（50%），而伯肯黑德仅增长了 7000 英镑（5%）。

表 1 2013~2018 年英格兰和威尔士房产资产的变化情况

单位：英镑，%

城市	2018 年平均住房财富	2013~2018 年平均房产增长额	2013~2018 年房产净值增长率
伦敦	477000	122000	34
剑桥	426000	121000	40
牛津	406000	89000	28
布莱顿	300000	83000	38
索森德	243000	76000	46
雷丁	276000	76000	38
布拉德福德	112000	8000	8
伯肯黑德	129000	7000	5
唐卡斯特	97000	5000	5
伯恩利	73000	5000	7
米德尔斯堡	99000	3000	4
桑德兰	93000	3000	4

城市之间的财富差异并不是由住房数量差异所致,而是由于房价涨幅不同。但在房价较高的城市,也不是每个人都能从房价上涨中获得收益。买房行为在房价便宜的地方更为普遍,这意味着住房财富和买房意愿负相关(见图1)。在布莱顿和牛津这样房价较高的城市,租房行为比在韦克菲尔德或威根等更为普遍。

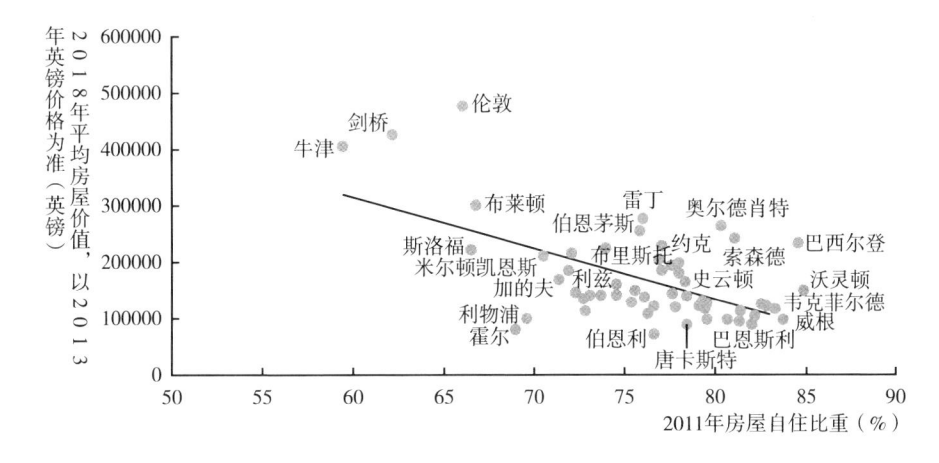

图1 房屋自住比重和平均房屋价值情况

二 推动英国住房财富增长的主要因素

(一)强劲经济刺激需求,引致房产净值飞涨

一个城市若能提供有竞争力的薪酬和丰富的工作机会就能吸引人才流入,但人们也会将这些因素与住房及通勤成本相权衡,从而决定是否买房定居。这种经济地理环境决定了住房需求,也决定了城市的房价和住房财富。

城市提供高薪的能力与住房财富增长相关。居民平均工资较高的城市房产净值增长幅度最大。例如,牛津的平均房产净值从2013年到2018年增加了8.9万英镑,而2018年居民的平均工资为每周523英镑。同时,在唐卡斯特,平均房产净值增加了5000英镑,而每周居民的平均工资为413英镑。薪资水平高的城市为工人提供了许多高薪工作,从而增加了人们对住房的需

求。这些城市的特征是由长期因素引起的，如劳动力市场中可用的技能、规模、出口公司的知识密集程度。

（二）新房供应与城市住房需求不相关

从长远来看，要稳定房价并解决住房财富不平等问题就需要增加房源供给。2013年以来，英国各地的房屋数量占比没有发生太大变化，2013年大东南地区的自有房产比重为40%，2013~2018年为45%。但是2013年以来大东南地区住房财富的增长却占了英格兰和威尔士住房财富增长总量的69%，即8420亿英镑，其原因是大东南地区的住房需求远高于房源供应，导致房价暴涨。

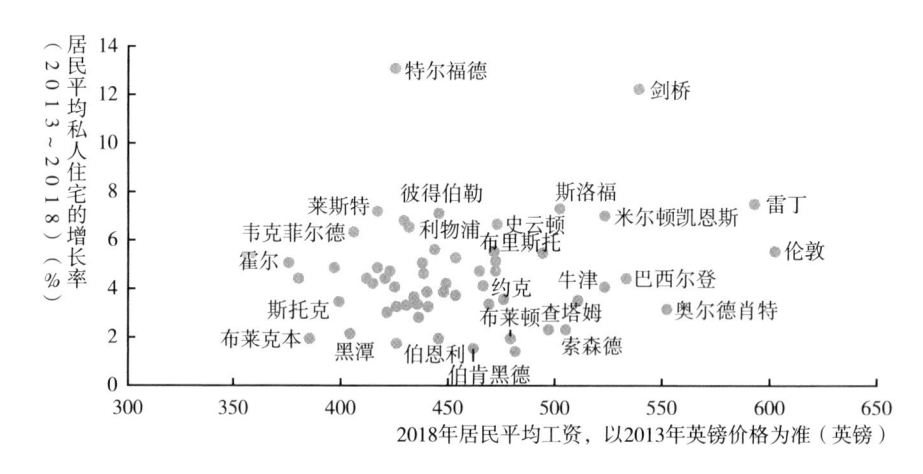

图2　房屋供给和城市经济情况

劳动力市场与城市新房建造不相关。像剑桥这样的高薪城市建了很多新房，但布莱顿的新造房屋却远少于韦克菲尔德等工资水平较低的城市。高薪城市住房价值的增长快于其他城市，这不仅是因为经济实力，还因为住房短缺。

（三）金融并没有加剧住房财富的分化

通常认为低廉的信贷成本和投机行为刺激了住房需求而往往忽略了城市

经济实力这一因素。在2008年金融危机到来之前，城市之间的实际房价不尽相同，但增长率大致相似。2009年以来，经济疲弱的城市如霍尔几乎没有房价回升的迹象，但布莱顿和剑桥等发达城市的房价出现了大幅上涨。这种分化导致住房财富不平等加剧。

发达城市的房价并不会永远上涨，因为经济周期对房价也有一定影响，但影响又分大小，发达城市的房价增长幅度和经历类似周期的欠发达城市并不相同。

研究表明，从总量而言，低廉的信贷成本并没有增加房产的需求，这些房贷大多流向房产高需求城市。从图3可以看出，2013~2018年，工资水平高、房产需求大的城市抵押贷款增幅最大。

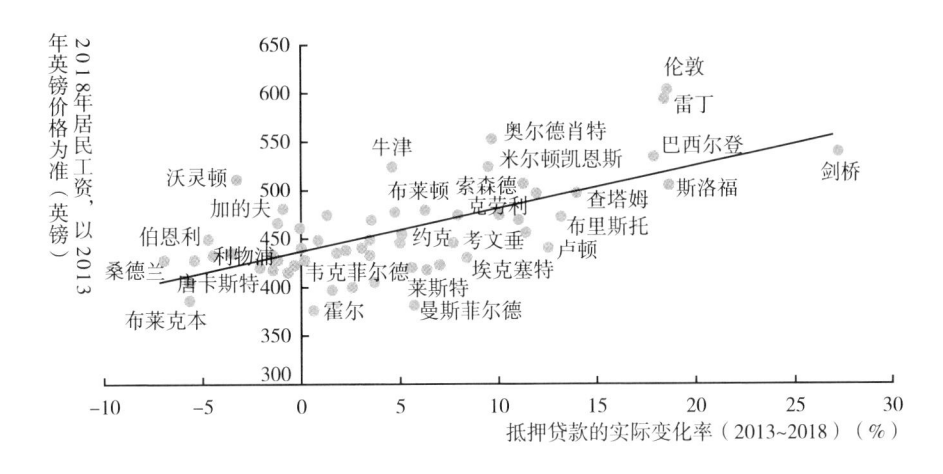

图3　住房抵押贷款和地区经济的关系

低廉的信贷成本确实可以刺激房地产市场并在短期内增加住房财富。但是在抵押贷款增幅最大的城市，薪资水平才是需求量高居不下的主要原因。在桑德兰和唐卡斯特（2013~2019年平均房产增长额分别为3000英镑和5000英镑）等经济实力较弱且住房净值增长较慢的城市，抵押贷款总额有所下降。部分原因是购房者正在偿还抵押贷款。

城市的经济实力决定了房贷的地域分布特征，进而决定信贷对房价和财富的影响程度。但是城市的住房供应对需求或价格的变化没有反应，导致发

达城市出现结构性住房短缺，这对住房成本、金融稳定和财富不平等产生了负面影响。

三 房源短缺与城市不平等问题的关联

（一）高房价城市的房源短缺导致英国房屋所有者不平等现象加剧

只要不是负资产，房产所有者都拥有一定的住房财富。这种价值可以通过两种方式增长：偿还贷款和房价上涨。有房贷的购房者通过偿还贷款以达到"强制储蓄"的目的。房屋可充当储蓄工具。另外房价的上涨也提高了房产净值。

大东南地区的住房短缺使购房者的区域不平等状况加剧。如果住房供给能和价格信号匹配并在高房价城市增加供应，那么在高房价城市，住房财富将趋于平衡，也缓解了与其他城市间日益加剧的不平等问题。

（二）住房短缺导致更年轻房客的不平等现象加剧

城市平均住房财富的增长与城市租金的增长相关（见图4）。租金增长越快，租房者的住房成本越高，贫富差距就越大。

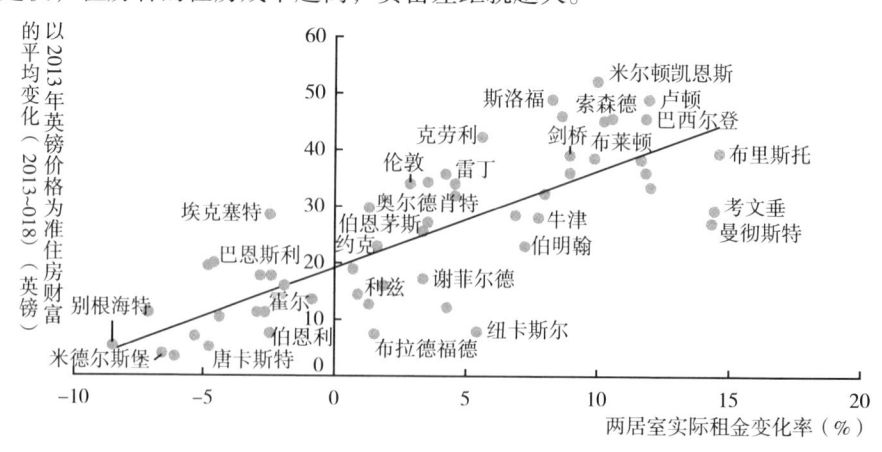

图4 租金和住房财富的关系

发达城市租金的上涨和住房负担能力下降的压力主要落在年轻家庭。英格兰和威尔士房产所有率的差异主要集中体现在 50 岁以下的人群，在高房价和高薪酬的大东南地区，此类家庭往往有较低的房屋所有率。相反，对于 50 岁以上的人来说，城市经济与房屋所有权之间没有关系，因为他们无论身在何处都可能拥有房屋。

四 政治选择影响城市间财富地位

（一）城市规划造成住房短缺

绿化带、通过规划许可制度控制开发等措施，使住房供应与当地需求及其价格信号脱钩。规划的目标应该是提供公共物品，减少负外部性，加强城市的流动性，将新住房和就业环境与现有的基础设施连接起来，并满足人们对公共服务不断变化的需求。减少对房地产开发的限制，房源供应就会由需求驱动。2013 年出台的《允许开发权法》（PDR）允许在没有地方政府规划许可的情况下将办公场所改造成住房。PDR 放宽了规划许可要求，确保房源短缺的城市能增加供给。但是 PDR 在办公库存的使用、新住宅的规模和质量上一直存在争议，所以不能适用其他形式的开发。

（二）政策鼓励房产购买而非居住

居民对买房的强烈偏好超过租房，这进一步加强了房产的资产属性，其原因之一是政府把买房视为房地产消费的主要方式。尽管自撒切尔政府以来出台了"购买权"和"帮助购买"等鼓励买房的政策，但英国城市的房产拥有率不断下降。房产所有率的下降意味着政策没有解决发达城市的住房短缺问题。本质上，这些政策没有增加房源供给，反而通过刺激需求使得房价不断上涨。

（三）房屋所有者利用规划系统来阻止新房屋的建造，使不平等现象加剧

规划的一个重要特点是赋予现有居民权利通过协商影响当地规划和个别开发项目的住房供应。自1969年的《斯基芬顿报告》发布以来，规划试图通过提供更多的机会，让公众就服务、基础设施和设计发表意见，为新建住宅提供支持。

核心问题是，尽管规划汲取了现有居民的意见，但在规划实施过程中，未来居民和租户的利益没有得到体现。允许现有居民大量持续参与，会减少新建房屋的数量，住房供应与需求会被切断。若新建更多房屋，目前不在社区居住的人也会进入该社区。若规划考虑到这些人的利益，就必须减少现有房主在地方一级抑制新房屋供应的权利。

（四）提高"经济适用房"的比例并不能解决财富不平等问题

关于住房和再分配的争论通常集中在重新分配新增供应问题上。现实情况是，目前住房的新增供应量非常少。2013~2018年，城市新增房源仅占2018年城市存量的4.4%。通过重新分配现有存量的一小部分来解决整个社会的财富不平等问题是不可能的。此外，社会保障住房和经济适用房的政策目标是让人们获得更便宜的住房。住房再分配的核心政策是如何减少对高需求城市的开发控制，以降低所有住房的成本。

（五）货币政策的选择并不是造成住房财富不平等的原因，但住房短缺增加了金融领域的结构性风险

低利率会增加买房需求并推高房价，短期内造成房地产市场泡沫。英国面临的结构性问题是，由于规划中土地配给政策的实施，成本低廉的融资一直无法增加高需求城市的房源供应。金融监管和货币政策不能从属于房地产政策，尤其是在金融状况由全球化的资本流动决定的情况下。多数人建议用货币政策调控房地产市场过于理想化，并不现实。

五 英国案例的主要结论及政策影响

（一）改革规划体系，使住房供应能够适应当地需求，并减少不平等现象

政府应进行规划体系改革，只要符合建筑法规和地方规划，开发商就可以自行开发土地，而无须获得规划许可。只要地方草案通过，规划就应该允许新建房屋，除非地方当局明确表示不允许，而不是在未批准的情况下禁止任何开发活动。政府应该研究日本和美国部分地区（如休斯敦）在高需求城市运用灵活的分区制度提供廉价住房方面的经验，为未来的规划改革予以参考。对绿化带进行改革，在火车站附近腾出土地用于发展。在英格兰和威尔士10个房价最贵的城市周围绿茵地带，从火车站沿着绿地步行25分钟的路程空间里就能容纳140万套住房。政府还应对绿地进行分级，保护高质量的村落，同时将适合开发的土地逐步开放并用于扩建新房。地方制定的政策，如受保护的景观、当地的遗产名录，以及维护当地美学的政策，都不应影响房源供应。政府应制定评估环保政策对房地产市场影响的方法，并要求地方当局在制定相关政策时进行战略性审查。

（二）对房产所有者的税收减免和补贴应该减少

税收政策应保持中立。房产所有者仍然受益于大量的税收优惠政策，这些补贴加剧了不平等，且不能增加住房所有率。建议取消购买个人储蓄存款账户（Individual Saving Account）和贷款帮助、住所住宅免征资本利得税、首次购房者免征印花税、重新划分和每年重新评估议会税等。这样既可以增加财税收入，也可以像《米尔利斯评论》中建议的那样，通过废除印花税和削减其他税种，采取一种更中立的财政方式。其他如允许年轻人将养老金用于买房的政策等应该取消。这些政策都无法将住房供给和需求联系起来。

(三)政府应该探索除房产之外的其他财富积累方式

信贷应该支持房产供给,为房地产开发提供融资。如果规划改革取得成功,随着本地住房供应的增加,发达城市的住房财富增长将放缓,那么家庭可能需要通过其他安全方法来进行资产配置,如股票、债券或养老基金。政府要探索政策调整应如何适应这种改变,以及这种转变带来的影响。在另类投资工具中积累财富有三个好处。首先,允许家庭积累财富不会引发住房短缺进而影响城市经济。其次,与住房财富不同,这些资产的投资回报与当地居民工资无关,因此能解决地域不平等问题。最后,这些财富的流动性更强,这些工具可以为新的投资提供资金,而不是被冻结在房地产上。

(四)Nimby运动在规划过程中的影响必须减少,因为它们加剧了财富不平等

在规划中,政府要保障那些不在社区居住且不被议会关注的人们的利益。政府应基于财富的不平等、住房负担能力和国民经济等,着手解决Nimby运动带来的影响。

六 英国案例对中国的启示

房地产是拉动中国GDP快速增长的重要因素之一,房地产投资与房地产价格的增长速度已经明显高于经济总量、居民收入和消费的增长速度,然而这会带来一系列的问题,比如房地产投资过热会催生房价泡沫进而埋下经济危机的隐患。

(1)完善相应的住房法规,明确住房建设和住房政策的管理机构,构建住房制度的框架体系,为实现住房计划目标提供法律和组织保障。

(2)政府补贴应分为两种:第一种是政府财政拨款,用于低收入家庭的租房、购房补贴和资助公营住宅建设;第二种是政府的财政投资性贷款,一方面是整合都市公共住房建设的投资贷款,另一方面是将资金贷款给住房

金融公库，再由后者用于建设公共住房或给低收入者发放住房贷款。

（3）税收调节政策。通过不断完善我国现行的税收制度，充分发挥税收的调节作用。如契税减半，为经济房购买者减负；税率减半，刺激房租市场发展；除了对个人出租房屋、购买经济适用房的税收优惠政策外，税收调整对企业、开发商也应该有优惠政策，对廉租房、经济适用房建设用地以及廉租房经营单位适用政府规定价格，向规定保障对象出租的廉租房用地免征城镇土地使用税。

（4）实行强制性住房储蓄，建立住房保障基金制度。在住宅储蓄方面，可以借鉴德国的经验。一是固定利率，低息互助。住宅储蓄制度是一种封闭运转的融资系统，不受资本市场供求关系、通货膨胀等利率变动因素的影响。二是政府储蓄奖励。对于低收入居民来说，参加住宅储蓄可以得到政府的奖励，同时政府对住宅价格的有效调控以及制定相应的稳定住宅价格措施，保障储蓄的住宅购买力不发生大的变动。

参考文献

Anthony Breach, "Capitalcity-how the Planning System Creates Housings Hortage and Drives Wealth Ine-Quality," Centre for Cities, 2019.

赵杨：《中国房地产市场财富效应研究》，吉林大学博士论文，2012。

陈杰、张卫涛：《资产的财富效应：最新理论文献综述》，《经济前沿》2009年第9期。

马灿：《中央调控房价对地方财政收入的影响研究》，西南交通大学硕士论文，2014。

陈会广、刘忠原：《中国普通住宅房价与地价关系的理论及实证研究》，《资源科学》2011年第5期。

廖丽莎：《中国住房财富效应的文献综述》，《智富时代》2017年第8期。

城市文化篇
Urban Culture

B.15
伦敦建设"面向全民"的文化之都策略*

陈 晨**

摘 要： 大伦敦政府于2018年12月出台了《文化发展战略》，主题为"面向全民的文化"（Culture for All Londoners）。该主题反映了伦敦市长关于文化发展的核心理念。该战略勾画了一个让伦敦保持全球文化之都地位，并且让文化资源在城市各个角落触手可及的蓝图。该战略提出四大核心愿景，包括："热爱伦敦"，让更多的人在家门口可以享受或者创造文化；"文化和物质增长"，提供集约型与可持续性的文化场所；"具有创造力的伦敦人"，为未来投资多样化的创意工作空间；"全球

---

* 本文主要基于大伦敦政府于2018年12月发布的"Culture for All Londoners: Mayor of London's Culture Strategy"，特此致谢！

** 陈晨，博士，上海社会科学院城市与人口发展研究所助理研究员，主要研究方向：城市规则、区域经济。

城市",保持伦敦作为全球创意动力源泉之地位。该战略的理念与实施可给北京、上海等一些致力于建设文化大都市的中国城市提供借鉴。

关键词： 伦敦　文化　创意产业

伦敦是全球文化之都和顶级时尚之都，也是世界上最重要的设计与创意中心之一。伦敦的文化和遗产每年吸引着数以百万计的游客。文化创意产业每年为伦敦贡献 470 亿英镑的产值。但是，伦敦的文化发展也面临重大挑战，包括区域发展不均衡、贫富差异显著、住房与生活成本高涨、公共服务压力凸显等诸多问题。伦敦市长萨迪克·汗（Sadiq Khan）认为，要想继续成为全球文化之都，伦敦的不平等问题就必须要解决，让所有伦敦人可以不分年龄、信仰、种族、性别、社会背景等都能够有机会平等分享文化事业发展所带来的成果。因此，大伦敦政府在 2018 年 12 月出台了主题为"面向全民的文化"（Culture for All Londoners）的《文化发展战略》，目的是让伦敦继续成为一个自信的、具有前瞻性的世界文化之都。

一　伦敦《文化发展战略》的核心愿景

伦敦市长关于文化的核心理念是"面向全民的文化"（Culture for All Londoners），具体体现在：伦敦应当是一个充满机遇的地方，每个伦敦儿童、青年人、成年人都应该有机会通过文化丰富自己的生活；每个伦敦人都是首都艺术财富和多样化遗产的主人；文化不应该超出任何人力所能及的范围，应当重视非正式的文化活动与场所；伦敦必须一如既往地保持全球文化之都地位，同时也要努力成为人才能够扎根的城市。基于这一充分体现"以人为本"思想的理念，伦敦《文化发展战略》提出了四个核心愿景："热爱伦敦""文化和物质增长""具有创造力的伦敦人""全球城市"。

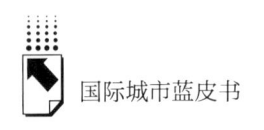

（一）核心愿景之一："热爱伦敦"

伦敦是一个创新型世界城市，文化在其中发挥了重要作用，创意产业在金融危机期间支撑了经济，重要文化活动让不同社区凝聚在一起。然而，太多伦敦人因费用昂贵、身体因素、交通成本等障碍难以有效参与城市文化活动。伦敦人希望能够在家门口享受优质的文化活动。正因如此，通过举办地方文化竞赛、加大社区文化资金投入等举措支持相关的艺术文化活动开展，提升市民参与文化活动的程度，增强社区文化凝聚力。

（二）核心愿景之二："文化和物质增长"

根据预测，到2030年，伦敦将有1000万人口。人口的快速增长可能给文化发展和遗产保护带来压力，从而影响社区文化凝聚力。因租金上涨等原因，伦敦在过去十年失去了1/4的酒吧、35%的草根音乐场所和58%的LGBT+场所。在这一形势下，文化基础设施的规划与建设是文化产业增长的重要基础保障。政府需要通过资金扶持保障一些文化创意活动能够在伦敦城内扎根、集聚、生存，保护相关产业从业者的生存空间。

（三）核心愿景之三："具有创造力的伦敦人"

创意经济对伦敦至关重要。2011~2017年，伦敦创意产业的就业人数增加了近1/3。但是，在创意产业的就业人口中，白人仍然占了相当大的比例，黑人和少数族裔背景的人以及残疾人很难进入这个行业。对于女性来说，该产业也存在明显的职业天花板。因此，伦敦需要帮助具有不同背景的创意人才成长，通过教育、技能培训等方式培养创意人才，提供平等的、多样化的创意产业从业机会。

（四）核心愿景之四："全球城市"

伦敦应保持开放、友好和包容的特性，并且尽一切可能吸引国际人才和投资。在英国"脱欧公投"之后，伦敦市长发起了"伦敦开放"（Londonis

Open）活动，向全世界展示伦敦的团结和开放。英国近一半的创意服务出口面向欧盟，如果发生"无协议脱欧"，创意产业将可能面临巨额损失。伦敦创意产业面临的国际竞争很激烈，2011年以来全球已有60多个城市制定了打造"创意之都"的蓝图。因此，伦敦将致力于通过文化活动促进创意产业发展，吸引国际艺术设计类创新人才，并且加强伦敦与全球其他文化之都的联系，共同面对文化产业发展的机遇与挑战。

二 伦敦文化推进策略与行动计划

（一）"热爱伦敦"愿景的策略与行动计划

策略一：通过投资本土文化来加快社区发展与建设，具体行动有：承诺支持《文化包容宣言》；增加参与市长活动计划的机会；举办年度社区节庆活动，并提高参与程度；开展2020年欧洲杯文化项目；建造纪念妇女获得选举权100周年的雕像。

策略二：通过组织重大文化事件与活动凝聚伦敦市民，主要行动有：竞选年度伦敦文化区；资助文化影响奖励计划；通过小额资助项目支持社区主导的文化项目；开展志愿者文化交流试点等。

策略三：博物馆"家族"计划，具体行动有：新建伦敦消防队博物馆；支持博物馆和文化遗址的志愿服务；将伦敦博物馆迁往西史密斯菲尔德（West Smithfield）；与英国历史出版社合作，出版包含博物馆以及所有市镇遗产设施的公共地图。

策略四：促进艺术和文化对增进伦敦人福祉的作用，具体行动有：举办针对伦敦年轻人的心理健康文化节；设立具有针对性的资助奖项；鼓励以文化手段增进老年人和认知障碍患者福祉。

（二）"文化和物质增长"愿景的策略与行动计划

策略一：提出文化规划框架，保护现有文化设施，具体行动有：制定文

化基础设施规划；出台保护艺术家工作场所、俱乐部和酒吧的政策；支持有风险的文化；出版并鼓励开发商、酒吧和场所签署《LGBT+场所宪章》；出台有利于场馆和住宅共存的政策。

策略二：保护艺术家创意工作空间，支持和保障创作活动，具体行动有：交付至少三个创意企业区域；通过建立土地信托确保提供长期可负担得起的创意工作空间。

策略三：将文化融入重大的市政基础设施项目，主要行动有：在伊丽莎白女王奥林匹克公园推出全新的文化教育区；为皇家码头等地的文化遗产发展提供战略支持；在泰晤士河沿岸建立文化创意生产中心；在达格南东部建立新的电影工作室；协助建立新的时尚区；由艺术家主导市中心桥梁灯光照明方案。

策略四：鼓励高质量的设计、建筑和公共艺术作品，具体行动有：支持高质量建筑与可持续设计；发布一套有助于文化嵌入的设计指南；支持文化多样性；鼓励广场公共艺术与街头艺术；为新开辟的地铁伊丽莎白线创作艺术品。

策略五：支持伦敦保护多样化的历史环境，具体行动有：与彩票基金合作，继续识别伦敦有风险的遗产地点和空间；与 London & Partners（一家非营利性的私营担保有限公司，下文简称"L&P"）共同努力保护文化遗产。

策略六：与工商界领袖及专家合作，构建更绿色、更清洁的环境，具体行动有：确定通过文化干预气候变化的战略；倡导创意产业循环、可持续、绿色发展；评估电影电视制作单位使用可再生能源的潜力；专门为创意产业设立市长企业家奖项；为文化和遗产保护提供资助。

（三）"具有创造力的伦敦人"愿景的策略与行动计划

策略一：在校内外培养文化领域的青年人才，具体行动有：开设文化和遗产课程；设立校级奖学金；通过伦敦音乐基金支持年轻音乐家；支持伦敦街头表演并为有抱负的音乐家举办比赛。

策略二：增加创意产业就业机会，具体行动包括：开展就业指导；让创意产业成为伦敦人技能战略优先领域；与行业领导者合作，制定人才多元化行动计划；为年轻女性和弱势群体提供计算机技能培训；提供数码和时尚行业的培训和就业安置计划；开展高质量学徒制资助计划；通过基金投资继续教育设施。

策略三：增加创意产业就业岗位的多样性，具体行动包括：为创意企业集聚区提供就业计划，以支持各类人才加入创意工作队伍；资助创意企业家计划，协助发展下一代创意企业；推广伦敦市长创意工作基金计划；提供包容、多样化的工作场所；与业界合作，支持和提倡多样性的商业实践；支持创意企业建立良好的工作标准。

（四）"全球城市"愿景的策略与行动计划

策略一：与艺术家和文化组织合作，推动伦敦成为更加开放友好的城市，具体行动包括：继续开展"伦敦开放"运动，打造开放友好的对外形象。

策略二：为文化和创意产业争取最好的脱欧协议，具体行动包括：为脱欧顾问小组任命一位创意产业专家；通过宣传向政府提出文化及创意产业需求；倡导一套适合21世纪的创意产业工作和实践的移民体系，包括产业、继续教育和高等教育。

策略三：通过一系列活动和资金支持创意产业出口，具体行动包括：资助创意产业的制作及输出计划，包括电影、游戏、时装等；增加与L&P的创意产业商业合作；为创意企业提供一系列面对面的业务支持试点。

策略四：向游客宣传伦敦文化财富，具体行动包括：继续申办重大体育赛事和世界一流的国际文化节庆活动；与L&P及其他旅游机构合作，为游客提供本地化推广服务。

策略五：倡议发展夜间经济，具体行动包括：出台文化与夜间时间补充规划指导；发布伦敦24小时城市愿景；制定并执行《妇女夜间安全宪章》；提交夜间佣金报告；建立夜间市镇竞争网络。

策略六：加强国际城市合作，具体行动包括：继续主导世界城市文化论坛；支持世界城市领袖交流计划。

三　伦敦新版《文化发展战略》对中国城市的启示

伦敦新版《文化发展战略》理念较为新颖，基于自身发展基础与国内国际形势，提出了具有前瞻性的目标愿景以及具有可操作性的策略与行动计划，对于北京、上海等致力于建成国际文化大都市的中国城市具有重要的借鉴意义。

（一）重视"以人为本"的理念

"面向全民的文化"是该战略最为核心的理念。这一理念充分体现了"以人为本"的发展理念。文化事业发展的最终目的是为人民服务，是满足人民群众日益增长的精神文化需求。此外，该理念还体现了"机会平等"的思想，即城市的所有居民应当有平等接触文化服务的权利。从空间上看，"机会平等"意味着文化产品的服务水平应当在城市的不同空间范围内基本均衡，不因区域间城市发展水平的差异而有明显差别。从社会层面看，"机会平等"应当保障不同财富、健康等水平的居民有同等享受文化产品服务的权利。

（二）文化服务和文化生产并举发展

该战略注重文化服务和文化生产的互动发展。其中，前者包括公益性的公共文化服务和商业性文化服务，后者主要是文化创意产业，主要属于生产性服务业的范畴。对于有志于建成全球文化之都的城市来说，两者均具有重要地位。文化服务水平体现了一个城市文化产品的供给能力，也反映了一个城市的魅力。高水平的文化服务能力是一个城市吸引国际游客与高层次人才的必备基础。文化创意产业是一个城市文化创新的源泉，是该城市向全球文化体系更高层次迈进的重要基础。此外，文化创意产业能够为城市提供大量的就业岗位，并且相对于制造业来说，岗位被机器人代替的可能性相对较小，因而是未来一段时间内保障城市稳定就业的重要产业。

（三）重视文化创意人才的培养与引进

文化创意人才是文化创意产业发展的根本支撑。伦敦对于人才的培养和引进十分重视。对于我国大城市，可以首先充分利用既有的教育资源和师资储备，制定针对基础教育阶段的文化艺术类课程优化方案，提高儿童和青少年的文化艺术素养。对于中职教育，可以结合文化产业发展方向，开设相应的专业，加强文化产业技能培训，培养相关产业的技能人才。对于高等教育，可以重视创作、设计、研发类人才的培养。另外，对于北京、上海等全球城市，还应当注重高层次文化创意人才的引进，让文化创意产业充分参与国际交流与竞争。

（四）构建包容、开放、多样化的文化环境

文化活动与文化产业具有自身的特点与发展规律。文化的创作属性较强，在创作过程中，常常需要花费较多的时间和资金成本。相对于其他产业来说，文化创意产业的产出见效可能比较慢，因此不能用其他产业的经济效益衡量方式来对待文化创意产业，应针对文化创意产业制定专门的资金扶持政策。此外，文化产品通常是不同思想之间碰撞交流的结果，一个文化大都会的文化生态环境必定不能是封闭的，而应当是开放、包容的，并且是多样性的。对于文化产品创作或者文化活动的开展，可以在遵守法律法规及其他专门规定的前提下，建立负面清单制度，给予一定程度的发展空间，构建良好的文化环境。

（五）通过开放与合作扩大城市文化影响力

对于参与全球城市分工中的北京、上海等中国大城市来说，文化事业的发展离不开国际合作，应通过文化事业的"走出去""引进来"，与国际重要的文化大都会建立良好的合作交流机制，参与全球文化产品竞争体系，引进优质的国际文化资源与产品，促进自身文化产品国际竞争力的提升。

参考文献

Greater London Authority, "Culture for All Londoners: Mayor of London's Culture Strategy," https://www.london.gov.uk/get-involved/culture-strategy-london, December, 2018.

B.16 多伦多通过公共艺术激发城市活力[*]

程鹏 商萌萌[**]

摘 要： 《多伦多公共艺术战略（2020~2030）》聚焦创造力、社区和无处不在三大战略，提出了以公共艺术激发城市活力的十年计划。本报告基于该战略重点梳理了公共艺术的内涵、多伦多市已经实施的三项公共艺术计划，以及基于三大战略提出的21项具体行动。在此基础上，提出针对中国城市公共艺术发展的建议：系统的公共艺术规划、管理和运作机制，多样化表达的公共艺术形式，积极多元的公共艺术参与主体，无处不在的公共艺术承载空间。

关键词： 公共艺术 多伦多 战略行动 城市活力

2019年12月，多伦多市议会审议通过了《多伦多公共艺术战略（2020~2030）》。该战略制定了一项十年计划，提出在整个多伦多市推进公共艺术的愿景，旨在增强多伦多市公共艺术计划的影响力，实现发展公共艺术的承诺，以造福居民和游客。该战略主要内容可以分为三个部分：一是界定了公共艺术的内涵；二是介绍了多伦多市三项主要的公共艺术计划；三是提出了

---

[*] 本文基于多伦多市制定的《多伦多公共艺术战略（2020~2030）》开展介评，并对中国城市的参考借鉴予以研究分析，特此感谢。

[**] 程鹏，博士，上海社会科学院城市与人口发展研究所助理研究员，主要研究方向：城市开发与规划控制、公平城市与城市治理；商萌萌，同济大学建筑与城市规划学院硕士研究生，主要研究方向：城市规划。

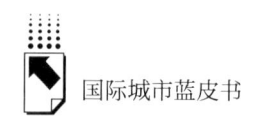

基于发展愿景的三大战略行动领域——创意、社区和无处不在，并针对性地提出了21项具体行动。多伦多的公共艺术已经成为推动社区发展、公众参与和城市设计的重要工具，并为艺术家的专业实践创造了机会，展现了多伦多城市的历史、多样性、创造力和发展抱负。

一 公共艺术的内涵

公共艺术是由艺术家在媒介上创作的安放在公共空间的作品。多伦多市认识到对"公共艺术"的定义需要一个广泛的框架，其中包括一系列艺术实践和目标，同时涵盖以下几个基本要素：一是公共艺术可以采取多种形式。艺术媒介涵盖了一系列根植于视觉艺术传统的艺术实践，包括雕塑、壁画、街头涂鸦艺术、视频和数字媒体，还包括表演、戏剧、音乐，以及具有文化意义的仪式或其他更短暂的艺术体验等。二是公共艺术可以是永久性的也可以是临时性的。公共艺术既可以是长期的或"永久性的"装置，也可以是短期的"临时性"的作品，历时几天、几周、几个月或几年不等。三是公共艺术是艺术家的平台。通过公共艺术计划，努力为成熟的和成长中的专业艺术家创造机会。艺术家应该在公共艺术创作过程中发挥主导作用，包括策展人、公共艺术顾问、设计师、建筑师、景观设计师、社区成员或其他人员。四是公共艺术旨在塑造公共场所空间并吸引公众。公共艺术通过融入并改善公共场所及周边环境，塑造一种地方感，包括公园、社区中心、桥梁、地下通道、巷道或私人拥有的公共场所等，多伦多特别重视营造原住民传统文化延续的地方感。除此之外，公共艺术对于不同的人、不同的社区而言可能意味着许多不同的事物，尤其是考虑到多伦多作为移民城市，公共艺术在创造包容的公共空间、促进移民融入城市的过程中发挥着至关重要的作用。

二 三项公共艺术计划

多伦多市政府认识到公共艺术对于塑造城市形象、促进社区文化多样性和创新创意发展具有积极作用。其政策要求采取公共艺术举措强化公共空间，并将公共艺术纳入多伦多所有重要的私营部门发展中。在官方规划的愿景支持下，多伦多市目前执行了三项主要的公共艺术计划，包括多伦多市公共艺术和遗产收藏计划、公共艺术百分比计划和多伦多街头艺术计划，这些计划共同创造了超过1500个公共艺术作品，为营造生气勃勃的多伦多城市公共空间做出了重要贡献。这些由城市主导的核心计划只是提升多伦多公共艺术体验的途径之一，由艺术机构、社区组织、商业组织和其他机构牵头的独立公共艺术项目对于提升城市日常体验同样至关重要，包括在城市滨水区建设当代公共艺术收藏品，以创新的公共艺术作品丰富全市的公交设施等。

（一）多伦多公共艺术和遗产收藏计划：300件作品

多伦多市的公共艺术和遗产可以追溯到19世纪中叶，目前已收藏近300件作品，这些作品由经济发展与文化部门（EDC）管理和维护。多伦多城市公共空间中的许多艺术品都是由个人、团体或纪念基金会捐赠的。2017年1月，市议会通过了《公共艺术和遗产捐赠政策》，旨在确保在多伦多城市公共空间接受并安装的所有捐赠艺术品都体现出杰出的美学价值，符合技术安全和可持续性标准，与多伦多市、安大略省或加拿大建立清晰的联系，并适合作品所在的具体环境。

EDC的公共艺术计划建立在艺术家、艺术组织和社区成员之间的现有关系基础上，以便为公众创造在日常生活中参与艺术的机会；鼓励就公共艺术展开公民讨论，并确保各种文化声音的表达；通过针对特定地点的工作来增强社区的主人翁意识，并鼓励人们了解集体遗产和社区特征。

（二）公共艺术百分比计划：200个完成项目、100个进行项目

"公共艺术百分比计划"由城市规划中的城市设计部门负责，是开发审核流程中的一项嵌入式功能，其名称源于以下原则：项目总建筑成本的1%用于公共艺术。通过将公共艺术作为私人土地、公共土地开发以及基础设施

和民间资本项目发展提案审查和批准的一部分，城市规划确保了公共艺术在公共领域中存在的机会，总体目标是通过公共艺术为特定的场所塑造个性与特色。

1985年，多伦多市通过了首个促进和实施公共艺术的政策，通过立法工具和相关政策，鼓励在主要的市政基本建设项目、大型商业和住宅开发项目（超过10000平方英尺）中纳入公共艺术。2010年，市议会批准了"公共艺术百分比指南"，大型开发项目提供的资金通常用于在私人土地上的公共可访问区域建设公共艺术作品，较小开发项目提供的资金通常汇总起来建设位于公共土地或市政基础设施项目中的公共艺术作品，有时也会形成公共艺术作品设置在场地内外的混合协议。公共艺术计划审查由多伦多城市公共规划委员会（TPAC）执行，并监督确保私人对公共艺术开发委托的公平性。同时，开发行业也认可"公共艺术百分比计划"，认为公共艺术可以显著提升开发项目的知名度和吸引力。过去30年，私人开发商已贡献了约300个项目，其中约有200个项目已完成，另有100个项目正在进行中。

（三）多伦多街头艺术计划：1000多个壁画装置

多伦多街头艺术计划（StART）起源于多伦多市议会2011年通过的"涂鸦管理计划"。该计划提出了四个关键行动领域：遏制涂鸦破坏行为、支持涂鸦破坏行为的受害者、支持街头艺术和艺术家、配置一个与涂鸦和街头艺术相关的专家联络人。

StART对艺术家和艺术风格的包容性和多样性以及社区积极参与的承诺是其成功的关键。为了提高效率，StART与其他市镇部门、公司、外部利益相关者（包括学校、公交和铁路合作伙伴）、众多艺术组织、社区、商业组织以及居民协会合作，共同制定有效满足社区需求的计划。这项工作已经形成了1000多个壁画装置，这些装置建立在关于各个社区的深厚知识基础上，分布在多伦多市的所有地区。壁画往往成为当地的焦点、社区自豪感的象征，并激发了人们的合作和奉献精神。

三 战略愿景与行动计划

(一)战略愿景:公共艺术赋予无处不在的创造力和社区力量

《多伦多公共艺术战略(2020~2030)》以官方的基本政策为基础,通过咨询流程吸引了400多名社区成员贡献出自己的热情和智慧,并构建了公共艺术赋予的未来愿景,即公共艺术赋予无处不在的创造力和社区力量。该愿景将艺术家和社区置于该战略的核心,探索艺术家利用多伦多作为画布来创作具有挑战性、突破性的公共艺术作品,并奠定这座城市作为全球文化之都的地位;优先考虑公众的公共艺术体验,动员社区参与公共艺术,旨在使多伦多各个角落都活跃起来。

将真相、和解与原住民社区融为一体作为公共艺术的基本原则,构成了战略愿景的重要支撑。这项承诺不仅对解决公共领域中原住民文化代表性不足问题具有根本意义,而且使多伦多得以形成与世界上其他任何地方不同的公共艺术,这与原住民社区的文化表现形式息息相关,也体现出城市特有的美学。

(二)行动计划:三大战略21项具体行动

多伦多市进一步提出与愿景相关的三大战略——创意、社区、无处不在,以及21项具体行动,力求将愿景变为现实。

1. 创意

《多伦多公共艺术战略(2020~2030)》提出将为艺术家和社区合作伙伴搭建新平台,通过支持本地和国际艺术家的艺术实验来巩固该市在全球创意领域的领导地位。以下概述的行动旨在支持更广泛的公共艺术项目,通过强调创造力和实验性促进多伦多公共艺术多样化,包括媒体艺术、临时艺术以及行为艺术等艺术类型,社区参与艺术实践和共同创造等相结合的委托方式,以及永久性雕塑作品与其他富有挑战性的意想不到的作品相辅相成的公

共艺术作品。

该战略包含以下 7 项具体行动。

（1）向艺术家和策展人公开征集项目创意。

（2）采用临时公共艺术使多伦多充满活力。

（3）寻找公共艺术机会并尽早让艺术家参与所有项目。

（4）为新一代的公共艺术家搭建职业发展平台。

（5）为公共艺术领域的本地艺术家、策展人和艺术顾问创造技能发展和领导机会。

（6）提供一系列比赛和机会。

（7）鼓励在各种媒介上开展社区参与的公共艺术创作新方法。

2. 社区

将公众与公共艺术联系在一起，对于扩大多伦多市公共艺术作品的影响力至关重要。以下概述的行动旨在重新聚焦公众的公共艺术体验，探索通过创新的数字工具、针对社区的教育计划以及积极的公众咨询来寻求吸引居民和游客的新方法。同时，强调公共艺术计划的公平性和包容性，为新兴艺术家和寻求平等机会的艺术家进入公共艺术领域扫清障碍。

该战略包含以下 8 项具体行动。

（1）以在线资源促进公众发现公共艺术并与之互动。

（2）通过以社区为中心的教育和解释性工作来激活公共艺术。

（3）为寻求社区平等的艺术家创造更多的公共艺术机会。

（4）与原住民社区互动，为多伦多的原住民公共艺术项目确定重要地点。

（5）确保评审委员会和咨询委员会能够体现多伦多市艺术和人群的多样性。

（6）通过咨询流程让全市的艺术家和社区能够参与公共艺术的相关决策。

（7）城市各区制定驻场艺术家计划。

（8）为打造公共艺术目的地寻求新机遇。

3. 无处不在

无处不在的公共艺术，可以使居民无论身在何处，都可以感受到城市的多样性和创造力。以下概述的行动旨在通过指导公共艺术项目在城市中心地区以外的区域发展，包括多伦多街头艺术计划（StART）一直致力于在城市中心内外创作壁画和涂鸦艺术，从而改善全市公共艺术的地理分布，确保在全市范围内都能感受到公共艺术的存在。

该战略包含以下6项具体行动。

（1）制定全市标准，在市政基本建设项目中实施"公共艺术百分比计划"。

（2）在全市范围内制定公共艺术总体规划，为未来的项目规划提供战略指导。

（3）汇集公共艺术基金，为城市服务水平欠佳的地区提供新作品。

（4）通过公共艺术推进全市原住民场所营造。

（5）将各种媒介中的公共艺术整合到更广泛的公共领域中。

（6）积极维护和保护全市范围内的公共艺术作品。

四 对中国城市公共艺术发展的启示

公共艺术普遍被认为是营造场所精神、提升城市和社区文化内涵、提高环境品质和竞争力、推动经济发展的一种文化手段。《多伦多公共艺术战略（2020～2030）》提出要让公共艺术赋予无处不在的创造力和社区力量，其中创意、社区、无处不在三大战略很好地诠释了公共艺术如何促进城市公共空间发展，为中国城市公共艺术发展提供了借鉴。

（一）系统的公共艺术规划、管理和运作机制

城市公共艺术发展是一个系统工程，从规划愿景到具体的公共艺术计划、从公共艺术评审委员会和咨询委员会到积极的公众参与，多伦多市建立了较为完善的公共艺术规划、管理和运作体系。同样，美国、欧洲、日本等

国家和地区的公共艺术的成熟运作也离不开稳定的保障体系、行之有效的管理体系和系统的运作机制。浙江省台州市于2005年在国内率先制定和实施了"百分之一公共文化计划",并于2016年以地方立法的形式进一步法定化;金华市则于2019年颁布了关于推进金华市区"百分之一公共文化计划"的实施意见。2009年,深圳成立了深圳市公共艺术中心。2014年,上海成立了上海城市公共空间设计促进中心。自2015年以来,上海已连续举办三届"上海城市空间艺术节",通过"艺术植入空间""展览与实践"相结合的方式,以公共艺术推动城市公共空间发展。国内城市在上述方面取得了重大进展,但系统规划、专门管理组织和运作机制的缺乏,仍旧是中国城市公共艺术快速发展过程中面临的重要制约因素。

(二)多样化表达的公共艺术形式

《多伦多公共艺术战略（2020～2030）》强调通过创造力和实验性促进多伦多公共艺术多样化。当前,随着科技和文化的不断发展,公共艺术的形式也在不断拓展,呈现出装置艺术、地景艺术、影像艺术、高科技艺术等全新的艺术面貌,公共艺术的发展正在突破传统城市雕塑的局限,向多元化、自由化的方向发展,"城市雕塑"向"城市公共艺术"的概念和内涵扩展已成为一种发展趋势。促进中国城市公共艺术在创意、多元和本土特色方面寻求多样化表达,探寻城市公共艺术发展新区间,使其充分扮演当代城市发展中的跨平台角色。

(三)积极多元的公共艺术参与主体

城市公共艺术是建立在市民生活基础上的,公共性是公共艺术最核心的价值。城市公共艺术的公共性不仅体现在其存在于城市公共环境中公众易接近的区域,更应该体现在公众对艺术的平等参与上,公众的意愿应贯穿公共艺术作品的全过程。城市公共艺术既然最终要呈现在城市的公共领域,它就应该有历史背景、艺术脉络、社会需求等内在逻辑,这是一个整体力量的配组,即公共艺术越来越不再局限于艺术及艺术家本身,政府决策、投资主体、社区介入和公众参与等共同形成了公共艺术作品创作与维护的推动力与制约力。尽管在全球化背景下，公共艺术的共通性不断强化，但公共艺术的在地性同样重要，基于特定场所和针对特定社区而创作的公共艺术，需要扎根城市、社区，彰显特定的环境及文化特质，积极多元的公共艺术参与主体成为必不可少的条件。

（四）无处不在的公共艺术承载空间

《多伦多公共艺术战略（2020~2030)》提出公共艺术无处不在，尤其强调要通过汇集公共艺术基金，为城市服务水平欠佳的地区提供新作品，实际上是注意到了公共艺术应该作为一种普遍性的存在，通过该方式改善公共艺术的地理分布，促进公平共享，全面激发城市活力。当公共艺术作为一种公共物品存在于城市空间，其空间分布和艺术品质差异直接带来城市公共空间品质差异和公众享有公共艺术的公平性问题。改善公共艺术水平欠佳地区的环境，不仅能在更大范围内激发城市活力，更能促进社会公平发展，这也是当前国内诸多城市大力推进社区微更新的意义所在。

参考文献

City Council of Toronto, "Toronto Public Art Strategy (2020-2030)," https://www.toronto.ca/wp-content/uploads/2019/12/92e1-Toronto-Public-Art-Strategy-2020-2030.pdf, 2019.

张苏卉：《美国公共艺术规划内容及其对中国公共艺术发展的启示》，《公共艺术》2019年第2期。

董奇、戴晓玲：《城市公共艺术规划：一个新的研究领域》，《深圳大学学报》（人文社会科学版）2011年第3期。

B.17
巴塞罗那"超级街区"计划*

陈玉娇 邓智团**

摘　要： 作为城市街区公共空间复兴的先行者，巴塞罗那在19世纪中叶采纳了塞尔达的城市扩展区的规划方案，构建了整个城市"棋盘形"的网格平面格局；21世纪初，巴塞罗那创新性地提出了"创新街区"的概念；近年来，"超级街区"的新概念又强势涌现，拥有悠久城市发展历史的巴塞罗那再次为世界提供了新型的城市发展模式。本报告通过对《巴塞罗那城市交通规划（2013~2018）》进行系统梳理，力图探究超级街区规划的内在本质，进而对中国的城市建设提出政策建议。

关键词： 巴塞罗那　超级街区　创新街区　规划原则

一直以来，西班牙巴塞罗那都是城市街区公共空间复兴的先行者。早在2000年7月，巴塞罗那便出台了布鲁诺工业区改造《城市规划修正案》，即著名的22@Barcelona，由此成为全球首个成功建设的"创新街区"（Innovation District），它为内城复兴创造了世界性的成功典范，创新街区模式随后在全球范围内得到推广。2014年10月，为进一步复兴街区道路空

---

* 本文基于巴塞罗那市政厅发布的《巴塞罗那城市交通规划（2013~2018）》开展介评，并对中国城市的参考借鉴予以研究分析，特此感谢。
** 陈玉娇，上海社会科学院城市与人口发展研究所硕士研究生，主要研究方向：城市规划；邓智团，本书副主编，博士，上海社会科学院城市与人口发展研究所研究员，主要研究方向：城市经济、城市更新。

间，巴塞罗那市政厅发布《巴塞罗那城市交通规划（2013~2018）》（Urban Mobility Plan of Barcelona 2013-2018，西班牙语：Planes de Movilidad Urbana de Barcelona 2013-2018，下文简称"PMU"），对整个巴塞罗那的交通模式进行了规模宏大的再规划，创造性地提出了"超级街区"（Superblock）的概念。结合我国当前实际，深入探究巴塞罗那"超级街区"规划方案 PMU 中的新内容、新理念以及实施机制，对于我国的街区规划和建设具有重要的借鉴意义。

一 巴塞罗那超级街区计划

（一）规划基础

19世纪中叶，工业革命迅速发展，巴塞罗那城市人口激增，但与之相伴的是十分恶劣的市民居住条件，建筑通风采光不足，街道狭窄，交通拥堵，公共卫生设施严重不足，城市环境不断恶化。诸多要素使社会矛盾不断激化：一方面，公民诉求改善生存条件；另一方面，艺术家、工程师、建筑师等文化精英受乌托邦社会主义的影响，致力于改变社会环境，并为市民提供更好的未来。在此背景下，塞尔达（IldefonsCerdà）于1859年提出了巴塞罗那城市扩展区规划方案（l'Eixample），后人称为塞尔达规划（见图1），从而奠定了整座城市的发展基调。在塞尔达的规划体系中，最明显的特征之一是方格网化的街区模式，这是他力图实现居民生活条件平等化的核心思想，塑造了城市高密度的用地模式。塞尔达选用"棋盘形"网格平面，均质铺满26平方公里的新区，街区以113米见方，被称作"黄金方块"，共计550个。值得一提的是，扩展区的街区/街道尺寸是依据轨道交通的转弯半径设定的（塞尔达具备扎实的铁路建设知识，熟知蒸汽技术，并认为铁路将会带来交通方式的根本变革）。当然，他所构想的火车在街道上穿行的场景，最终被汽车所取代。

（二）规划目标与行动计划

事实上，受1960年代荷兰"生活化道路"方案影响，早在1987年，巴

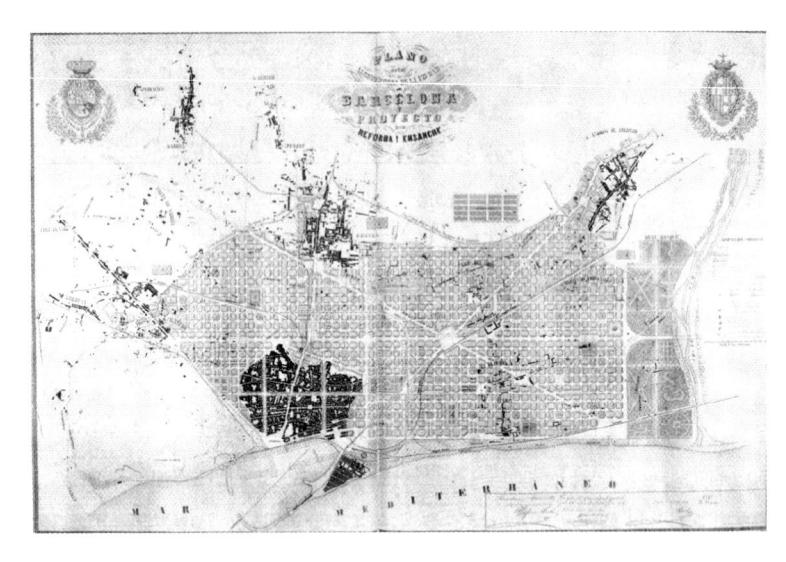

图 1　巴塞罗那扩展区规划方案（1859 年）

资料来源：Wikipedia（2019）。

塞罗那便提出了超级街区的规划理念，并在后来的实践中不断予以完善。最近实施的超级街区规划主要目标有：①交通安全。致力于降低交通事故发生率，通过实施地方道路安全计划，基于 2012 年的情况（249 人严重受伤，30 人死亡），计划 2018 年实现严重受伤人数减少 20%、死亡人数减少 30%。②交通可持续。致力于采取更可持续的发展模式，减少交通造成的空气污染和噪声污染，减少交通中的能源消耗及其对气候的影响，增加可再生能源和清洁能源占比；使得 NO_2 和 PM10 指标参数符合 UE 标准；2012 年，区域内的 7 个站点中有 4 个监测到 NO_2 指标不符合标准；计划到 2018 年，NO_2 指标将完全符合标准。③交通公平。致力于促进公共道路的替代作用，确保交通系统的可达性；新的公交网络将使得候车时间减半；2012 年，区域内"250 米内到达公交站"普及率已达 99%，而平均候车时长 12 分钟；计划到 2018 年，"250 米内到达公交站"普及率保持不变，而平均候车时长将缩短至 6 分钟。④交通高效。致力于提高交通系统的效率，在交通管理中融入新技术；通过改善交通物流管理，将 2012 年仍然采用的传统城市配送系统升级为 2018 年的全面采用微物流平台和新技术，有效利用公共空间并改善环境。

主要行动计划有 8 项：①形成超级街区的城市格局并采取相关措施；②施行新的垂直公交网络；③全面发展自行车网络；④保持现有交通服务水平；⑤施行符合环境质量的相关指标监管；⑥促进载客量高的交通工具的使用；⑦审查道路停放车辆的规定；⑧提高装卸效率。

（三）模型介绍

一个典型的超级街区以 9 个相邻街区为单元，合并成一个 3×3 的广场组合，面积一般为 400 米×400 米，居住人口一般在 5000~6000 人。超级街区内部将实施交通管制，禁止公交通行，仅允许街区内居民的汽车以及消防车和救护车等服务性车辆出入，车辆行驶方向一般为单行，并且限速 10 公里/小时。超级街区内部采取以行人为导向的构筑模式，促使街道由传统的交通用途转变为多样化的用途，如散步、玩耍、社交、休闲、运动等。

较之传统以汽车路网为主导的街区模式，超级街区将转换为以步行路网为主导，并将步行区的面积和车行区的面积由 27∶73 逆转为 77∶23，将可达性由原来的 89% 提升到 99%，使空气污染率和噪声污染率分别由 33% 和 15% 下降至 5% 和 12%。综合而言，超级街区模式还将使传统街区模式下的公共空间宜居指数由 25% 跃升至 72%。

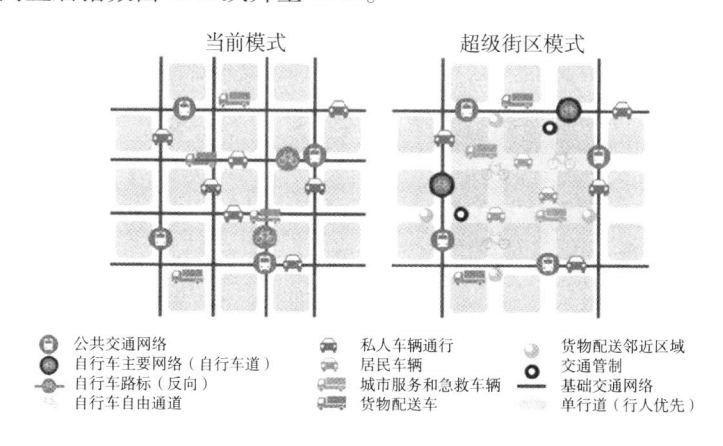

图 2　传统街区模式与超级街区模式

资料来源：PMU（2012~2018）。

PMU 的实施主要从步行、自行车、公共交通、私人交通和城市货物配送等方面展开。笔者通过对规划细则进行分析，归纳总结出以下主要内容。

（1）步行方面。通过超级街区模型，在城市创建完备的步行网络系统，扩大行人的步行范围，并增强步行出行的安全性、可达性、舒适性和连通性。

（2）自行车方面。通过超级街区模型，在城市创建完备的自行车网络系统，拓展并完善自行车线路，增加自行车停放点，完善对自行车的登记和管理制度，提高城市自行车服务的效率，鼓励人们使用自行车出行。

（3）公共交通方面。在超级街区模型下形成新的公交网络，相应调整公交站点，提升公交的覆盖范围、可达性和连接性，开设公交专用道；完善出租车呼叫服务、开发打车应用程序，提高出租车的使用效率；鼓励环保型交通工具的使用；形成自行车、电动摩托车的共享系统；增强不同交通工具切换使用时的连通性，如发行通用公交卡等。

（4）私人交通方面。研究在超级街区模型下更高效的交通运行方式，重视交通安全，对机动车使用所产生的噪声和污染排放进行管制，鼓励提高汽车的载客率，根据实际情况对停车场进行管理，鼓励摩托车替代私家车并对摩托车的运行和停放状况进行管理。

（5）城市货物配送方面。根据不同街区的功能进行商品分销，尽量减少货物配送导致的交通拥堵、噪声污染和环境污染等，尽量选择在非高峰时段交货。

二 超级街区计划的试点推进特征

2017 年 9 月，Gyurkovich 等人对巴塞罗那超级街区的两个试点实践街区进行了考察，目的是评估城市空间政策在增强交通的可持续性、交通管制、增加公共空间比重、改善基本生态指标（如生物多样性、绿色空间区域、交通污染）等方面的有效性。分析的重点是超级街区规划方案中政策实施的情况，以两个试点街区为例：格拉西亚区（Gracia）和波里诺工业区

（Poblenou）的一部分（由 Badajoz 街、Llacuna 街、Tanger 街和 Pallars 街围成）。

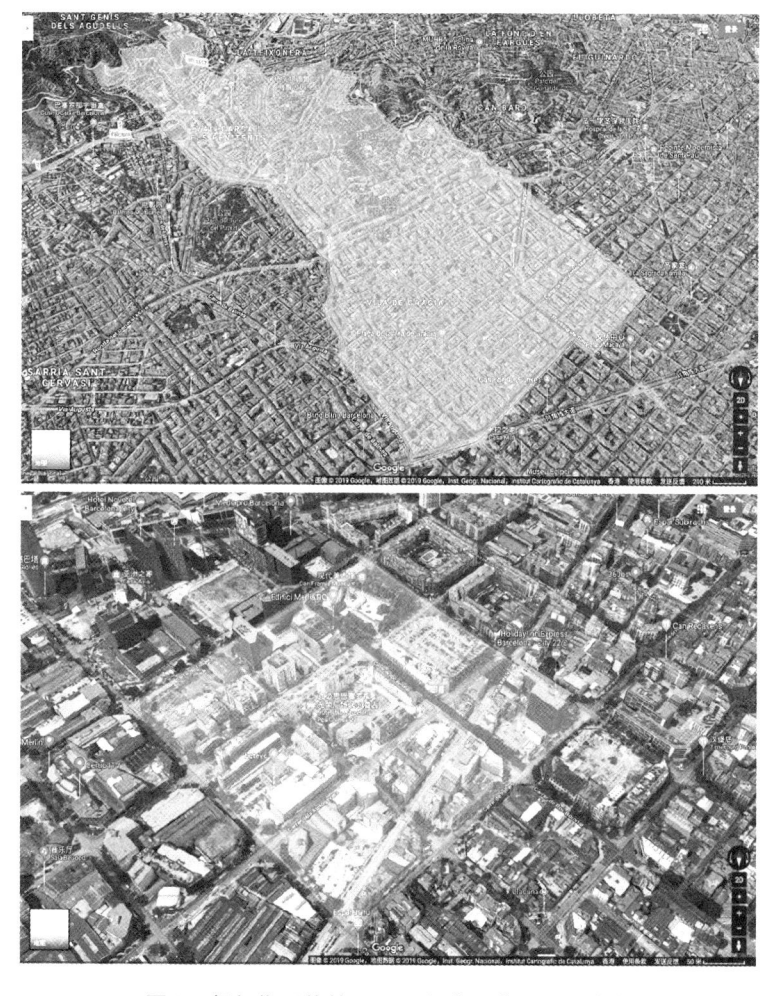

图 3　超级街区格拉西亚区和波里诺工业区试点

资料来源：Google Map（2019）。

该研究特别关注试点区域是否能够创造行人友好的空间，使人们愿意驻足停留，并为空间带来积极的功能性改变，尤其是对建筑底层的改变。通过对运输、公共空间、视觉信息和街道设施等方面进行考察发现，上文提到的

247

多数城市和生态指标都有所改善，但是该地区吸引力上升情况以及行人友好的评估尚不明确。这也使得人们对超级街区规划在今后的推广是否可行感到怀疑和不安。不过，在不同的区域展开超级街区的建设必然会带来不同的结果。对公共空间质量的评估不能仅仅局限在某些选定的指标和数字上，毕竟这很有可能只是当局政府所期望达成的城市建设目标。

（一）格拉西亚区试点

2005年推出的《格拉西亚区交通计划》以分层交通组织概念为基础，将城区内的交通线路沿几条主要道路划分出28个超级街区。对主要道路的交通方向有所调整；超级街区的进出口增设了可移动的护柱；街区内部实施交通管制，仅供居民和货物装卸使用。虽然格拉西亚区的行人空间占比远远小于老城区，但就面积和形态而言，它仍然是一个以行人为主的区域，尤其是在低速驾驶或步行的时候。事实上，区域内有许多人选择步行，而比较狭窄的街道不适合快速驾驶，所以最佳的出行方案就是驾驶轻便的摩托车。目前街道上可以看到许多运送货物的大卡车，以及停放在路边的汽车，其原因是很多建筑不能建造地下停车场。

增加城市地区对行人的可达性将有助于提高其吸引力，尤其会吸引新的房地产投资者，进而会提升当地的地租。格拉西亚区的情况也一样，由于独特的城市组织、狭窄的街道和众多的广场，加上当地丰富的文化，该地已经成为一个非常受欢迎的聚会地点，如今，更是以酒吧、咖啡馆和夜生活而闻名。随之而来的是当地房地产价格的快速上涨，新住宅主要为豪华公寓和度假公寓，在某种程度上形成了城市发展的"绅士化"。

（二）波里诺工业区部分街道试点

根据最初的计划，在波里诺工业区的超级街区试点，交通运行方向统一为顺时针方向，随后又稍做调整（如允许机动车在Boronat街单向通行，限速20公里/小时）。然而，无论如何，司机们都觉得难以行进，交通完全处于无序且混乱的状态，甚至连公交车司机都觉得难以适从。如果没有完全了解交通系统的运行逻辑,在这片区域开车将会令人十分头大。此外,街区内部的交通管制区域被分配为各种不同的公共区域,配备了诸多街道设施,如长凳、花坛、乒乓球桌、自行车架和电动车充电桩等。部分街道还在道路表面涂上了各种颜色,专门用于运动和娱乐。

毫无疑问,超级街区试点区域的各项指标都得到了改善。但是,对公共空间质量的评估不能仅仅基于数字,更不能仅仅以满足当局政策需求为目标。当前的评估指标缺少对地方实际情况的考察,如地方的容积率、功能的多样性、现有结构的空间关系等,应根据人口规模进行调整,否则绿化项目的质量并不能得到本质性的提升。此外,公交站点的变更为老年人带来了很大的负面影响,而超级街区内部的交通管制区则很容易成为酗酒者和吸毒者驻足的地方。

事实上,备受争议的超级街区建设在波里诺的试点过程中,收到了来自居民和客户的大量投诉,反对超级街区建设的标志和海报被大量张贴,相关涂鸦也覆盖了城市绝大多数的标识物。甚至连超级街区概念的支持者们都对结果感到沮丧,认为想法与实践之间存在巨大差距,公共空间开发所需的资金也大量不足,并且在项目实施前缺乏民意调查,对波里诺的解决方法过于武断。每个街区的实际情况有所不同,规划者们应对每个街区进行有针对性的调整,或许可以在适合的街道上进行交通规划而非将所有的街道进行改造。

三 对中国城市街区建设的启示

一直以来,巴塞罗那都是智慧城市的典范,历年来为世界城市规划贡献了多个成功的范本。如今,环保主义盛行,人们对环境和气候的关注超过以往;以人为本的理念也开始得到越来越多的认可;加上新的时代诉求新的经济增长点,对街区的新兴发展模式再次提出诉求。诸多因素促使巴塞罗那再次创造性地提出了"超级街区"概念,并决心将其付诸实践。中国城市经过漫长的发展,也因中国人的特殊生活方式(如更加偏好坐北朝南的房屋,

更加偏好拥有封闭式小区的住宅等）而呈现出较之西方国家十分不同的城市肌理。但是，实践证明，西方国家开放式的街区模式更有利于城市的交通运行。然而，事实也证明，汽车的大量使用将给居住在城市中的人们带来诸多问题，如空气污染、噪声污染、交通事故频发、人行道不足等。本报告通过系统梳理巴塞罗那政府于2014年提出的《巴塞罗那城市交通规划（2013～2018）》，重点探讨其中的"超级街区"模型，但需要结合中国的城市发展实际。

（一）注重绿色环保，促进可持续发展

环境保护已经成为世界共识并呼吁的课题，工业革命以来，随着世界各国工业的大力发展，环境污染问题日益严重。故而，采取适合本国、本城市的环保措施以促进可持续发展，是当务之急。我国人口众多，经济发展水平较低，在各个城市大力建设地铁线路的同时，应适当增加公交车的运行，加强对方兴未艾的共享单车的管理，尽可能提升公共交通出行的效率，如此，或许能取得比巴塞罗那超级街区计划更明显的成效。并且，值得一提的是，已有事实证明，修建更多的高速公路，并不会缓解交通拥堵问题，反而会导致"诱导交通量"，使得城市的交通拥堵问题更加严重。

（二）强调以人为本，高效率利用内城

巴塞罗那超级街区规划由于缺少对群众意见的调查，政策的实施中受到了相当大的阻力，中国的城市政策要吸取此教训。政策的构思、发布、实施全程应增强公众的参与度，而不是简单地直接自上而下地出台政策。任何政策的制定，从宏观而言是为了城市的发展，但落实到细处，则是为了个人更舒适地生活于其中。随着世界各国以及各个城市社会经济环境的不断改善，人本主义的关怀越来越凸显。城市和街区的规划设计越来越重视生活于其中的"人"的感受，通过建设各种以人为本的配套设施，街区力图吸引并留下知识与创意阶层。后福特时代，在各个国家及城市的经济发展中，知识的重要性越来越明显。早在20世纪初，巴塞罗那所推出的"创新街区"规划

便旨在吸引、留下并有效利用创新创意人才及企业，近年来的"超级街区"规划项目，无疑是对创新街区的响应与进一步深化。我国在建设城市的过程中，也应当将"人"的发展置于首要位置，重视创新创意的力量，在城市内部为人们提供更多可负担的住宅，以及更加丰富多彩的娱乐休闲设施，而不是一味地建设郊区新城，妄图将人才和企业迁移至基础设施大量缺乏的荒芜之地。

（三）尝试建设开放街区，促进交通网更加密集运行

从巴塞罗那既有的交通网络来看，整座城市棋盘式的布局以及镶嵌其中的密集开放路网，使得城市的交通流量远高于欧洲等国家，交通拥堵现象相对来说并不突出。而中国传统的街区构建极具"封闭性"，无论是政府、医院、公园等公共性质的区域，还是住宅区等私人性质的区域，无不四周围墙封闭，形成一个完全封闭的区域。然而，这样的街区构建模式，阻隔了汽车的自由通行，甚至不允许行人自由穿行，使得交通的流通性大打折扣。并且，区域内部的安保和外部街道的治安，被分隔成泾渭分明的两个系统，一方面造成了治安人员的冗余，另一方面也使得几步之隔的区域被行政分割孤立于尴尬的监管之地。西方的城市自建立以来，便将"公"与"私"恰当融合，推行"底商上住"的模式，街道的治安被划入统一管理，也没有封闭的禁行区域，使得车辆和人群的出行能够大量分流，大大降低了交通拥堵率。

参考文献

Barcelona City Hall, "Urban Mobility Plan of Barcelona 2013 – 2018," https://en.wikipedia.org/wiki/Ildefons_Cerd%C3%A0#/media/File：Ensanche_-_eixample_-_Barcelona.jpg.，2014.

廖开怀、蔡云楠：《重塑街区道路公共性——巴塞罗那"大街区"规划的理念、实践和启示》，《国际城市规划》2018年第3期。

张杰、袁路平:《巴塞罗那扩展区多层高密度街坊的发展与启示》,《国外城市规划》2004年第4期。

戴林琳、盖世杰:《"塞尔达规划"的街区模式及其空间发育进程初探》,《华中建筑》2008年第8期。

Mateusz Gyurkovich et al., 2019 IOP Conf. Ser.: Mater. Sci. Eng. 471, 2010 – 09.

Kevin Brass, "Redesigning the Grid: Barcelona's Experiment with Superblocks," https://urbanland.uli.org/planning – design/barcelonas – experiment – superblocks/#, 2017 – 12 – 8.

张天尧、夏晟、张衔春:《欧洲城市街区制在中国的适应性研究:理论与实践》,《规划师》2017年第7期。

城市生态篇
Urban Ecology

B.18
温哥华《零废物2040》规划及对中国城市垃圾治理的启示[*]

杨传开[**]

摘　要： 当前我国正在推进"无废城市"建设试点，主要城市也正在大力推进垃圾分类，但面临着一系列困难和挑战，治理城市垃圾成为城市可持续发展中重要的环节。国外较早提出了"无废城市"概念，温哥华作为全球宜居城市，于2018年5月出台了《零废物2040》规划，提出2040年实现零固体废物的目标与政策实施方向。本报告着重对该规划的主要内容进行梳理，并提出我国城市可借鉴的主要经验。

---

[*] 本文基于温哥华出台的《零废物2040》规划开展介评，并提出中国城市可借鉴研究的经验，特此感谢。
[**] 杨传开，博士，上海社会科学院城市与人口发展研究所助理研究员，主要研究方向：城镇化、区域规划。

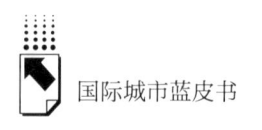

关键词： 零废物　垃圾治理　温哥华

温哥华作为生态环境优越、城市可持续发展的典范,[①] 在全球最宜居城市排名中一直位列前茅。为保持优良生态环境这一核心城市竞争力，温哥华市于2018年5月出台了《零废物2040》（Zero Waste 2040）规划，进一步确立了温哥华在2040年成为零废物社区的愿景，并提出了具体的战略框架和行动目标，明确了温哥华成为零废物社区的努力方向和所需采取的城市行动。在中国，2018年12月国务院办公厅印发《"无废城市"建设试点工作方案》，提出到2020年系统构建"无废城市"建设指标体系；同时，主要城市也正在大力推进垃圾分类，然而在当前起步阶段仍面临着不少困难。本报告旨在通过分析温哥华《零废物2040》的主要内容，为我国推行"无废城市"建设以及垃圾分类治理提供相关的经验参考。

一 温哥华《零废物2040》规划面对的主要挑战

过去十多年，温哥华一直致力于提高垃圾回收和处理率，显著减小了垃圾填埋和焚烧规模。例如，2016年约有605000吨垃圾被回收处理，回收处理率达到62%，位居北美第一；垃圾填埋量也从2008年的480000吨降至2016年的371000吨，减少了23%。尽管如此，但随着经济增长以及人口数量的增多，如果不采取零废物项目或计划，温哥华需要填埋和焚烧的固体废物每年仍将会持续增加。如果维持现在的垃圾减量和回收量，结合人口和经济的增长情况，与2016年相比，固体废物处理量到2040年将会增加超过77%。按照现在的填埋率，温哥华垃圾填埋场最早在2028年就将达到极限。

针对以上情况，温哥华提出要采取相应的垃圾减量措施，并在《零废

---

① 《城市案例：温哥华的最绿城市行动计划》，https：//www.thepaper.cn/newsDetail_forward_1304797，2015年2月19日。

物 2040》规划中提出打造"零废物社区"(Zero Waste Community)的目标。温哥华希望通过避免和减少浪费,尽可能长时间保持原料循环,然后通过从剩余废物中回收、堆肥和生产可再生能源,减少垃圾填埋和垃圾焚烧的需求,到 2040 年成为零废物社区。

近年来,许多城市也提出了零废物目标,但这些城市多是在一定时期内通过提高回收率来减少废物的产生,而没有真正减少运往垃圾填埋场和焚烧炉的废物总量。而在零废物社区或零废物城市概念中,垃圾处理将不再主要依赖于填埋或焚烧处理。例如,"无废国际联盟"对"无废城市"的定义是:"通过负责任地生产、消费、回收,使得所有废弃物被重新利用,没有废弃物焚烧、填埋、丢弃至露天垃圾场或海洋,从而不威胁环境和人类健康"。[①]

温哥华《零废物 2040》中的废物具体是指:不列颠哥伦比亚省环境管理法案规定的城市固体废物以及温哥华市政边界范围内产生的废物,主要包括来自住宅、商业、机构、拆迁、土地清理和建筑材料等的垃圾。而温哥华所提出的零废物社区是:一个支持可持续资源利用、经济健康、可负担、充满活力和包容性的社区,并能通过消除固体废物获得平等机会。

二 温哥华《零废物2040》的战略目标与评估体系

(一)《零废物2040》的制定历程

为保持优良生态环境这一核心城市竞争力,温哥华市于 2009 年就出台了《温哥华 2020:一个明亮绿色的未来》(Vancouver 2020: A Bright Green Future)的环境规划,并在此基础上,进一步形成了《温哥华最绿城市行动规划 2020》(Greenest City Action Plan 2020)。该规划提出零废物目标以及到 2020 年固体垃圾处置量比 2008 年减少 50%。在最绿城市行动规划的基础

[①] 张占仓:《"无废城市"建设的科学内涵与探索方向》,《区域经济评论》2019 年第 3 期。

上，2016年5月，温哥华市议会工作人员开始着手制定零废物战略，旨在创建一个工作框架以实现最绿城市零废物的长期目标。基于7000多人次的线下咨询交流以及25000多人次的线上交流，于2018年5月出台了《零废物2040》（Zero Waste 2040）规划。

（二）主要目标

该规划主要有三个层次的目标，分别是主要目标、支持目标和补充目标。

1. 主要目标

到2040年消除需要填埋和焚烧处理的固体废物。

2. 支持目标

避免增加废物处理系统的压力，将重点放在废物源头上，主要包括：①避免/减少——避免产生废物并减少不可避免的废物；②重复利用——通过共享、修复、翻新以及回收和处置等优先考虑物品再利用；③回收和恢复——通过最大限度地回收不可食用的食物和可用于堆肥的绿色废物来增加回收材料的总量，减少碳排放，并寻求利用有机废物作为可再生能源的机会。

3. 补充目标

（1）支持社区发展的社会目标：为在温哥华生活、工作和旅游的各类人群创造充满活力、创意、安全和关爱的社区。

（2）发展温哥华的循环经济：从传统的"提取—生产—消费—处理"的线性经济向循环经济转变。

（3）发展零废物文化：改变人们的生活方式和商业实践，借鉴可持续的自然循环，使所有废弃材料转换为其他人使用的资源。

（4）减少温哥华的温室气体排放：通过帮助人们选择更好的产品和材料，并减少其过度消费，从而减少温哥华因材料使用和产品消费而产生的温室气体排放。

（5）降低温哥华的生态足迹：加强温哥华的气候、生态、自然资源与城市自然环境的联系。

（三）评价指标

为了实现规划目标，温哥华《零废物2040》规划还提出了一系列评价指标。其中，最主要的是通过每年减少的固体废物填埋和焚烧吨数来衡量。其他的定量和定性指标如下。

（1）共享、维修和再利用资产数量的增长情况。

（2）与零废物/循环经济相关的"绿色工作"和"绿色企业"的增长情况。

（3）用于施行零废物和循环经济举措的可用资金和投资总额。

（4）高等教育教授零废物/循环经济概念的课程总数。

（5）回收原料的吨数。

（6）收集的用于堆肥的有机原料吨数。

（7）废物管理业务中可再生能源的比重。

（8）按部门划分的人均废物处置率。

（9）与固体废物和消费相关的温室气体减排情况。

《零废物2040》每五年审查一次，以衡量实现该规划目标的进展情况，并根据变化进行相应的调整。

三 温哥华《零废物2040》规划的战略领域与发展方向

温哥华《零废物2040》根据处置的废物和这些废物的来源，确定了四个战略领域，分别是建筑环境、食品和包装、产品和包装、残留和处置，并提出要在这四个领域进行系统性变革。

零废物不是单个城市可以实现的目标，它需要本地以及温哥华市外的其他组织和政府、企业以及整个社区的积极参与。为了实现零废物，该规划明确了两个大的指导方向：一是支持全系统变革；二是在所有重点领域实现零废物目标的途径。

（一）支持全系统变革

《零废物2040》提出在支持现有工作的基础上，进一步在当地、全国乃至全球尺度上开展跨部门的合作，以影响有关减少废物的行为和决策。这些方向贯穿于前面的四个领域中，具体如下：①启动以零废物为导向的文化和行为转变，转变消费者和企业的观念，强调共享、重复利用，以及购买耐用性和实用性强的物品等；②促进更广泛的跨部门合作，通过举办相应的论坛，促进行业、居民、学术界、社区组织和各级政府的跨部门参与及合作；③营造创新环境，通过为零废物相关的研究和实验创造空间以及改善获得资金途径来营造创新环境，从而消除当前实现零废物的相关技术条件限制；④设定清晰的目标以及评价指标；⑤培育和支持可持续的领导力，实现零废物不是"冲刺"，而是一场"马拉松"，需要持续的政策引导；⑥追求支持社会正义的零废物倡议，在追求零废物过程中，确保零废物行动或倡议不会额外增加边缘群体的负担等。

（二）重点领域实现零废物目标的途径

要实现零废物社区，必须从源头最大程度地避免或减少废物的产生，同时也尽可能减少固体废物的处理或填埋（见图1）。

1. 避免产生废物以及减少已有的废物

避免和减少废物需要从传统的生产消费模式向零废物的文化和循环模式转变：①追求更高水平的零废物优先级，例如，产品和建筑设计师、制造商和建筑商等要采取尽可能少使用材料的做法、政策以及指导意见等；优先考虑重复利用、维修以及使用可回收性和再生材料，坚持零废物和循环经济原则；②鼓励租借、维修等企业或服务供应商优先获得所有权；③鼓励居民和企业采取减少消费的生活方式，节省资金，体验简单的快乐；④让企业、居民、机构等了解过度消费和浪费对社会经济以及环境产生的影响，以及如何避免浪费的做法。

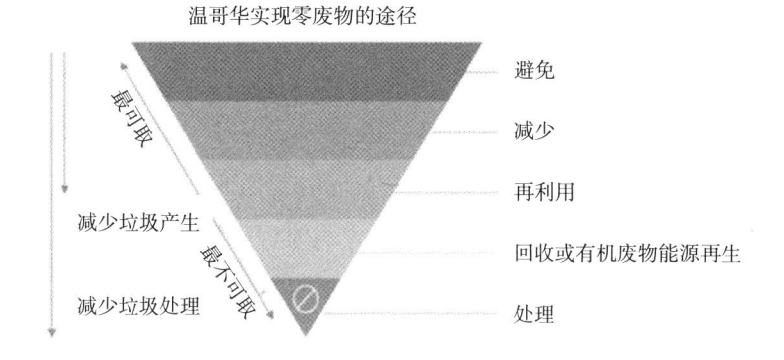

温哥华《零废物2040》规划及对中国城市垃圾治理的启示

温哥华实现零废物的途径

避免
减少
再利用
回收或有机废物能源再生
处理

最可取
减少垃圾产生
最不可取
减少垃圾处理

图1 温哥华实现零废物的路径

资料来源："Zero Waste 2040," https：//vancouver. ca/green - vancouver/zero - waste - vancouver. aspx。https：//council. vancouver. ca/20180516/documents/pspc2a. pdf，2018年5月16日。

2. 扩大并规范化重复使用

通过共享、共用、翻新、维修、捐赠或出售等挖掘废物重复使用的价值，加强废物的重复使用，社区的努力方向如下：①规范化再使用和修复，普及重新利用的知识；②增加市场需求，市场对产品共享和材料再利用的需求不断增长；③培育新的技能；④通过及时获取有效的信息，培养居民动手（DIY）修理的能力；⑤建立支持性基础设施：投资可靠、便捷、运行良好的基础设施，包括可以再利用的产品和建筑材料以及浪费的食物回收装置。

3. 提高回收和再利用的能力

回收再利用仍是一种主要的废物处理方式，在未来的产品包装以及食品废物处理中仍将发挥重要作用。从有机废物中进行能源再生是一种有效的生产可再生能源并减少温室气体的方式。未来的发展方向主要包括：①扩大生产者责任延伸计划（Extended Producer Responsibility programs）；②开发闭环流程：为本地企业创造更多的机会，创建更多循环供应链网络；③投资新的回收资产，研究、开发和投资新的技术、应用、基础设施、服务及当地市场；④支持新的政策和法规。

259

四 温哥华《零废物2040》规划的城市行动

《零废物2040》提出了城市的三大行动，分别是优先行动（Priority Actions）、变革行动（Transformative Actions）、增强和扩大城市作用（Enhanced & Expanded City Roles）。其中，优先行动为最高级优先处理事项；变革行动是激励和维持零废物目标的标志性举措，包括计划执行的下一步行动描述；增强和扩大城市作用，主要指城市在影响、支持以及以身作则等方面发挥战略作用。

（一）优先行动

优先行动比较具体，重点聚焦于进一步促进2020年减少废物目标的实现，具体内容见表1。

表1 温哥华《零废物2040》城市优先行动内容

领域	行动内容
建筑和拆除垃圾	①制定一项计划，在温哥华垃圾填埋场回收木材并从拆除材料中提取生物燃料 ②扩大绿色拆迁条例 ③支持发展建筑材料废物重新利用市场
有机垃圾	①寻求有机垃圾处理的方法 ②寻求改善食品储存和再分配系统的方案，绘制食品材料流程路线
针对消费品	①实施一次性用品（一次性杯子、塑料、纸袋、外卖盒等）减少战略 ②扩大实施社区零废物丢弃活动（Community Zero Waste Drop-Off Events） ③针对纸张和塑料，制定新的减少和再利用战略 ④提高居民和企业的参与意识，通过捐赠、交换、维修、共享等方式强化产品再利用和共享 ⑤制定废旧衣物减量战略，如废旧衣物捐赠
城市示范	制定绿色运营零废物计划： ①在拆除城市建筑时，通过基础设施建设实践，实现更高水平的回收利用 ②在开发新设施和新空间时，考虑使用可重复使用的材料 ③进行城市会议和活动仅使用可重复利用的盘子、杯子等餐具 ④不鼓励使用瓶装水和其他单独包装的食物 ⑤坚持废物和减少消费原则的采购政策，包括制定可提供零废弃食品服务的餐饮服务商名单 ⑥探索使用环境评级系统来减少基础设施项目的浪费

（二）变革行动

温哥华面临的零废物深层次挑战需要各部门采取行动，而变革行动主要涉及范式、理念和行为的根本性突破，主要内容如下：①转变价值观和理念，改变传统的"制造—消费—处理"的线性消费模式，刺激当地循环经济发展；②增加改变现状的零废物知识；③将领先的零废物实践纳入业务标准，促进原材料在更大程度上的减少和再利用；④吸引对创新解决方案的投资，弥补垃圾处理方面存在的基础设施缺口。

具体的行动领域包括：①温哥华垃圾填埋场重新调整运营以实现回收和转移处置；②打造为食物垃圾防治的领先城市；③实施一次性用品减量战略；④开发零废物建筑项目；⑤制定零废物示范标准；⑥与共同目标群体一起组建零废物创新基金。

（三）增强和扩大城市作用

仅靠变革行动尚不足以实现温哥华零废物目标，城市必须实施多方面的干预措施。因此，城市在增强以往作用的基础上，还需要扩大新的作用，主要表现为影响作用、支持作用以及示范作用。

在影响方面，基于温哥华宪章规定的权力，借助监管、财政措施和其他政策工具来设定实现零废物目标的最低要求。

在支持方面，政府提供必要的创新和激励措施，以支持温哥华的居民、企业和社区组织通过沟通、参与、研究、规划、数据收集、基础设施等项目实现零废物目标。

在示范方面，提升温哥华市现有的绿色运营领导力。增强城市购买力，支持循环经济。创造零废物核心操作政策，如限制原材料的消耗、引导材料更高效的利用、使用具有更多回收成分的材料等。充分利用城市设施实现零废物。培育城市零废物"大使"、零废物"冠军"、零废物代言人等倡导零废物行为。

五 温哥华《零废物2040》对中国城市垃圾治理的启示

（一）强化顶层设计，注重系统规划

垃圾治理是一项系统性工程，涉及政府、企业、居民等多个主体，包括垃圾产生、垃圾投放、垃圾清运、垃圾回收处理等多个环节。这就要求垃圾治理必须具有整体观，仅解决某个环节的问题不足以真正提高垃圾治理水平。因此，垃圾治理要以政府为引导，以垃圾减量为目标，做好顶层设计；通过借鉴国外经验，制定垃圾治理规划，明确各阶段的治理目标，通过整合不同部门、不同群体的力量，从源头抓起，构建从源头到最终处理的闭环治理体系。

（二）树立零废物意识，从源头抓起

垃圾分类固然有利于垃圾减量，但尚不足以从根源上减少废物的产生和废物排放的总量，所以国内城市也应树立零废物意识，从源头抓起。在2018年《"无废城市"建设试点工作方案》的基础上，加大力度，增加试点城市数量，尽快将"无废城市"的理念融入城市总体规划中。

（三）政府发挥示范带头作用

在实现零废物目标中，温哥华提出城市示范带动作用。在实施垃圾分类和垃圾减量等方面，政府可以在现实工作中以身作则、率先垂范。政府、学校、企事业单位等率先推进一些力所能及的垃圾减量活动，如在政府举办的一些大型会议或活动中，率先不使用一次性用品等。

（四）强化宣传教育，重视居民参与

垃圾分类和垃圾减量的实现很大程度上依赖于居民参与，通过开展多种形式的宣传，增强绿色消费意识，普及生活垃圾分类常识，鼓励废物回收、再利用、共享等，引导居民从身边做起。同时，街道社区可以通过举办各种

丰富多彩的活动，让居民参与垃圾治理，例如，《零废物2040》提出的零废物"大使""代言人"等。此外，为了鼓励居民参与，温哥华市还发起了"无垃圾星期三"（Waste Free Wednesdays），目标是在整个夏天的每个星期三，鼓励人们在这一天不产生任何垃圾。①

参考文献

"Zero Waste 2040," https：//vancouver.ca/green‐vancouver/zero‐waste‐vancouver.aspx，https：//council.vancouver.ca/20180516/documents/pspc2a.pdf，2018年5月16日。

《城市案例：温哥华的最绿城市行动计划》，https：//www.thepaper.cn/newsDetail_forward_1304797，2015年2月19日。

张占仓：《"无废城市"建设的科学内涵与探索方向》，《区域经济评论》2019年第3期。

《温哥华将致力于打造"零废物"城市》，http：//www.cn‐hw.net/html/guoji/201607/54336.html，2016年7月16日。

---

① 《温哥华将致力于打造"零废物"城市》，http：//www.cn‐hw.net/html/guoji/201607/54336.html，2016年7月16日。

B.19
交通拥堵收费对城市空间的重塑[*]

程 鹏[**]

摘　要： 本报告以美国全国城市联盟《塑造空间：城市交通拥堵收费》研究报告为基础，探讨了国际城市在交通拥堵收费领域的最新发展情况，分析了伦敦、斯德哥尔摩和新加坡案例，包括政策背景、项目融资、方案演变和经验借鉴等内容，以及美国城市面临的通勤模式挑战和纽约近期制定交通拥堵收费政策的基本情况，探讨了其交通拥堵收费政策面临的公平性等方面的挑战，在此基础上，对中国城市可能制定的交通拥堵收费政策提出建议。

关键词： 通勤模式　交通拥堵收费　城市空间　纽约

交通拥堵收费作为一项缓解交通拥堵的重要公共政策，作用机制在于通过使用者收费的方式改变市民的出行结构，从而释放道路面积、提高通行效率，筹集的资金还可用于改善道路和公共交通等基础设施。在交通拥堵越来越成为美国城市发展中最大挑战的背景下，2019年2月，纽约州州长和纽约市市长宣布达成一项协议，支持对进入曼哈顿核心商业区的车辆收取拥堵费，以缓解该市的交通拥堵状况，并筹集资金改造老旧的地铁系统，这使得

---

[*] 本文基于美国全国城市联盟《塑造空间：城市交通拥堵收费》开展介评，对中国城市可能制定的交通拥堵收费政策提出建议，特此致谢。

[**] 程鹏，博士，上海社会科学院城市与人口发展研究所助理研究员，主要研究方向：城市开发与规划控制、公平城市与城市治理。

纽约有可能成为第一个实施交通拥堵收费政策的美国城市。2019年8月，美国全国城市联盟（NLC）发布了《塑造空间：城市交通拥堵收费》（*Making Space：Congestion Pricing in Cities*）研究报告，内容包括美国城市通勤模式和趋势、交通拥堵收费概述和案例城市研究等。

一 美国城市通勤模式概述

无论城市规模如何，美国城市的通勤模式都具有相似性，总体上面临比较严峻的挑战。在人口少于5万的美国城市中，有91%的居民开车上下班；在5万~20万人口和20万~50万人口规模的城市中，这一数字分别为87%和86%；在人口多于50万的城市中，这一数字约为78%（见图1）。

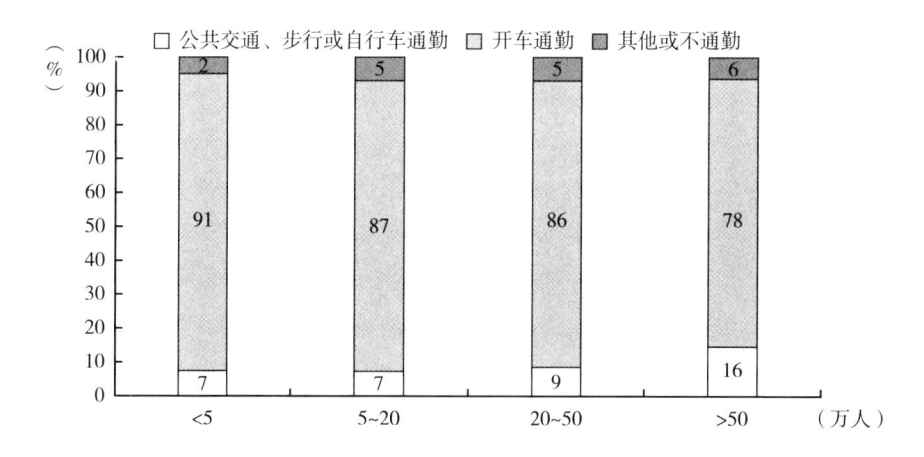

图1 按规模分组的美国城市通勤模式

在美国15个最大的城市中，只有纽约市的大多数通勤者乘坐公共交通工具上下班（见图2）。此外，在这15个城市中，只有5个城市拥有完善的公共交通系统，所以也就毫不奇怪，这些城市仍然严重依赖于私人交通工具出行。

接近或超过50%的通勤者通过公共交通上下班的城市主要集聚在4个枢纽地区：纽约市、华盛顿特区、马萨诸塞州的波士顿和加利福尼亚州的旧金山。纽约和新泽西州的城市都是围绕在纽约市周围的"环形城市"，波士

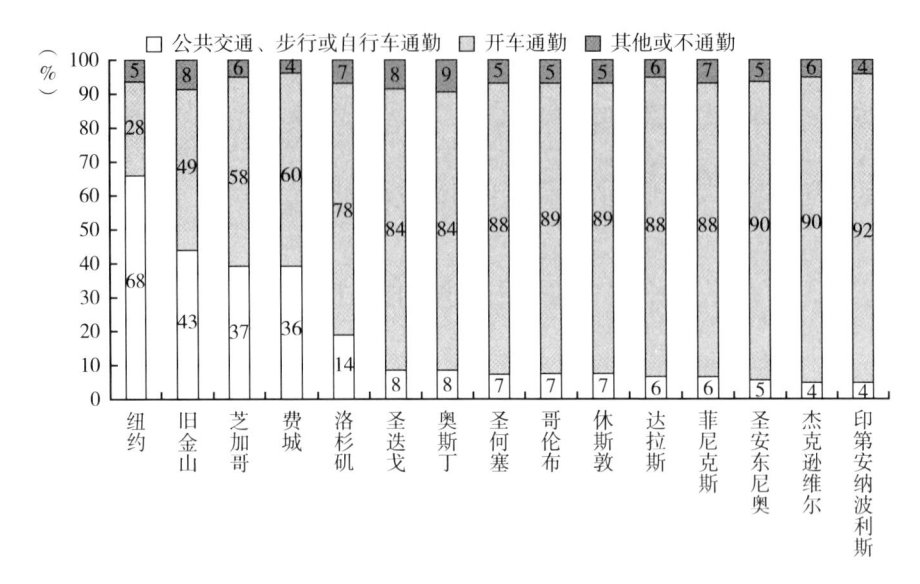

图 2 美国15个最大的城市严重依赖私人交通工具出行

顿周围的马萨诸塞州城市也是如此。同时，伯克利虽然不直接与旧金山相连，但已建立了公共交通系统，该系统不仅为当地城市提供服务，而且将其连接到更大的湾区。

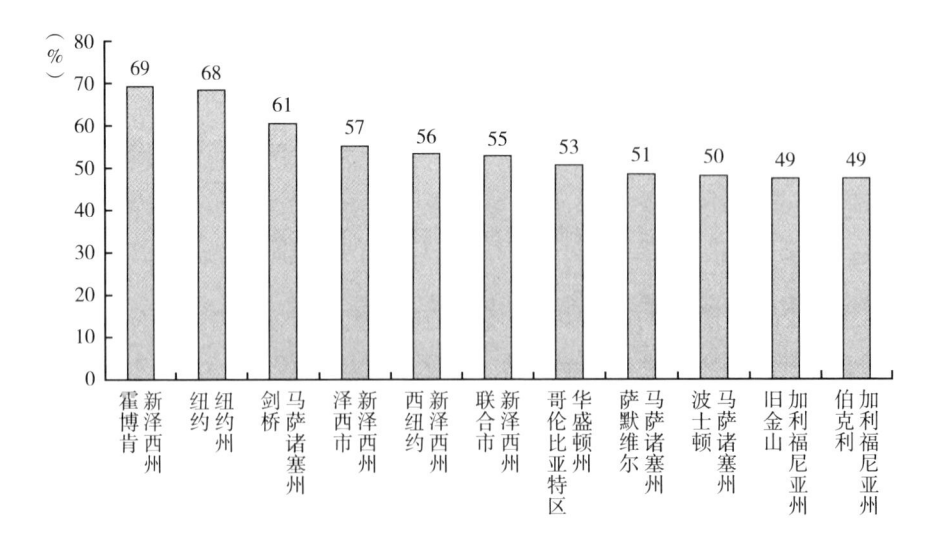

图 3 接近或超过50%的通勤者通过公共交通上下班的城市

当前，美国交通基础设施的建设和维护资金主要来自联邦、州和地方政府的汽油消费税，随着建设成本的增加和车辆燃油效率的提高，支撑公路信托基金（HTF）的汽油消费税已无法满足交通基础设施的维修和保养需求。各州和城市为应对资金短缺、公交系统崩溃等交通困境，需要探索创新收入来源和技术，以确保交通出行仍然是一种公共的、公平的商品。有别于汽油消费税，道路使用者收费系统是根据行驶距离以及可能的其他道路使用成本（如道路的磨损、交通拥堵和空气污染）支付费用。交通拥堵收费是一种典型的道路使用者收费系统，是向在城市中指定区域内行驶的车辆收取固定或浮动费用，从而减少行驶车辆，使交通更加顺畅。

二 交通拥堵收费城市案例

（一）伦敦

1. 背景

在实施交通拥堵收费方案的城市中，伦敦在人口规模、经济和文化多样性方面与纽约最为相似，两者都是具有多种交通选择的强大全球城市。在2003年实行拥堵收费之前，伦敦的汽车平均为7.5英里/小时，由于交通拥堵，每周蒙受300万～600万美元的损失。约有90%的伦敦人对城市拥堵带来的时间成本和空气污染表示担忧。到2004年，交通拥堵问题有所缓解，平均车速提高了30%，出行时间可靠性也呈现正增长。随着越来越多的人选择乘坐公共交通工具和骑自行车，交通拥堵收费方案持续取得成效。从2000年到2015年，虽然伦敦的人口增长了20%，但交通量下降了9.9%，伦敦地区的空气质量也在改善。

2. 项目融资

在整个伦敦市内实施拥堵收费需要2.14亿美元的初始投资。2003年，每辆车的起步价为5英镑，2014年增至11.5英镑。实施拥堵收费的最初十年带来了约39亿美元的总收入，其中约一半资金用于公共交通，另一半用

于抵消运营成本,每年约为1.72亿美元(比斯德哥尔摩或新加坡的计划高得多),年度净收入约为1.82亿美元。

3. 方案演变

拥堵收费方案实施以来,方案的演变不仅局限在收费价格上涨,也表现在其他几个方面。其一,收费区域的边界不断变化,2007~2011年,有一个西部延伸区。其二,针对绿色和电动汽车的政策也在调整,符合欧5排放标准的车辆本来100%免于缴纳拥堵收费,2013年更改为"超低排放折扣",到2021年,只有零排放车辆被豁免,到2025年底将完全取消。其三,出租车和私人租赁车辆(PHVs)最初也免税,但随着Uber、Lyft等公司进入市场,出行时间和交通拥挤都增加了,有62%的居民认为交通拥挤情况在2014~2016年恶化。作为回应,交通委员会于2017年建议取消对出租车和私人租赁车辆的豁免,该提案于2019年4月生效。

4. 经验借鉴

伦敦实施拥堵收费方案以来向人们展示了两点主要的经验。一是,任何拥堵收费计划都必须具有适应性和灵活性。最初实行拥堵收费时,没有人能预见到新的交通技术出现,如叫车服务以及包括电动共享踏板车和自行车在内的微型交通工具。二是,聚焦缓解交通拥堵这一核心目标,减少排放和增加对基础设施的投资不是政策的主要目标。在伦敦,该系统运行成本很高,并且没有带来预期的收入,2014~2015年期间,拥堵收费带来的收入仅占伦敦交通运输总收入的8.5%。

(二)斯德哥尔摩

1. 背景

斯德哥尔摩于2007年在城市的18个出入口区域实施交通拥堵收费方案。在正式启动之前,这项政策被视为"政治自杀",为此,斯德哥尔摩于2006年启动了为期7个月的试运行,然后将拥堵收费方案纳入全民投票。但随着政策的成功实施,到2014年,拥堵收费已获得2/3以上人口的支持。

斯德哥尔摩交通拥堵收费方案取得了显著的成效。一方面,在引入交通拥堵收费之前,高峰时段平均交通量的警戒线不足 50 万辆,随着政策的出台,交通量减少了 22% 左右。并且,尽管人口增长,但交通量仍在持续减少,内城区行驶的公里数减少了 16%,外城区减少了 5%。另一方面,交通拥堵收费还导致出行时间的下降幅度超过了预期,尤其是在内城及其周围地区,早高峰时段延迟减少了 1/3,晚高峰时段延迟减少了一半。据估计,市区内的尾气排放量下降了 10% ~ 15%,内城区的居民和骑自行车的人对空气质量等持有更积极的态度,对于内城区的零售商业也未产生显著影响。

2. 项目融资

斯德哥尔摩的交通拥堵收费系统最初的 2.367 亿美元投资在四年内得以偿还,此后政府预计每年的净利润为 1.432 亿美元。该系统采用一天中不同时段的可变定价,由具有车牌自动识别功能的摄像机捕获,在进入或离开城市时收取费用,车辆每天的缴费上限为 105 瑞典克朗,即 11.3 美元。周末、公共节假日及其前一天、傍晚与晚上之间时段以及整个 7 月不收费。

3. 方案演变

斯德哥尔摩交通拥堵收费方案实施取得的最大进展是改变了公众对拥堵收费的态度。自 2003 年首次提出以来,政府一直在进行公共教育。最初,只有内城居民投票赞成实行拥堵收费,随着时间推移,交通改善逐渐扩散到内城以外区域,整个地区的居民都有受益,为此逐渐得到大多数居民的支持。

4. 经验借鉴

斯德哥尔摩交通拥堵收费方案的成功主要体现在:一是确保技术系统的正常运转并跟踪目标实现程度,即减少交通拥堵并改善内城环境;二是广泛的宣传活动,以使居民能够为即将发生的变化做好充分的准备。上述两点对于赢得公众信任至关重要。

(三)新加坡

1. 背景

新加坡拥有世界上最早的交通拥堵收费系统——始于 1975 年的区域许可计划(ALS),1998 年被电子道路收费系统(ERP)取代。ALS 最早是由一

个部长级委员会于1973年设计的。该委员会提出了旨在改善新加坡城市景观的政策,经过一年的公众讨论,实施了ALS以减少拥堵并改善公共交通。

2. 项目融资

ERP的初始成本为1.1亿美元,年度运营成本为1850万美元,每年净收入1亿美元用于公共交通系统。ERP包含80多个收费点,仅在星期一至星期六的上午7点至晚上8点按次计费。根据通行时间、道路类型和交通状况,价格为0~3美元不等。

3. 方案演变

随着新技术的出现,从ALS到ERP实现了更快、更轻松和自动化的交易。而ERP是基于时速45~65公里的"黄金范围"而设计的,系统的实时响应能力至关重要。ERP的准确率达到了90%,并随着添加更多的数据而提高。为了适应该系统,所有车辆都安装了车载单元(IU)以及现金智能卡。尽管新加坡人口激增,但该系统的应用仍使内城区的交通流量下降了24%,平均速度提高近6英里,公共交通的乘车人数增加了15%。部分原因是该计划筹集的资金被返还给了这些公共交通项目,同时通过增加自行车和人行基础设施服务最后一英里出行。在整个内城区,二氧化碳和其他温室气体的排放量减少了10%~15%。

4. 经验借鉴

新加坡因系统使用的长久性和广泛性而被视为交通拥堵收费方面的最佳领导者。这主要得益于其作为城市国家的独特地理环境和政府的额外激励措施。这些措施包括与ERP相辅相成的车辆配额系统(VQS),这使车主不仅需要承担高昂的购车成本,而且需要承担高昂的使用成本,大规模的公共交通投入、不断改进的新技术和社会目标,促成了公共交通成为新加坡人出行的首选方式。

三 纽约交通拥堵收费政策概况

(一)背景

2019年3月31日,纽约州通过了一项预算,授权纽约市大都会运输局的分支机构三区桥梁和隧道管理局（TBTA）从2021年开始为曼哈顿中央商务区建立拥堵收费系统。拥护者支持该计划的重点是公共投资、关注气候变化以及为没有汽车的低收入者带来潜在的好处。作为美国规模最大和第二大拥挤城市，其他城市将密切关注纽约的部署情况。

（二）主要内容

尽管细节尚未敲定，但主要内容基本如下。

（1）收费范围包括曼哈顿60街及以南区域，在罗斯福快速路（FDR Drive）和西侧高速公路（West Side Highway/9A）上的直通车可以自由通行。

（2）乘用车每天只收费一次。

（3）预算包括用于MTA的1亿美元，用于"计划、设计、采购和安装新的收费技术和基础设施"。

（4）将成立一个由6人组成的交通流动性审查委员会，以就通行费率、可变的价格结构和豁免提出建议，并对2019年2月实施的乘用车（FHV）拥堵附加费提出进一步调整建议。

（5）收入将放入一个封闭式基金中，用于支付中央商务区收费计划（CBDTP）的运营和资金成本，并以80∶10∶10的比例分配给纽约市交通管理局、长岛铁路和北郊地铁。

（6）中央商务区收费计划（CBDTP）将伴随着更广泛的MTA改革。

提倡者和批评者都承认，该计划的成功实施和后续收入将在很大程度上取决于通行费率、免税额及其设计的其他方面。2018年，纽约州对第96街以南的通行征收了乘用车（FHV）拥堵附加费，发现目前乘用车（FHV）占CBD拥堵主体的一半，这为制定更广泛的中央商务区收费计划拉开了序幕。

（三）豁免政策

在纽约市，可能会就交通拥堵收费豁免进行公开争论。立法已经允许了一些豁免，包括"通过西侧高速公路或罗斯福快速路进入拥堵收费区域

而从不离开这些道路的汽车"、应急车辆和运送残疾乘客的车辆。在该地区居住的年收入低于60000美元的曼哈顿居民将获得税收抵免,以补偿通行费。

但是,各方的分歧也在不断加大。54%的选民不支持该计划,约52%的选民表示怀疑该计划在减少交通流量方面的有效性。此外,2名新泽西州议员称拥堵收费计划是对进入这座城市并已支付桥梁通行费的新泽西通勤者的"双重税收",需要予以减免。显然,每一项减免都是至关重要的,经测算,在高强度方案下,给予10%的出行免税额可能导致公交投资的收入减少1亿美元,减少纽约的净收益约3亿美元。由于城市交通环境的复杂性,每增加一辆车占用曼哈顿街道空间,都将带来曼哈顿街道上其他车辆损失时间的倍增。但总体上,当前的舆论与其他城市实施拥堵收费之前的情况类似,方案一旦实施并减少了拥堵情况、改善了公共交通的收益,公众支持率就会增加。

表1 几种方案的预测比较

项目	低强度方案	高强度方案	超高强度方案
新的CBD通行费收入(亿美元)	7.8	9.4	13.7
预计年度净收益(亿美元)	1.89	3.68	3.97
年度净收入可用于改善交通(亿美元)	1.12	1.91	2.02
曼哈顿所占的新通行费和附加费份额(%)	20.7	32.5	29.3
其他四个行政区所占的新通行费和附加费份额(%)	44.4	37.5	36.1
每天上午6点至下午8点CBD车速的平均变化(%)	11.5	20.7	23.2
每天节省出行者时间(小时)	256000	507000	544000

四 交通拥堵收费政策面临的挑战

(一)公平性

当前,美国主要的大城市都开始探讨实施交通拥堵收费计划的可能性,摆在每个城市面前的一个关键问题是：城市目前的交通系统能否使所有收入水平的居民都能在不使用汽车的情况下获得工作和城市便利设施服务？如洛杉矶针对公平性和交通拥堵收费已展开了很长时间的讨论，目前的结论是该市当前的公共交通系统尚不能替代许多城市居民的开车出行。

对于各个城市进行有关拥堵收费的讨论，必须权衡各项因素，如减少私人交通出行、改善空气质量、减少排放、获得急需的基础设施建设资金、居民承担的成本，以及是否有可行的替代交通方式，而让城市居民能够公平获得使用各项城市设施的服务应始终放在首位。

（二）不断增长的城市人口和交通拥堵

实施交通拥堵收费计划面临的另一个挑战是，随着城市人口增加和交通拥堵加剧，这不仅是当前一些大城市需要考虑实施的公共政策，对于一些成长中的中小城市，也应该认真考虑其政策选择，以避免重蹈覆辙。

尤其是美国南方和西部一些城市，城市人口增长非常迅速。2007～2017年，全国平均人口增长率为12%，人口超过5万的南方城市的平均增长率为16%，得克萨斯州和北卡罗来纳州分别以22%和19%的年增长率位居前列。西部的华盛顿州增长率处于领先地位，部分城市甚至经历了至少60%的增长，科罗拉多州、爱达荷州和犹他州的城市人口增长率也高于平均水平。随着这些城市的不断发展，在提供足够的可负担住房和工作机会的同时，也有机会通过发展公共交通系统来减少私人交通流量。

五 对中国城市的启示

（一）拥堵收费可以作为城市交通拥堵治理组合政策选项之一

交通拥堵治理作为一个全球性难题，基于不同的治理思路存在多种措施，通常包括五类：一是基础设施，如扩建道路等交通基础设施，但新的设施投入可能会导致通勤和货运量的进一步增长，给系统带来新的压力；二是公共交通，包括公共交通优先权、票价优惠和补贴等提高公共交通吸引力的

措施；三是对车辆使用进行限制，包括专用车道、步行优先区、限制区域和交通管制计划等；四是技术工具，如通过智能交通系统优化设施使用和出行选择等；五是经济手段，如采用经济手段对车辆所有权、停车权等进行干预，道路拥堵收费和车辆购置或使用税等也属于该类措施。交通拥堵治理是一项系统工程，往往只有通过多管齐下的协同措施才能取得良好的效用。在运用经济手段方面，除了常规的停车收费、车辆购置税等措施外，新加坡采用了静态的车辆配额系统（VQS）与动态的电子道路收费系统（ERP）相结合的方式来限制私人交通流量。交通拥堵收费越来越成为全球主要城市的备选方案，北京、上海等国内特大城市目前已经实施车辆牌照限制和限行等政策，加紧研究并择机实施局部地区的交通拥堵收费政策具有现实意义。

（二）充分考虑拥堵收费政策实施的正面和负面效应

评判一项公共政策的实施成效，既包括社会效用的提升，也包括公平正义绩效的改善。从提升社会整体效用的维度看，拥堵收费政策的实施可以缓解交通拥堵、提高市民的出行效率、改善空气环境等，但对于不同社会群体的影响显然是不一样的，尤其是，作为一项收费政策，市民自然地习惯于反对。因此，从社会公平正义维度看，首先，在划定收费区域和时段时应遵循有条件的适度原则，尽量减小对市民生活和出行的不利影响，最大程度上取得市民的理解和支持；其次，合理的收费额度需要充分考虑市民出行对时间成本、经济成本和舒适程度的接受程度，过低的定价对减缓拥堵的效果有限，过高的定价可能导致道路资源浪费，需要通过动态调整达到一种相对平衡的态势；最后，尽管难以实现绝对意义上的帕累托改进，仍需要考虑对效用受损的市民进行合理的补偿。

（三）增强公共交通服务能力作为拥堵收费政策的必要支撑

实施交通拥堵收费政策缓解交通拥堵的根本作用机制在于改变市民的出行结构，使私人交通出行向公共交通出行转变，从而释放道路空间缓解交通拥堵。因此，发达的公共交通系统是有效实施拥堵收费政策的必要支撑，这一点在新加坡、伦敦的既有实践中得到了充分的印证，如果没有完善的公共交通系统吸纳私人交通出行者作为替代选择，拥堵收费的政策效果将大打折扣。因此，政府通过建立适当的机制来引导人们的出行行为，比如从交通拥堵收费政策中筹集资金用于改善道路和公共交通等基础设施，对公共交通出行进行补贴，显然是一举多得的。

参考文献

The National League of Cities, "Making Space: Congestion Pricing in Cities," https://www.nlc.org/resource/making-space-congestion-pricing-in-cities, 2019.

Grant-Muller, Susan, and Meng Xu, "The Role of Tradable Credit Schemes in Road Traffic Congestion Management," *Transport Reviews*, 2014, 34 (2).

徐翠、欧国立：《交通拥堵收费的理论依据和政策分析》，《中国工业经济》2012年第12期。

李祯琪、欧国立：《激励性和惩罚性交通拥堵治理政策的比较——基于动态演化博弈模型及仿真分析》，《中国管理科学》2019年第6期。

王冰、张晓莲：《公共政策的公共性测度——基于武汉市交通拥堵治理政策的实证研究》，《城市问题》2013年第6期。

B.20
洛杉矶可持续城市规划聚焦环境、经济与公平[*]

陈 晨[**]

摘 要： 洛杉矶于2019年出台了"洛杉矶的绿色新政"（L.A.'s Green New Deal），即洛杉矶可持续城市规划。该规划为了顺应国际形势，加快落实洛杉矶温室气体减排计划，提出了面向不同阶段的总体目标和分领域具体目标，致力于将洛杉矶打造为促进城市可持续发展的引领者。可持续发展涉及领域包括可再生能源、水资源、绿色建筑、住房和发展、交通、车辆零排放、工业排放和空气质量监测、废物及资源回收、食物系统、城市生态系统和恢复力、环境正义、繁荣与绿色就业、政府以身作则等。该规划特色鲜明，重视环境、经济、社会公平三个方面的协调发展，支撑城市总体的可持续发展。规划内容重点突出，逻辑清晰，重视量化分析、引导和管控，具有较强的可操作性。总体来说，洛杉矶该可持续城市规划的理念、思路与策略对于中国城市的可持续发展具有较强的借鉴意义。

关键词： 洛杉矶 可持续发展规划 环境 经济 公平

---

[*] 本规划介绍主要基于洛杉矶市政府于2019年发布的"L.A.'s Green New Deal: Sustainability Plan 2019"（http://plan.lamayor.org）以及DiscoverLosAngeles网站（https://www.discoverlosangeles.com/travel/the-sustainable-city-plan-of-los-angeles）的相关内容翻译整理，特此致谢！

[**] 陈晨，博士，上海社会科学院城市与人口发展研究所助理研究员，主要研究方向：城市规划、区域经济。

一 洛杉矶可持续城市规划的编制背景

根据相关领域科学家的观点，全球必须在 2030 年之前削减 45% 的碳排放，并在 2050 年之前实现零排放，以阻止 1.5 摄氏度的升温。否则，地球上数十亿人将面临严重危机。各国在 2015 年 12 月通过《巴黎协定》达成共识，采取措施积极应对气候变化，将未来的气温升幅限制在比工业化前高 1.5~2 摄氏度的水平。基于美国对《巴黎协定》的承诺，洛杉矶于 2019 年出台了可持续城市规划，这也是美国第一例此类规划，该规划被称为"洛杉矶的绿色新政"（L. A.'s Green New Deal）。

洛杉矶可持续城市规划面向未来 20 年设计了一个为全体市民提供环境健康、经济繁荣和公平机会的路线图。该规划将环境（Environment）、经济（Economy）和公平（Equity）作为支撑可持续发展的三大支柱，并提出分阶段目标，致力于到 2025 年将温室气体排放（GHGs）在 1990 年的基础上减少 50%，到 2035 年减少 73%，到 2050 年实现碳中和。相较于 2015 年提出的计划，2019 年的这版"绿色新政"的减排目标与进程显著加快，并且其提出的 2025 年将温室气体排放量在 1990 年的基础上减少 50% 的目标超过了 2018 年联合国全球变暖特别报告的建议，显示出洛杉矶对于相关议题有着强烈的紧迫感。

本文基于 2019 年颁布的洛杉矶可持续城市规划的主要内容，介绍规划的理念、目标、战略举措等内容，并进一步分析该规划对于中国城市可持续发展的借鉴意义。

二 洛杉矶可持续城市规划的主要目标

（一）总目标

到 2050 年，洛杉矶将实现"零碳电网、零碳交通、零碳建筑、零废物、

零浪费水"的目标。规划将通过控制并逐渐减少建筑物、工业、交通、废弃物四类排放来源的措施实现不同阶段的总量减排目标。不过，即使使用当今最好的措施和技术，到2050年仍可能有相当于当今排放总量8.5%的残留排放，这些排放可能来自航空、海上旅行和工业能源使用。因此，需要通过新技术，如城市森林等碳负性项目，以潜在地抵消碳排放。

（二）分目标

规划从可再生能源、水资源、绿色建筑、住房和发展、交通、车辆零排放、工业排放和空气质量监测、废物及资源回收、食物系统、城市生态系统和恢复力、环境正义、繁荣与绿色就业、政府以身作则等13个领域提出了具体的目标，多数目标均提出了分阶段的量化控制或者引导指标（见表1）。

表1 洛杉矶可持续城市规划提出的主要目标

领域	具体指标	目标值
可再生能源	可再生能源比重	2025年55%、2036年80%、2045年100%
	太阳能发电能力	2025年900~1500MW、2035年1500~1800MW、2050年1950MW
	储能能力	2025年1654~1750MW、2035年3000MW、2050年4000MW
水资源	本地水供应能力	2035年本地水源供应量占70%
	雨水收集	2035年达每年15万亩英尺
	废水回收	2035年100%
	多效益雨水收集项目	2025年至少10个、2035年100个、2050年200个
	人均饮用水使用量	2025年减少22.5%、2035年减少25%、2050年保持或继续减少
	其他	到2035年，在200个地点安装或翻新水化站，优先建设市政建筑和公园等公共设施
绿色建筑	建筑零碳排放	2030年所有新建建筑实现，2050年所有建筑实现
	单位面积建筑能耗	2025年减少22%、2035年减少34%、2050年减少44%
住房和发展	无家可归者	2028年减少到0
	新建住房数量	2025年累计新建15万套、2035年27.5万套
	新建住房公交配套	2025年57%距公交457米内、2035年75%
	保障性住房	到2035年，新建或保留5万套经济适用房，增加租房的稳定性

洛杉矶可持续城市规划聚焦环境、经济与公平

续表

领域	具体指标	目标值
交通	绿色出行比例	2025年35%、2035年50%、2050年至少50%
	人均车辆行驶里程	2025年降低13%、2035年降低39%、2050年降低45%
	自动驾驶	2028年奥运会之前做好自动驾驶准备
车辆零排放	零排放汽车比例	2025年达25%、2035年达80%、2050年达100%
	公交	2030年,地铁和LADOT公交100%电气化
	港口	2050年,与港口有关的温室气体排放减少80%
工业排放和空气质量监测	空气污染	2025年零污染
	工业排放	2035年减少38%、2050年减少82%
	甲烷泄漏排放量	2035年减少54%、2050年减少80%
废物及资源回收	垃圾填埋转移率	2025年90%、2035年95%、2050年100%
	人均城市固体废物排放量	2030年至少减少15%(2028年淘汰一次性塑料)
	有机垃圾填埋	2028年消除
	回收利用	2025年达到25%、2035年达到50%
食物系统	生鲜食品覆盖率	2035年100%的低收入群体居住地距离生鲜食品提供点在半英里以内
	城市农业用地	2025年增加25%、2050年增加50%
	粮食系统基础设施	提升应对自然灾害的能力
城市生态系统和恢复力	绿化覆盖	至2028年在最需要的地区提升50%
	树木修复计划	2035年基本完成
	滨水及绿道	2028年建成滨水开放系统与32英里的自行车道和步道
	城市热岛	至2025年将城乡温差减少1.7摄氏度,2035年减少3摄氏度
	公共绿地可达性	居住在公共绿地半英里内的居民在2025年达到65%、2035年75%、2050年100%
	生物多样性	2050年实现本地生物多样性的"无净损失"
环境正义	CalEnviroScreen(一种识别社区污染情况的工具)指标	2025年排名前10%的洛杉矶社区的原始得分平均提高25%、2035年提高50%
	儿童哮喘相关急诊次数	至2025年污染最严重的社区控制在每1000名儿童14次以内、2035年控制在8次以内
繁荣与绿色就业	绿色工作岗位	到2035年创造30万个、2050年40万个
	私营机构环保投资	至2025年增加7.5亿美元、2035年增加20亿美元
	失业率	消除城乡差距

续表

领域	具体指标	目标值
政府以身作则	政府温室气体排放	到2025年减少55%、到2035年减少65%、到2045年达到碳中和
	政府能源消耗	2025年减少18%、2035年减少35%、2050年减少44%
	政府用水	2025年至少减少25%、2035年至少减少30%
	零废物	2025年前实现市政府零废物目标
	车辆排放	到2028年将所有城市车辆转为零排放
	工程电气化	立即实现所有新建的市政大楼和重大改造工程全电动

资料来源：根据"L. A.'s Green New Deal: Sustainability Plan 2019"及 http://plan.lamayor.org 网站内容整理。

三 洛杉矶可持续城市规划的主要特点

（一）规划研究——响应关键需求

规划在提出13个领域的目标、进程、策略、计划时，充分考虑并响应以下八个方面的需求。

（1）减缓气候变化。主要是减少温室气体排放。

（2）可获得性和公平性。增加规划给市民带来的福利和收益，如绿色健康的空间、清洁能源项目、交通等。

（3）高质量的工作。给市民创造高质量的工作岗位，支撑绿色、可持续发展。

（4）劳动力发展。提高当地工人的技能，提高劳动参与率，增加受高等教育者数量。

（5）健康和福祉。改善空气质量，提升人们的舒适度和心理健康，鼓励人们进行更多的体育活动。

（6）经济创新。吸引创新产业的投资，促进创业，深化个人、公共和学术领域的知识交流。

（7）提高负担能力。通过降低公用事业费率、能源成本和其他家庭开支等措施来提升洛杉矶市民负担生活的能力。

（8）应变能力。保护洛杉矶免受未来气候变化、冲击和意外灾害的影响。

（二）规划推进——几个特色工作

1. 量化空气质量改善的效益

空气质量差在带来危险的同时也会增加个人和社会承担的卫生费用。规划提出若干倡议，以减少空气污染，改善人们健康状况。这项工作对特定政策下微粒物质和臭氧污染的减少进行分析，并对由此产生的健康改善进行量化（测度相关措施能够减少的呼吸和心血管并发症造成的死亡和住院人数，以及所节省的费用）。

2. 量化促进就业的作用

规划研究了一系列目标、进程计划和举措对洛杉矶就业的影响。模型显示了每项政策的预期投资水平所支持的全职和兼职工作岗位的数量。

3. 提升城市应变能力

规划重视可持续性和城市应变能力的相互促进作用。该规划和2018弹性洛杉矶战略（2018 Resilient Los Angeles Strategy）、2018年更新的地方减灾计划（The 2018 Updated Local Hazard Mitigation Plan）共同致力于保护洛杉矶人免受气候变化冲击和压力的影响。规划提出要制定提高城市在气候适应、基础设施现代化和经济安全等领域应变能力的政策。

4. 结合联合国可持续发展目标

2017年，市长曾经承诺在地方层面采纳并实施联合国可持续发展目标。根据这一承诺，洛杉矶正将所有城市活动与可持续发展目标结合起来。因此，该规划提出的目标充分考虑了与可持续发展目标的结合。

5. 多措施确保规划的有效实施

为了确保规划目标的实现，市长正设立由弱势群体、原住民、小企业和劳工代表、专家和部门高级管理人员组成的气候应急委员会（CEC）和气候

应急动员主任办公室（CEMD）作为新的执行机构。市长还将设立由雇主和劳动力发展组织组成的工作内阁（Jobs Cabinet），以提供咨询与培训，并创造绿色就业。其他措施包括：协调市政府之间的规划和实施工作；建立强大、有凝聚力、有权力的部门首席可持续发展官网络；组建跨部门委员会以应对具体挑战；通过部门绩效考核和年度目标设定进行问责；调整预算优先级；定期报告进展以提升规划实施透明度。

（三）编制内容——结构框架明晰

规划在各个领域的内容编制中遵循了统一的框架结构和基本逻辑。各个部分的内容大致如下。

（1）洛杉矶的愿景。

（2）对接联合国可持续发展目标。

（3）规划目标。提出具体领域的分阶段、可测度的定量目标。

（4）市民受益。介绍规划给市民带来的具体好处。

（5）五大关键影响。介绍规划对于八大需求影响最大的五个方面。

（6）零碳之路。检视该领域在温室气体减排道路上的角色。

（7）实施策略。确定响应规划目标的、可操作可度量的实施策略。

（8）公平。确保每个领域利益的公平分配。

（9）合作伙伴计划。介绍合作组织的行动和承诺。

（四）策略措施——聚焦三大支柱

规划将环境（Environment）、经济（Economy）和公平（Equity）作为支撑可持续发展的三大支柱，并在此基础上提出致力于实现规划目标的相关措施。

1. 环境

洛杉矶在气候变化问题上采取了最雄心勃勃、最积极的行动，致力于成为美国碳减排和应对气候变化行动的领导者，为美国其他城市提供示范。例如，在太阳能利用方面，洛杉矶拥有充足的阳光，可因地制宜投资太阳能生产清洁能源，减少污染，提高电网的可靠性；在建筑节能改造方面，智能、低成本的建筑改造能够显著降低能源消耗；在资源回收利用方面，提升管理水平，使用新技术和方法，减少资源需求。

2.经济

繁荣的经济可以保障市民住房、交通、就业等基本需求。在住房方面，规划致力于降低住房成本，减少公用事业费用，加强经济适用房的供应和维护。在交通方面，规划重点关注公共交通、自行车、步行，以及结合公交网络的住房开发，保障洛杉矶人的出行自由与便利。在就业方面，通过绿色就业促进繁荣，从而带来经济成功、公平提升和环境改善。

3.公平

建设公平城市，确保所有洛杉矶人都能住在健康、宜居的社区，这是规划需要解决的重点问题。低收入社区承受的环境污染、健康和经济的挑战往往更大，因此更加需要重视。改善空气质量和社区条件、改善食品系统均有助于避免任何群体和个人边缘化。此外，恢复城市生态系统的活力，改善环境质量，增进城市社区的经济、物质和社会健康。该规划还重视社区繁荣的营造与居民自我认同和荣誉感的增强。

四 对中国城市可持续发展的启示

洛杉矶该可持续城市规划的理念、思路、举措对于中国城市的可持续发展具有较强的借鉴意义，主要体现在以下几个方面。

（一）可持续发展规划具有战略性、前瞻性，是全球性议题

可持续发展与全球人类密切相关，是关系到人类命运共同体未来发展的战略性议题。洛杉矶该可持续城市规划提出的温室气体减排目标较之前的计划显著，其原因是2015年《巴黎协定》的签订。虽然美国在2019年退出《巴黎协定》，但不会改变全球日益重视可持续发展的大趋势。

（二）引领城市可持续发展应当是创新型全球城市的担当

洛杉矶有意成为美国乃至全球范围内城市可持续发展方面的引领者。一方面，洛杉矶减排基础较好，人均温室气体排放量是美国平均水平的1/3；另一方面，洛杉矶是美国西部最重要的城市之一，同时其所在的加州也是美国创新型活动最为集聚的地区，能够为可持续发展提供创新型产业、技术、人才的支撑。因此，创新型全球城市具有探索、推动、引领可持续发展的先天基础条件和优势。对于北京、上海、深圳等致力于建设创新中心的中国一线城市而言，引领城市可持续发展是必须承担的责任。

（三）重视经济、民生的可持续发展才能健康

洛杉矶可持续城市规划将经济、社会公平发展与环境问题予以综合考虑，以支撑可持续城市发展策略的制定。规划花了较大的篇幅讨论各领域的发展目标、促进相关产业发展的措施，以及增加就业岗位的机会，同时还在部分议题上重点讨论了通过可持续发展缩小区域发展差异、促进居民公平发展的愿景。由此可见，可持续发展不能仅仅关注环境问题，还需要尊重经济基础支撑上层建筑的客观规律，把握好可持续发展是为了让全体民众有更美好的生活这一基本原则。

（四）提升城市治理能力是保障可持续发展的重要基础

洛杉矶的该规划专门设计了推动规划有效实施的若干保障措施。具体的措施包括设立专门的规划实施推动执行机构、设立就业引导和服务小组、建立规划的部门协调机制、制定规划实施考核方案、予以经费保障、公开规划等。这些措施的执行效果将与城市的治理能力息息相关，提升城市治理能力是保障可持续发展的重要基础。

（五）举办重大国际活动是促进可持续发展的重要机遇

洛杉矶的规划中提出的一系列目标主要考虑了几个时间节点，一是近期

即2025年，二是中期即2035年，三是远期即2050年。此外，也有不少目标设定的时间节点是2028年，这是因为2028年是洛杉矶奥运会的举办年，洛杉矶希望在奥运会举办前能够在部分领域取得一些切实的成效。这与我国不少城市在举办国际性体育赛事或者博览会之前通常适度加快城市基础设施（如地铁）建设以应对盛会的召开有相似之处。因此，举办重大国际活动是促进可持续发展的重要机遇。

（六）发挥城市政府和关键部门以身作则的示范作用

洛杉矶充分重视政府在可持续发展方面以身作则的示范作用。规划专门提出了政府机构在温室气体排放、能源消耗、用水、垃圾回收、车辆排放、电气化等方面的具体目标。这一理念对于中国城市有很大的借鉴意义。北京、上海等城市在依法施策方面的行动力较强，有能力以身作则引领城市可持续发展。

参考文献

"L. A.'s Green New Deal: Sustainability Plan 2019," https://www.discoverlosangeles.com/travel/the-sustainable-city-plan-of-los-angeles, *Mayor Eric Garcetti*, 2019.

http://plan.lamayor.org.

城市治理篇
Urban Governance

B.21
东盟可持续城市化战略框架及其行动计划[*]

盛 垒 张子彧[**]

摘 要： 本文介绍和分析了东盟可持续城市化战略的发展框架、现有行动及未来的优先行动方案。东盟可持续城市化战略框架由公民和社会、健康和福祉、安全、优质环境、基础设施建设、产业和创新6个领域组成，共涉及18个子领域。近年来，东盟在全球/亚洲、东南亚、次区域、国家和地方5个层面实施了相关的可持续城市化行动，但在决策、金融、实施等方面仍面临诸多挑战和障碍。展望未来，东盟推动可持续城市化应聚焦于包容和平等增长、住房和家庭、个人安全和保障等

---

[*] 本文基于东盟秘书处发布的《东盟可持续城市化战略报告》开展介评，并对中国城市的参考借鉴予以研究分析，特此致谢。
[**] 盛垒，上海社会科学院世界经济研究所研究员，硕士生导师；张子彧，上海社会科学院世界经济研究所硕士研究生。

7个优先领域,并着力实施数字支付、扩大经济适用房等8项优先行动计划,以切实推动东盟城市的可持续发展。

关键词: 东盟 城市化 城市发展

可持续城市化战略是东盟可持续发展战略的重要组成部分。东盟秘书处发布了《东盟可持续城市化战略报告》,从公民和社会、健康和福祉、安全、优质环境、基础设施建设、产业和创新等6个领域对区域的城市发展方向进行了阐述。基于此,本文详细介绍和深入分析东盟可持续城市化战略的基本框架、行动计划及实施机制。

一 东盟推进可持续城市化的战略框架

东盟可持续城市化战略框架借鉴了宜居城市框架,是一个由6个领域和18个子领域组成的发展框架,即ASUS(The ASEAN Sustainable Urbanization Strategy)框架。这6个领域分别是公民和社会、健康和福祉、安全、优质环境、基础设施建设、产业和创新(见表1)。

表1 东盟可持续城市化战略框架

6个领域		18个子领域	6个领域		18个子领域
1	公民和社会	社会凝聚力	4	优质环境	水、废物和环境卫生
		包容性和公平增长			能源
		文化遗产			食品
		旅游业	5	基础设施建设	交通
2	健康和福祉	住房			建筑和建设
		医疗保健			城市恢复力
		其他公共服务	6	产业和创新	创业和创新
3	安全	人身安全			贸易和商业
		网络安全			教育

资料来源:The ASEAN Secretariat,"ASEAN Sustainable Urbanization Strategy," *Jakarta*,October 2018。

（一）公民和社会

该领域主要涉及影响城市中公民和社会健康的 4 个影响因素，即 4 个子领域：一是社会凝聚力。这一分领域包括增强社会凝聚力的行动，如增强女权行动、促进种族融合以及重点关注年轻人和老人。二是包容性和公平增长。包括处理经济问题的行动，确保城市发展的红利在城市居民中得以公平分配（如社会安全网、在贫困城市地区创造就业机会的公共工作方案等）。三是文化遗产。包括采取行动保护城市的历史遗迹，促进地方文化以及帮助少数民族保护其文化。四是旅游业。包括基础设施和人才发展，以及支持政策（如向海外主要市场推广）。

（二）健康和福祉

影响城市居民健康和福祉的三个因素：一是住房。该领域旨在提高公共服务效率以提供舒适和负担得起的生活环境，包括提供负担得起的住房、公共空间和设施（如公共住房、贫民窟改造、社区中心、绿地）。二是医疗保健。重点是保障居民获得负担得起的高质量卫生保健。三是其他公共服务。主要包括改善健康和增进福祉的其他服务，如紧急服务和营养（如食品方案、学校饮食等）。

（三）安全

一是人身安全。重点是保护公民免受犯罪、恐怖主义和自然灾害的侵害。它涉及警务、救灾和打击其他跨国问题（如人口贩运）的解决方案。二是网络安全。主要包括支持保护网络基础设施，以防止网络犯罪和网络恐怖主义的行动。

（四）优质环境

一是水、废物和环境卫生。主要包括应对增加供水、废物管理和卫生效率的挑战。例如，可以创建闭环废物系统，以减少回收和重用废物组件。二是能源。包括促进获得能源、提高能源效率和使用污染较少能源的行动，涉及在城市发展智能电网、推广可再生能源（如屋顶太阳能项目），以及提高能源效率的举措。三是食品。包括增加城市粮食供应，完善城市农业、粮食可追溯系统和减少粮食浪费或损失。

（五）基础设施建设

建立高效、有弹性和环境友好的基础设施的三个子领域如下：一是交通。主要包括提高运输的可达性、负担能力和效率以及减少运输污染（如温室气体排放），涉及完善公共交通基础设施、拼车、智能交通解决方案和更高效的内燃机。二是建筑和建设。这一领域的重点是提高建筑使用和建设的效率以及可持续性（如利用共享办公室、模块化建筑、可持续建筑材料、智能建筑）。三是城市恢复力。重点在于促进城市抵御灾害风险和气候变化潜在影响的能力（如城市防洪、预警系统）。

（六）产业和创新

鼓励建立一个强大和创新的商业环境，涉及三个因素：一是创业和创新。例如，数字中心和对中小微企业的支持。二是贸易和商业。重点是通过经济特区和特定部门的发展计划促进城市之间的贸易。三是教育。旨在培养能够适应不断变化的行业需求和自动化的劳动力，包括技能再培训、数字技能开发和职业培训项目。

二 东盟可持续城市化的优先行动计划

（一）现有行动及面临挑战

根据地理范围和所覆盖的区域，东盟各国支撑城镇化的现有行动可分为以下五大类。

一是全球/亚洲层面。主要在全球或亚洲/亚太一级执行，全球或区域的

若干城市参与，采用同样的办法或使用同样的技术援助。例如，由联合国教科文组织领导的"亚洲转换"计划，旨在设计可持续概念，通过开展研究、建设示范点、提升能力，管理包括柬埔寨、印尼、菲律宾和越南在内的亚洲许多城市的水资源。

二是东南亚层面。在东盟一级实施的项目、方案或举措，包括由东盟牵头的举措，如东盟环境可持续城市倡议，或与同一个伙伴组织针对东盟城市开展多边合作，如澳大利亚—亚洲的打击人口贩卖方案。

三是次区域层面。主要局限在东盟，且集中为东盟部分成员的行动。例如文莱—印度尼西亚—马来西亚—菲律宾的东盟增长区域倡议，这一面向东盟四国的次区域计划旨在建设智慧、绿色和宜居城市，以及通过绿色城市方案实现可持续性城市化发展。

四是国家层面。主要指在国家政府层面（即国家部委）实施行动，由个别东盟成员国负责，覆盖多个城市。例如，世界银行和亚投行支持的印尼国家贫民窟升级项目旨在改善和提高贫民窟城市基础设施和服务可及性。

五是地方层面。例如，马来西亚吉隆坡的双威（Sunway）智能和低碳乡镇行动。

从东盟各国支撑城镇化的行动来看，70%以上集中在国家和地方层面，只有9%的行动是在东南亚层面，全球/亚洲层面占10%。这反映了在国家或地方一级满足可持续城市化需求的强大动力，但也揭示了在东南亚层面开展更多行动有着巨大潜在机遇，这将有助于推动东盟一体化。目前，东盟大多数行动关注的重点在于基础设施建设、优质环境以及公民和社会，而对健康和福祉以及安全的关注较少。另外，虽然东盟提出了许多促进可持续城市化发展的行动，但在决策、金融、实施等方面仍然面临诸多挑战和障碍，包括缺乏协调、信息缺失、城市实施和战略规划能力方面的差距，以及无法获得足够的资金。

（二）面向未来的优先行动计划

面向未来，东盟确定了推进可持续城市化的7个优先领域和8项优先行动计划（见表2）。

表2 东盟可持续城市化的优先领域和优先行动计划

7个优先领域	8项优先行动计划
包容和平等增长	引入和完善数字支付解决方案,提高普惠金融水平
住房和家庭	发展和扩大经济适用房
个人安全和保障	引入数码解决方案,加强城市安全
水、废物和环境卫生	加强固体废物管理系统
交通	引进和改善快速公交系统
	发展和改善交通管理系统
城市恢复力	发展防洪管理系统
教育	通过"行业训练营"培养数字技能

资料来源：The ASEAN Secretariat, "ASEAN Sustainable Urbanization Strategy," *Jakarta*, October 2018。

1. 包容和平等增长

目的是确保城市发展的红利在城市居民中得以公平分配。随着东盟不平等问题的日益加剧，这一领域变得越来越重要。东盟在实现包容和平等增长方面有着巨大潜力，给私营部门和政府也将带来巨大利益。例如通过缩小普惠金融领域的差距，东南亚将释放大量新增贷款，政府支出和收款方面的赤字可能减少约100亿美元。这也是东盟许多城市的优先重点。

该领域确定的优先行动是，引入和完善数字支付解决方案，提高普惠金融水平。近年来，东盟的金融包容性逐步改善，2011~2014年，东盟拥有银行账户的成年人占总人口的比重从42%上升到了50%，但成员国之间的差异显著，2014年，泰国、马来西亚和新加坡的比重分别为78%、81%和96%，而在柬埔寨、缅甸和老挝分别只有22%、23%和27%。创新的金融服务，如数字支付，是解决这一问题的关键。这些新型支付工具使用障碍较小，有利于为城市居民提供除储蓄之外的一系列金融服务，如信贷、保险和汇款，大大提高人们生活的质量。数字化金融服务行动旨在增加通过数字金融工具获得金融服务的城市居民数量，减少城市居民被金融排斥的发生率。该行动有助于城市政府评估影响数字普惠金融的因素（如薄弱的基础支付设施、居民的使用率、数字支付选择的限制、滞后的监管），并提供相应的

解决方案。

2. 住房和家庭

包括以提高公共服务效率为重点的行动，以提供舒适和便捷的生活环境，包括提供负担得起的住房、公共空间和设施。这一领域极为重要，因为随着农村人口向城市的快速迁移，政府难以提供足够的基础设施、住房和公共服务，城市移民将面临财务和就业困境。例如，东盟城市的贫民窟人口数量远高于亚洲的平均水平。因此，许多东盟国家，如文莱、柬埔寨、印度尼西亚、马来西亚、缅甸、菲律宾和越南等均将住房作为促进可持续城市化的优先领域。

发展和扩大经济适用房被确定为这一领域的优先行动计划，目标是改善居住条件，使居民获得安全和可负担的住房。目前，许多东盟城市都面临着经济适用房短缺的问题，而快速的城市化将进一步加剧这一问题。由此产生的住房成本压力意味着居民被迫用住房费用来替代其他基本需求的支出，包括食品、医疗保健和儿童教育。城市政府在提供经济适用房行动中发挥着关键作用，而行动将聚焦于确保解决方案符合当地实际情况。这些解决办法包括：促进以交通为导向的发展、实施闲置土地政策（如对未开发土地的税收优惠、对新开发项目免征财产税）等，增加经济适用房土地供应；提高建筑质量，同时保持低成本；通过私营部门管理水平和能源效益提升，提高运营效率；通过调整融资政策来降低成本，确保价格合理。

3. 个人安全和保障

由于收入不平等、大量人口涌入，城市化地区面临的犯罪和安全风险日益提升。根据全球最大的城市数据库网站 Numbeo 基于全球 327 个城市的全球犯罪指数，21 个东盟城市中有 12 个城市的犯罪指数全球排名靠后。应对这一问题的优先行动计划在于，引入数字解决方案，加强城市安全。提高社会公共安全是保障居民基本需求的重要一环，同时还应保证居民免受犯罪和自然灾害威胁。妇女和儿童尤其容易成为犯罪的受害者，特别是人口贩运、亲密伙伴暴力和性侵犯。这些犯罪的普遍存在可能加剧两性经济的不平等，因为妇女可能因害怕成为受害者而不愿工作或旅行。在东南亚，犯罪和暴力仍然是紧迫的问题。一项全球城市人身安全指数排名显示，东盟7个城市中有5个排全球倒数第二，安全性方面的排名比圣保罗、伊斯坦布尔和墨西哥城等全球著名的犯罪多发城市都靠后。快速城市化、滞后的城市规划和人口密度的增加，是东盟犯罪和暴力发生率增加的主要原因。

这一行动的目的是利用相关数字技术，提高城市治理能力，帮助减少犯罪及其对公共安全的威胁；为社区打击犯罪活动提供更多的渠道；加强城市规划以预防和减少犯罪。与此同时，部分东盟城市开始探索如何利用技术来加强这些领域的公共安全。例如，新加坡正在通过试点实施"智能国家传感器"来提高其被动的警务能力，该举措将为超过11万个灯柱配备面部识别摄像头，以监测难以控制的人群和非法聚集的人群。但许多城市在最新数字解决方案的了解和认识、机构间协调、系统的运作和维护等方面仍面临巨大挑战。

4. 水、废物和环境卫生

该领域在东盟具有极为重要的意义，目前，在全球塑料废物管理不善的国家中，每7个东盟城市中就有6个排名靠后。其优先行动计划是加强固体废物管理系统。2000年以来，东盟城市产生的固体废物快速增长（2016年约1.5亿吨），预计2025年的固废量比1995年增加约50%。根据联合国环境保护署的数据，虽然东盟城市已经采取措施改善固废管理，但现有的固废收集、处理和运输等仍很落后。未来的行动重点在于进一步加强城市废物收集、分离、处理和回收的全程管理，包括：停止使用某些类型的固体废物；建立可靠的收集和分离系统，以优化整个价值链中的处理方法；防止废物收集后的不当管理；满足对回收废物的需求，引入先进处理技术。这一行动需考虑到供应链的各利益攸关方，以获得广泛认可。同时，还须明确潜在的融资机会，改进市场信息机制，并建立问责制和执法机制。此外，为确保行动的可持续性，还应向当地经营者和机构转让相关知识和技术。

5. 交通

对于东盟来说交通是一个关键领域。根据世界卫生组织的报告，东盟的交通事故率（十万分之十八）高于全球193个国家或地区的平均值（十万

分之十五点八）。东盟城市交通领域的优先行动计划有两项。一是引进和改善快速公交系统（BRT）。目前，大部分东盟成员国的公共交通系统很不完善，覆盖面较低。更令人担忧的是，东盟许多大城市的公共交通使用量正在下降，许多市民更青睐私人交通方式，导致交通拥堵问题日益加剧。建设BRT被认为是提高公共交通可达性最有效的方式之一。尽管已有部分东盟国家开始发展BRT，但大多数国家并未形成共识，BRT与其他公共交通工具缺乏有效衔接，且票价普遍较高。通过BRT行动，可以提高东盟城市公共交通的整体效率，同时弥补服务辐射范围狭小的不足。二是发展和改善交通管理系统。交通拥堵是许多东盟城市面临的一个共性问题。据估计，在曼谷和雅加达通勤者平均每年花在交通堵塞上的时间分别为64小时和63小时。交通拥堵也开始在万隆、古晋和清迈等小城市出现。这造成了经济上的巨大损失，据估计，印度尼西亚城市与通勤时间有关的总成本每年为370亿美元，到2020年可能增加41%以上。近年来，一些东盟国家开始探索通过科技提升交通管理中的适应和应变能力，如互联的交叉路口控制、数据共享平台、公共交通车队管理系统等。但很多城市面临着政府部门间协调困难、缺少相关技术支撑等挑战。对此，未来的行动重点是通过加强交通流量的监测、促进与司机及有关机构的交通数据分享，建立符合实际的交通管理系统，加强实时交通需求管理（TDM）等，有效调控交通流量，减少交通拥堵情况。

6. 城市恢复力

许多东盟的城市容易遭受自然灾害和环境威胁，尤其是气候变化引起的海平面上升，因此城市恢复力是重要领域之一，而优先行动在于发展洪水管理系统。东盟城市逐渐面对越来越多的气候变化威胁，尤其是洪水。OECD的研究表明，东盟12个城市中有一半位于全球最容易发生洪水地区。许多东盟城市实施了各种计划以降低洪水灾害发生率，包括疏通河流、加强排水（吉隆坡的生命之河项目）、实时跟踪排水沟和运河水位的上升（新加坡的智能水网系统）。然而，快速的人口增长和滞后的维护措施导致洪水管理系统的功能的失效。而这项行动的目的在于建立洪水管理基础设施和制定全面的洪水管理计划，以应对日益突出的基础设施压力，并提升维护这些系统的能力。最佳做法是确保洪水管理系统与运输等城市规划的其他领域高度结合而不是孤立发展，并从整个流域层面制定整体发展方案。此外，需加强洪水管理方面的立法，如修改建筑法规、保护自然汇水区。城市还应考虑其"与洪水共存"的能力，而不是仅仅注重预防（例如，应急服务以及用于处理洪灾的财政储备、建筑物和基础设施应对洪水的功能）。还应尝试采用混合基础设施和防洪建筑技术等创新解决办法。

7. 教育

教育对东盟的重要性不言而喻。未来，东盟在教育发展领域的优先行动计划是通过"行业训练营"培养数字技能。据估计，到2025年，东南亚的互联网经济规模将增长到2000亿美元，仅移动互联网的增长就将带来580亿美元。因此，东盟各国的城市都希望通过建立"技术中心"来发展数字经济。然而，这些技术中心大多局限于首都。例如，泰国的38个技术中心有27个在曼谷。其产生的风险在于，随着东盟互联网经济的发展，这些数字中心的发展会变得越来越不平衡。培育数字技能是发展充满活力的数字生态系统最重要的政策手段。例如，为了应对全球数字化趋势，胡志明市教育和培训部门在所有中小学推行计算机和互联网扫盲课程。然而，许多城市缺乏这样的数字技能。对印度尼西亚、马来西亚、泰国、菲律宾和新加坡的研究发现，这些国家普遍面临教育机构无法满足行业需求，科学、技术工程和数学能力薄弱，职业教育和专业技能培训不足等挑战。另一与数字技术增长相关的挑战就是管理劳动力市场的混乱。自动化和人工智能等技术进步，需要教育和培训领域进行相应的重大变革。例如，据预测，50%以上的学生正在接受自动化带来的根本变化方面的训练；到2026年，预计将有57%的工作岗位将由女性担任。其中的主要障碍在于高度依赖国家政策和课程，而地方政府、地方培训提供者和培训员传授数字技能和知识的能力有限。对于东盟国家来说，数字经济仍然是相对较新的领域，正在发展当中。这也意味着这些国家和城市仍非常缺乏向公民提供数字培训的技术和资源，如专业教师和培训人员。

"行业培训营"（Industry Boot Camps）是一种创新方式，可弥合行业需求与所教授技能之间的差距。这些训练营是由行业主导的培训项目，每两至三个月举办一次，教授特定部门所需的实际技能。印度在这方面已经有了类似实践。尽管行业培训营的设计因涉及的行业而异，但东盟的培训项目将着重于横跨所有经济领域所需的数字技能。

三 结语

东盟的可持续城市化发展战略构建了较为完善的基本框架，并对框架中的每一项具体领域都制定了优先行动计划，为东盟推进可持续城市化发展提供了方向指引。但需要指出的是，该战略的实施存在潜在风险，即东盟的许多城市都缺乏相应的资源和能力为东盟可持续城市化战略的行动计划提供匹配的城市环境。虽然东盟各城市网络能提供一些技术支持，但仍然需要更多的资源，以帮助各城市拟订详细行动方案，并吸引更多潜在的合作伙伴参与进来。这是东盟可持续城市化发展战略实施的关键之一。

参考文献

The ASEAN Secretariat, "ASEAN Sustainable Urbanization Strategy," *Jakarta*, October 2018.

United Nations Department of Economic and Social Affairs, "World Urbanization Prospects: The 2018 Revision," 2018.

OECD, "Financial Inclusion and Consumer Empowerment in Southeast Asia," 2018.

B.22
市长们在想什么？
——基于百位市长演讲分析美国城市发展动态和关注*

胡苏云 曹显云**

摘　要： 本报告聚焦美国国家城市联盟对2019年1~4月153个市长演讲内容的分析，涉及不同人口规模和地理区域的城市。通过对经济发展、基础设施、健康和公共服务、能源与环境、预算与管理、住房、公共安全、人口统计、教育、政府数据与技术等方面的研究，剖析美国城市发展状况，描述城市发展最新动态以及不同地域、不同规模的城市发展重点，指出经济发展始终是城市动态最重要的话题，健康和公共服务、基础设施是城市发展动态的重要因素，同时城市发展引领国家创新发展。

关键词： 城市　美国　公共服务　基础设施

美国国家城市联盟（NLC）致力于加强地方领导对联邦政府的影响力，并提供创新的解决方案，推进对城市重要的主题和趋势的研究分析，改善社区治理的创造性解决方案，记录地方官员在处理棘手问题时的创新做法，创造城市领导人之间交流的机会，以分享经验并学习城市管理中的创新方法。

---

* 本文基于美国国家城市联盟《健康人口与社区繁荣机遇之城——12个先锋城市经验》开展介评，并对中国城市的参考借鉴予以研究分析，特此感谢。
** 胡苏云，上海社会科学院城市与人口发展研究所研究员；曹显云，上海社会科学院城市与人口发展研究所硕士研究生。

一 领导者对城市发展的关注点现状和趋势变化

（一）城市发展动态十大因素关注现状

美国国家城市联盟主要询问调研城市领导者对涉及城市管理的经济发展、基础设施、健康和公共服务、能源与环境、预算与管理、住房、公共安全、人口统计、教育、政府数据与技术十大领域的判断（见图1）。

经济发展 74%
基础设施 57%
健康和公共服 46
能源与环境 41%
预算与管理 41%
住房 37%
公共安全 37%
人口统计 ?%
教育 %
数据与技术

图1 涉及城市管理的十大领域

资料来源：The National League of Cities（NLC）+ Cities of Opportunity Healthy People, Thriving Communities Highlights and Summary from 12 – City Pilot。

调研发现，经济发展问题在过去六年中一直居市长们关注的焦点榜首，与 2018 年（58%）相比，2019 年更大比例（达 74%）的市长在演讲中较关注这一问题。健康和公共服务占比在 2019 年增长了 3 个百分点，超过了预算与管理、住房和公共安全。2019 年 46% 的市长详细讨论了健康和公共服务，而上年只有 43% 的市长讨论这个问题。2019 年，能源与环境问题的重要性上升，有 41% 的市长（上年只有 25% 的市长）讨论这个问题，市长们介绍了克里特岛计划，通过提高树木覆盖率和改善城市景观来增强城市活力。在 2019 年的市长演讲中，有 37% 的市长提及住房问题。

（二）关注因素变化趋势分析

1. 健康和公共服务跃居第三位

健康和公共服务占比的增长主要是得益于为居民提供的公园健身娱乐设施增加（2019 年超过 63%，而 2017 年仅为 28%）。同时，在健康和公共服务下对一些问题的关注也有显著变化，例如，对精神健康的关注显著增加，大约 20% 的市长在 2019 年讨论这个问题，而在 2018 年只有 4%。大部分城市居民对于关注心理健康的呼声越来越高。同时，虽然阿片类药物问题相对于其他问题关注度下降了，但大约 11% 的市长仍然把重点放在强调其造成的破坏性社会影响，并将减少人群伤害作为应对这一问题的首要策略。

2. 经济发展是市长们谈论最多的话题

经济发展（经济发展涉及市中心发展、警察部门和道路、街道和路标等）的背景下，市中心的发展仍然是最热门的话题。市中心的发展的关注度甚至超过了警察和道路、街道和标志，成为经济发展中第二大最受关注的话题，在中西部、东北和西部地区，其也是排名前三的话题之一，56% 的市长演讲中有所提及，高于 2016 年的 18%。近年来，城市、城镇和村庄的发展中创造公共空间成为重点，公共空间将提高生活质量是经济发展的核心，而这通常涉及市中心的发展。

3. 基础设施又一次成为市长演讲第二大热门话题

市长们讨论基础设施（包括公园健身、娱乐设施，上、下水道和垃圾

设施等）的比例从2016年的31%、2017年的48%增加到2019年的57%，对基础设施资金的关注度也开始上升，2019年大约33%的市长讨论需要与联邦合作伙伴重建和重新规划国家的街道、桥梁和隧道（大约比2018年增加10个百分点）。中西部和南部地区的市长，以及那些居住人口少于5万人城市的市长，都把基础设施建设作为优先考虑的重点，越来越多的城市寻求州和联邦合作伙伴的援助，加快基础设施建设。

4. 预算与管理仍然是一个热门话题

预算与管理主题占比从2018年的49%下降到2019年的41%。随着环境、枪支使用和最低工资等全球性问题的出现，管理问题仍然是当地居民最关心的。此外，房产税、预算透明度、领导和治理等话题都在2019年占据了一席之地。相较而言，在过去的四年里，市长们对养老金的关注越来越少，2017年市长们虽然对养老金关注度最高，但也仅占比18%，到了2019年只有6%的市长对此进行了讨论，如伊利诺伊州和加利福尼亚州的市长们继续阐明城市面临的挑战：养老金资金缺口、长期养老金成本上升以及州与市之间日益紧张的关系。

5. 对能源与环境持续关注

与预算与管理一样，能源与环境问题也出现在41%的市长演讲中。这在很大程度上是由于更多的市长关注混凝土平面建设、扩大树木覆盖范围、改善社区城市景观。环境的可持续性是一个主要的问题，市长们一直在坚定地把演讲重点放在清洁能源和太阳能上。2019年，大约12%的演讲讨论了太阳能，而在2016年这一比例只有5%。更多的市长正在倡议通过减少城市空气污染来促进环境的可持续性，2019年5月有10%的市长讨论了这个问题，而2016年这一比例只有3%。

（三）关注因素在不同区域和规模城市的比较

1. 关注因素的区域差异

在美国西部地区，城市发展中以公园健身、娱乐设施为重心，其后是关注市中心的发展，住房供应，道路、街道和路标，公民利益，警察部门，以及社区发展。

在中西部地区，城市发展中以公园健身、娱乐设施为主，道路、街道和路标为辅，其后是消防部门、社区、艺术与装饰、基础设施融资、新业务和业务扩展。

在南部地区，城市发展中以公园健身、娱乐设施为主，其后是道路、街道和路标，警察部门，上、下水道和垃圾设施，市中心的发展，行人基础设施，消防部门，基础设施融资。

在北部地区，城市发展中以公园健身、娱乐设施为主，道路、街道和路标，警察部门为辅，其后是上、下水道和垃圾设施，住房供应，区域划分，建筑物。

2. 关注因素的城市规模差异

人口小于5万人的城市发展中以公园健身、娱乐设施为主，道路、街道和路标，市中心的发展，上、下水道和垃圾设施为辅，其后是消防部门、基础设施融资、警察部门、行人基础设施、住房供应。

人口在5万~10万的城市发展重点为公园健身、娱乐设施，道路、街道和路标，房屋供应，市中心的发展，警察部门，上、下水道和垃圾设施，消防部门等方面。

人口在10万~30万的城市看重市中心的发展，其后是警察，公园健身、娱乐设施，道路、街道和路标，社区发展等。

人口超过30万的城市看重警察部门，其后是经济适用房，公园健身、娱乐设施，道路、街道和路标，社区，市中心的发展，公共交通，职业培训和发展等。

二 美国城市动态及关注因素发展规律

城市正在引领着国家创新发展，尽管城市面临着各种各样的问题，但市长们都在发挥其领导作用，支持加大公共交通投资，2019年住房、公共安全、能源与环境以及人口统计都有了新的意义。更多的市长正在谈论公平的住房

保护、废物管理和人口普查。美国持续的经济适用房危机促进市长们寻找解决方案,许多城市的住房成本过高使得领导者们专注于公平,纠正、消除其他住房政策对有色人种的歧视,为租户提供公平住房保障。市长们都致力于以一个促进增长、公平的机遇来引领他们的城市、城镇和村庄发展,因为正是美国社区的人民创造了新的经济增长,形成了深远的思想,推动着国家创新发展。

(一)经济发展是美国城市动态发展的核心

1. 专注于市区发展

许多城市政府制定了具体计划,以振兴房地产市场,鼓励私人投资,促进旅游业和当地商业的发展。如在纽约州的波基普西市,市长罗布·罗利森提及该市对长期闲置的街道的成功改造,该街道位于市中心,分布有公寓、酿酒厂和酒吧、咖啡厅和美术馆。纽约市基于金斯敦计划持续投资金斯敦,它是一个重要的混合用途项目——涉及零售店、餐厅、生活空间、酒店和公共停车位。加州的阿纳海姆、俄亥俄州的哥伦布和亚利桑那州的斯科茨代尔等大城市都计划新建或扩建运动队的体育场馆和竞技场。而孟菲斯的什尼斯则积极投资于城市的社区发展。

2. 创造就业机会,促进经济发展

有些城市还提及政府在为当地居民创造就业机会方面的投资,这不仅有利于改善经济前景,而且有利于增加青年社区和有色人种社区。例如,在弗吉尼亚州切萨皮克市,市长理查德·韦斯特助力福基兹(一家为无家可归的人提供服务的公司)获得投资。福基兹有望为无家可归和失业的人提供就业机会,并为该市提供超过1200万美元的资金。韦斯特市长说:"这个项目,在最近的记忆中,比任何其他项目都更显示了社区、城市和组织联合起来实现这一目标的伙伴关系的力量。"

(二)城市基础设施发展持续得到重视

1. 城市道路基础设施发展

2019年市长们分享了一些新的策略用以改善居民上、下水道和废物基础设施条件，涉及交通疏导，以及道路、街道和标志，或者通过修建减速带或增加其他交通工具来减缓交通压力。在路易斯安那州巴吞鲁日，市长莎伦·韦斯顿·布鲁姆支持整个行政区升级和更好地同步交通信号，以改善交通运行，节省时间和金钱，提高安全性。在田纳西州克拉克斯维尔市，新市长乔·皮茨与街道部门合作，设计了一个十字路口改善方案，通过拓宽道路、改善交通信号和人行道来解决严重的交通拥堵问题。

2. 行人基础设施建设

各大城市正在新建人行天桥、人行道和木板路，以确保交通和安全。在华盛顿州的埃弗雷特市，市长卡西·富兰克林正在着手一个项目，在该市的市中心改建一个配有简易雨棚和长凳的友好走廊。此外，市长还表示，该市预计将新建一座人行天桥，这座桥不仅有利于雨水从斜坡上流走，而且"将为我们提供一条通往海滨地区的新路径"。

（三）日益重视健康和公共服务发展

在内华达州的亨德森市，市长黛布拉·马奇正与媒体合作，通过广告牌、电台和电视等途径向公民传递"敬畏生命、美好生活"精神。该市正在开展危机干预培训，以更好地为可能患有精神病的公民服务。

城市发展中不仅应重视公民心理健康，而且应注重将有心理疾病的个人从刑事司法系统转移到社区接受心理健康治疗。例如，在爱荷华市，市长吉姆·斯洛格莫顿正在协助筹建行为健康访问中心，为"处于危机中的人们提供服务，而不是让他们接受简单的治疗，然后被送往医院急诊室或县监狱"。

（四）不断改进预算和管理方法

国家金融服务管理局正在就预算与公众进行接触，以便继续维持他们与州和地方政府的关系，重建外汇储备。例如，纽约市长斯万特·米里克正与纽约市长会议组织等协会合作，加强州政府对市政的援助，增加公路建设资金以填补坑洞，以便"像我们这样受到非营利性机构不成比例影响的城市，

将获得一个（更公平的）交易"。市长的首要任务之一是完成并通过2019~2020年两年期的预算，该预算将指导该市调整资源以支持议会优先事项并较好地满足社区发展需求。

（五）关注能源和环境，保障城市发展可持续性

1. 支持以环境和公共安全为重点的城市森林项目

城市一直支持以平等、环境公正以及公众安全为重点的城市森林工程，希望整个社区更适宜居住。在美国俄勒冈州的密尔沃基，为避免树木被砍伐，市长马克正与树木委员会共同修改相关法律。在佛罗里达州社区更宜居，为居民提供了荫凉处。在西棕榈滩，美国能源部计划授予其"智慧太阳能"城市称号，以促进太阳能利用，特别是住宅屋顶的太阳能利用，该市大量投资遮阴树，以使该市更适合步行。

2. 开展垃圾服务和废物管理

虽然回收已经发展为一个全球性产业，但不一致的回收标准让居民感到困惑，导致产生的垃圾越来越多。例如，内华达州卡森城市的目标是降低商业和住宅的成本——路边设置单一回收和绿色垃圾回收站。同样，亚拉巴马州的欧佩利卡市升级回收便利中心，以避免物品被错误放入回收系统。在华盛顿穆基尔托市，市长詹妮弗·格雷格森正在实施一个垃圾箱循环使用项目，还有一个垃圾场治理项目，以防因恶劣天气而取消服务，使社区保持清洁。

3. 发展新能源

部分城市通过将堆肥转化成能源，在废物管理方面又进了一步。在印第安纳州的布鲁明顿，市长约翰正在帮助将当地的可降解有机材料转化为压缩天然气，目的是节省填埋场空间，并为公共交通工具提供当地的燃料来源。

（六）提出城市住房问题解决方案

住房对于越来越多的工薪家庭来说是极其昂贵的，政府正在努力缩小居民实际支付的住房费用和他们能够负担的住房费用之间的差距。政府建造保

障性住房以满足居民的居住需求，期望居民住房成本不超过家庭收入的30%，从而帮助低收入家庭解决住房问题。例如，亚拉巴马州伯明翰市通过拆除破旧和废弃的建筑来消除城市污染，改善城市居住环境。纽约和代顿也投入了大量的资金来移除城市社区中破旧和不安全的建筑。

（七）关注城市公共安全发展

1. 地方政府加强安全预防

地方政府正在将安全预防作为一种有效的安全策略，同时继续加强执法力量，增进警察和社区关系。

在城市中最近更倾向于从法律解决转向社区司法服务，以更有效地提高公共安全，而不是原来的侧重于惩罚。在明尼苏达州圣保罗市，市检察官办公室发起了"社区司法计划"，以应对非暴力初犯刑事起诉的案件。在华盛顿州埃弗雷特市，市长卡西·富兰克林新建了一个新的转移中心，为无家可归者提供居住地，预防无家可归者因药物上瘾而罹患精神疾病。

2. 增加对新执法人员的关注

自20世纪90年代以来，各城市一直在加强警察部门的工作，对新执法人员的关注度有所增加。在加利福尼亚州的埃尔克格罗夫，市长史蒂夫·利支持新官员的招聘，"麋鹿林警察局正在雇用更多的警员来保护我们和我们的社区，我们比以往任何时候都要做更多的工作来招募新的警员，他们反映了麋鹿林的多样性"。同样，康涅狄格州哈特福德市雇用了100多名警察，其中一半是黑人或西班牙裔。

3. 加强警察和社区联系

正如居民依靠警察和消防部门来保护和服务社区一样，执法人员也同样需要社区的支持，全国各城市都在努力建立这样一种和谐的关系。在纽约州的布法罗市，居民们有机会参与"警察和社区一起"项目，该项目旨在建立两个群体之间的友好关系。

（八）加强人口统计和民族融合

城市正在通过共同努力来促进种族和经济平等，并为他们创造无障碍的

便利设施。为了减少种族不平等，罗瓦市启动了一个75000美元的社会公正和种族平等捐款项目，并在圣保罗开发了"种族平等工具包"，以评估各城市项目的种族平等情况，建成更具包容性的城市。

许多曾经提出2020年开展人口普查的城市，纽约州西部伊利湖东岸的港口城市布法罗市（水牛市）、密歇根州西部的大急流城、加利福尼亚州旧金山东部的詹姆士顿以及犹他州华盛顿县的斯普林代尔镇等都计划成立完整统计委员会，旨在扩大服务范围并提供更加精准的城市描述。在马萨诸塞州的首府波士顿，市长马蒂·沃尔什任命了一名人口普查联络官员。他不仅要确保波士顿的居民都被统计在内，还要与各级政府合作，确保波士顿的代表权和联邦资金。

（九）重视教育，提供便民化图书馆

城市教育学院不仅致力于为青年提供接受高质量教育的机会，而且通过与其他教育机构合作开展社区活动来支持青年发展。例如，新泽西州普莱恩菲尔德与地区大学合作，开设课程教授青年编程和应用程序，增加青年就业机会。各城市通过私人投资、新工作和职业培训计划，将大学发展为未来的经济引擎。在纽约州詹姆斯敦市，市长萨姆·特雷西正在扩大该市的商业和社区学院。

虽然世界变得越来越数字化，但图书馆仍然是必不可少的，城市也在对其进行翻修和重建，以便为公众提供更好的服务。弗吉尼亚海滩市市长说："图书馆是培养天才的地方，我们将为每一个公立学校的学生配备一个弗吉尼亚海滩公共图书馆，将图书馆改造成一个适合幼儿、家长和看护者的教育环境。"

（十）优化政府通信技术，创建智慧城市

各城市正在改善各部门之间的沟通，目的是让居民更快地获得信息。田纳西州孟菲斯市正与一家科技公司合作进行机械学习的试点，目的是能够扫描街道上的坑洞，并很快将其填平。市长吉姆斯特里克兰说："我们将在城

市车辆上安装摄像头，可能是一辆垃圾车，可以探测到已有坑洞和即将形成的坑洞，然后自动生成报告，提醒我们修补。"此外，城市正在使用新的应用程序来改善移动系统。

城市借助于技术不仅能改善部门间通信，而且能改善社区通信条件。在佛罗里达州的棕榈海岸，市长米利萨·霍兰德正在利用技术"改善人们的生活，吸引更多的高科技企业进驻城市"。在新泽西州的普兰菲尔德，市长阿德里安·马普正在努力使这座城市发展为一座智慧城市。

三 城市发展动态及关注因素的中国借鉴

（一）构建创新和可持续发展的城市发展体系

近年来，中国的城市化进程中出现郊区化的特点，中国政府应该参考美国不同规模城市发展的侧重点，如公园健身、娱乐设施，市中心的发展，住房供应，道路、街道和路标，公民利益，警察部门以及社区发展等，依据城市规模侧重于不同方面发展。针对不同城市的地域、经济发展特点制定城市空间发展政策，积极引导城市向合理的方向发展。城市的产业结构调整必须因地制宜，充分考虑到农村流动人口的就业、居住、就医、生活等诸多方面。经济发展始终是城市发展的核心动力，要赋能科技创新，创造活力城市，走出创新驱动发展之路。

（二）城市公共安全保障城市可持续发展

城市公共安全是保障城市发展的前提，中国的城市发展同样重视公共安全。以上海为例，美国的法律转向社区司法服务就是中国的"社区惩罚"。另外，上海作为一线大城市，为保障公共安全，必须重视社区警民联系。虽然民警经常巡查，也会有社区志愿者和交通警察在社区周围出现，及时解决社区居民的一些问题，但目前警察的工作机动性不够，难以做到和社区居民经常联系。如果警民联系更加紧密，城市公共安全又能加固一把锁。同时，

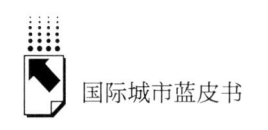

我们的警察编制不够，最近两年上海国际进口博览会举行期间，为加强安保工作需要从外地抽掉民警，每到大型节日，如中秋、国庆、春节期间，上海外滩安保人员紧张，需要借调武警官兵，以加强安全保障。同时应开展风险隐患排查和治理，强化街镇基层应急能力建设，提升应急联动和救援水平，做好突发事件防范与处置工作，实现城市安全运行和社会面安全稳定。协调解决城市消防安全的大问题。安全是城市发展的基础，加强警民联系、增加更多的安保人员，将会促进城市发展。

（三）基础设施构建城市体系区域化

我国城市基础设施建设一直稳步推进，1990～2017年，仅上海全市用于城市基础设施建设的资金为23319亿元，占同期全社会固定资产投资的25.6%。上海的轨道交通作为全国交通枢纽站，起着关键作用。不过地铁频频延误，换乘时间不够精确，需要从根本上予以解决。同时对上海地下水管道维修、置换等应该更具体系。上海市交通发达，应借助长三角一体化发展战略实施的契机，在公路、铁路、港口、机场、能源通道等基础设施方面加快融合，促进上海、嘉善、平湖等地域一体化，大到地铁、省际公路，小到地界分割线的村道、桥梁都应该连通，先实现地域网，再联通政策，进一步加强城市与城市之间的联合发展。

（四）智慧城市，智能管理

城市管理需要充分运用人工智能、大数据、云计算等现代信息技术，推进城市运行管理平台在应急联动、防汛防台、风险防控、交通管理等场景中的应用。上海目前已接入涉及基础设施、公共安全、公共管理、生态环境等领域的30多个部门、单位。例如，历经4个多月，垃圾分类利用大数据和云计算已然形成分类体系。城市运行管理平台与智慧公安、大数据中心、城市管理网格化等平台的关系以及与职能部门、区、街镇的关系，要深度融合、有机衔接、一体推进，加快形成畅通的跨部门、跨层级、跨区域运行体系，更好实现信息共享、相互推送、快速反应、联勤联动。上海新能源汽车数量不断增加，无人驾驶汽车技术日趋成熟，科技使城市的发展更可持续性、更智能化。借助科技创新不断增强人民群众的获得感、幸福感、安全感。

参考文献

The National League of Cities（NLC）+ Cities of Opportunity Healthy People, Thriving Communities Highlights and Summary from 12 – City Pilot.

史宜、关美宝：《美国高校数字化城市设计发展初探》，《国际城市规划》2018年第1期。

Fan Hao, "Free Extension, City Region and Network Mutualism: Dynamic Evolution and Its Comparison on Rural-urban Relationships in Europe and America," Urban Studies, 2018.

王钊：《基于对外服务流的长三角城市群落结构演化及其空间模式研究》，南京师范大学博士论文，2018。

Zhang Yan, Kent Larson, "CityScope: Application of Tangible Interface, Augmented Reality, and Artificial Intelligence in the Urban Decision Support System," 2018.

马超、运迎霞、李相逸：《美国路易斯安那州可持续海岸带总体规划研究》，《南方建筑》2018年第4期。

B.23
动员青年：让年轻人参与社区治理[*]

陶希东　郁奇民[**]

摘　要： 基层社区治理是国家治理体系中重要的一环，推进治理能力现代化需要基层社区不断提高治理绩效与水平。在现代化浪潮中，社会分工细化下，青年因工作等原因，在社区事务中出现的身影越来越少，成为世界性现象。如何有效动员年轻人的力量，将年轻人组织起来为基层社区治理增添亮眼的色彩，成为各地社区亟待解决的问题。本报告借助美国城市研究所（The Urban Institute）于2019年9月发布的关于动员青年进行社区参与的研究报告，在分析美国"全国社区指数合作组织"（The National Neighborhood Indicators Partnership，NNIP）具体做法的基础上，对我国提出相关建议。

关键词： 青年　全国社区指数合作组织　社区参与

美国的社区向来为人称道，被认为有丰富的社团与社会组织，托克维尔在《论美国的民主》中详细介绍了美国社区自治中个人、社区和自由结社之间的联系，对美国社区不乏赞赏之词。然而进入20世纪末期，美国也出现了社区生活逐渐衰落、政治投票意愿薄弱、公民参与度降低等隐患，社区

---

[*] 本文主要基于美国城市研究所发表的"Mobilizing Youth: Engaging Young People in Making Community Chance"，特此致谢。

[**] 陶希东，本书副主编，理学博士，上海社会科学院社会学研究所研究员，主要研究方向：社会治理、城市管理；郁奇民，福卡智库研究人员，主要研究方向：社会治理，宏观经济。

的公共领域走向消亡,社区青年们开始"独自打保龄"。对此,美国采取了许多方式,其中,"全国社区指数合作组织"(NNIP)对这些问题做出了尝试性的解答。"全国社区指数合作组织"是一个非营利组织,在30多个城市中开展活动,任务是搜集所有社区的数据并共享,以数据来促进社区的发展与公平。"全国社区指数合作组织"认为,年轻人是社区的宝贵财富,只是年轻人经常被排除在社区决策之外,社区生活中没有年轻人的声音。为了解决这一问题,"全国社区指数合作组织"采取创新的办法,让年轻人与社区的联系更加紧密,试图建立更美好的社区。

一 培养数据使用能力

"全国社区指数合作组织"与当地社会组织合作制定计划,教导年轻人利用数据来促进社区变革,为青年提供学习掌握自己未来的机会。在计划中,重点针对的人群是现有活动、项目、数据中涉及较少的那部分年轻人,即边缘青年人群,着重发展新生力量。

首先,鼓励年轻人通过调查、访谈、研究等方式收集社区的信息,通过数据采集的过程来增进年轻人对社区的了解,用直观的数据展现来加深年轻人对社区概况、社区生活、社区问题的认识。其次,培养年轻人收集、整理和解释数据的技能,用数据将年轻人武装起来。作为一种应用技术手段,它无疑能提升年轻人的技术水平,有机会在未来从事数据相关职业,有助于提升年轻人的职场竞争能力。再次,通过对数据的分析与应用,可以激发年轻人对问题进行批判性思考,对错综复杂的社会情境做出独立判断。最后,在项目过程中培训项目参与者,将重点放在项目流程的不同阶段——筛选、范围界定、评估、建议、报告或监测和评估,使年轻人获得评估需求和倡导社区变革的能力,从而促进自己社区的发展。

在达拉斯,2014年启动的"青年领袖"项目五年来向1200名年轻人传授了有关社会公平主题的青年宣传、数据识别和分析技能。该项目已发展为由社区合作伙伴运营的独立组织IF Institute。活动也转为每年的"达拉斯未

来城市"青年聚会,从公平和可持续性的角度来讨论公共政策。而在费城,利用健康影响评估(HIAs)项目,为100名黑人青年开展了为期六周的技能发展系列培训。借助HIAs这一强大的参与性研究工具,评估新政策或新做法对社区居民的影响。活动包括集体讨论该项目对社区的潜在健康影响,从OpenDataPhilly搜索有关社区的可用数据,以及练习向决策者提出建议。

二 放大年轻人的声音

年轻人所处的世界已存在许多影响他们的政策,这些政策由过去的人们根据经济、政治、文化、社会、生态情况所制定,随着时间推移,公共政策难免出现滞后的现象,与当下年轻人的生活不相匹配。"全国社区指数合作组织"为年轻人配备工具来分析自己的世界,加深年轻人对社会生活的认识,帮助年轻人找到自身的社会需求,并鼓励年轻人表达自己的想法,提出想要的改变。"全国社区指数合作组织"通常在数据收集和结果解释阶段帮助年轻人参与,对年轻人采用焦点访谈小组的方式来为研究和建议提供信息,正视年轻人的看法和要求,倾听年轻人的声音,将年轻人的经验和想法纳入研究,以帮助解释研究结果并就此与年轻人进行沟通。

西雅图市在针对医院和卫生系统的2018年、2019年社区卫生需求评估工作中,为了了解女同性恋者、男同性恋者、双性恋者、变性者和性别认同不清者,与72名13～24岁的年轻人进行了八次访谈,并将这些发现与健康青年调查和行为危险因素监测系统的结果相结合,最终发现,LGBTQ年轻人的健康和安全受到社会系统和人际关系的影响,这些因素可能使他们有能力寻求所需的医疗服务,也可能会影响健康状况。纽黑文市(New Haven)在准备有关该地区妇女和女童状况的报告中缺少年轻人的声音。为了吸收青年的观点,研究组扩大了焦点访谈小组,将原小组与本地中学的学生会聚在一起。在访谈中,正面回应了青少年的问题与需求。

国外研究发现,向年轻人介绍数据的价值和社区参与的作用对年轻人和社区都有好处，能加深年轻人对自己所处的社会环境的把握程度。在心理上有能力对社区进行改变的人在步入晚年时通常具有更好的健康状况、更加自信、拥有更强的社会凝聚力和幸福感。社区参与可以增强年轻人的社会适应能力，有助于提高其以后的受教育水平与收入。

三　鼓励年轻人主动参与

"全国社区指数合作组织"深入拓展青年参与式研究，使青年的想法和决策成为工作的中心。由年长者最终控制的活动和决定并不是年轻人真正地参与，将实际的权力、责任、机会交给年轻人，由年轻人自主发声、决策、执行。在实践中，美国的年轻人在住房、就业、健康等领域都为社区做出了贡献。

"全国社区指数合作组织"在明尼苏达州对一个由年轻人自发组成的YPAR团队进行了定性研究方法的相关培训，YPAR团队在开展研究项目中发现，居民在面临搬迁、申请住房援助时会遇到许多阻碍，主要体现在三个方面：①申请紧急援助程序的非人性化；②居民在此过程中受到的歧视；③政府的其他不足之处。YPAR团队将访谈的研究成果转化为"社会服务失能"的交互式模拟活动，根据现实情况条件随机分配，列出诸如"申请失业救济金"等任务清单。模拟对象包括社会服务机构、法院、物业管理者、经济援助人员甚至公交车司机，而青年、非营利组织负责人、学者、政府工作人员都参与了模拟活动，活动凸显了人性化的主题。

在奥斯汀，青年团队领导的"社区健康学习倡议"聚集了8个当地健康组织，通过新方式进行宣传，主要包括四个重点健康领域，即体育活动、健康饮食、精神健康、卫生服务获取，为该地区的社区健康改善计划提供了依据。

波士顿青年参与了城市青年就业部门的审查计划，并与大都会地区规划委员会组成了波士顿的市民技术与数据合作组织。针对过去人工处理方式的弊端，青年们创建了新型数据库以便于自动化操作，青年更新了数据的算

法，为申请暑期工作的人服务，使求职者的兴趣等相关因素与工作相匹配。同时，青年们改变了信息交流方式，以即时通信代替传统的电子邮件。在重新调整后，求职者的就业率提高了60%，节省了95天的员工时间，从而使部门工作人员有更多的时间采用其他方式为求职者提供帮助。

通过这些活动，年轻人学会并创新发展了许多相关的知识和技能，如参与式测绘、走访长廊、数据获取、影视记录等，个人能力得到了锻炼，提高了自身的社区地位，促进了社区的发展。

四 用艺术展现成果

"全国社区指数合作组织"的青年在参与各项研究课题时，不满足于只在研究报告中展现研究成果。通常而言，民众很少通过正式的研究报告来获取信息，除了获取渠道困难之外，结果呈现形式相对枯燥、脱离民众审美现实也是重要的原因。青年们开始以各种生动的方式对研究结果进行展现，使研究成果更为民众所熟知。不同的艺术性传播媒介被"全国社区指数合作组织"的青年们所采用，优势在于，简单的数字罗列、分析更偏向于理性，但有些时候难以引起受众共鸣，没有共同的生活经历，光看数字难以感受问题，而艺术可以传达数据中所反映的重点问题的情感经验，通过视觉、听觉、触觉等方式再现真实社会生活场景，有利于加深民众的情感体验和印象。

在不同的城市中，"全国社区指数合作组织"根据实际情况选择了不同的艺术表现形式。奥斯汀的青年们采用照片图像展览、社区故事叙述等方法呈现社区中的健康不平等；明尼阿波里斯市的青年们设计了一款游戏，帮助人们体验搬迁者痛苦折腾的经历；新奥尔良的青年们借助数据中心和创意艺术中心的平台，创造性地诠释了新发布的新奥尔良青少年指数结果，制作了系列戏剧与电影作品来讨论儿童肥胖问题之下的体育锻炼，还包括经济条件不足、高中教育缺失、父母关照缺失等引起的青少年系列问题。

五 对我国促进青年参与社区治理的启示

在推进国家治理体系和治理能力现代化的过程中，基层社区治理是不能忽视的一环。经过多年的努力，各地的社区治理小有成效，然而社区参与的主体为退休的老人，年轻人由于工作日上班白天不在所居住的社区，休息日又较少走进社区，极少参与社区事务，如何发动青年参与社区治理已是一个全国性的难题。

（一）善用信息数据资源

在大数据时代，社区信息数据是社区治理的一座宝矿。社区的人员构成、年龄结构、房屋类型、硬件设施铺设、群众团队等数据能构成一整个社区的面貌。针对社区数据，需要探索、收集、汇总、分类、整理、分析、解释等一系列的过程。年长者的数据使用能力较弱，尤其是面对复杂数据分析时，年轻人在学习新生事物时具有天然的优势。社区可以社区数据为纽带，鼓励青年参与使用数据的全过程，从技术入手，引导年轻人逐步参与社区日常实际事务。在技术的更新问题上，可开发相关的培训课程项目，提高年轻人的技术实践应用能力，激发年轻人对社区数据的兴趣，引导年轻人通过数据认识社区、了解社区，发现社区的优势与不足，在数据中寻找解决社区问题、提升社区发展的路径与方法。

（二）挖掘青年人的需求"痛点"

现有的社区服务与活动大多针对老年群体的需求而设，涉及年轻人的较少。许多社区困惑于如何吸引年轻人参与，而焦点在于怎样抓住年轻人的需求痛点，只有切切实实了解到年轻人真正的需求，才能将年轻人纳入社区治理。例如，在许多社区中，不少年轻人因加装电梯这一事项而开始关注并参与社区治理，年轻人真真切切地感受到自己与社区息息相关。又如，亲子相关活动向来受年轻人欢迎，还有不少年轻人热衷于兴趣班如烹饪、插花、育

儿等。在工作推进方法上,首先,以上门沟通等面对面的方式了解年轻人对社区生活的看法与参与社区治理的态度;其次,为年轻人提供意见诉求表达的渠道,如果年轻人不满足于现状,也可使年轻人愿意通过社区这一平台进行改变;最后,不同于有较多闲暇时间的老年人,创新适合于年轻人参与社区治理的活动方式,拓宽年轻人的参与途径,为年轻人建立社区参与的多元机制。

(三)培育青年团队

"居委会大妈"是以往社区工作中最活跃的人群,这意味着社区工作中缺乏年轻人的身影。在社区活动中,无论是组织者还是参与者,都是清一色的老年队伍,社区成为"老年社区"。对社区可持续发展来说,合理的年龄梯队是社区治理的长远保障,只有老中青三代结合,才能最大程度上整合社区的力量。同时,需为有志于扎根社区、热心社区事务的青年搭建平台,提供培训学习交流成长的机会,包括技术层面和管理层面,加大各项资源支持力度,帮助青年积极融入社区。开展青年志愿者活动与青年社区工作,鼓励与支持青年建立团队,提升青年团队的自主权与社区事务的话语权,以活动、项目为龙头,凝聚青年,发掘青年领袖。一个好的团队青年领头人能起到示范引领作用,激发团队活力,加强团队青年文化建设,吸引更多的年轻人参与其中。

(四)巧用新媒体传播

社区宣传工作需要接地气,具有很强的技巧性。传统的公告栏、横幅、宣传册并不一定适合年轻人。社区宣传需关注年轻人偏好的传播媒介,创新宣传工作方式,利用好微信平台、微博、短视频等新媒体方式,做到既生动活泼又清晰明。加强宣传平台的日常运营工作,避免出现建了微信群却无人使用的尴尬局面,以耐心和热心提升宣传平台的持续性和参与性。此外,宣传工作需改变单向灌输的模式,培养青年主动参与的意识,在宣传中做好双向沟通交流的准备,对青年的疑问及时给予反馈与解答。同时,宣传内容应具有针对性，抓住青年需求的痛点，办实事，以项目为龙头，集中精力每年开展一到两个高水平的社区宣传主题活动，精心策划出能起到轰动效应的社区宣传，善于发现、总结身边的青年社区治理案例，打造精品和典型。

参考文献

Kamille H. Anoll, *Mobilizing Youth： Engaging Young People in Making Community Chance*, 2019.

孟利艳：《青年的共青团、社区、非政府组织认同与参与的对比分析——基于全国12个城市的一项调研》，《中国青年研究》2013年第3期。

托克维尔：《论美国的民主》，商务印书馆，1988。

罗伯特·帕特南：《独自打保龄：美国社区的衰落与复兴》，刘波等译，北京大学出版社，2011。

城市空间发展篇

Urban Space Development

B.24
芝加哥大都市区迈向2050
综合规划的创新思维[*]

樊豪斌[**]

摘　要： 本报告简要介绍了芝加哥于2018年10月发布的迈向2050综合规划的主要内容。该规划的逻辑思路非常清晰，首先通过大量的调查和研究分析了芝加哥大都市区所面临的几大挑战，并邀请多个利益相关方参与讨论，最终提出具有适用性的三个指导原则和五大行动篇章，并利用数字化思维对规划进行后续跟进。有别于很多传统规划思维，芝加哥强调在该规划中运用创新思维来解决问题。其在编制都市区规划时具备的

---

[*] 本文主要基于芝加哥大都市区规划局2018年10月发布的《芝加哥大都市区迈向2050综合规划》，特此致谢。
[**] 樊豪斌，博士，上海社会科学院城市与人口发展研究所助理研究员，主要研究方向：城市经济。

芝加哥大都市区迈向2050综合规划的创新思维

合理逻辑，以及在应对挑战时具有的创新思维，非常值得上海大都市圈借鉴。

关键词： 芝加哥　大都市区规划　创新思维

芝加哥大都市区的范围包括芝加哥城及其周边城市，人口为990万，所辖面积28120平方公里。芝加哥大都市区迈向2050综合规划于2018年10月公布实施。这项规划由包括芝加哥大都市区规划局在内的多个利益相关方参与，历时三年，规划过程高度透明，并且进行了大量的研究分析，公众参与度很高。该规划主要用于指导芝加哥大都市区未来的交通投资，并指导制定区域需要优先考量的议题，这些议题主要包括发展、环境、经济以及其他影响居民生活质量的重大决策。

芝加哥大都市区迈向2050综合规划包含五个部分：指导原则、区域现状、行动篇章、资源和规划实施。指导原则部分说明了"包容性增长、区域韧性或适应力与优先投资"为该规划的目标。区域现状则详细分析了实施该规划的重要性。行动篇章包括五大部分，即社区、繁荣、环境、治理和交通方式，并且列出了目标、建议和当地居民简况。资源则是追踪规划项目进展的一整套指标体系，并协助分析，也包括其他与规划相关的材料，并会依照新数据定期更新。规划实施是能够让利益相关方找到该规划在地区执行中的最新详细记录。另外，该规划采用数据驱动模式，对于地区的人口、就业和其他重要的社会经济指标进行了预测。

一　芝加哥大都市区迈向2050指导原则

芝加哥大都市区基于自身现状的评价，明确需要努力的方向，将自身定位为"全球商务中心，一个为所有人提供机会的大都市区"。为保持优势和应对挑战，在该规划中芝加哥大都市区提出了三项指导原则：

包容性增长（发展经济从而为所有人提供机会）、区域韧性或适应力（为已知和未知的快速变化做好准备）、优先投资（审慎地将资源最大收益化）。

包容性增长所阐述的要义是不论居民的种族、收入或背景，芝加哥都能够为他们提供经济机会，并且享受更久更强的经济繁荣和更少更短的经济停滞。尽管芝加哥大都市区拥有很多值得世人艳羡的资产，但是如果有很多人和地区没法跟上繁荣的节奏，芝加哥大都市区也不会步入真正的繁荣，从而为所有居民提供经济机会。通过基于种族的调查和研究显示，芝加哥是无法保证所有居民的经济机会的，并且相较其他大都市区，芝加哥的这个劣势尤为突出。所以，为了一个更美好和更公平的未来，芝加哥需要确保每一个居民和每一个社区有能力为经济做出贡献并从中获益。

区域韧性或适应力指的是面对未来经济、财政和环境的不确定性，芝加哥大都市区的社区、基础设施和社会系统能够持续良好运转。所以，要确保区域"韧性"，其所属的社区需要为冲击和长期压力做好准备，并能够从损害中恢复。基础设施、自然系统和社会结构能够经久耐用并持续运转。另外，除了快速的恢复能力，外部的冲击实际上也能造就一个区域的韧性。例如，极端炎热天气造成路面拱起弯曲，新铺设的路面不仅能够抵御高温，还能泄洪。这样就确保了一个可靠的抵御多种天气状况的交通道路。除了天气之外，区域"韧性"还指社区具备的能力——收益、人员、专业、设备和其他资源——有效实施并达成当地服务、土地使用和生活质量相关的目标。多方协作以确保区域"韧性"，从而为不可避免的挑战做好准备，特别是现今全球市场正在向新兴产业过渡，由此改变商业、产业等的发展模式。

在任何时代，芝加哥大都市区都需要智慧的公共管理能力以最大化区域利益。特别是，随着联邦和州资金注入的逐年下降，芝加哥需要确保基础设施建设、发展和最大化本地收益的经济项目的优先投资。同时，优先投资还会覆盖到建设环境、技术支持和其他公共资源。资金来源的渠道需要具备可持续性与弹性，以维持道路、交通和货运系统的先进性，由于新兴科技和经济现实的转变，这些系统都在不断地转化。此外，广泛的合作投资是有效利用有限资源的必要手段，如通过房产开发与交通建设或制定公共支出目标从而吸引私人投资。

二　芝加哥大都市区的现状与挑战

（一）经济挑战严峻

芝加哥的人口增长已经停滞，并且经济增长落后于其他地区。尽管趋势如此，芝加哥大都市区规划局预测至 2050 年，区域将会增加 230 万名居民和 92 万个新的工作岗位。迈向 2050 规划展示了一个帮助区域回到正常轨道并再次繁荣的愿景。另外，芝加哥拥有大量的资产。如金融、健康和制造等产业能够获得多元化的、受过良好教育的、自全球的劳动力。虽然区域的失业率在持续增长，但是商业和服务在逐年增长。

（二）大范围的种族与经济不平等

芝加哥的经济成果有着种族界限明显的特征。有色人种，特别是黑人居民，常常只能获得更低的收入，面临更高的失业率。一些社区陷入无法收回投资的循环之中，无法推动社区基础设施建设和其他服务与居民项目的发展。大量研究表明，种族与经济的包容性能够增强区域经济实力。国际研究建议，减少不平等 10 个百分点就能够使区域经济增长达到 50%。所以，投资包容性增长能够帮助整个芝加哥大都市区获得成功。

（三）不断减少的联邦、州和当地财政收入

资金不足是提高生活质量与增强经济活力面临的最重要的挑战。由于联邦与州政府的财政收入不断减少，当地政府甚至无法实施那些优先级别的政策。很多政策项目不得不删减，并通过与其他政府部门合并资源，甚至裁减员工来执行。即便这样，很多政府部门也需要删减核心服务项目。所以，如

果没有新增的财政收入来进行基础设施投资,那些区域优先项目很有可能会被搁置。

(四)基础设施老化

由于缺乏足够、及时的基础设施投资,交通系统和水务系统不断老化。高速公路的标准使用年限是50年,但是芝加哥很多设施是建于20世纪五六十年代。交通系统缺乏资金限制了地区交通提供高质量的服务。芝加哥的水利基础设施也是几十年前建造的,很多主要管道和其他设备需要更换。雨水排水系统也不达标,特别是遇到频繁的大暴雨季节,情况不容乐观。资产管理和其他绩效导向的投资能够提供帮助,但是除非有其他财政收入,否则依照目前的财政收入水平,无法成功补救。这些系统在不断老化,维修它们的成本不断上升。

(五)气候变化的影响加剧

全球气候变化对于芝加哥当地的环境、经济、生态系统有着重要的影响。芝加哥大量的资源都依靠连接密歇根湖的水系来提供,高质量的自然环境能够帮助减少气候变化带来的影响。这些资源或许可以帮助本地区实现自然调整,但若要确保芝加哥的繁荣,就有必要重新规划道路、建设和维修水系和能源基础设施,并能够保护自然和农业用地。同时,实施雨水最佳管理实践,利用社会网络与资源来抵御气候变化带来的影响。

(六)人口老龄化与多样化

为了给不断增加的老龄人口提供舒适、高质的生活,芝加哥需要持续改进其交通系统,利用新兴的交通与通信科技,建造更多容易到达的休闲场地。同时,人口结构呈现分化的特点。如果目前的趋势持续下去,在下个十年芝加哥的人口将主要由有色人种构成。芝加哥要确保所有居民的经济机会,可以利用(资本化)人口多样化所具有的经济实力(见图1)。

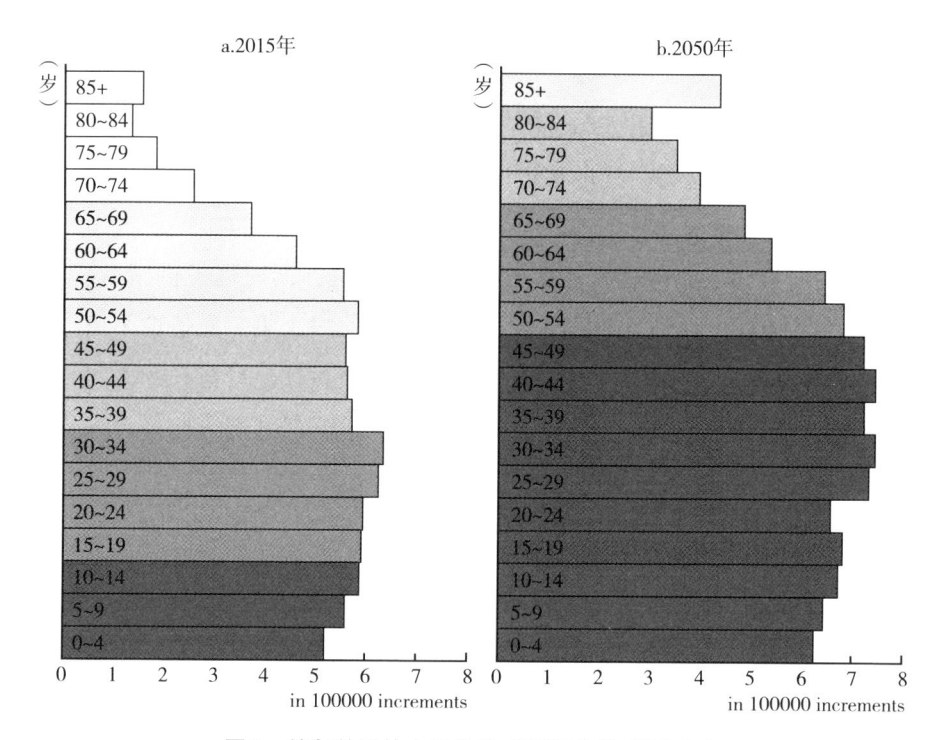

图1 按年龄层的人口分布（2015年和2050年）

三 芝加哥大都市区迈向2050五大行动篇章

基于"包容性增长、区域韧性或适应力、优先投资"三项指导原则，芝加哥大都市区面向2050年提出五大行动篇章：社区（打造与维持有活力的社区，增强区域竞争力）、繁荣（经济与劳动力发展带来的挑战日益需要一个区域方法来资本化芝加哥的独特资产）、环境（国家资产提供的"生态系统服务"每年能够产生大约60亿美元的区域经济价值）、治理（为实现一个繁荣的未来，芝加哥需要不同执法部门合作，基于可衡量结果的投资，以及支持当地政府提升其实现繁荣的能力）、交通方式（交通方式正在不断改变，并被快速演进的科技潜在地转换，从而促成了一个未知但有希望的未来）。这五大行动篇章为该规划的实施提供了建议和路线图。

（一）对社区基础设施进行再投资以增强其活力

制定规划，鼓励在财政和经济问题上的合作，保持优质的开放空间和农业资产，增加住房选择。社区在迈向 2050 规划中的目标为：战略性的可持续发展，为充满活力的社区进行再投资，增强区域经济实力。

该规划强调芝加哥对社区基础设施的再投资，同时也提供新的指导，以提高生活质量。而地方政府继续在监督土地使用决策、支持性举措方面发挥关键作用，让许多参与者共同推动实现这些目标。有些社区为再投资和提高生活质量举措提供丰富的专业知识和资源，而其他人则努力提供基本服务。

创建和维持充满活力的社区可以增强地区竞争力，为居民和企业提供多元化选择。很多中心区域有召开会议的需求，从而对设施的多元化、可步行的和无障碍社区的需求会增加，这就需要有一个友好与轻松的通勤方式。不断修正社区发展计划并使社区收入政策现代化以适应电子商务的发展，保持社区的活力，促进现有社区的不断成长。

社区财政责任范围的扩大，迈向 2050 规划还强调保护用于农业和开放空间的土地，实施可持续发展。最重要的是，如果没有协调一致的投资来支持那些落后社区中的工作、便利设施和资源，整个芝加哥地区是无法获得成功的。为持续的经济增长和整个地区的成功所做的投资应聚焦在资源有限的社区，帮助其重建工作、住房选择和健康生活所需的基础设施和便利设施。

（二）利用经济繁荣来消除不平等

随着新技术和物流的发展，消费者的需求也在不断变化，世界发达经济体和新兴经济体不断涌现。这些趋势加上气候变化将会越来越影响全球商业的发展。

芝加哥迈向 2050 规划的繁荣目标是：依托强劲的经济增长减少不平等，具有迅速响应战略发展的劳动力。

为了适应不断变化的全球经济，芝加哥大都市区必须解决其所面临的不平等问题，增加就业机会，采取针对性的措施确保所有人的发展。由于长期增长缓慢且持续地落后于同水平地区，很多中低收入居民不得不离开芝加哥大都市区到别处寻求发展机会。

人力资本作为区域经济发展中最重要的决定因素，超越了地域管辖范围。区域内的良性竞争有其益处，经济和劳动力发展带来的挑战日益需要区域方法来资本化芝加哥独特的资产。这些活动必须具有包容性、优先性和响应市场变化的特点。

面对劳动力的停滞增长，高等教育机构能够增加地区的创新人才。商业扩张仰赖于能够在全球经济竞争中取得成功的商品和服务，且这些商品和服务能够打入世界各地的市场。

（三）制定保护环境的综合方法

多样的自然环境和生态系统是芝加哥大都市区最有价值与不可替代的资产。迈向2050规划肯定了这些自然资源对于保护芝加哥的空气、土地和水的质量至关重要，因为它们确保了生态平衡，也有助于提高生活质量，支持充满活力的区域经济发展。

迈向2050规划的环境目标是：为气候变化做好准备，制定保护水资源和自然资源发展的实践方法。

自然资源提供防洪、净水和生产水、碳储存等"生态系统服务"，仅这几项就产生了每年约60亿美元的地区经济价值。

从2001年到2015年，该地区保持了61500英亩的自然环境和农业用地，同时又开发了140000英亩同类型的土地。在自然环境和农业用地的边缘进行开发，增加了水、废水和雨水相关的基础设施投资，同时也会消耗超出可持续水平的地下水。

气候变化带来了更频繁、更严重的风暴和极端的高温与干旱等，严重影响了芝加哥的经济、生态系统、建筑环境和人。

在自然威胁中，弱势群体特别可能遭受高风险，导致生活成本和负债的

增加。比如，洪水灾害造成了低收入社区的高水费，还会造成基础设施受损的区域被私人投资所忽视。

（四）政府部门的合作治理模式能确保专注投资

迈向2050规划对繁荣与包容性的区域愿景要求新的合作模式与更加专注的投资方法。各级政府——从伊利诺伊州到市政当局——都能找到自己的角色，如共享与增加政府服务、提高服务效率等举措应扩大到司法管辖区，从而更好地为区域谋求发展。

迈向2050规划治理的目标是：各级政府通力合作，并且政府有能力确保高质量生活，用数据驱动透明的投资决策。

实施迈向2050规划取决于跨辖区的合作，基于可衡量结果的高效投资与一个专注于帮助当地政府部门所有单位构建提供基本服务和实施计划的能力。

州政府的资金在基础设施和支持当地政府提供服务中扮演着至关重要但又非常不确定的角色。所以更加现代的税收系统、长期的偿付义务计划、透明的数据驱动的预算编制能够改善地区近期财政状况与长期愿景。这样也可以支持那些希望服务公众但能力受到资金限制的地方政府。

通过有效的跨境合作，地方政府可以延伸其有限的资源。州和地方政府与运输机构需要在财政、技术和行政能力的支撑等方面进行有效合作。基于适当的资金支持，伊利诺伊州和地方政府能够作出基于绩效的决策，改进资产管理并利用新技术提供更好的服务。

（五）交通方式的转变要求做出塑造系统的重大决定

芝加哥地区的交通网络已经到了关键的节点。出行模式受到了不确定但前途光明的快速发展的技术的影响，并可能持续地被改变。所以芝加哥不能停滞不前，推迟做出将在未来几十年内塑造系统的重大决定。迈向2050规划要求芝加哥大都市区7个郡的良好整合与多式联运，从而实现人员和货物的无缝运输。

迈向2050规划交通方式的目标是：一个现代化的多式联运系统，能够适应不断变化的出行需求；一个可以进行变革性投资的、为每个人提供更好服务的系统。

将这一愿景转化为区域现实集体行动，并克服现有资产和组织固有的障碍。有些策略可能需要州或联邦政府采取行动。同时，越来越多的地区和政府必须相互依赖以提供本土解决方案，这包括支持流动性体系的必要政府收入，因为这是保证经济繁荣和生活质量的引擎。

运输机构、郡和市政当局需要提高协调努力的程度，并采取迅速行动以适应和规范新技术，从而让交通系统更具竞争力，推动包容性经济增长。至关重要的是，这些部门需要创造新的收入来源，改善现有交通条件，并进行有限和具有针对性的扩张活动。

四 对上海大都市圈规划与建设的启示

第一，合理分析地区面临的挑战，提出适用的指导原则。芝加哥大都市区面临的挑战主要有：经济发展，大范围的种族与经济不平等，不断减少的联邦、州和当地财政收入，基础设施老化，气候变化的影响，人口老龄化。这是芝加哥大都市区规划局与各利益相关方通过大量的调查、研究与分析，合理利用数据总结出的该区域所面临的主要挑战。这是编制综合规划一个非常重要的基础，在得到合理的区域信息后，方可提出适用的指导原则。比如，芝加哥基于面临的种族与经济不平等和人口老龄化等挑战均与种族问题有关，才会提出包容性增长原则；又如，芝加哥基于财政收入的下降和基础设施的老化，才会提出优先投资的原则，着力解决最重要的基础设施投资问题。

第二，面对挑战，用创新思维提出行动策略。芝加哥大都市区的行动原则涵盖五大行动篇章：社区、繁荣、环境、治理和交通方式。从软件与硬件、具体与抽象的角度对一个区域进行思考。有别于其他规划，芝加哥从社区这一较为微观的角度探讨如何增强区域竞争力，并注重投资对于社区发展

的作用。另外，为铸就未来持续的繁荣，面对挑战需要具有金融思维，即以区域方法资本化芝加哥的独特资产。芝加哥大都市规划涉及的交通方式，不像其他规划中反复提及的交通基础设施或交通网络等概念，而是着重用未来科技思维设计能够适应出行需求变化的系统。此处的创新立意，值得上海大都市圈在制定规划时借鉴。

第三，用区域韧性或适应力思维应对气候挑战。与芝加哥所处的五大湖地区一样，上海大都市圈所处的长江中下游地区对于全球气候变化的冲击会比很多内陆地区要强烈。这种环境不确定性要求地区具有更强的适应力或韧性来维系社区、基础设施、水利系统和其他设施的良好运转。所以在规划建设时需要多角度分析设施的"适应力"，例如，极端炎热天气造成路面拱起弯曲，那么新铺设的路面则不仅需要抵御高温，还需要能够泄洪，从而确保一个可靠的抵御多种天气状况的交通道路。

参考文献

芝加哥大都市区规划局：《芝加哥大都市区迈向2050综合规划》，2018。

B.25
纽约大都市区规划实施及与核心城市纽约愿景协同进展[*]

程 鹏[**]

摘 要： 纽约大都市区2017年制定并实施第四次规划，聚焦"让该地区为我们所有人服务"，并基于"公平、繁荣、健康和可持续发展"四个核心价值观，提出"机构改革、气候变化、交通运输和可负担性住房"四个领域的行动措施。本报告以介绍纽约大都市区第四次规划为主，辅以分析纽约大都市区规划和纽约市总体规划的愿景协同关系，提出对推进和实施区域一体化建设和都市圈规划的经验启示。

关键词： 纽约大都市区 规划 人人享有 核心城市愿景

纽约—新泽西—康涅狄格大都市区又称为"纽约大都市区"，包括纽约州、新泽西州和康涅狄格州的部分区域，共31个县，约1600个城镇和乡村居民点，2018年有近2300万人口，面积近3.4万平方公里，空间尺度上约等于上海加上江苏四市（苏州、无锡、常州、南通，3.3万平方公里）的面积；作为"纽约大都市区"核心的纽约市（简称NYC），面积约1214平方

---

[*] 本文基于纽约地区规划协会发布的《纽约大都市区第四次规划》开展介评，并对中国城市的参考借鉴予以研究分析，特此致谢。
[**] 程鹏，博士，上海社会科学院城市与人口发展研究所助理研究员，主要研究方向：城市开发与规划控制、公平城市与城市治理。

公里，其中陆地面积784平方公里，2018年约有840万人口，空间尺度上小于上海主城区（约1161平方公里）；而在"纽约大都市区"之外还有一个共识度很高的美国东北部大西洋沿岸城市群，即"波士华城市群"，包括波士顿大都市区、纽约大都市区、德拉维尔河谷区（费城及其周边）、巴尔的摩都市区、华盛顿首都区，延绵约1000公里，面积13.8万平方公里，人口约6500万（人口规模接近于上海+周边8市的7070万人）。

2017年11月，纽约地区规划协会（Regional Plan Association，RPA）完成并发布了纽约大都市区第四次规划，勾画了纽约大都市区至2040年的发展蓝图和实施路径。这是继1929年、1968年和1996年纽约大都市区规划之后的第四次规划，以"让该地区为我们所有人服务"为主题，基于"公平、繁荣、健康和可持续发展"四个核心价值观，提出"机构改革、气候变化、交通运输和可负担性住房"四个领域的行动措施，既聚焦当前区域内核心城市及区域整体共同面临的发展挑战，又充分体现了区域内核心城市纽约的发展愿景，与2013年、2015年和2019年三版纽约市总体规划的"强大""韧性""公正""公平"等关键词具有极大的相关性。

一 纽约大都市区面临的挑战

纽约大都市区第四次规划于2013年4月启动，历时四年，于2017年11月公布实施。经过与社区、居民、商业和公共部门领导人进行广泛的交流，明确了当前以及未来一个时期纽约大都市区面临的主要挑战，具体如下。

（一）经济蓬勃发展，但并未惠及全体居民

2008~2009年国际金融危机之后，纽约—新泽西—康涅狄格大都市区的经济增长反弹，但经济增长并未使每个人都受益。2000年美国人口普查和2016年美国社区调查数据显示，纽约大都市区家庭收入最低的1/3群体，自2000年以来收入一直停滞不前，而中间阶层则少有良好的就业和攀登经济阶梯的机会，使得该地区的收入不平等程度高于美国其他地区。而住房、

交通、教育等限制低收入居民和有色人种机会的歧视政策中的遗留问题加剧了工资停滞和成本上升的双重危机，社会隔离愈发严重。

（二）增长模式变化，城市与郊区面临不同挑战

20世纪下半叶，联邦和地方的政策促进了中产阶级和富裕的城市居民向郊区迁移，郊区化带来内城失业、贫困和犯罪问题的增加。过去20年，随着居民和工作岗位重返纽约市以及泽西市、怀特普莱恩斯这些地理位置优越的城市，许多地区已经重新焕发活力，这种转变给城市住房市场和郊区经济带来了新的压力。对于许多城镇和村庄，这种逆转导致当地就业机会减少，人口老龄化和税基减少；对于纽约和其他发展中的城市来说，房地产价格上涨，地铁等老化的基础设施承受着巨大压力。

（三）机构体制制约，缺少可持续发展解决方案

世界各大都市区通过投资建设现代化基础设施来提高经济竞争力和抵御灾害能力，但纽约大都市区在修改土地使用和建筑法规、降低基础设施建设成本、改变税收结构、改善公共交通、提升基础设施和建设更具韧性的物理和自然系统方面仍缺少动作。典型的例子就是未能投资改善和建设新的基础设施，使得飓风"桑迪"和"艾琳"等灾难性事件造成了巨大的破坏，同时不能提供韧性可靠的公共服务。

二 纽约大都市区的发展愿景

展望未来，纽约大都市区第四次规划以"公平、繁荣、健康和可持续发展"四个核心价值观为导向，构成了解决跨领域问题的共同基础。

（一）公平

规划提出的投资政策将减少不平等现象，改善该地区最弱势居民的生活。到2040年，纽约大都市区应该大幅度减少贫困，弥合种族、民族和性别方面存在的健康和财富差距，成为全国最少隔离的地区之一。

（二）繁荣

规划中的行动将创造强劲动力和推动经济增长。到2040年，纽约大都市区将创造200万个就业岗位，大幅增加所有家庭的实际收入，尤其是改善该地区较贫困居民的就业和收入状况。

（三）健康

规划提供了一个路线图，以解决植根于建筑环境中的健康不公平现象。到2040年，为减少精神疾病或慢性疾病，如哮喘、糖尿病或心脏病等创造条件，最大程度上改善低收入群体、黑人和西班牙裔居民健康状况。

（四）可持续发展

为应对气候变化，规划提出将区域发展与自然环境视为一个整体的新关系。到2040年，该地区将温室气体排放量减少80%，避免工业废水直接排入河流和海港，大大提高抵御气候变化引起的洪水和极端高温天气的能力。

三 纽约大都市区的行动计划

基于核心价值导向，第四次规划提出并正在实施"机构改革、气候变化、交通运输和可负担性住房"4个领域共61项具体的行动计划，这也正是纽约大都市区当前面临的重大挑战和机遇。其中，最紧迫和最具潜在变革性的行动计划共有15项。

（一）修复"失败"的机构

解决基础设施、住房政策、土地使用、税收结构和应对气候变化面临的巨大投资等方面的挑战，需要重塑公共机构。其中，改革纽约—新泽西港务局、减少温室气体排放、建立区域沿海委员会和气候适应信托基金、增加地方政府的公民参与度是当前重点推动的改革。

表1 机构改革领域的15项行动计划

一、改变管理和支付运输的方式	1. 降低建设轨道交通的成本 2. 重组港务局为区域性的基础设施银行 3. 创建一个地铁改造公益事业公司 4. 促进纽约市以外的交通系统现代化 5. 向进入曼哈顿的车辆收费,高速公路收费,并过渡到按里程收费
二、建立和增加新的机构和基金来应对气候变化	6. 通过加利福尼亚州计划模拟的上限和交易市场减少温室气体排放 7. 建立区域沿海委员会 8. 创建三个州的气候适应信托基金
三、改变管理土地使用领域最根本的不公平现象	9. 减少对当地财产税的依赖 10. 建立和提供区域性的学区和服务 11. 使纽约市财产税公平 12. 使规划和开发过程更具包容性、可预测性和有效性
四、使技术政策成为政府业务的核心部分	13. 提高地方政府的公民参与度 14. 增加整个地区的实惠互联网接入 15. 开展区域人口普查,以更好地将该数据用于公共目的

(二)创建一个动态的、以客户为导向的运输网络

重新设计街道以适于步行、自行车和公共汽车;通过投资新的大型项目,实现地铁和区域铁路网络的现代化和扩展,升级机场和海港。其中,征收通行费以管理流量并增加收入、扩展纽约市地铁网络并促进其现代化、建立统一的综合区域铁路系统、创建更多宜人的街道公共空间、扩展并重新设计肯尼迪和纽瓦克国际机场是当前重点推进的5项工作。

表2 交通运输领域的15项行动计划

五、建立一个完全集成的区域交通系统	16. 在Javits会议中心建立第二个巴士总站 17. 在哈德逊河和东河下建造新的铁路隧道 18. 扩展、大修和一体化宾州车站综合体 19. 将三个通勤铁路系统合并为一个网络
六、重建地铁系统	20. 采用新技术提供快速、可靠的地铁服务 21. 现代化和翻新纽约市的地铁站 22. 建设新的地铁线路覆盖城市的服务欠缺地区

续表

七、改造街道和高速公路以适应技术驱动的未来	23. 在城市街道上,优先考虑行人 24. 改善巴士服务,引入新的轻轨和有轨电车线路 25. 通过负担得起的、按需服务的方式增加郊区交通选择 26. 在不增加新车道的情况下缓解公路拥堵 27. 移除、下地或覆盖破坏社区的高速公路
八、创建世界级的机场和海港	28. 扩大并重新设计肯尼迪和纽瓦克国际机场 29. 在东北走廊提供快速和负担得起的铁路服务 30. 促进该地区的海港现代化并扩大铁路货运通道

（三）迎接气候变化的挑战

调整沿海地区发展政策，使近200万人和100万个工作岗位，以及发电厂、铁路和水处理等关键基础设施免受威胁；投资绿色基础设施，减轻城市热岛效应，减少雨水径流和下水道溢流，改善和增进居民的健康和福祉。其中，在Meadowlands建立一个国家公园、形成一个区域步道网络、创建更环保和智能的能源网络是当前重点推进的3项工作。

表3 气候变化领域的15项行动计划

九、适应不断变化的海岸线	31. 保护沿海地区人口稠密的社区免受风暴和洪水的侵袭 32. 从无法保护的地方迁移 33. 在Meadowlands建立一个国家公园 34. 确定区域性涌流屏障的成本和效益
十、让自然进入我们的社区	35. 停止将未经处理的污水和污染物排入水道 36. 恢复该地区的港口和河口 37. 让我们的社区变凉爽
十一、改善和维持我们的自然与建成环境系统	38. 优先保护土地,以帮助适应不断变化的气候 39. 创建纽约大都市区步道网络 40. 将基础设施升级到高标准的复原力 41. 连接该地区的供水系统
十二、创建更环保的能源系统,提供更多容量	42. 使电网现代化 43. 扩大可再生能源 44. 用节能建筑和可变价格管理需求 45. 电气化建筑物和车辆

（四）让每个人都能负担得起当地生活

在住房成本急剧上升的背景下，在具有良好公共交通服务的地方为不同收入水平的居民提供优质住房。其中，在所有社区保留并建造经济适用房、在整个地区创造高薪工作机会是当前重点推进的2项工作。

表4　可负担性住房领域的16项行动计划

十三、为所有收入、年龄、种族人口提供经济适用房	46. 保护低收入居民免于流离失所 47. 加强和执行公平住房法 48. 消除面向公交和综合用途发展的障碍 49. 在不建造新建筑的情况下增加住房供应 50. 在该地区所有社区建造负担得起的住房 51. 让所有住房都成为优质的住房 52. 改革住房补贴政策
十四、提高高薪工作的可获得性	53. 维持一个具有全球竞争力的区域商业区 54. 恢复区域就业中心 55. 为下一代产业腾出空间 56. 促进主力机构与当地社区之间的伙伴关系
十五、支持健康和宜居的社区	57. 充分利用自然景观 58. 将负有环境负担的社区变成健康的社区 59. 支持以社区为中心的艺术和文化 60. 提高健康的、负担得起的食物可获得性 61. 扩大和改善城市核心区的公共空间

四　对推进中国城市群和都市圈规划与发展的启示

纽约大都市区及其规划的实施具有如下特点：一是区域范围跨纽约、新泽西和康涅狄格三个州，是典型的跨行政区域的功能型都市圈；二是区域内核心城市纽约的发展愿景成为都市区规划愿景的重要引领；三是为应对动态变化的挑战，聚焦核心议题，纽约市总体规划和纽约大都市区规划都经历了不断调整的过程。上述特点和应对措施对于当前构建中国区域一体化中的城市群和都市圈新型成长模式具有重要的启示。

（一）以核心城市目标愿景为引领，推动都市圈范围目标愿景和重大行动协同

2007年以来，作为纽约大都市区核心城市的纽约市编制了4版总体规划，分别是2007版、2013版、2015版和2019版，在"强大"（strong）这一以贯之的愿景下，各版规划的发展愿景和措施体现了城市面临的最重要挑战。2007版规划称为"PlaNYC2030"，关键词是"更绿色"（greener），主要是为了应对经济和人口发展带来的一系列包括基础设施在内的挑战，引入了"可持续发展策略"，第一次将减少温室气体排放量作为承诺目标；2013版规划的关键词是"韧性"（resilient），背景是2012年飓风"桑迪"对纽约州和新泽西州等造成了巨大损失，规划颁布了一系列政策以支持灾后重建，同时提出一系列减小海平面上升和极端天气事件等气候变化影响的策略；2015版规划称为"OneNYC"，关键词是"公正"（just），作为战略目标，并针对增长、平等、可持续和韧性四个愿景提出了20多个具体的措施建议；2019版规划称为"OneNYC 2050"，关键词是"公平"（fair），在2015版愿景基础上增加了多样性和包容性，明确城市要为所有人服务。纽约大都市规划的愿景和实施策略在很大程度上与区域内核心城市的关切点相一致。区域认同是都市圈成立的必要条件，都市圈协同发展需要寻找到各主体之间的最大公约数。核心城市作为都市圈发展的引领者，发展愿景理应成为区域发展的核心导向，加之与其他城市的目标愿景相协同，可以形成区域的共同发展愿景，并制定相应的重大行动计划。

（二）从经济繁荣到人人共享，统筹都市圈范围内的人口发展政策，把握多元社会群体诉求

回顾纽约大都市区前3版规划，1929版为区域交通和开放空间网络勾画了蓝图，1968版在郊区化背景下试图将无约束的蔓延集中到一个区域城市群中，1996版在经济衰退背景下试图通过新的投资加速经济复苏。纽约大都市区第四次规划，主题聚焦"让该地区为我们所有人服务"。梳理其宏

观背景，除了地区经济增长并未惠及全体居民之外，2016年联合国第三次住房与可持续城镇化大会以来，《新城市议程》提出的"人人享有"的核心理念成为当今世界城市发展的行动纲领。2019版纽约城市总体规划"OneNYC 2050"同样提出要为所有人服务，这也正是纽约市长的施政纲领及其对所有选民的承诺。在区域竞争愈发激烈的背景下，推动区域经济增长与人人共享发展成果应该是相辅相成的关系。中国城市群和都市圈的发展需要顺应人才争夺从城市竞争逐渐转为都市圈综合竞争的趋势，在解决不平衡不充分发展问题过程中把握多元社会群体诉求，将人口发展政策目标从核心城市人口总量控制转向都市圈整体统筹、核心城市中心城区与郊区差异化的控制，并在这一过程中践行人人共享的发展理念。

（三）以战略性地区和项目为抓手，促进大都市圈内区域性战略合作空间的扩展

为有效落实区域规划制定的政策和项目，纽约大都市区第四次规划提出了9个战略性"旗舰地区"（flagship places），代表了不同类型的社区、地区和景观类型，突出反映了当前面临的挑战和机遇，包括商业中心、国家公园、地区核心和东北走廊上的绿色健康城市等4处区域重要节点地区，2条自治市镇和郊区的交通线路，3处工业发展与自然、社区和周边经济协调或体现平等的可持续发展典范区域。落实长三角一体化纲要和上海大都市圈发展愿景同样需要一系列战略性地区和项目的支撑，推进战略性地区和项目之间的协同，是率先构筑新型成长模式的重要保障。加快推进区域一体化发展示范区建设、促进区域产业合作基地等"飞地经济"发展，打造更多类型的区域性战略合作空间，将有利于促进都市圈功能传导和要素流动，创新区域一体化发展体制机制。

（四）创新和多元化投资资金来源，确保都市圈规划目标愿景和重大行动能够有效落地

应对区域发展挑战需要大量投资，纽约大都市区第四次规划提出了改革

基础设施项目设计和建造方式以降低成本、发展经济和增加税基等措施。另外，还提出了减少温室气体排放、收取高速公路费和拥堵费及财产保险附加费、改革住房补贴等措施，以创造或充分利用更多的资金流。推进区域一体化发展，同样需要创新和多元化投资资金来源，推动财政资金、产业资本、金融资本和社会资本等相结合，理顺跨区域投资和利益分配机制，共同确保都市区规划目标愿景和重大行动能够有效落地。

参考文献

Regional Plan Association,"The Fourth Regional Plan: Making the Region Work for All of Us," http://library.rpa.org/pdf/RPA-4RP-Executive-Summary.pdf, 2017.

The City of New York,"OneNYC 2050: Building a Strong and Fair City," http://onenyc.cityofnewyork.us/, 2019.

武廷海、高元:《第四次纽约大都市地区规划及其启示》,《国际城市规划》2016年第6期。

B.26
巴黎大区面向2030的多元化与增进连接战略[*]

李娜 樊朗 黄彦[**]

摘　要： 巴黎大区自2014年开始实施"巴黎大区2030"战略，启动都市圈建设工作。巴黎大区以多元化为特征，注重增进城市间、城郊间等连接，促进区域可持续发展。巴黎大区实施工作主要从连接与组织、集聚与平衡、保护与增值等方面促进区域一体化发展，重点关注巴黎大区居民当前与未来的日常生活环境，提升巴黎大区的吸引力和影响力。本报告在研究巴黎大区面向2030的愿景、目标、挑战和策略基础上，提出对区域一体化建设和都市圈规划的建议。

关键词： 巴黎大区　区域一体化　多元化

巴黎大区，即"法兰西岛"区域。这一区域共包含7个省，面积约1.2万平方公里，人口约为1100万。从尺度上，相当于上海大都市圈。《巴黎大区指导纲要2030》于2012年编制完成，次年通过了大区议会和国家行政院的审议，2014年开始实施。巴黎大区以可持续发展为理念，注重都市圈多

---

[*] 本文主要基于上海市规划和国土资源管理局于2016年编译的《巴黎大区指导纲要2030》，特此致谢。

[**] 李娜，博士，上海社会科学院城市与人口发展研究所副研究员，主要研究方向：区域经济；樊朗，博士，法国国立斯特拉斯堡建筑学院AMUP研究所研究员；黄彦，上海社会科学院城市与人口发展研究所硕士研究生，主要研究方向：城市规划。

元化，增进连接建设，以关注巴黎大区居民当前与未来的日常生活环境为核心，提升巴黎大区的吸引力和影响力。

一 巴黎大区愿景与目标

巴黎大区愿景基于所有人的城市，提出了建设一个多元化的都市圈，包括：①更多的空间和便捷性；②丰富多样的出行活动；③一个具有吸引力和专注力的大区；④更高的平衡度和多元性；⑤被保护的且宜人的环境；⑥更新且熟悉的社区。巴黎大区愿景主要基于以下两个层次。

第一个层次，提升居民的日常生活质量，注重多空间、出行便捷。巴黎大区是一个拥有1100万人口的大区，愿景充分反映了人们对多空间的诉求。对于住房，不管私人的或公共的，都希望有开放的外向空间；对于城市，希望有绿地、景点等公共场所。改善交通条件、提高出行效率是巴黎人提高生活质量的基本愿望之一。有便捷的、不拥挤的公共交通工具，不必经过巴黎，可以通往更多的地方。增加水运，短距离可以步行、骑自行车或乘有轨电车。同时，愿景对生活环境提出了生态宜居的目标，2030年巴黎大区成为生物多样性的载体，充分利用大自然改善居民生活质量。基于此，提出了改善巴黎大区居民的日常生活指标：每年建造70000套住房，改善现有居住区，解决住房危机；每年增设28000个就业岗位，改善居民区域就业条件；保证人们能获得有品质的基础设施和公共服务；构建机动车依赖性更低的交通体系。

第二个层次，加强巴黎大区功能，提升都市区吸引力、专注力。提升区域魅力，增强区域企业创新能力和居民创造力，一方面依靠经济多样性、实力和财富，另一方面，与区域经济相结合，增强区域平衡性和多元性。未来发展中，巴黎大区要尊重单身或成家，年轻或年老，定居或路过，郊区的城里人或农村人，本地人或来自其他大区、其他国家的外来人，并认为多样性本身就是一种财富。期望每个人都可以享用大区资源，缩小住房、服务、交通、就业、绿地、娱乐等方面的差距。基于此，巴黎大区采用经济活力指数来评估巴黎大区吸引力，主要包括四大目标，即增加土地财富、提高劳动力市场和技能、加强创新能力、提高区域吸引力。

二　巴黎大区的挑战

巴黎大区的发展与国际背景的变化密不可分，经历了种种紧张关系：生产消费活力和可用资源之间的冲突；财富集中和地域平衡之间的矛盾；经济实力和吸引力之间的失衡；不断增强的社会联络性和社会隔离之间的失衡；等等。归结起来，巴黎大区未来发展主要面临三大挑战，即区域发展不平衡、气候变化和创新活力下降。

巴黎大区首要面对的是区域发展不平衡的挑战，包括交通不平衡、社会不平衡和环境不平衡。具体涉及贫富差距、住房紧缺、机场和能源设施对周边带来的环境影响问题等。如何使整个巴黎大区平衡发展，即如何使都市繁华地带、贫困社区、城郊大区、市中心和农村大区平衡发展。经研究，若不顾及农村地区和城市地区的相互关系，它们将无法可持续发展，每个区域都相互依赖又不可分割。这种区域间协同效应的设定源自宪法，它以整体协调发展、壮大大都市区为目标，以可持续发展为基础，从巴黎盆地走向欧洲乃至世界。

气候变化也是要应对的挑战之一，包括成倍的疾病风险、水资源风险和更多极端天气风险。巴黎大区，与其他国际大都市区一样，必须应对全球能源变化、气候变化、生物多样性减少和粮食短缺等方面的挑战。巴黎大区2030规划坚持摒弃粗放型经营模式，依靠汽车出行方式的推广，打造低能耗城市大区。

巴黎大区面临着竞争力和吸引力下降的挑战。巴黎大区的创新活力面临着外部环境的深刻变革。全球化、能源挑战以及前所未有的经济不稳定所带来的社会影响是巨大的。区域经济转型势在必行，解决区域发展不平衡、工业活动侵蚀问题，以及开辟新市场和创造新岗位的困难，才能从容应对各种环境压力。这就需要重新考虑增长这一议题，打牢可持续发展的基础，从而加强巴黎大区在法国、欧洲甚至国际经济中的主导作用。

三 巴黎大区的主要发展策略

巴黎大区提出必须依靠创新才能应对前述三大挑战,即进行必要的转型(气候、能源、人口、经济和社会转型)。巴黎大区选择高质量的密集化模式,鼓励高强度、紧凑性、多极化。通过公共交通服务,在现有地域上,实现包容城市的增长,以应对区域发展的挑战。基于此,巴黎大区实施三大规划策略,即连接与组织、集聚与平衡、保护与增值。

(一)连接与组织

主要针对交通不平衡所制定的策略,目的是区域内和对外交通联系更具便捷性,具体策略如下。

(1)在国家范围内和世界范围内更加开放。促进机场、新火车站、铁路网的全面改善和高铁线路的发展,使人员出行更加便捷,推动该地区向欧洲和全世界开放。在货运方面,推动港口发展,将铁路和水路连入城市物流系统,尽量减少公路的使用,减少交通拥堵和污染。

(2)交通体系更加网络化和层次化。巴黎大区交通网络由全自动地铁、大巴黎快线、高速列车、地铁和有轨电车组成,基本覆盖整个市区,让街区和街区之间的出行更方便,并且可以绕开市中心。在不同空间尺度,交通网络有所侧重。改善现有的铁路网络并建设新的铁路线,从而满足现有城市需求和新城区的建设需求;在远离大都市中心的地区,引入新的公交车服务、有轨电车和慢速交通,进一步加强城镇中心之间的联系,从而使主要城市周边的城镇和村庄有效协调;通过现有网络的优化以及大巴黎快轨的建立,促进郊区中心和乡村中心的连接。

(3)优化本地出行。网状分布的公共交通路线将大大提高巴黎大区居民的生活质量。通过小站、大站、火车站建设,带动周边密集型城市发展。基于慢速交通,发展新的街区。

(4)数字连接广泛化。通信技术和交流技术的大量使用(TIC),会增加新的社会联系、经济联系、信息流通、工作方式和生活方式。这些技术的使用将对大都市地区的空间组织产生影响，催生新的交流场所需求和实体会议场所需求。这些全新的流动方式将是更加可持续的、更加活力充沛的地区所必要的，使巴黎大区居民的生活更加简单化。

（二）集聚与平衡

集聚是指增加区域内用地的密度，包括提高住宅密度和交通站点密度；平衡是指将在区域内发展大都市副中心以改变区域内单中心的特点。

（1）围绕多个生活区的更平衡的大区。城市设计中不再秉持城市功能"区划"概念。在即将建成的街区中，巴黎大区居民可以在住所附近工作、购物、娱乐和休闲；紧凑型城市人口密集、相互混合、积极向上、充满活力。到2030年，所有城市区域，从大都市中心到乡村空间都将发挥作用。将建立多个真正的中心区域和城市的高度集中区域。同时，巴黎大区的农林区、城郊自然区都会得以保留。这种空间组织满足巴黎大区居民的各种需求和不同的生活方式。

（2）明确多极化，尤其是区域快轨E线和大巴黎快线车站周围。巴黎仍然是大都市区的中心，而新的领域和新中心出现将扩大各地的生活区范围。城市发展主要围绕区域快轨站、地铁站，以及未来的大巴黎快速地铁站。这些城市中心能够为当地居民提供高质量的生活。自2014年起，已建成火车站周边大面积用地性质发生改变，尤其在车站周边1公里范围内。在巴黎大区的中型城市和乡村地区，大量的乡镇和村落将与周边自然环境协调发展。通过新经济发展（可持续工业、数字化创新、本地生产的发展等），创造就业岗位，推动生态和社会发展。

（3）提高经济多样性，推动区域就业。对中心区域、周边区域以及城郊和乡村地区实施不同经济发展策略。坐落于城市公共和私人交通交会处的大型中心区，致力于集中区域的战略功能，打造多个具有经济意义和国际影响力的区域。城郊和乡村地区主要从两个方面注入活力：一方面通过建立创新型或手工艺型中小企业和中小产业，实施再工业化；

另一方面，通过接受公共和周边服务、部署当地就业，促使就业多元化。在实施过程中面临的最大挑战是如何将生活中心与工作中心相互拉近。

（4）密集的城市结构强化城市阶层混合。首选在火车站街区、快速变化的区域、城市主干道或河流两岸、落败的保障性住房街区等，建设密集性混合社区。多样化社区将更好地整合区域发展资源，增加住宅供给，降低住宅市场日益严重的社会专一化趋势。通过公共交通、数字化基础设施将这些中心连接起来。

（三）保护与增值

城市边界和绿化地带为城市的重要组成部分，保护这些用地将有助于阻止城市的进一步延伸。增值是指将现有的绿色空间用地加以改造，进一步开发利用。

（1）建立城市与自然的新关系。首先，城市采取集约化发展模式，城市建设主要集中在城市近郊，以城市更新为主。根据2017年大巴黎地区用地研究（Mos 207）数据，城市化面积从2008~2012年的655公顷/年下降到2012~2017年的590公顷/年，建设量从814公顷/年下降到559公顷/年。其次，农业、林业或自然空间（即将开放空间）被保留，并将在都市区中实现多种功能——景点美化、休闲娱乐、粮食供应，以及教育、社会、环境。无论是在大都市的中心地带还是在外围，绿地、自然区域、农林业区都将通过一体化的方式与街区连在一起。

（2）重视区域系统下的对外开放空间。有效完善巴黎大区开放空间系统，减少功能匮乏的区域。开放空间是经济发展的重要组成部分，而非都市扩张的调节器，尤其是位于城市的开放空间。绿地、林地、自然区域将得到更多的保护，以充分发挥其经济和社会价值。巴黎大区中的自然景观、自然公园都会得到高度重视，在作为旅游胜地的同时，也是巴黎大区居民高质量生活不可缺少的一部分。2012~2017年，大巴黎地区新增公园和花园480余公顷，其中1/3位于内环高密度的城市化区域。

（3）限制城市扩张的生态连接带和城市边缘带。保护和加强生态连接带成为蓝绿经纬的重要元素之一。约13000公里长的城市边缘带作为城市或乡镇的界线，并与景观相融，有助于限制城市扩张。建设公共绿地，将建设2300公顷的园区和花园、500公顷森林，以保障大都市区的生活质量，推动经济发展，提高旅游休闲的吸引力。

四 巴黎大区的建设对中国发展都市圈的启示

巴黎大区2030规划及其实施策略，以可持续发展为理念，关注巴黎大区居民生活质量的提高，提升巴黎大区的吸引力和影响力。这与我国区域尺度上推进更高质量一体化有很高的契合度，也对完善中国的都市圈规划有借鉴意义。

第一，高度重视巴黎大区多元化，认为多样化是一种财富。一方面，巴黎大区尊重区域内的多样化人口结构，区域内有城里人和农村人、本地人和外来人、定居和路过、年轻和年老等等，认为多样性本身就是一种财富。期望每个人都可以享用大区资源和公共财产，缩小住房、服务、交通、就业、绿地、娱乐等方面的差距。另一方面，充分满足多元化的诉求，主要体现在多样化的出行活动和空间载体。基于所有巴黎人的愿景，提出了更多的空间和便捷性、丰富多样的出行活动等目标。由此可见，巴黎大区2030规划充分体现了区域发展的包容性。中国都市圈规划可借鉴这一理念，尊重区域内户籍人口和常住人口、老年人口和年轻人口、国内人口和国外人口等多样性，通过多样性激发区域发展活力和潜力，促进区域内多样化人口之间的交流和互动，让多样性成为区域发展的真正财富。

第二，高度关注郊区与乡村空间发展，明确多极化发展。区域不平衡成为巴黎大区发展中面临的首要挑战，采取集聚与平衡策略推动区域协调发展。一方面，明确多极化发展战略，通过轨道交通、快线等发展新中心，并强调居住和生活的邻近发展、融合发展，以此来提高居民生活质量。另一方

面，高度重视巴黎大区中的乡镇和村落发展，在发挥生态环境价值的同时，深挖旅游、经济价值。通过新经济发展，如发展创新型或手工艺型中小企业和中小产业，以及公共服务业等，创造就业岗位，推动生态和社会协调发展。中国都市圈可借鉴巴黎大区经验，与我国实施"乡村振兴"战略相结合。注重小城镇和乡村发展，成为都市圈发展重要的活力节点，进一步促进都市圈内城乡一体化发展。

第三，重视交通连通，促进城市连接是大都市圈发展的首要前提。巴黎大区以系统视角构建公共交通网络，并发生了显著性变化。基于促进人员和货物的流通，系统改善高速铁路网，重建机场设施、内河航运、大巴黎地铁快线，完善巴黎大区公路网。注重大都市圈内中心地区与周边城镇中心之间的联系，增加新的公交车、有轨电车和慢速交通路线。通过基础设施建设，在站点附近建立密集型城市。中国都市圈建设，也要重视交通连通，进而为区域一体化发展提供硬件支撑。一是，借鉴巴黎大区推行不穿越巴黎市，也可以出行更多地方的理念。中国都市圈应考虑加强郊区新城之间以及郊区新城与跨行政区城镇之间的快速连通，这样不仅避免中心城区的交通拥堵，也提高了周边中小城市节点的连通效率。二是，借鉴巴黎大区通过小站、大站、火车站建设，带动周边密集型城市发展。各都市圈可通过轨道交通线延伸，并结合站点开发，带动沿线城镇发展。

第四，重视绿色基底，建立城市与自然的新关系。巴黎大区积极应对气候变化的挑战，提出了生态宜居愿景，主要从以下两个方面采取措施：一方面，通过生态连接带限制城市扩张，建设13000公里长的城市边缘带作为城市或乡镇的界线。另一方面，建设绿地、林地、自然公园等开放式空间，并加强与周边街区一体化发展，增强都市区绿地、景观、休闲娱乐等功能。中国都市圈规划要坚持绿色底线发展原则，采用蓝绿经纬网控制城市发展边界，充分利用郊野公园、林地、绿地等创建开放空间，与街区融合发展。

参考文献

上海市规划和国土资源管理局编译《巴黎大区指导纲要2030》，2016。

严涵、聂梦遥、沈璐：《大巴黎区域规划和空间治理研究》，《上海城市规划》2014年第6期。

陈洋：《巴黎大区2030战略规划解读》，《上海经济》2015年第8期。

B.27
面向2056年的大悉尼区域规划：
整合塑造"三城之都"*

苏 宁**

摘 要： 澳大利亚大悉尼都市圈委员会于2018年实施名为"三城之都"的大悉尼区域性整体规划。本报告探讨了大悉尼都市圈建设的总体目标，以及西部绿地城、中部河流城、东部海港城的主要定位及相互关系。研究发现，大悉尼都市圈建设中，主要关注基础设施、宜居、经济、可持续等方面的主要目标，以及三个城市间为实现宜居、繁荣、可持续发展目标的主要举措。在分析大悉尼都市圈建设特点的基础上，对区域一体化和城市群规划提出了建议。

关键词： 大悉尼　区域规划　多中心发展

2018年4月，大悉尼都市圈委员会发布以"三城之都"（A Metropolis of Three Cities）命名的面向2056年的大悉尼区域规划。这一规划是大悉尼都市圈历史上首个区域性整体规划，为悉尼的发展设定了未来40年（至2056年）的愿景目标以及未来20年的建设部署。该规划首次从基础设施、宜居、经济、可持续等方面，对该都市圈的三个城市进行综合定位与谋划，旨

---

* 本文基于澳大利亚悉尼都市圈委员会发布的《面向2056的大悉尼区域规划》开展介评，并对中国城市的参考借鉴予以研究分析，特此感谢。
** 苏宁，本书副主编，博士，上海社会科学院世界经济研究所副研究员，研究室副主任，主要研究方向：城市经济、国际城市比较。

在提升悉尼作为"最宜居全球城市"（Most Livable Global City）的影响力和地位。[1]

一 大悉尼都市圈建设总体目标

大悉尼都市圈（Greater Sydney Region）总面积12376平方公里，城市面积1687平方公里，人口470万人。作为一个地广人稀国家的首位城市，大悉尼都市圈在功能尺度上大致相当于上海大都市圈。

大悉尼未来发展的主要目标在于着力转型发展为由三个城市组成的大都市圈。这三城包括西部绿地城（Western Parkland City）、中部河流城（Central River City）与东部海港城（Eastern Harbour City）。在这一都市圈中，绝大多数的居民能够在30分钟出行距离内获得就业、教育与健康等服务，以及相关空间和设施。规划拟通过新的土地使用与交通模式思路，扩大发展普惠性，强调大悉尼都市圈的宜居性、生产力以及可持续性。

大悉尼都市圈建设的核心旨在抓住一系列重要机遇，通过针对性的发展规划与投资引导，应对区域差异带来的挑战，促进都市圈的均衡性增长。其中关键的举措在于实现三个中心城市之间的基础设施整合以及经济活动的升级。在这一原则指导下，三个城市的主要定位各有侧重。

（1）成熟型东部海港城（Eastern Harbour City），城市发展主要依托经济实力与宜居、可持续特性。

（2）发展型中部河流城（Central River City），城市发展依托基础设施、服务体系以及生活便利设施方面的大力投入。

（3）新兴西部绿地城（Western Parkland City），其兴起的核心在于建成城市的发展体系，在区域内着力建成一座快速崛起的新城。

在功能体系上，上述三个城市均承担大都市圈的战略性发展中心功能，使就业者更有可能获得知识型就业机会，更方便地利用市域基础设施、市政

---

[1] State of New South Wales, "Greater Sydney Region Plan: A Metropolis of Three Cities," March 2018.

服务以及文化娱乐设施。大悉尼是包容性的城市区域，将支持创意的发展，并将之作为创新经济的重要组成部分。大悉尼都市圈将限制城市中心与交通基础设施周边的工业用地，以确保对企业与居民的服务品质。

在人口发展方面，大悉尼都市圈的人口布局调整带来的经济与社会发展机遇再平衡，将使大悉尼都市圈发展的获益面更为均衡与公平。该都市圈将在未来40年中从当前470万人增长至800万人，其中一半人口居住在西部区域。住房供应与选择将进一步增长，以满足社区发展的需求。环境与资源将得到保护。基础设施发展水平将进一步提升，以满足新增家庭与就业的需求。

在可持续发展体系上，大悉尼都市圈将建设"绿色网络"（GreenGrid）体系。该网络由步行与骑行线路构成，增强了居民出行的环保属性。在这一体系中，城市林荫道、绿地、岸线、公园与开放空间等绿色基础设施是重要的支撑硬件，具有经济、社会、环境等多领域的宝贵价值。

二 大悉尼都市圈三城需要应对的挑战

面向2056年的大悉尼区域规划的核心，是在大悉尼都市圈内划分出三个中心城市。三个城市在空间上形成合理布局，在功能上形成彼此配合的有机联系，从而使大都市区的发展具备协调的多核心驱动格局。

大悉尼都市圈规划三个城市的构想，缘于应对该区域当前与未来面对的结构性问题与挑战的需求。这些挑战包括以下几个方面。

（1）就业分布的非均衡性。悉尼的海港CBD位于区域的东部边缘区，该区域集中了50多万名就业者。过去30年，区域放射状轨道交通网络，以及区域内办公区、高校、生物科技集群等因素带来的不断集聚的经济活动，强化了海港CBD区域的经济能级，形成了悉尼的东部经济走廊。

（2）地理空间扩展的地形约束。悉尼盆地的地理特性，包括水岸、山岭与国家公园环状空间，限制了大悉尼都市圈的空间扩展。特别是山岭与深壑地貌，在某些地区严重阻碍了道路与轨道的修建，影响了区域之间的通达性。

（3）依赖汽车的郊区发展模式。这种模式极大地影响了大悉尼西部区域的发展。

（4）人口结构的变化。悉尼中心区域与西部区域的老龄人口比例较高，全区域的儿童人口比例处于增长状态，而就业年龄段的人口数量则呈下降态势。这种情况给大都市区的健康与教育服务带来极大的压力。

（5）区域内部的自然差异。这种差异表现在地貌、气候以及基础设施等方面。例如，在气候方面，东部地区较为凉爽，西部地区则有较多的炎热天气，降雨与森林覆盖率也较东部地区更低。

三 大悉尼都市圈一体化发展的主要方向

大悉尼都市圈对三个中心城市一体化发展提出了宜居、繁荣、可持续的整体发展框架，并从十个方面提出了都市圈一体化发展的主要推进方向。

（1）基础设施有效支撑之城。强调以基础设施的建设支持城市区域的发展。衡量指标为大都市区各中心区的30分钟内通达水平。

（2）合作之城。强调各方协作推动城市发展。衡量指标为公共空间、社区设施等公共资源的利用率。

（3）民众之城。强调提升城市多样性，将民众置于规划的中心。衡量指标为各中心区的步行可达性。

（4）居住之城。强调为民众提供住房选择。衡量指标为住房的完工率，以及推进可承受租赁住房实施计划的市政机构数量。

（5）空间充裕之城。强调为民众设计更为充足的空间。衡量指标为开放空间的可达性。

（6）良好连接之城。强调建设更具通达性，且对步行更为友好的城市。衡量指标为大都市城市中心以及战略功能中心，居住在30分钟公共交通圈以内的民众比例。

（7）城市就业与技能发展。强调为更繁荣的城市经济创造条件。衡量指标为大都市区与战略功能中心的就业数量。

（8）景观之城。强调绿色空间和景观在城市发展中的重要价值。衡量

指标为城市树木覆盖率，以及大悉尼绿色网络体系拓展能力。

（9）高效之城。强调更为智慧地利用资源。衡量指标为交通领域温室气体排放量减少幅度，以及人均能源消耗降低幅度。

（10）韧性城市。强调城市对全球性变化的适应性。衡量指标为能够提供自然灾害信息的市政机构数量。

四　三城的主要发展策略

（一）西部绿地城

西部绿地城是多中心城市，其主要规划特点在于实现以高效交通连通能力为核心的城市发展策略。其建设主要依托悉尼大都市圈的"西悉尼国际机场"以及獵溪航空大都市两个航空中心进行。城市新建设的交通与机场体系将是澳大利亚连通能力最强的。澳大利亚联邦与新南威尔士政府支持该区域的"南北向轨道系统"建设。在大都市圈范围上，该城与中部河流城之间有"东西向公共交通走廊"的重要城际连接体系。在远期，计划修建的悉尼外环路将为其提供通达堪培拉的交通体系。

在经济上，该市经济发展的核心在于西部经济走廊（Western Economic Corridor），主要吸引全球知名的防务与航空活动，为区域的贸易、航运、物流、先进制造、健康、教育与科技经济提供重要支撑。经济发展将带来更多的知识型就业机会，促进高密度人口数量区域的经济增长，进而带动经济走廊与大都市区的整体发展。

西部绿地城具有围绕中心城市与交通节点的适宜密度居住区。城市规划的未来发展区将连接既有的区域与主要基础设施。大悉尼绿色网络将成为西部绿地城的核心市容美化基础设施。

（1）以复合型合作规划推进基础设施与区域合作

西悉尼城市法案将支持基础设施与商业的投资，支撑就业与宜居领域的发展。利物浦、大潘瑞思与坎贝尔敦—麦克阿瑟将形成合作区域，形成复合型合作规划，以区域治理及合作举措推动整体增长。

（2）新建与更新并行增进健康与连通的宜居策略

绿地城的崛起将依托新建社区与城市中心以及既有城市中心的城市更新。通过空间决策机制促进网格化、以人为尺度的社区发展。此类设施将提供更为健康的生活方式和更有连通性的社区。

（3）先进物流体系支撑新兴产业的生产力提升策略

西部绿地城的大都市组团规划方向在于利用区域内三个成熟中心城区的经济活力带来的机遇，形成以30分钟通勤圈为核心的城市体系。绿地城将在西悉尼机场东部和北部区域建设新兴产业与城市服务的拓展区域。在一条货运列车线路的支持下，上述拓展区域将为大悉尼都市圈提供长期的货运、物流与产业支撑。

（4）绿色与特色兼具的可持续发展能力

沿南溪主流与支流的开发项目将注重建设绿色与特色兼具的社区与城市中心，区域内的绿地体系将形成大量开放空间，进而保障宜居与可持续性。林木覆盖水平的提升将为步行社区提供荫庇，使民众更方便地步行前往购物与服务场所。在区域内国家公园与乡村地区生态资源的支撑下，城市的绿地属性将进一步彰显。

（二）中部河流城

中部河流城的发展重点是充分利用其位于大悉尼都市圈地理中心的区位优势，通过对新交通与基础设施的大量公共、私人投资，促进城市的发展转型。

中部河流城的经济体系更为多样化，该城市的经济发展依托于大帕拉马塔与奥林匹克半岛经济走廊（Greater Parramatta and the Olympic Peninsula Economic Corridor）。这一经济走廊目前以轻轨体系为保障，拥有健康与教育经济区、高科技与城市服务业集聚地和生活服务配套区。中部河流城以大帕拉马塔市（GreaterParramatta）为大都市核心区。该市的经济发展主要依托于世界级的医疗、教育与研发机构，以及金融、商业服务、管理业务。

在交通体系上，悉尼地铁的西线轨道体系将提供海港CBD向大帕拉马塔

的区域高效通勤。计划建设中的放射状公共交通—轨道系统将促进商务通勤，并为更多的技能型劳动者进入中部河流城区域提供便利。悉尼地铁的西北轨道体系将为中部河流城西北区域提供更多的就业便利，进而促进该区域的发展。

（1）促进基础设施与社区收益的优化协调

大帕拉马塔与奥林匹克半岛的共同愿景中，大帕拉马塔是中部枢纽区，是能够集聚商业、健康、教育、艺术以及文化遗产主体的重要核心。该区域的基础设施发展将与土地使用、基础设施投资以及社区收益进行优化协调，为区域增长提供良好基础。

（2）以文化资源利用发展促进宜居水平

在未来20年中，中部河流城的人口将从130万增长至170万。这将使该城的很多区域从郊区环境发展为城市环境。城市中丰富的文化遗产将被保护并充分利用，文化活动与文化设施将持续提升城市的宜居性。

（3）以成熟产业带为支撑的生产力发展方向

中部河流城的经济活动与基础设施建设将集中在大帕拉马塔与奥林匹克半岛经济走廊，这一经济走廊得到区域内成熟产业带的有效支撑。在大帕拉马塔区域周边，通过对外围发展核心节点的投资，边缘区域的经济活动水平也将得到有效提升。

（4）以绿色网络建设为核心促进可持续发展

在中部河流城，大悉尼绿色网络将有效提升既有开放空间的连通性，特别对重点城市区域沿线的开放空间有重要促进作用。大型城市更新区域通过地方城区规模的持续推进，将为可持续发展提供重要机遇。

（三）东部海港城

东部海港城的发展，以海港中部商务区这一澳大利亚的全球门户与金融中心为核心。其放射状轨道网络为该市提供了优越的基础设施支撑及通达性，集聚了50万就业人口及区域最大的办公市场。

东部海港城的区域经济发展将依托创新与高端服务经济的走廊集聚空间。区域内的东部经济走廊是新南威尔士州最重要的经济板块。2015~2016财年，这一区域贡献了该州 2/3 的经济增长量。该走廊将依托区域内强大的金融、医疗、教育及创新等行业实现稳定增长。海港中部商务区西部将形成一条创新走廊，以高校、教学型医院、国际创新企业以及创业公司为核心支撑。

在交通上，东部海港城正在实施悉尼地铁西北线、城市—西南线等重要的轨道建设项目，以进一步缩短通勤时间，进而提升城市的全球竞争力，提高商务连通能力，吸引更多高技能劳动者。

（1）以创新功能为核心的区域合作策略

东部海港城的合作区包括连接周边区域的健康与教育功能区。该城制订了下一阶段的合作联动计划，重点在于支持澳大利亚核能科技组织的创新功能区、班克斯顿机场以及米尔培拉工业区的发展。

（2）以多样化社区更新促进城市宜居

东部海港城的人口预计将从 2016 年的 240 万增长至 2036 年的 330 万。该城具备多样化的成熟社区体系，既有郊区的历史传统社区，也有澳大利亚城市化水平最高的城区。在下一阶段的发展中，东部海港城将实施城市更新，增加基础设施与服务空间、开放空间、公共空间。区域填充式开发将重点聚焦地方连通性的提升。

（3）多层次创新资源整体促进生产力跃升

海港中部商务区、东部经济走廊以及其他战略性中心将成为创新与全球竞争力布局的重点区域。这些区域将得到交通、服务、就业促进以及商务活动等领域的投资支持。对产业与城市服务业用地的管理与保障，将确保国家与地方层次重要的商业与服务业领域的进一步增长。

（4）促进可持续资源与文旅活动的有机融合

大悉尼绿色网络将提高海滩、水路、海岸的通达性，以促进娱乐、旅游、文化活动以及水上运动的发展。

五 大悉尼都市圈规划对中国城市群发展的启示

第一，高度重视都市圈内部的城市间相互支撑作用。面向 2056 年的大

悉尼都市圈规划中,高度重视西部绿地城、中部河流城以及东部海港城三个中心城市的核心支撑作用。区域规划均围绕三大支柱城市推进,同时,对于三城的定位有因地制宜的详细设计。事实上,上述三个中心城市,是在原有悉尼大都市区内重要城市的基础上整合周边功能区而形成的跨区域新中心城市,对于城市区域规划具有重要的功能引领作用。中国的都市圈规划与建设,应在充分发挥原有区域内中心城市作用的基础上,注重跨行政区划潜在中心城市的规划与作用发挥,以形成多中心有机互动的整体格局。

第二,注重经济走廊对区域发展的带动作用。大悉尼建设的重要特点之一,在于其对区域内西部、中部以及东部经济走廊的高度关注。相关经济走廊中规划布局了多样化的产业集群,特别注重对先进制造业以及创新型企业的吸引。经济走廊将中心城市与周边中小城市相连接,形成带状的经济发展区域,并关注知识型就业机会的创造。我国的大都市圈及城市群规划,可借鉴澳大利亚经验,重视新兴产业与先进制造业经济带的规划,构建都市圈及城市区域经济整合发展的区域主轴。

第三,关注以"绿色网络"为核心的自然环境资源的基础作用。大悉尼都市圈在多层面的原则设定上,强调"绿色网络"体系的基础性作用,着力拓展这一自然网络的覆盖范围,并强化林地、绿地资源在区域整体可持续发展乃至文创娱乐中的作用。中国都市圈的绿地建设,更多以单纯环保功能为核心,缺乏城际绿带网络的整体功能设计。相关城市区域的城际自然体系建设,可借鉴大悉尼规划提出的原则,以绿色网络为核心,形成体系化、有机的城郊自然环境带,并促进区域可持续建设与文创旅游产业的联动发展。

第四,推进宜居与经济社会环境发展的协调互动。大悉尼规划的三城定位中,将宜居作为主要发展方向,强调以人为尺度的规划原则,并持续推进城市更新。同时,宜居标准与经济发展、社区建设彼此间形成互动,与人口结构、基础设施、服务水平等紧密相关,使宜居本身成为促进城市及区域发展的因素。这种将宜居与城市多方面建设相联系的做法值得借鉴。我国都市圈的宜居,更多强调环境因素以及社区建筑空间的舒适性、合理性,而缺少宜居标准与经济发展、城区更新、社区活力等多方面因素的互动规划。在这一方面，可参考澳大利亚经验，进行多领域的互动规划，建构"大宜居"概念。

参考文献

State of New South Wales, "Greater Sydney Region Plan: A Metropolis of Three Cities," March 2018.

Pricewaterhouse Coopers, "A Smart Move. Future-proofing Australia's Workforce by Growing Skills in Science, Technology, Engineering and Maths (STEM)," PwC, Sydney, 2015.

NSW Office of Environment and Heritage Government, "Technical Guidelines for Urban Green Cover in NSW," NSW Government, Sydney, 2015.

BIS Shrapnel, "Forecasting the Distribution of Stand-Alone Office Employment across Sydney to 2035," BIS Shrapnel, Sydney, 2015.

Kinesis, "Exploring Net Zero Emissions for Greater Sydney," Kinesis, Sydney, 2017.

B.28
旧金山"湾区2040"规划：
重点解决交通和住房瓶颈[*]

刘玉博[**]

摘　要： 进入21世纪以来，旧金山湾区一方面在创新方面继续保持巨大的全球领先优势，另一方面也面临日益严峻的发展困境：住房价格上升导致中等收入家庭比重骤降、社会差距不断扩大、住房供求严重失衡以及交通运力不足。为此旧金山湾区于2017年实施"湾区2040"规划，着重改善湾区交通路网、布点住房重点供给区域，并制定了"人有所居"、"激发经济活力"和"增强城市韧性"三项专项行动计划。湾区既有大都市旧金山又有充满创新活力的由一批中小城市构成的硅谷，其规划与实施经验值得借鉴。

关键词： 旧金山湾区　湾区2040　住房平衡　交通网络　城市韧性

旧金山湾区是美国第四大都市区，包含9个县（county）、101个城镇，人口规模约为770万，行政面积约为7000平方公里，是典型的跨行政区组合都市圈，与上海大都市圈9城市在功能设置和发展条件上具有相似性。旧

---

[*] 本文基于旧金山 "Plan Bay Area 2040" 中的相关内容，并对中国城市的参考借鉴予以研究分析，特此致谢。

[**] 刘玉博，上海社会科学院城市与人口发展研究所助理研究员，主要研究方向为城市经济、产业经济。

金山都市区交通委员会（MTC）和湾区联合政府（ABAG）于2013年颁布并启动实施"湾区2040"规划，2017年又根据实践发展更新了此项规划，重点指导湾区的交通和住房发展。

一 旧金山湾区持续发展面临的三大困境

（一）高低收入群体人口规模双双增长，收入差距扩大

从1990年至2015年，旧金山湾区共增长45.8万户居民，其中处于"两端"的高收入群体和低收入群体增长最为明显。年收入水平超过15.0万美元的高收入群体增长率为80%，年收入水平低于3.5万美元的低收入群体增长率为23%（见表1）。

表1 旧金山湾区家庭户增长及收入水平变化

旧金山湾区家庭年收入水平（万美元）	1990年 户数（万户）	1990年 比重（%）	2015年 户数（万户）	2015年 比重（%）	1990~2015年 增长量（万户）	1990~2015年 增长率（%）
<3.5	44.6	20	55	20	10.4	23
[3.5,7.5)	64.5	29	62.5	23	2	-4
[7.5~15.0)	78.5	35	79.3	29	0.8	2
>15.0	37.5	17	74.1	27	36.6	80
总计	225.1	100	270.9	100	45.8	20

（二）平均住房价格为全美国最高，已超出中产阶级支付能力

自20世纪70年代以来，湾区住房租金翻了1倍，在美国主要城市地区中排名最高。如图1所示，旧金山湾区房价涨跌幅度最大，自2012年持续上涨，2016年达到历史最高水平。

然而，湾区大约24%的居民生活水平处于贫困线200%以下，绝大多数年收入低于3.5万美元的家庭中，住房支出比重超过52%，其中年收入少于1万美元的家庭住房支付比重高达88%（见图2）。由于住房价格持续攀

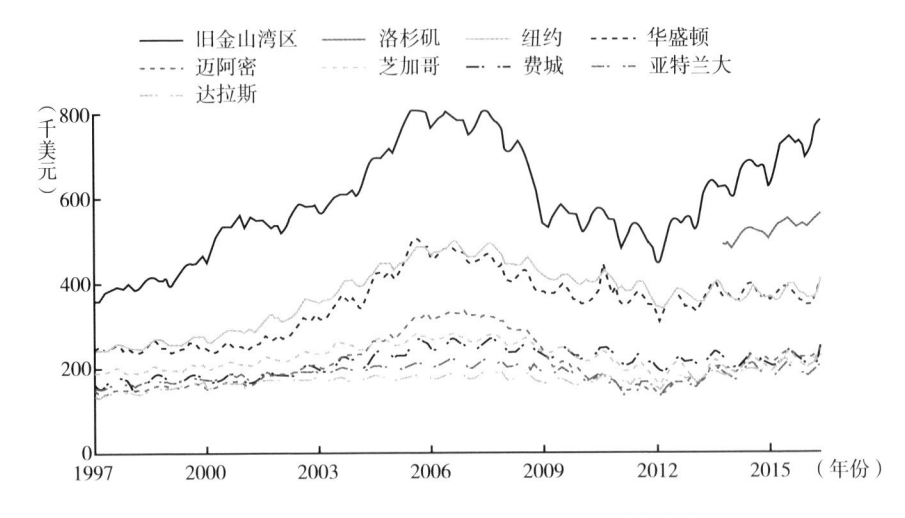

图1　美国主要城市化地区中值房屋销售价格

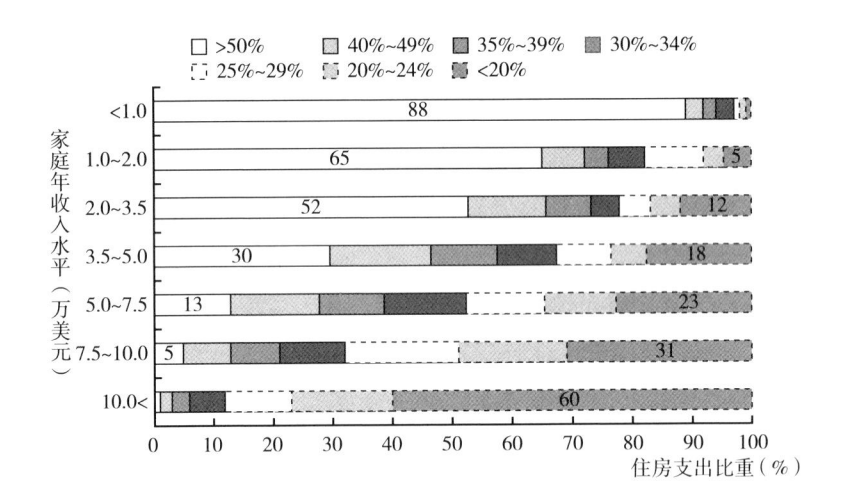

图2　湾区不同收入水平家庭住房支出比重

升，湾区低收入群体以及部分企业开始从核心地区转移至偏远地区，甚至出现低收入者流离失所的现象。

湾区住房价格水平超控制上涨的主要原因有三：第一，需求侧——高收入群体规模增加，带动了对高端住房的需求，抬高了住房价格。第二，供给侧——在"土地财政"制度下，地方政府倾向于增加商务用地而减少对居住用地的行政审批。第三，供给侧——自 2000 年以来，联邦政府对经济适用房财政支持力度削减了 50% 以上。

（三）交通承载能力超出极限，限制了区域经济发展

湾区通勤时长处于历史最高水平。在湾区设立起点/终点站的快速交通（BART）线路，高峰运载流量已达到运输能力的 90%~100%；火车（caltrain）每日平均运载量翻了 1 倍，从 2006 年的 3 万人次增长至 2016 年的 6.2 万人次；城市铁路（muni）过去十年乘客人数增长 6%，过去五年早高峰乘客人数增长 30%。加州大学伯克利分校和芝加哥大学的研究人员估计，美国仅由于在纽约都市区和旧金山湾区执行住房供应限制政策，就损失了数万亿美元的经济绩效。

二 旧金山"湾区2040"规划的四大发展战略

（一）集中增长战略：集中布局新增人口职居空间

湾区预测 2010~2040 年将增加 82 万户共计 200 多万人口，其中 65 岁以上老人比重将达到 22%。同时，湾区预测将增加 130 万个工作岗位，其中健康行业、教育行业以及专业服务行业的就业量增加，制造业和采矿业的就业量下降。湾区 83% 的人口和就业增长集中在圣克拉拉、阿拉米达、旧金山和康特拉科斯塔四个县域。对此，"湾区 2040"制定了"集中增长"的发展战略，即沿着现有交通网络重点布局四大县域的增长人口。为实现这一目标，湾区划定近 200 个优先发展区（PDA）以及 100 多个优先保护区（PCA）。对优先发展区（PDA）进行"高密度且紧凑"的开发，对优先保护区（PCA）实行"保护和谨慎"的开发。

（二）土地供应战略：实现土地多功能混合利用

湾区土地供应核心战略包括：保留地方政府对土地使用权进行集中调控

的权力；以高经济密度作为甄选优先发展区（PDA）的标准，并允许优先发展区（PDA）土地开发强度高于周围其他区域；设定"城市增长边界"；在就业密集区域设计公共办公空间；底线思维——预留经济发展弹性空间；通过提高停车效率等措施，降低优先发展区（PDA）建造成本；鼓励优先发展区（PDA）进行住房开发；提高职居配比率；增加保障性住房供给。

（三）运输投资战略：集中未来2/3的投资用于公共交通

为改善交通网络，湾区将进行大规模投资（见图3）。一是将绝大多数投资用于运营和维护现有交通系统，包括现有交通路网、街道路面、桥梁和高速公路等，重点投资公交线路。二是更新现行交通基础设施。湾区大多交通设施建造于20世纪，跟不上时代发展需求，湾区计划更新包括自行车道、路面交通检测装置、通关自动化设施、交通事故响应设施等。三是配置新的交通网络，转移部分核心功能。根据未来人口和就业增长的空间布局，湾区在选定的优先发展区（PDA）设计新的交通网络，以减轻交通压力。特别注重连接旧金山和硅谷两个就业中心之间的交通网络，如将快速交运系统（BART）扩展到硅谷地区，将加州火车（caltrain）扩展到旧金山市区，同时增加BART和caltrain运输的频率、容量，促使其电气化和现代化。

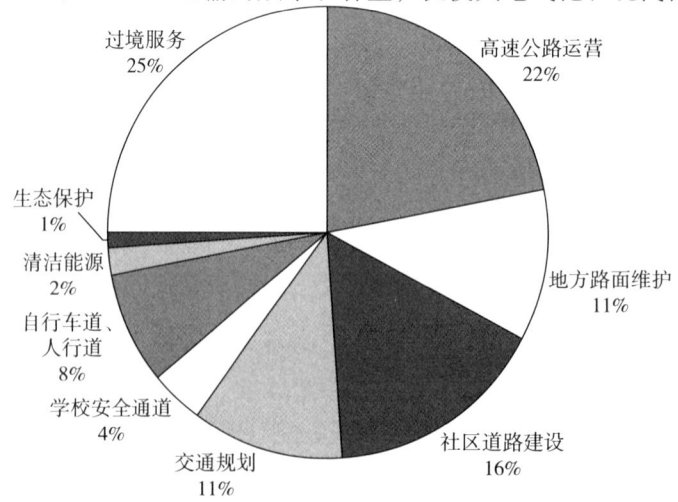

图3 第一轮"湾区交通项目投资"（OBAG）的实施项目

（四）环境保护战略：控制温室气体排放

环境保护包含两个主要策略：一是交通流量管理策略，如增设自行车道和人行道，鼓励绿色交通；设定交通流量上限；鼓励拼车出行等。二是开发替代燃料和鼓励使用电动汽车，包括建设电动车充电基础设施、电动车购买优惠政策、应用减排技术等，同时通过宣传教育增强居民绿色出行意识。

三 湾区专项行动计划着力实现住房平衡供给

"湾区2040"规划发展目标包含多个维度，如表2所示。

表2 湾区2040行动计划目标

单位：%

项目	衡量指标	发展目标
环境保护	减少人均CO_2排放量	-15
住房供给	人有所居	100
社区安全	减少环境污染	-10
开放空间	增设开放空间和保护农田	100
社会公平	降低低收入群体住房支付比重	-10
	增加经济适用房供给量	+15
	减少高低收入群体居住隔离现象	+0
经济活力	增加就业供给	+20
	增加中等收入行业的就业岗位	+38
运输效率	减少货物运输成本	-20
	减少交通线路维护成本	-100
	减少人均通勤时长	-20

为实现上述目标，湾区制定了相应的行动计划。

（一）"人有所居"行动计划

（1）地方财政投资。地方政府增加对保障性住房的投资力度，同时尝

试增设基础设施银行、土地银行或房屋信托基金等,扩大房屋建设融资规模。

(2) 推进地方立法。立法保障经济适用房建设资金来源。

(3) 实施第二轮"湾区交通项目投资"(OBAG)项目。设计合理的居住点以引导人口分布,同时提高交通效率。

(4) 混合高密度用地。在低密度办公园区或零售中心,穿插建设"居住社区"和"公共空间",实现土地高密度混合使用。

(5) 技术支持和政策指导。提高建筑容积率、执行公交导向型的居住社区配置政策、探索减少高低收入群体居住隔离的对策等。

(6) 数据库建设。统计各区域开发用地情况,寻找可能的居住社区配置空间。

(二)"激发经济活力"行动计划

(1) 将企业命运与湾区发展结合起来。优先执行有利于当地企业发展的运输投资;设计有利于改善本地企业劳动力"职—住"关系的住房供给方案。

(2) 劳动力技能培训。设立劳动力发展资金,"专款专用";培训清洁能源技术人员,在提高劳动力技能的同时减少温室气体排放。

(3) 增加中等收入行业的经济比重。降低中等收入行业的准入门槛,增加中等收入行业劳动力培训的强度。

(4) 优先在潜在的就业中心附近增加交通基础设施投资。促进两大就业中心之间的交通连接,减少拥堵;设计合理的票价引导绿色出行;设计"最后一英里"的交通支持体系。

(5) 住房平衡计划。尽快出台优先发展区域(PDA)的选择标准,甄别可转换为住房或混合用途的用地,促进劳动力"职—住"平衡。

(三)"增加城市韧性"行动计划

(1) 建设具有一定应灾能力的基础设施。建设对地震、洪水和火灾具有一定抵御能力的房屋；评估并甄别社会脆弱性较高、自然灾害频发的社区；增强公用事业单位在应急情况下的服务能力。

（2）增加环保融资力度和规模。

（3）打造一个稳定的技术服务团队。通过数据储备、案例分享、环境评估等方法，研究制定增强城市自然抵抗力的解决方案；将"城市韧性"要素纳入优先发展区（PDA）的建设过程中。

（4）区域协调。打通城市化地区和乡村地区的通道，增加生物多样性，减轻城市化地区的"热岛效应"。

四 湾区经验对中国城市群和都市圈可持续发展的启示

（一）赋予跨区域行政单位一定的规划权力和财政权力

旧金山湾区拥有两个主要的跨行政区域机构，一是都市区交通委员会（MTC），二是湾区联合政府（ABAG）。二者联合制定了"湾区2040"规划，拥有"减少对各郡县独立行动计划的支持，增加对9县统一行动的资助"的财权。其中，湾区联合政府（ABAG）每8年基于人口和就业预测更新一次区域住房配置。都市区交通委员会（MTC）是美国政府指定的"大都市规划负责单位"，也是加州指定的"区域交通规划管理局"，负责每4年制定和更新一次区域交通规划，并执行相关投资策略。综上，建议在中国的城市群和都市圈层面成立跨行政区管理机构，并由上级政府赋予此管理机构制定统一规划的权力和相对独立的财权，以实际投资运营帮助区域融合的实体项目。

（二）不提前设定区域内城市主次等级，充分吸纳区域内公众意见

"湾区2040"规划制定过程中，并不特别强调以中心城市旧金山的规划

为主线。"湾区2040"以"区域共同发展"为目标，广泛征集9个县、101个城镇中官员、规划者、社区组织、商业组织、非营利组织和一般公众的意见，先后召开190多场公开会议，对规划草案举办公开听证会，并利用在线平台、领袖峰会、住房论坛等收集公众反馈，同时对2040名湾区居民进行了电话民意调查。中国城市群和都市圈在制定规划时，应从整体区域发展格局中寻求各个行政区的发展机会，抛开本位主义，广泛征求各参与方和社会公众的意见，拟定并贯彻主线任务。

（三）长期规划有必要定期更新

"湾区2040"规划制定之初就确定每4年进行一次更新。最新一轮更新更正了原计划对人口和就业的预测，调整了优先发展区（PDA）的空间配置，及时发现了交通投资资金收支差额，并根据新技术应用和新政策执行情况，重设了人均CO_2排放减量目标。可以尝试以法律形式编制都市圈或区域长期发展规划，以及在规划期内的定期更新维护制度。这也是伦敦规划、纽约规划实践中的惯例。城市发展轨迹是内外形势、新政策、新法律和民众特点的综合结果，城市或区域长期发展规划需要定期更新以适应新环境。

（四）打通就业中心之间的交通连接

"湾区2040"规划中住房平衡、交通效率和城市韧性三大目标相互交叉、共同实现。其中交通效率的提高是促进住房平衡、增强城市韧性的重要手段。在提高交通效率的整套方案中，"湾区2040"特别强调了"打通硅谷和旧金山两个就业中心之间的连接通道"，转移或交换两个就业中心之间的部分功能。建议着重打通一体化区域内核心城市与毗邻地区、城区与郊区的关键交通通道，促进就业中心或经济中心之间的要素流动，交换或转移部分产业功能。

（五）保护中等收入群体

"湾区2040"将社会公平作为规划子目标之一。为缩小收入差距，"湾区2040"主要有两个抓手：一是增加10%的保障性住房供给，将中低收入者的交通和住房开支比重降低10%。二是增加38%的中等收入行业就业供给量，扩大中等收入群体。建议充分挖掘利用都市圈发展的空间可能性，切实降低中等收入群体房屋支出占其总支出的比重，同时提高混合型功能用地的比重，在潜在就业中心以及使用密度较低的空间适当配置居住功能。

（六）提前预防高低收入群体之间居住隔离的现象

由于房价上涨过快，目前旧金山湾区已出现高低收入群体之间居住隔离的现象，加剧了社会不公。"湾区2040"将控制居住隔离作为发展目标之一，但由于政府介入不力，预测至2040年居住隔离将继续增加5%。建议超前部署研究并评估行政区内高低收入群体居住隔离现象，提前介入，掌握缩小社会差距的主动权。

参考文献

屠启宇主编《国际城市发展报告（2019）》，社会科学文献出版社，2019。
樊明捷：《旧金山湾区的发展启示》，《城乡建设》2019年第4期。
张锐：《世界湾区经济的建设经验与启示》，《中国国情国力》2017年第5期。
聂晶鑫、刘合林：《共享发展下国际湾区的治理经验及启示——以旧金山湾区为例》，《共享与品质——2018中国城市规划年会论文集〈16区域规划与城市经济〉》，2018。

B.29
兰斯塔德2040年区域发展图景*

陈 晨**

摘 要： 兰斯塔德区域是荷兰的一个环状城市群，其区域协同发展从战后开始，一直延续至今。该区域横跨荷兰多个省，是跨行政区发展的城市群，为了提高区域的行政运行和发展效率，荷兰进行了多个方面的管理机制改革尝试。并且，为了顺应国际大都市区发展的新趋势，提升区域整体的国际竞争力和可持续发展能力，荷兰提出了兰斯塔德区域2040规划。规划反思了该区域发展旧思路的局限性，提出了新的发展愿景，并勾勒了区域内部"蓝绿结构"和"城市结构"两个维度的空间规划图景，提出了国家和国际、地方和区域两个层面需要关注的重点任务。兰斯塔德区域2040规划的理念与实施策略对于更高质量的区域一体化发展具有重要的借鉴意义。

关键词： 兰斯塔德 区域规划 多中心 战略规划

一 兰斯塔德区域2040规划的背景

兰斯塔德（Randstad）区域是荷兰的一个城市群。该区域包括了荷兰最

---

* 本文的规划内容介绍主要基于 Arjen J. van der Burg and Bart L. Vink，"Randstad Holland towards 2040: Perspectives from National Government"; Henk Ovink，"Randstad 2040 – Towards a Sustainable and Competitive Delta Region"，特此致谢！
** 陈晨，博士，上海社会科学院城市与人口发展研究所助理研究员，主要研究方向：城市规划、区域经济。

主要的几个城市：阿姆斯特丹、鹿特丹、海牙、乌特勒支等。该区域人口约700万，约占荷兰总人口的一半，是荷兰中世纪以来的政治、经济、文化中心。同时，该区域也是欧洲最重要的城市群区域之一。

从空间结构上看，兰斯塔德地区的城镇分布具有明显的环状分布特征。该区域中部区域以农业空间为主，俗称"绿心"（Groene Hart），主要的大城市围绕着"绿心"边缘分布。兰斯塔德的荷兰语名称Randstad正是因此空间结构特征而来（rand即边缘，stad即城镇）。

兰斯塔德早期的区域规划可以追溯到1960年前后。受到当时反思"大城市病"思潮的影响，兰斯塔德区域被视为相对独立的若干规模适中的城市（100万人口以内）的集合，各城市之间被有意识地用绿色生态空间明确地隔开。随着时代的发展，巴黎、伦敦等具有规模集聚效应的国际大都市在国际竞争力方面的优势日益明显。兰斯塔德地区原有的相对松散的区域空间与功能联系结构的弊端则日益凸显，人们逐渐认识到提升兰斯塔德地区的整体竞争力在国际上的关键地位和重要性。在此背景下，荷兰政府提出了面向2040年的兰斯塔德区域远景规划，为该地区谋划新的发展图景。

二 兰斯塔德区域的新图景

（一）加强国际职能——新图景的目标导向

新的规划重视兰斯塔德地区国际职能的加强，致力于提升兰斯塔德地区的国际竞争力，同时正视伦敦和巴黎等大城市聚集的巨大优势，承认更大的人口聚集区可能有助于实现更强的专业化和更高的发展质量。因为特殊的自然、地理条件，可持续发展也是该地区需要关注的重点内容，防御气候变化是关键。此外，不应孤立地看待绿心区域，而应将绿心区域视为整体的生态系统的一部分，并引入水上住宅等非农业功能，加强绿色空间所提供的休闲娱乐等功能。

（二）两个维度网络——新图景的空间结构

新的图景摒弃了原先单纯地围绕绿色心脏的城市圈的一维城乡空间形态思路，而是建立了"蓝绿结构"和"城市结构"两个维度的图景。

1. 蓝绿网络结构图景

蓝绿网络结构即为从西南三角洲到艾瑟尔地区的"蓝绿三角洲"国家景观体系。绿色空间和水域构成了这一结构。可持续的水资源管理降低了该地区因海平面上升带来的威胁，并提供了娱乐活动的绿色生活空间与环境。

2. 城市网络结构图景

城市网络结构由大城市和经济中心组成。该网络包含国际联系（公路、水、航空、铁路、互联网）枢纽，阿姆斯特丹作为该地区的国际枢纽门户，主要空间战略有：扩大空间功能结构，提高土地使用强度，改善内外可达性，增强城市质量和聚集程度。

（三）区域层级分工协作——新图景的实现路径

规划区分了国家和地方不同层面的工作重点。国家层面聚焦于对外和整体，包括国际功能、联系、影响及相关重大发展问题等；地方层面则聚焦于内部及协同。

1. 国家层面的关键任务

第一，保护和发展蓝绿三角洲，具体措施包括：在海岸和大型河流（特别是莱茵河和马斯河）沿岸采取措施强化堤坝，加强保护北海海岸等薄弱地区，在河流沿岸地区进行建设时考虑到高水位的情景，提高内陆一些地区的水位，改善水质，将环境和住房发展相结合等。

第二，提升国际经济竞争力。让每个城市都有自己的国际专业能力专长，如鹿特丹的货运物流、海牙的国际法律、乌得勒支的教育和研究、阿姆斯特丹的创新服务和旅游等。

第三，强化国际交通枢纽能力。加强荷兰港口（鹿特丹、阿姆斯特丹、安特卫普等）之间的合作。采用技术措施增加史基浦机场容量，并与周边机场群协同发展，提升该机场的区域枢纽地位。此外，还需要保障高速铁路与公路网络的有机连接，促进综合交通枢纽能力的提升。

2. 地方层面的关键任务

第一，蓝绿网络的发展。地方层面聚焦两个关键点：一是保护景观的差异化，二是为城市提供绿色品质提升的推动力。位于大城市之间的绿色空间未来将越来越多地用于休闲娱乐，按"都市公园"模式发展，而非分隔城市的"绿化带"。

第二，城市与交通协同发展。在某种程度上，居民需要更加集聚的空间，围绕交通枢纽的集约化城市功能发展则在很大程度上满足这一需要，具体措施包括：在大运量公共交通枢纽周边优先进行土地使用开发，提高土地开发强度，重视地下空间的开发，实施局部性的城市更新等。

三 兰斯塔德经验对中国区域一体化的启示

兰斯塔德区域的管理经验和面向2040年的规划理念与实施策略对于更高质量的区域一体化发展具有重要的借鉴意义。

（一）通过行政区划的调整和协同管理机制的建立提升区域一体化发展效率

兰斯塔德区域的人口约占荷兰的一半，土地面积占26%。该区域的公共事务管理至少由5个部委、4个省、200个市负责。这种管理结构一定程度上存在复杂、低效、内耗等问题。兰斯塔德区域针对此问题进行了调整区划、改组政府管理机构、建立针对特定主题的治理协同机制、制定紧急项目计划推动重点任务、充分调动社会力量开展区域治理等多方向的管理改革试点。在中国，包括长三角、京津冀等城市群在内的地区通常分别归属不同的省级行政区域，即便是规模较小的"上海大都市区"也分属上海、江苏、浙江两省一市。这一跨行政区的特征与兰斯塔德区域情况类似。行政区划的隔离必然会影响区域的管理、开发、建设效率。荷兰政府通过适度进行区域

内部的行政区划调整，减少了小尺度空间的区划单元数量，一定程度上提升了区域发展效率。值得注意的是，荷兰政府进行的区划改革是比较谨慎的，面对一部分人关于兰斯塔德区域合并建省的呼声，并没有采取直接合并建省的方案，而是通过建立专门领域的区域协作管理机制和机构来提升区域整体的发展效率。

（二）重视区域整体国际竞争力的提升

兰斯塔德区域作为一个城市群，在早期的发展中过于注重区域的均衡发展，而在相当程度上忽视了区域整体竞争力的提升。在新的规划中，兰斯塔德区域顺应国际大都市区域发展的最新趋势，及时改变了发展理念，注重以阿姆斯特丹等大城市为重点发展对象，提升区域整体国际竞争力。中国各区域在更高质量的一体化发展过程中，要吸取兰斯塔德区域的发展经验与教训，既要注重区域均衡发展，也要重视区域整体国际竞争力的提升。

（三）重视区域交通枢纽和网络作用的支撑

兰斯塔德区域作为荷兰最重要的经济发展区域，具有国际重要的港口、机场群，区域内的铁路和公路网络为港口和机场群的枢纽能力的提升提供了重要的支撑。兰斯塔德区域的2040规划尤为重视交通枢纽对于提升区域国际竞争力的基础支撑作用。与兰斯塔德区域类似，京津冀、长三角、珠三角等中国几大沿海地区的城市群均有国际重要港口群（如上海港、宁波—舟山港、天津港、广州港等），还有若干重要的机场群（如京津冀地区的北京首都机场、北京大兴机场、天津滨海机场等，长三角地区的上海浦东机场、上海虹桥机场、南京禄口机场、杭州萧山机场等，珠三角地区的广州白云机场、深圳宝安机场、香港机场、澳门机场、珠海金湾机场等）。在下一步的发展中，这些城市群应切实聚合区域内港口群和机场群的综合力量，提升整体的国际物资、人员枢纽能力，并且要大力发展能够联系各大港口、机场的高速铁路和高速公路网络，提升枢纽之间的连通效率。

（四）重视生态保护与开发利用的平衡

兰斯塔德区域2040规划的一大重点内容是"蓝绿网络"的构建。与传统思维不同的是，新的规划既重视生态空间网络的整体保护，也十分重视生态空间为居民服务功能的合理利用与开发。兰斯塔德区域传统上将生态空间的"绿心"和"缓冲区"单纯地用于隔离城市的功能具有明显的局限性，一方面忽视了生态空间网络的整体性，另一方面也忽略了生态空间综合功能的发挥。中国的城市群、都市圈区域几乎都有需要重点保护的生态空间网络。京津冀地区有白洋淀、海河等重要水域；长三角区域既有太湖这种大尺度的"绿心"区域，也有长江、钱塘江、黄浦江、沿海滩涂等生态网络；珠三角有发达的珠江入海口水系，还有大量的丘陵及沿海岛屿。此外，这些区域还有诸多的农田、林地等生态斑块。在进一步的发展中，各区域既要注重建立系统性的整体生态空间网络，又要注重生态空间功能的合理规划利用，形成生态网络与城镇体系网络"两张网络"功能之间的有机协同发展。

（五）提出不同空间尺度层面的关键任务

作为跨省的城市群，兰斯塔德区域在不同的空间尺度上具有不同的关键任务。在面向2040年的规划中，兰斯塔德区域特别针对国家和国际、地方和区域两个层面提出了重点任务。在中国区域一体化的进程中，不同的空间尺度层面也应当具有不同的重点任务分工。例如，在国家层面，区域整体国际竞争力的提升应当是重点关注内容，与之相关的区域开放、生态环境保护、重大基础设施建设等应当是重点任务。

参考文献

Arjen J. van der Burg and Bart L. Vink，"Randstad Holland towards 2040：Perspectives from National Government，" 44 th. ISOCARP Congress 2008，http：//www.isocarp.net/Data/

case_ studies/1368. pdf.

Henk Ovink, "Randstad 2040: Towards a Sustainable and Competitive Delta Region," 3rd Conference of the IFoU, 2008.

王秋元、汉克·欧文科:《承前启后发展荷兰整体性长期规划——专访荷兰住房、空间规划与环境部国土规划司司长汉克·欧文科》,《国际城市规划》2009年第2期。

吴德刚、朱玮、王德:《荷兰兰斯塔德地区的规划历程及启示》,《现代城市研究》2013年第1期。

B.30
日本首都圈规划：强调对流活力和广域发展*

程鹏 屠启宇**

摘　要： 日本以东京为中心的首都圈广域地方计划协议会于2016年开始实施《首都圈广域地方计划》，目标是面向2025年，用十年的发展再建"对流型活力社会"，其工作主要聚焦防范自然灾害、提升国际竞争力、应对多层面的老龄化和抢抓2020年东京奥运会发展机遇。本报告在研究其对流型都市圈的构想、基本政策和建设行动基础上，提出对中国推进区域一体化建设和都市圈、城市群发展的经验启示。

关键词： 东京　首都圈　广域计划　对流型都市圈

2016年3月，日本首都圈相关市县组成的"首都圈广域地方计划协议会"公布启动《首都圈广域地方计划》。这一计划旨在落实日本全国国土形成计划（国家计划）制定的2050年长期发展战略，聚焦未来十年即2025年之前首都圈面临的奥运会举办、基础设施建设、自然灾害防范和人口结构变

---

* 本报告基于日本首都圈广域地方计划协议会的《首都圈广域地方计划》开展介评，提出对中国推进区域一体化建设和都市圈、城市群发展的经验启示，特此致谢。
** 程鹏，博士，上海社会科学院城市与人口发展研究所助理研究员，主要研究方向：城市开发与规划控制、公平城市与城市治理；屠启宇，本书主编，博士，上海社会科学院城市与人口发展研究所副所长、研究员、博士生导师，主要研究方向：城市战略规划、城市创新体系、社会系统工程。

化等机遇与挑战，明确首都圈应该承担的职责以及奋斗的方向，明确国土形成基本方针、目标及措施。

一 日本首都圈的特点与挑战

《首都圈广域地方计划》中定义的首都圈包含三个空间层次：一是"首都圈"，包括1都7县（茨城县、栃木县、群马县、埼玉县、千叶县、东京都、神奈川县和山梨县），面积约3.6万平方公里，总人口约4400万；二是核心的"东京圈"，包括1都3县（东京都、埼玉县、千叶县和神奈川县），面积约1.4万平方公里，总人口约3600万，构成了首都圈的核心区域；三是外围的"广域首都圈"，包括首都圈及与其邻接的福岛县、新潟县、长野县和静冈县，面积约8.4万平方公里，总人口约5400万（以上用地和人口皆为2014年数据）。从尺度上看，"东京圈"的面积与上海和苏州面积之和接近（1.5万平方公里），"首都圈"的面积与上海大都市圈"1+6"（上海、苏州、无锡、南通、嘉兴、宁波和舟山，4.4万平方公里）的面积较为接近，"广域首都圈"的面积比上海大都市圈"1+8"（上海、苏州、无锡、常州、南通、嘉兴、湖州、宁波和舟山，5.4万平方公里）、粤港澳大湾区（5.6万平方公里）的面积更大。

首都圈地处日本最大的关东平原，森林、海洋等自然资源丰富，是日本人口最多的区域，1都7县的总人口占全国的34%。首都圈内集聚了拉动日本经济的中枢职能，生产总值占日本全部县生产总值的40%；集聚了强大的技术实力以及高科技研究领域，拥有超过全国60%的专利和50%以上的学术研究机构；集聚了多彩且充满魅力的文化资源，拥有3处世界文化遗产和全国1/4的美术馆。在世界四大都市圈（东京都市圈、纽约都市圈、伦敦都市圈以及巴黎都市圈）中，东京圈在人口以及区域总产值方面均居首位。

首都圈当前面临老龄化、少子化、自然灾害、国际竞争和地缘环境变迁、扩大旅游观光需求、节约资源和环境问题，以及紧跟信息和通信技术发展步伐等一系列挑战。日本实施《首都圈广域地方计划》的核心旨在"遏止东京圈的一点集中化，构建对流型首都圈"，以应对由上述挑战综合形成的首都圈四个结构性特点，具体如下。

第一，首都圈成为拉动日本经济的引擎。自1991年以来，日本43县增加的总产值中，有82%来自首都圈，75%来自东京圈，担当着拉动日本经济的重任。强化首都圈机能，成为引领日本经济参与国际竞争的必要手段。

第二，双重结构的人口流入以及老龄化。一是人口流入的一点集中化状态呈现双重结构：全国各地的人口流入首都圈，首都圈内的人口流入东京圈，使得东京圈的人口集中化程度极高。二是东京圈的老龄化比重比全国平均值要低，但东京圈以外的首都圈的老龄化比重则比全国平均值要高。

第三，向东京圈一点集中化面临的风险。作为日本经济的引领者，东京圈的中枢机能越集中，灾害发生时面临的风险就越大。

第四，强化东京圈世界都市机能的要求。要让首都圈继续引领日本经济，进一步增强东京圈的世界都市机能势在必行，包括推进软实力与硬件设施建设。

二 日本首都圈的发展愿景

首都圈对未来提出了这样的发展愿景：在安全、安心的生活设施基础上形成面型对流，具有为世界解决问题的能力，成为先端领域、文化的创造性场所，亲近自然，具有高质、高效、精致、友好、高雅特质。为建设这样的首都圈，要充分发挥全国计划所提及的各地区的自然、文化、产业等方面的独特个性，与时俱进地实现国土的均衡发展。

（一）塑造人才和文化聚集的创造性场所

首都圈率先构筑以质取胜的新型成长模式。一是集中资源发展优势领域，比如生命科学、机器人、航空航天以及环境等，还包括独特的文化，以及能够解决亚洲各国所面临的问题的能力，比如解决老龄化问题，应对大型

灾害、解决设备老化等。二是在首都圈全域构建创造性场所的"集约化网络",吸引世界各地的人群及文化,融合多元化的人力、物力、理念,充分发挥各自的特性,提高优势特色,持续推动创新。

(二)构筑具有高质、高效、精致、友好、高雅特质的首都圈

亚洲各国在疾速成长中面临交通堵塞、大气污染、环境破坏、贫富差距等日本曾经经历过的各种负面问题。发挥首都圈内丰富的自然环境以及多元化的文化优势,以准点运行的铁路、干净的道路、可以直接饮用的自来水、与自然融合的景观、审美意识与待客之心等,继续构建自然与社会较好融合的成熟社会。

(三)突出共生发展理念,形成面型对流的首都圈

一是充分保持地区独有特质,促进地区之间的合作,从而产生对流。对流不仅应该在本地区内,也应该在地区与地区之间、首都圈与其他区域之间,甚至首都圈与世界之间展开。二是从三个层面打造"共同发展"型首都圈,包括在防灾、能源、食品等方面实现人与自然的融合,人人参与、互相扶持的社会融合,以及实现以共享为基础的共同发展。

三 日本首都圈的发展策略

建设对流型首都圈,具体的发展策略围绕三个方面展开:一是恰当地应对首都圈当前面临的三大问题,包括灾害应对、提高国际竞争力和处理多层面的老龄化问题;二是充分利用东京奥运会的发展契机;三是构建首都圈面型对流新模式,摆脱东京圈一点集中式的发展。

(一)三大课题的应对

(1)防灾减灾与发展战略一体化以及基础防灾能力的强化。保持中枢系统正常运行是首都圈的重大责任,有必要通过实施万全的防灾减灾政策将

受灾害程度降到最低，实现灾后快速重建，重回发展轨道。实施防灾减灾与发展战略的一体化，建立"有事帮忙、无事相安"的体制，将防灾减灾作为产生经济价值的"发展战略"。

（2）以大经济圈为前提的国际竞争力强化。巨型经济圈或超级大都市已成为世界竞争的舞台，有必要同时发掘大阪圈以及名古屋圈的发展潜力，以三大都市圈形成巨型经济圈来强化首都圈。日本将于2027年建成领先世界的磁悬浮中央新干线，67分钟环游山手线一周（时速峰值505公里），能将总人口6000万规模的三大都市圈连接起来，世界最大的经济圈很有可能在这里形成。

（3）开始采用城市与农山渔村相结合的办法应对多层次老龄化问题。东京圈最大的问题是"社区老龄化严重"，广域首都圈需要团结起来，积极应对多层面的老龄化问题，以广域交通网连接医疗、购物等功能，农村和森林将成为解决老龄化问题的钥匙。

（二）面向2020年东京奥运会、残奥会，构筑魅力首都圈

通过成功举办2020年东京奥运会、残奥会，让全世界，特别是亚洲的人们感受焕发生机与活力的首都圈：①强化交通、防灾等城市基础设施建设以及制度建设，实现社会系统整体上质的提高；②运用灵活且高效的生产体系提高劳动生产力；③充分利用人口减少所产生的剩余空间，激发创新活力，改善地域环境；④创造让青年、女性、老年人、残障人士等有参与意向的人都能参与的社会环境；⑤回归田园，着手激发农山渔村活力；⑥推进建造只有首都圈才能提供的世界级观光设施。

（三）由东京一点集中化向对流型首都圈转型

最大限度利用新干线等铁路网以及高速公路网的面型交通网，在首都圈打造多个"连接点"（战略空间），进而形成新的对流。"连接点"包括"轴"、"圈域"、"地区群"以及"对流据点"4种类型，其共同的建设逻辑是：整合地区的能源、机能以及基础设施，发掘每个地区的"个性"，每个

"个性"相互合作产生新的价值，新价值产生新的人力、物力、信息的流动，新的流动产生新的聚集，最终形成一个"连接点"。

首都圈内正在打造13个"连接点"，以强化作为世界都市的东京圈与这些"连接点"之间的交通网络，增强"连接点"之间更加广泛的合作，创造更大的价值。进而，面型对流不应该止步于首都圈内，有必要在全国范围内形成面型对流，在城乡之间形成对流，以面型交通网实现产业、旅游和城乡之间的广域合作。此外，在广域首都圈内支持福岛灾后重建以及有效利用日本海、太平洋也成为重要发展策略。

四 日本首都圈的行动计划

结合发展策略的各项要点，作为面向2025年的重点发展战略，在推动合作的同时，日本首都圈还在推进六大方向的38个战略性项目的实施。

（1）应用信息通信技术实现国土的科学管理及应用。①为大规模灾害做准备的地籍调查项目——积极应用先进的信息通信技术；②新一代无线网项目——建立智慧城市。

（2）构筑能够应对巨大灾害的首都圈。①确保首都中枢机能正常运行，强化首都圈的后备力量；②加强防灾减灾能力建设——应对地震、洪涝、泥石流、干旱、火山喷发等多种灾害；③做好充分的防灾准备；④开通"四路"项目；通过区域合作，提高首都圈的防灾能力；⑤确保大规模灾害时的能源运输；⑥通过广域合作构建应急房屋提供机制；⑦基础设施老化对策和管理项目。

（3）形成世界最大经济集聚地"超级都市"，提升国际竞争力。①"超级都市"的形成；②培育新一代成长型产业；③氢能源社会；④利用观光繁荣期，强化观光设施建设；⑤世界都市——东京的功能强化项目。

（4）构建对流型首都圈。①"北关东新产业东西轴"项目；②连接东日本、西日本乃至全世界的新物流项目；③灵活运用首都圈邻日本海和太平洋的地域优势；④打造"海洋国家未来轴"项目；⑤打造"富士山—南阿尔卑斯山—八岳对流圈"项目；⑥打造"海洋文化都市圈"项目；⑦打造广域对流圈强化项目；⑧打造日光、会津、上州历史街道对流圈强化项目；⑨打造"首都圈西南部国际都市群"项目；⑩打造"多摩川国际临空据点群"项目；⑪打造"东北圈、北陆圈、北海道连接首都圈对流基地"项目；⑫打造以筑波为中心的知识对流基地项目；⑬把国际机场的周边批发市场作为出口基地；⑭为应对急速增长的观光需求，提高广域首都圈内机场、港口的游客接待量，完善住宿等观光基础设施；⑮首都圈紧凑连接型项目；⑯国际港湾、国际机场的功能强化项目。

（5）打造共生首都圈，实现城市与农村、山村、渔村的对流。①健康长寿计划；②打造人人都能积极参与的社会环境；③完善生态系统服务设施；④发挥首都圈特性，实现农林水产品的产业化发展；⑤建设魅力农村、山村、渔村；⑥鼓励居民移居农村，形成居民向农村流入的热潮。

（6）充分利用2020年东京奥运会、残奥会契机。

交叉实施以上各大项目，以达到相辅相成的效果，推动首都圈及日本飞速发展。

五 对中国推进区域一体化进程中都市圈和城市群发展的启示

作为中日两国引领经济发展、参与国际竞争的重要区域，相较于日本首都圈，我国的都市圈和城市群发展呈现出一定的共性和差异化特征。在应对自然灾害、人口老龄化、环境问题，以及面向未来的自然、人文资源利用、创新引领发展等领域具有相似性，而在地缘环境、发展阶段、体制机制等领域又存在显著差异。日本首都圈集聚了大量类似京津冀地区的行政及相关职能，而长三角区域和粤港澳大湾区等相对的多中心发展格局与日本首都圈过于一点集中化的格局略有差异。总体上，作为世界范围内先发成熟型都市圈，日本首都圈推动一点集中化首都圈向对流

型首都圈转型的经验，对于当前构筑中国都市圈和城市群新型成长模式具有重要的启示。

（一）建立多层次对流网络，打造"共同发展型"都市圈和城市群

各都市圈和城市群应加快推进面型交通网络建设，构筑都市圈和城市群内核心城市与非核心城市之间、非核心城市之间、城乡之间的广泛对流。甚至提前谋划在更大空间尺度上，强化京津冀、粤港澳大湾区及长江经济带沿线都市圈和城市群之间的相互对流，构筑更大范围的经济圈参与国际竞争。

（二）核心城市应考虑疏解非核心功能与共享核心功能双管齐下

根据国际竞争形势以及中国城镇化的变化，持续推进都市圈和城市群功能强化十分重要。但单纯推进核心城市的功能强化会加速一点集中化。就核心城市视角而言，北京、上海、广州和深圳等城市普遍面临人口和空间约束、活力和动力挑战，需要在腹地深度一体化中，破解约束、汲取新的能量，实现"水（区域）涨船（核心城市）高"。为此，不仅要推动核心城市的非核心功能向周边区域优先疏解，而且要实施核心城市的核心功能与区域伙伴共享共担。

（三）拉长长板与补齐短板相结合，通过广域合作发挥地区优势，创造新价值

日本实施的《首都圈广域地方计划》一再强调充分发挥各个地区的特点与特色，促进多样的人力、物力相互合作、融合，创造新的价值，实现广域发展。在区域一体化的都市圈和城市群发展过程中，也应针对差异与差距并存的现实格局，突出拉长长板与补齐短板相结合。拉长不同发展导向地区的山海江湖林田生态长板、经济发展长板和社会发展长板，通过广域合作发挥各自优势；补齐各个地区的发展短板，促进从高峰（核心城市）到高原（区域）的整体发展。

（四）全面推进"连接点"的合作，促进中小城市和战略性合作空间的发展

日本实施的《首都圈广域地方计划》一再强调"连接点"是提高首都圈国际竞争力、促进面型对流、分散东京一点集中化的关键。相较于日本首都圈，我国的都市圈和城市群范围内中小城市数量偏少，加之往往存在行政壁垒，应更加突出培育中小城市、加快推进区域合作基地等"飞地经济"发展，打造更多的"连接点"，促进都市圈和城市群功能传导和要素流动。

（五）以战略性项目为抓手，落实愿景—目标—战略—行动的支撑体系

为落实发展愿景和保障东京 2020 年奥运会顺利举行，日本首都圈正加快推进 38 个战略性项目的实施。落实区域一体化进程中都市圈和城市群的发展愿景同样需要一系列战略性项目的支撑，推进战略性项目之间的协同，这是率先构筑新型成长模式的重要保障。

参考文献

日本国土交通省：《首都圈广域地方计划》，https：//www.ktr.mlit.go.jp/ktr_content/content/000643635.pdf，2016。

马璇、张振广：《东京广域首都圈构想及对我国大都市圈规划编制的启示》，《上海城市规划》2019 年第 2 期。

游宁龙、沈振江、马妍、邹晖：《日本首都圈整备开发和规划制度的变迁及其影响——以广域规划为例》，《城乡规划》2017 年第 2 期。

B.31
东英格兰区域空间战略规划的成与败*

陶希东 屠启宇 郁奇民**

摘　要： 东英格兰地区是紧邻伦敦的英国第二大区域，该地区一直以来是英国尝试推进区域一体化发展和完善地方治理结构的试验田。21世纪以来，东英格兰地区先后连续完善了三轮区域战略规划。但是在规划制定之余，东英格兰在实施环节反复出现折腾，以至于错失战略机遇，几乎是"裸身"面对"脱欧"这一重大变局。这一教训一定要深刻汲取。

关键词： 东英格兰　区域空间战略　区域一体化

东英格兰地区是英国第二大区域，南邻大伦敦市，涵盖了历史悠久的贝德福德郡、剑桥郡、埃塞克斯郡、赫特福德郡、诺福克郡和萨福克郡6个郡，52个地方政府，区域面积达到1.9万平方公里，人口570万，以小城镇为主，但不乏剑桥市这样的创新源头。因此，东英格兰地区是英国少见的成功地区，拥有超过200万个工作岗位，在过去30年中经历了人口和商业的持续增长，就业、教育和健康等水平都高于全国平均水平。

它处于创新和新研究的前沿，在对国民经济尤为重要的生物技术、金融

---

* 本文主要基于东英格兰区域大会（East of England Regional Assembly）修订的"The East of England Plan 2031"所做，特此致谢。
** 陶希东，本书副主编，理学博士，上海社会科学院社会学研究所研究员，主要研究方向：社会治理、城市管理；屠启宇，本书主编，博士，上海社会科学院城市与人口发展研究所副所长、研究员，博士生导师，主要研究方向：城市战略规划、城市创新体系、社会系统工程；郁奇民，福卡智库研究人员，主要研究方向：社会治理、宏观经济。

和制药等关键领域具有显著优势。与此同时，东英格兰也是一个充满挑战的区域：面临着长期增长的住房和就业需求；一些社区和地方需要重建，提供新的基础设施和支持业务；越来越多的人领取养老金，工人和年轻人越来越少；过多的汽车成为出行的主要方式；国家运输路线和国际通道都要穿越该地区；由于气候变化的影响在处理洪水风险和供水等方面有一定的压力。

一 治理结构不稳已明显拖累东英格兰区域

东英格兰区域，在进入21世纪的将近20年间，经历了重大的区域治理结构调整。总体上呈现为决策和管理重心的下沉，地方获得更大的自由度，但同时也面临整体视野缺失和区域一体化总体部署落空的问题。东英格兰地区长期以来有区域一体化发展的传统，21世纪以来，先后于2000年由英国环境、交通和区域部制定并实施《东英格兰区域规划指引2016》；2008年由英国社区和地方政府国务大臣发布实施《东英格兰规划2021》，以上指引和规划总体上是强调由中央出面进行区域空间战略的顶层设计。2010年3月由代表地方的过渡性机构"东英格兰区域大会"（East of England Regional Assembly）（组建于1998年，解散于2010年）修订并提出《东英格兰规划2031（建议稿）》；2010年4月"东英格兰地方政府理事会"（East of England Local Government Association）正式成立，新机构明确为代表东英格兰52个地方政府的跨党派区域政治领导组织；此后于2012年又正式解散了东英格兰发展署（1999年成立，负责协调区域经济建设），而《东英格兰规划2031》也基本被搁置。

2015年，时任英国首相卡梅伦又以中央政府名义提出《东英格兰长期经济发展规划》，这一经济发展规划将《东英格兰规划2031》的内容予以细化，并设定了2015~2020年内逐年实施的内容。然而，仅一年后，卡梅伦即因脱欧公投而辞职。至此，英国政府在21世纪以来通过加强区域规划引导一体化发展的努力几乎全盘破产。但瑕不掩瑜，东英格兰区域规划与实施虽然生不逢时，但仍不失为一项具有范例性的区域一体化战略部署。

二 东英格兰区域发展的愿景和目标

东英格兰区域面向未来提出发展愿景：到2031年，英格兰东部将充分挖掘经济潜力，为人民提供高质量的生活，包括满足可持续的包容性社区住房需求。与此同时，将继续减少对气候变化和环境的影响，包括节约能源和水资源、加强环境资产储备。

（1）减少对气候变化的影响。尽量减少长期的沿海变化所带来的风险，包括海平面上升、洪水、土地的侵蚀和沉降；在新的和可能的现有发展中纳入有效措施，以减少对气候变化的影响；减少洪水和海岸侵蚀对人类、财产和野生动物栖息地的不利影响和风险；减少出行的需要；促使出行方式发生重大转变，从私人汽车转向公共交通、自行车和步行；最大限度地提高能源效率，促进可再生和低碳能源的使用。

（2）解决住房短缺问题。东英格兰区域是国际移民和欧盟移民的重要流入地，不考虑脱欧影响，其人口在2031年将增长到700万。为此，规划提出应在该地区提供额外的住房，特别是在发展和变革的关键区域中心，优先提供经济适用房以满足刚性需求。

（3）挖掘经济潜力。促进该区域的商业部门、国际枢纽和集群发展，根据区域经济战略提升技能和增加机会；提供与就业增长相匹配的住房供给增加，并提高工作场所和住房位置的适应性；提高该地区的教育程度，提升职业技能，加强继续教育和高等教育；维护和加深英格兰东部的区域联系、国内联系和国际联系，包括加强与伦敦的经济社会交流；确保适当、长期的运输基础设施。

（4）提高人民生活质量。为老年人群提供服务，提供精心设计的世界一流的绿色生活环境；改善工作机会、服务和其他设施，重视弱势群体的需求，提升社会凝聚力，追求健康的生活方式；保持文化多样性，满足地区各部分的独特需求；促进欠发达地区的重建和更新；增加地方战略实施的社区参与。

(5)改善和保护环境。确保并增加环境资产,包括建筑和历史环境,景观、土壤和水;在战略性土地和市场评估的支持下,逐步释放绿地,优先考虑重新利用先前开发的土地,同时从这种增长中寻求环境和发展收益;保护并酌情通过保护栖息地和物种来加强生物多样性,并通过发展创造新的栖息地;提供可访问的多功能绿色空间网络;减少对水和其他自然资源的需求和使用,减少浪费,同时加强对废物的可持续管理。

三 东英格兰区域发展的战略要点

东英格兰区域空间发展坚持可持续发展的原则,以环保行动应对气候变化带来的不利影响。空间战略的指导思想主要为:一是注重人们居住地、工作场所和公共服务设施的功能协调,二是尽可能在保护环境的前提下谋求发展,主要做法如下。

(1)加强公共服务基础设施建设。重点建设公共交通、运输网络,减少通勤时间,使都市、集镇、乡村相互间的地理联系更紧密。适时满足卫生、教育等社会服务需求。

(2)积极应对城市收缩。在战略性土地和市场评估的支持下,逐步释放土地,城市及周边地区优先考虑重新利用先前开发的土地,并寻求环境和发展的收益。区域目标是将60%的开发选择在已建土地的再利用基础之上。

(3)重点发展集镇中心。集镇有良好的服务基础、合理的住房和就业水平,通过集镇对农村的服务中心作用,对行政、文化、旅游业、零售和其他商业发挥集聚效应。

(4)满足乡村就业和住房需求。地方通过支持当地农业、服务业和其他经济活动,使经济多样化,保持农村社区的活力。

(5)强化多中心发展。东英格兰设立了21个发展和变革的重点中心,将充分利用现有的基础设施以及改进或挖掘它们的发展潜力,根据不同中心的特点来计划不同的发展特色和方向。

(6)优先重建区域。经济表现普遍疲软且贫困严重的地区被确定为优

先重建对象。这些地区往往失业率相对较高，财富、收入和就业机会不均等，通常也得不到较好的服务，预期寿命降低，整体生活质量下降。

（7）设立绿化带区域。限制大城市地区的发展，保护农村，保护历史城镇，协助城市更新。

（8）开发城市边缘区。确保城市边缘或附近的新发展有助于显现其特色，维护多样性，并避免对野生动物和国际重要场所造成伤害。提供连接城市与农村的无障碍绿色基础设施。

（9）管理沿海变化。英格兰东部海岸易受风暴潮、盐水侵入、沿海挤压和侵蚀的影响，需要在可能的情况下保护沿海的环境和历史资产，处理好沿海与腹地的关系。

四 东英格兰区域战略的特色

综观21世纪以来东英格兰区域战略的演进（面向2016年版、面向2021年版、面向2031年版和2015年经济发展版）和部署，具有以下特点。

（1）考虑建设资金获取渠道。东英格兰区域的可持续发展需要大量的资金，以对社会、环境和物质基础设施进行大量投资，因此需要创新融资方式。该战略规划考虑的资金来源包括：中央政府、地方政府和欧洲资金，私人市场为大部分发展提供资金，公共或私人组织提供一系列服务的志愿部门资金。

（2）对规划方案开展审查和修订。依法开展原有规划的审查工作，根据发展中不断出现的新情况、新要求，及时进行修订，制定更好地满足长远发展需求的战略方案。《东英格兰规划2021》于2008年5月公布。公布次年便对规划进行审查评估，针对实际开展情况，做出区域发展战略部署应从跨度10年提升到20年的决定，并于2010年提出了《东英格兰规划2031（建议稿）》。此稿提出私营企业和公共部门都需要为未来的挑战与机遇做好相应的准备工作，而区域规划就是提出一个全面的干预框架，并将不断更新实施计划，以反映在实施发展过程中出现的其他优先事项。

(3) 完善评估监测机制。东英格兰特别强调发挥当地主体的积极性，检查规划实施行动是否有效以及是否需要进行规划调整。规划方还承诺定期公布年度监测报告，侧重该区域的总体进展以及对该区域至关重要的政策和因素。与地方当局和其他合作伙伴联络，不断审查监测安排。通过制定可靠和适当的指标以及制定收集报告数据的机制来提高监测的效率和有效性。事实上，从《东英格兰规划2021》到《东英格兰规划2031（建议稿）》，规划的制定主体也已从中央政府部门转变为地方政府联盟。

五 对我国区域一体化发展的启示

英国作为发展较早的发达国家，其现代化和城市化的进程及规划实践向来走在世界的前列。就区域战略发展而言，英国在长期的实践中积累了宝贵的经验和教训。尽管在历史背景、地理环境、自然资源、体制机制等各方面，东英格兰区域与中国区域存在显著差异，然而从整体发展阶段演变来看，从萌芽到成熟，区域一体化的发展总是遵循着一定的规律。东英格兰区域空间战略可持续发展的经验，对于中国区域一体化的成长路径具有重要启示。

(1) 理顺协调机制这个"牛鼻子"，站在区域整体高度推进发展。东英格兰区域在空间战略制定后的实施上出现了反复折腾，以至于错失全力推进区域发展的战略机遇，几乎是"裸身"面对脱欧这一重大变局。这一教训一定要深刻汲取。在推动区域一体化以及城市群和都市圈规划等工作中，一定要在机制体制上确立区域一体化战略的实施主体、相应协调机构和一系列的配套措施。特别是核心城市作为区域一体化发展中的重要力量，首先要有更高站位，突破行政边界，促进生产要素跨区域优化配置。这是兄弟城市的核心诉求。

(2) 统筹空间布局，使区域功能有序化。东英格兰区域的空间战略尤其注重各发展中心的功能互补与协同发展，相比之下，中国城市基于历史行政体制也发展得各有特色，在推进区域一体化的过程中，保持多样性，加强

区域联系，优化各城市空间结构以及城市间的布局，梳理各城市的功能、特色和定位，有序布局，发挥"1加1大于2"的作用。

（3）完善交通设施，加强区域内的地理联系。东英格兰区域对交通设施的建设不遗余力，在主要城市之间、城市与集镇之间、集镇与乡村之间建立起一张密集的公共交通网络。中国的区域一体化应发挥基础设施建设先行的优势，加大交通运输线路的铺设力度，包括高铁、城际铁路、地铁等多种方式，打造通勤圈、商务圈、周末出行圈、度假圈，尤其要注意集镇作为城市与乡村的"连接点"，畅通集镇通往乡村和城市的分段交通。

（4）整合土地资源，平衡自然效益与经济效益。从我国的城市发展来看，受市场经济影响，多数城市的发展以房地产开发、园区开发为代表。在粗放式土地资源利用的过程中，造成了大量的浪费，未能充分发挥土地的经济价值。与其不断地追寻"增量"土地资源，还不如在"存量"上做好文章，在科学系统的土地战略规划下，优先利用已开发过的土地，做好评估与监测工作，使土地使用更加高效。"绿水青山就是金山银山"，自然环境是影响可持续发展的重要因素，土地的使用既要考虑经济价值，也不能忽视其自然价值给高质量生活带来的社会效益。

参考文献

East of England Regional Assembly, "The East of England Plan 2031," 2010.

Greater London Authority City Hall, "Mayor's Annual Equality Report 2018 – 2019," June 2019.

刘生龙、胡鞍钢：《交通基础设施与中国区域经济一体化》，《经济研究》2011年第3期。

丝路城市篇

B & R Cities

B.32 "一带一路"重要节点城市卡萨布兰卡发展新趋势

邓智团 康姣姣*

摘　要： 卡萨布兰卡市（达尔贝达）位于大西洋东海岸，不仅是摩洛哥最大的城市，也是连接欧洲、中东和非洲的枢纽，作为最大的港口城市、经济中心和交通枢纽，被誉为"摩洛哥之肺""大西洋新娘"，是"一带一路"重要节点城市；人口年轻化、城市化水平较高，GDP较大，第二、三产业尤为发达，是一个具有潜力和活力的城市。卡萨布兰卡是摩洛哥的经济首都，汇集了大量的国际公司和摩洛哥公司的总部和业务部。卡萨布兰卡的目标是建成金融中心和智慧城市，着力于金融

---

* 邓智团，本书副主编，博士，上海社会科学院城市与人口发展研究所研究员，主要研究方向：城市经济、城市更新；康姣姣，上海财经大学城市与区域科学学院博士研究生，研究方向：城市经济、农村经济。

的发展和智能与可持续的投资。

关键词： "一带一路" 节点城市 卡萨布兰卡

卡萨布兰卡市（达尔贝达）位于大西洋东海岸，无论在经济方面还是人口方面都是摩洛哥最大的城市，也是非洲最大和最重要的城市之一，在历史上一直是摩洛哥的粮仓。卡萨布兰卡拥有摩洛哥的主要港口，也是非洲大陆最大的金融中心之一，常被称为"白色城市"，是一个繁荣且充满活力的城市，体现了摩洛哥的现代性和活力。1929年成立的卡萨布兰卡证券交易所是摩洛哥唯一的证券交易所，也是非洲第三大交易所。卡萨布兰卡2014年的人口普查显示，全市已有约334万人，且主要分布在城市，是卡萨布兰卡—塞塔特地区的总部，卡萨布兰卡港是世界上最大的人工港口之一。

一 城市规模扩张

（一）行政区划及各区规模

卡萨布兰卡是卡萨布兰卡—塞塔特地区的一部分。城市分为8个区，它们本身分为16个分区和1个市，最大的市区为马格里布。在2014年摩洛哥人口普查中，卡萨布兰卡市的人口为334万人，该市人口约占摩洛哥总人口的11%，约98%的人口居住在城市。

表1 卡萨布兰卡各区面积和人口分布

城区	面积（平方公里）	2004年 户数	2004年 人数	2014年 户数	2014年 人数
SidiBelyout	985	53442	218918	54280	189715
Anfa	1655	22420	95539	26009	94504
Maarif	1240	44048	180394	50253	170689

续表

城区	面积（平方公里）	2004年 户数	2004年 人数	2014年 户数	2014年 人数
HayHassani	4088	70801	323944	118700	468542
AinChock	3939	50790	253600	89013	377744
SidiOthmane	807	33954	176983	49224	220047
MoulayRachid	1067	39234	207624	103510	465531
SidiMoumen	2623	58029	289253	103310	454779
SidiBernoussi	1278	33562	165324	41288	173189
HayMohammadi	420	32627	156501	33272	138760
AinSebaa	1522	30519	155489	40197	171452
Rochesnoires	718	23044	104310	30041	115704
MersSultan	368	33305	145928	34076	129759
AlFida	379	38939	186754	38625	158667
BenM'sik	311	31942	163052	30519	131883
Sebata	457	24100	122827	26210	116255

资料来源：摩洛哥王国高级委员会机构（www.hcp.ma）。

（二）土地规模与空间扩张

卡萨布兰卡市的公路网长度为5000多公里，区域面积为1200平方公里，海岸线长70公里。卡萨布兰卡是一个年轻和具有潜力的城市，城市人口年轻化；具有超过10个学院、7个大学、超过45个私立研究生院和非洲第一个致力于建筑行业的研究所。具有很强的创新和科研能力，卡萨布兰卡具有摩洛哥超过20%的国家教师和研究人员，其中60%以上在科学和工程领域从业。

二 城市经济发展

（一）城市经济增长

卡萨布兰卡作为摩洛哥的第一个港口城市，贸易额占比60%，具有北非最大的企业房地产园区，办公面积超过140万平方米，也有北非第一个金融中心，拥有30%的银行网络以及所有银行和保险办事处，并拥有主要国家银行的总部和决策中心，包括位于非洲的银行。卡萨布兰卡拥有摩洛哥39%的企业和60%的工业劳动力。卡萨布兰卡的GDP 2014~2016年有很大的增长，2016年达到32121100万迪拉姆，占摩洛哥GDP的32%，并且人均GDP自2014年以来也呈现增长的趋势，2016年人均GDP达到46088迪拉姆（见表2）。

表2　卡萨布兰卡的地区生产总值增长情况

地区	GDP(百万迪拉姆) 2014年	2015年	2016年*	占摩洛哥比重(%) 2014年	2015年	2016年*	人均GDP(迪拉姆) 2014年	2015年	2016年*
卡萨布兰卡	288873	317415	321211	31.2	32.1	32	42219	45773	46088
摩洛哥	925376	987950	999074	100	100	100	27403	28951	29390

注："*"为预估数据。
资料来源：摩洛哥王国高级委员会机构（www.hcp.ma）。

卡萨布兰卡的第一、二、三产业的产值都显著提升。2016年卡萨布兰卡第一产业增加值1.5亿迪拉姆，占摩洛哥的12%；第二产业增加值11.7亿迪拉姆，占摩洛哥的44.53%；第三产业增加值15.7亿迪拉姆，占摩洛哥的30.91%（见图1）。

（二）城市产业结构变化

从卡萨布兰卡的产业分布可以看出，第二、三产业产值占比较大，卡萨布兰卡也是摩洛哥的"粮仓"，第一产业产值占比在2014年为4.42%，并且在2015年有所提升，2016年第一产业产值占GDP的4.54%，低于摩洛哥平均水平。卡萨布兰卡的第二产业产值所占份额较高，2014~2016年占比有提升的趋势，2016年为36.52%，远高于摩洛哥平均水平。卡萨布兰卡第三产业产值所占份额较高，接近50%，2016年为49%，低于摩洛哥平均水平。

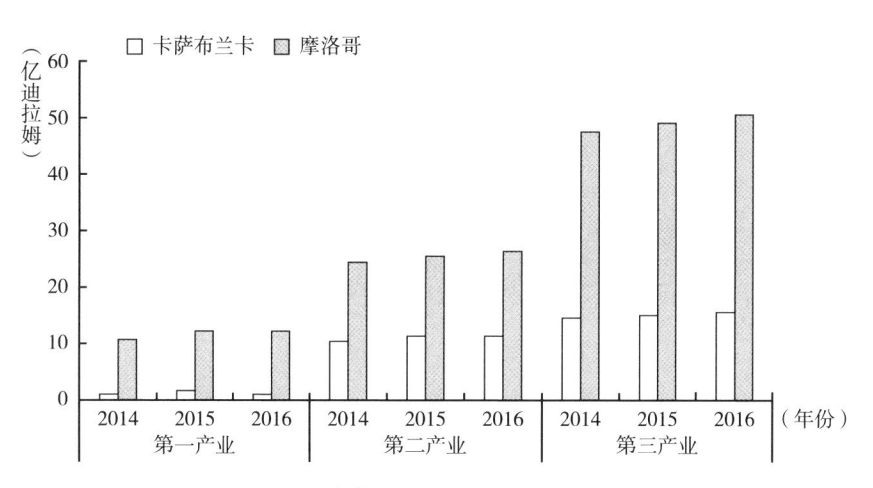

"一带一路"重要节点城市卡萨布兰卡发展新趋势

图1 卡萨布兰卡产业增加值变化

资料来源：摩洛哥王国高级委员会机构（www.hcp.ma）。

表3 卡萨布兰卡 GDP 按照产业分布

单位：百万迪拉姆，%

项目	第一产业 2014 年	第一产业 2015 年	第一产业 2016 年	第二产业 2014 年	第二产业 2015 年	第二产业 2016 年	第三产业 2014 年	第三产业 2015 年	第三产业 2016 年
卡萨布兰卡	12782	17325	14592	103327	114662	117294	145577	151219	157662
摩洛哥	107905	124759	121556	245138	257796	263384	477665	491424	509991
GDP 占摩洛哥的比重	11.85	13.89	12.00	42.15	44.48	44.53	30.48	30.77	30.91
卡萨布兰卡产业产值所占份额	4.42	5.46	4.54	35.77	36.12	36.52	50.39	47.64	49.08
摩洛哥产业产值所占份额	11.66	12.63	12.17	26.49	26.09	26.36	51.62	49.74	51.05

资料来源：摩洛哥王国高级委员会机构（www.hcp.ma）。

卡萨布兰卡工业活动占主导地位，并支撑着城市结构扩展和经济增长。卡萨布兰卡集聚了摩洛哥55%的企业和近60%的工业劳动力。工业制成品的多样性在摩洛哥工业空间中占主导地位。如果考虑到服务及其相关行业的活动，这种地位将体现的更加明显。卡萨布兰卡和穆罕默德港口的贸易吞吐量占外贸的55%。从行业分工数量来看，食品加工和纺织品与皮革加工的

营业额、出口、生产、总劳动力都呈减少趋势，化学与分析、电气与电子、金属和机械的营业额、出口都呈现增长趋势。

从卡萨布兰卡行业分布来看，主要为采矿和加工、电力与电气、金融和保险，生产总值占摩洛哥相应行业生产总值的份额均在46%以上，且份额有增长的趋势，增长率分别为0.3%、23.1%、1.1%。电力与电气的生产总值增长幅度最大，其次是房地产租赁和服务企业、酒店和餐饮，增长率分别达到9.5%和9.3%。

表4 卡萨布兰卡按行业分工数量

行业	年份	营业额（千美元）	出口（千美元）	生产（千美元）	投资（千美元）	总劳动力（人）	增值（千美元）
食品加工	2014	53179110	3059625	48123337	5630571	42002	18484219
	2015	51216677	2918390	46690581	1879428	39801	17793917
化学与分析	2014	78932104	25965890	69292846	12411111	61329	22756929
	2015	96368201	29789606	82077012	8453211	58745	25399649
电气与电子	2014	11273913	5170981	1072430	476565	21974	3144215
	2015	12207317	5539537	1616588	442210	22916	3397337
金属和机械	2014	35406739	7633630	30146698	902349	42643	8041434
	2015	37938837	8400519	33266571	1425196	41864	7983335
纺织品与皮革	2014	11494670	6363570	10942839	313329	66235	3351233
	2015	11153946	5328190	10718299	346006	61113	3499377

资料来源：MCINT统计局。

表5 按行业分列的生产总值（按当前价格计算）

行业	占摩洛哥相应行业的份额 2016	占摩洛哥相应行业的份额 2015	生产总值（百万迪拉姆）2016	生产总值（百万迪拉姆）2015	增长率（%）2016	增长率（%）2015/2014	增长率（%）2016/2015
农业	12.9	14.9	14302	17056	-16.1	35.6	-23.6
渔业	2.6	2.7	290	269	7.8	1.3	14.4
采矿和加工	49.8	49.5	89832	90063	0.3	3.5	-0.1
电力与电气	48.4	46.6	12100	9829	23.1	5.1	6.5
建筑和公共工程	26.5	27.1	15361	14770	4.0	22.9	-0.3
贸易	34.1	34.1	27897	26229	6.4	0.2	5.3
酒店和餐饮	20.0	19.4	4491	4108	9.3	1.1	6.5

续表

行业	占摩洛哥相应行业的份额 2016	占摩洛哥相应行业的份额 2015	生产总值（百万迪拉姆）2016	生产总值（百万迪拉姆）2015	增长率（%）2016	2015/2014	2016/2015
交通、邮电	40.4	40.2	23841	23133	3.1	4.7	2.9
金融和保险	64.3	63.9	29635	29954	1.1	0.4	0.8
房地产租赁和服务企业	33.4	32.5	36578	33401	9.5	6.3	7.7
公共管理和社会保障	16.2	15.6	15137	14130	7.1	0.5	5.5
教育、卫生和社会工作	19.6	20.4	16361	16690	-2.0	0.0	-2.7
其他非金融服务	26.4	26.4	3722	3573	4.2	3.7	3.2
总附加值基本价格	32.4	32.4	289548	283206	2.2	5.3	0.7
产品税净补贴	29.0	30.0	34371	34209	0.5	23.5	5.0
该地区生产总值	32.0	32.1	321211	317415	2.0	7.0	1.2
住户最终消费支出	24.9	25.7	145973	144498	1.0		

资料来源：摩洛哥王国高级委员会机构（www.hcp.ma）。

2016年卡萨布兰卡的生产总值较2015年有所增加，占摩洛哥的比例有所下降，为32%；住户最终消费支出也较2015年有所增加，占摩洛哥的比例达到24.9%。

（三）企业区域总部

卡萨布兰卡是摩洛哥主要工业区，也是摩洛哥的经济首都。大量的国际公司和摩洛哥本地公司的总部和业务部设在卡萨布兰卡，包括消费者服务行业的2M电视、CTM运输公司，也包括金融行业的Agma Lahlou-Tazi、Attijariwafa Bank，还包括油气、电力和工业行业的公司（见表6）。

表6 卡萨布兰卡公司分布

公司名	中文名	行业	部门	创立年份
2M TV	2M电视	消费者服务	广播娱乐	1989
Agma Lahlou – Tazi	阿格玛拉什塔兹	金融	全额保险	1964
Air Arabia Maroc	摩洛哥阿拉伯航空	消费者服务	旅游休闲	2009
Akwa Group	阿克瓦集团	油气	勘探与生产	1932
Attijariwafa Bank	阿蒂贾里瓦发银行	金融	银行	1904
Banque Commerciale du Maroc	马洛克商业银行	金融	银行	1911

续表

公司名	中文名	行业	部门	创立年份
Banque Populaire du Maroc(BCP)	马洛克银行(BCP)	金融	银行	1961
BMCE Bank	BMCE银行	金融	银行	1959
BMCI	骨髓间充质干细胞	金融	银行	1943
Casa Air Service	卡萨航空公司	消费者服务	航班	1995
Casablanca Stock Exchange	卡萨布兰卡股票交易所	金融	投资服务	1929
Compagnie de Transports au Maroc (CTM)	AU-MAROC(CTM)运输公司	消费者服务	旅游与旅游	1919
Compagnie Marocaine de Navigation	摩洛哥海运公司	工业品	海上运输	1946
Eco-Médias	生态博物馆	消费者服务	出版业	1991
Free Media	自由媒体	消费者服务	出版业	
Inwi	英威	电信	固定线路电信	2009
Jet4you	杰特优	消费者服务	航班	2006
Laraki	拉腊基	消费品	汽车	1999
Les DomainesAgricoles	农业园	消费品	农渔	1960
Marjane	马贾内	消费者服务	食品零售商和批发商	1990
MarocSoir Group	马洛克索尔集团	消费者服务	出版业	
MarsaMaroc	马萨莫罗克	工业品	运输服务	2006
Med Airlines	地中海航空公司	工业品	送货服务	1997
Orange Morocco	橙色摩洛哥	电信	移动通信	2000
Nareva	纳雷瓦	油气	勘探与生产	
OCP Group	OCP集团	基础材料	一般开采	1920
ONA Group	奥纳集团	砾岩	—	1934
RAM Cargo	冲压货物	工业品	送货服务	2010
Royal Air Maroc	摩洛哥皇家航空公司	消费者服务	航班	1957
Royal Air Maroc Express	皇家航空公司	消费者服务	航班	2009
Siger	西格尔	砾岩		2002
Société Automobiles Ménara	西奈汽车	消费品	汽车	1972
Société Nationale d'Investissement	国家科学研究院	砾岩	—	1966
Somaca	索麦卡	消费品	汽车	1959
SOMED	索德	砾岩	—	1982
Sonasid	索纳西德	基础材料	钢铁	1974
Sopriam	索普里亚姆	消费品	汽车	1977
Wafa Assurance	瓦瓦保险公司	金融	全额保险	1972

资料来源：摩洛哥公司分布，https://en.wikipedia.org/wiki/List_of_companies_of_Morocco。

三 城市发展新方向

卡萨布兰卡是一个创新和融合的城市，被视为汇合摩洛哥所有其他城市文化的大都市。其建筑遗产"新艺术风格"也具有很大的旅游潜力。交通系统、基础设施的完善使得卡萨布兰卡更具潜力和活力。

（一）建设金融中心

卡萨布兰卡证券交易所成立于1929年，是摩洛哥唯一的证券交易市场，也是非洲设立的第二家证券交易场所（排在南非约翰内斯堡之后），经营股票、期货、债权交易、投资凭证、衍生工具和期货交易。根据英国伦敦Z/Yen集团和中国（深圳）综合开发研究院联合发布的"2018年全球金融中心指数"，摩洛哥卡萨布兰卡金融城在96个金融中心中排第32位，较2017年上升了3个名次。在西亚和非洲地区位列第3，2018年排全球首位的是伦敦、纽约和香港。① 卡萨布兰卡至许多欧洲国家首都的飞行时间只需3小时，是非洲世界与UCLG大会和区域领导人峰会举办的地方。根据全球金融中心指数（GFCI），卡萨布兰卡金融城为非洲排名第一的金融城，且居世界第33位。

（二）建设智慧城市

卡萨布兰卡旨在成为一个智能和可持续发展的城市，在国王穆罕默德六世的支持下，发布《2018~2022行动计划》，将于未来五年围绕五个战略重点投资522.6亿迪拉姆。其中投资最大的两个领域为：基础设施、城镇化和交通（360亿迪拉姆），清洁、生活环境和绿地（92亿迪拉姆）。其他三个领域分别为经济社会发展、大型活动和数字化转型。此外，该行动计划还制定了一系列目标，如2022年人均收入在2015年基础上增加73%，每年减少

---

① https://www.longfinance.net/programmes/financial-centre-futures/global-financial-centres-index/.

5%的业务开支，建设32个数字图书馆、10个大型公共停车场，整治150公里道路和32个市场等。①

卡萨布兰卡城市机构计划评估卡萨布兰卡—塞塔特地区的六个发展项目（PA）。该机构为此项目预留了150万迪拉姆的预算。伴随人口增长的城市化水平"非常高"，根据原子能机构的观点，城市化水平超过了1984年城市发展总体规划（SDAU）中提出的目标。卡萨布兰卡按照2010年SDAU的规定运行，并在2014年进行了部分修订。这是分析保护区的有效性（在该领域取得的成果）以及计划目标与实际情况之间的充分性问题。②

参考文献

https：//en. wikipedia. org/wiki/Morocco#/media/File：Koutbia. jpg.

https：//www. cia. gov/library/publications/the－world－factbook/graphics/maps/mo－map. gif.

United Nations（2018）.

http：//www. citypopulation. de/Morocco－Cities. html.

http：//www. casablancacity. ma/.

中国商务部：《对外投资合作国别（地区）指南——摩洛哥》，2017。

http：//www. casablancacity. ma/.

https：//commons. wikimedia. org/wiki/File%3AMarrocos－Kasbah－Oudaya－Rabat－Luis－Filipe－Gaspar. jpg.

https：//www. hcp. ma/Baisse－de－01－de－l－indice－des－prix－a－la－consommation－du－mois－d－aout－2018－par－rapport－au－mois－precedent_a2223. html.

https：//en. wikipedia. org/wiki/List_ of_ companies_ of_ Morocco.

https：//lematin. ma/journal/2018/six－plans－amenagement－evaluer－casablanca－settat/297067. html.

---

① https：//lematin. ma/.
② https：//lematin. ma/journal/2018/six－plans－amenagement－evaluer－casablanca－settat/297067. html.

B.33
"一带一路"重要节点城市雅典经济发展新趋势

徐惠妍 邓智团 廖邦固*

摘 要： 雅典是希腊首都，是希腊的经济、金融和文化中心，是欧洲第八大城市，也是欧盟商业中心之一。本报告从雅典的概况、经济、产业和区域影响四个方面对其发展现状及新趋势进行描述和分析，以期为"一带一路"的研究和实践提供基础信息。

关键词： 雅典 "一带一路" 节点城市

雅典是希腊的首都和最大的城市，位于巴尔干半岛南端，属亚热带地中海气候。雅典城市面积为39平方公里，加上郊区为412平方公里，常住人口约为381万，约占全国人口的36%，是欧洲第八大城市。雅典是希腊的经济、财政、工业、政治和文化中心（全国53%的工业集中于此），也是欧盟商业中心之一。在GaWC的《世界城市手册》中，雅典是一个β级全球城市，是重要的国际旅游胜地。在城市生活质量排名中，雅典近年来名次基本维持在全球第86名左右。雅典记载于册的历史长达3000多年，被誉为"西方文明的摇篮"。雅典也是欧洲哲学的发源地，对欧洲以及世界文化产生过重大影响，被称为民主的起源地。

---

* 徐惠妍，上海师范大学环境与地理科学学院硕士研究生，研究方向：城市地理；邓智团，本书副主编，博士，上海社会科学院城市与人口发展研究所研究员，主要研究方向：城市经济、城市更新；廖邦固，上海师范大学环境与地理科学学院副教授，研究方向：城市地理。

一 城市人口发展趋势与分布特点

雅典城市面积39平方公里，加上郊区占地面积为412平方公里，占希腊领土面积的比例不足0.4%；但拥有381万人口，占希腊总人口的近36%。雅典所在省区阿提卡（又称阿提卡州、阿提卡大区），面积为3808平方公里，占希腊领土面积的2.9%；阿提卡总人口约400万，占希腊总人口的1/3，是人口数量最多、人口密度最高（991人/平方公里）的大区。雅典市一共有7个主要街区，划分街区主要是为了行政管理。而雅典人还是喜欢用独特的方式来划分为10个区，这些传统的区包括帕格拉提、阿木比劳克比、伊哈瑞亚、上/下帕提塞亚、丽塞亚、上/下佩特拉洛纳、佩特拉洛纳、梅茨、科隆纳其和科普瑟里，每个区都有自己不同的历史和特征。雅典的7个主要街区（见图1）分别有①区75810人、②区103004人、③区46508人、④区85629人、⑤区98665人、⑥区130582人和⑦区123848人。可以发现，人口密度较高的区主要集中在雅典北部和南部，7个主要街区占地面积相当。

1950~1980年，雅典不断吸收全国城市人口，从1950年的135万人发展到1980年的299万人，1980年人口占比（占全国人口比重）达到36%，城市人口占比达45%；近30年来（1980年至今），雅典的城市人口数量一直保持在310万人左右，相对稳定；人口占比也稳定，城市人口占比则逐年缓速下降到35%左右，预计在未来30年趋于稳定。

二 经济发展特点

（一）总量与增速变化

雅典是希腊阿提卡大区的首府，是希腊的经济、财政、工业、政治和文化中心，也是欧盟商业中心之一。根据希腊国家统计局公布的数据，2015

"一带一路"重要节点城市雅典经济发展新趋势

图1 雅典各行政区

资料来源：http：//www.citypopulation.de/php/greece-mun-admin。

年希腊 GDP 为 1.38 万亿元，[①] 雅典 GDP 为 4706 亿元，占全国的比重为 34.2%（见表1）。

表1 阿提卡各地区 GDP

单位：亿元人民币

地区	2000年	2002年	2004年	2006年	2008年	2010年	2012年*	2014年*	2015年*
希腊	11017	12750	15110	16993	18875	17630	14914	13935	13752
阿提卡	5003	5883	7084	8138	9104	8616	7228	6712	6581

---

① 原始数据为欧元，按2017年12月31日7.82的汇率转换为人民币，以下如未特殊说明，均按此换算。

续表

地区	2000年	2002年	2004年	2006年	2008年	2010年	2012年*	2014年*	2015年*
雅典	3644	4288	5051	5758	6515	6181	5189	4794	4706
雅典北部分部	771	938	1104	1310	1520	1506	1287	1183	1158
雅典西部	378	443	516	579	618	566	464	430	426
中央雅典分部	1879	2196	2584	2923	3311	3104	2603	2406	2362
雅典南部分部	616	711	848	946	1066	1004	835	775	759
东阿提卡	233	299	387	473	482	422	347	328	325
西阿提卡	686	738	899	1000	1082	985	812	751	733

注："*"预估数据。
资料来源：希腊国家统计局。

从阿提卡各地区GDP的变化曲线图来看，各地区变化趋势基本趋同，变化曲线基本趋向平行。2000～2008年，阿提卡各地区与希腊一样，GDP逐年增加，直至2008年达到峰值，随后受债务危机等因素的影响GDP出现负增长，并且这一趋势持续到现在。2012年至今，GDP下降速度趋向平缓。雅典作为阿提卡州的首府，对阿提卡州经济发展的贡献最大，具有不可取代的绝对地位。

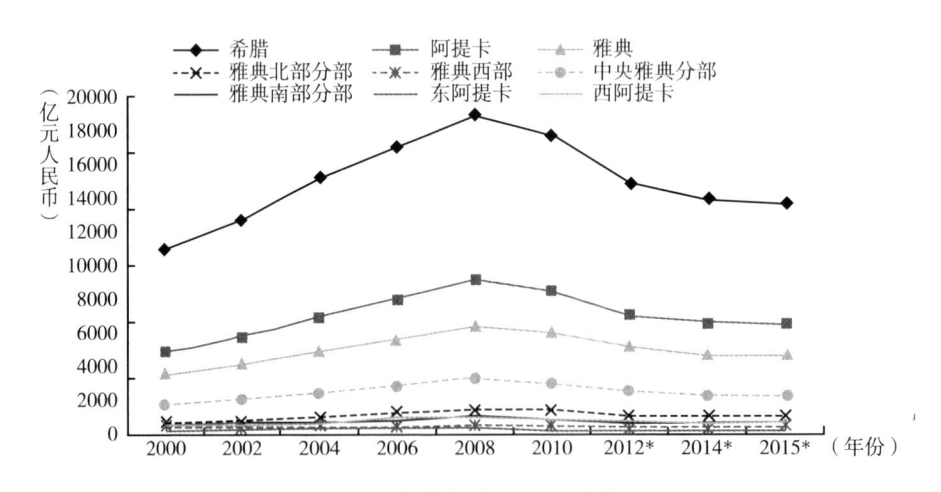

图2 阿提卡各地区GDP变化

注："*"为预估数据。
资料来源：希腊国家统计局。

（二）人均GDP变化

雅典的人均 GDP 2012~2015 年逐年缓速下跌，直至 2015 年人均 GDP 为 16.8 万元。其中，中央雅典分部的人均 GDP 最高，高达 24.8 万元，远高于阿提卡各地区与希腊的人均 GDP（见表2）。

表2 希腊阿提卡各地区人均 GDP

单位：万元人民币

地区	2000年	2002年	2004年	2006年	2008年	2010年	2012年*	2014年*	2015年*
希腊	10.2	11.7	13.8	15.4	17.0	15.9	13.5	12.8	12.7
阿提卡	12.9	15.1	18.0	20.5	22.8	21.6	18.4	17.5	17.3
雅典	—	—	—	—	—	—	17.7	16.9	16.8
雅典北部分部	—	—	—	—	—	—	21.0	19.7	19.5
雅典西部	—	—	—	—	—	—	9.2	8.8	8.8
中央雅典分部	—	—	—	—	—	—	25.2	24.7	24.8
雅典南部分部	—	—	—	—	—	—	15.3	14.4	14.3
东阿提卡	—	—	—	—	—	—	16.4	15.3	14.8
西阿提卡	—	—	—	—	—	—	20.3	18.8	18.5
比雷埃夫斯群岛	—	—	—	—	—	—	15.1	14.4	14.3

注："*"为预估数据。
资料来源：希腊国家统计局。

21世纪以来，阿提卡各地区人均 GDP 变化曲线相对平行，表明发展趋势一致。2000~2008 年，阿提卡各地区与希腊一样，人均 GDP 呈增加趋势，直至 2008 年达到峰值，随后出现人均 GDP 的负增长，并且这一趋势持续到现在，2012 年至今，下降速度趋向平缓。

三 产业发展趋势与优势环节

（一）产业结构特征

雅典是希腊的银行和金融、房地产、零售、贸易、运输、旅游、新媒体

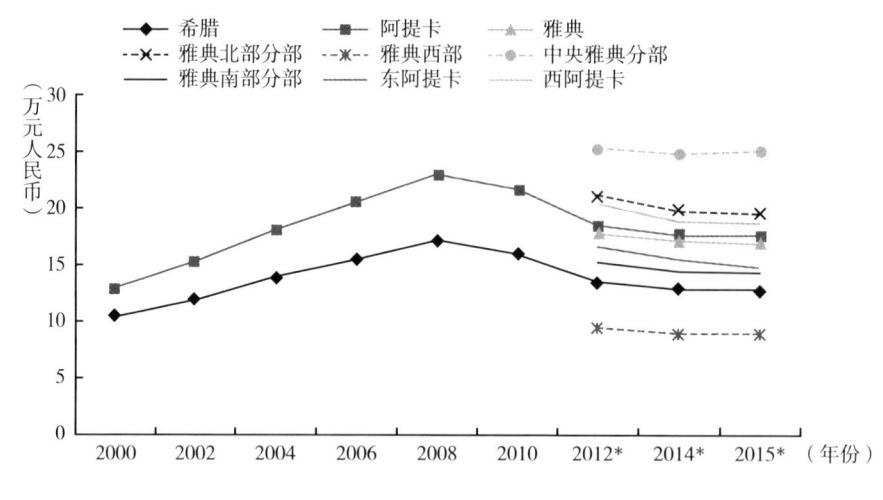

图 3 希腊阿提卡各地区人均 GDP 比较

注："＊"为预估数据。
资料来源：希腊国家统计局。

以及传统媒体、广告、法律服务、会计、保险、时尚和艺术等行业的主要中心。作为全国大部分政府机构的所在地，雅典还是诸多国际和国内公司的所在地。

表 3 列出了 2015 年按行业划分的各地区国民生产总值。希腊第一、二、三产业所占比重分别为 4.2%、39.5% 和 56.3%。阿提卡州第一、二、三产业所占比重分别为 0.3%、34.9% 和 64.8%。首都雅典的三次产业结构与阿提卡州基本相同。

表 3 希腊各行业的生产总值（2015 年）

单位：亿元人民币

地区	A	B,C,D,E	F	G,H,I	J	K	L	M,N	O,P,Q	R,S,T,U
阿提卡	22.46	599.66	96.02	1331.38	307.24	382.04	1281.75	430.48	1132.33	229.32
北爱琴海	9.67	12.32	5.23	41.34	3.20	5.77	28.24	4.52	54.52	6.08
南爱琴海	11.23	28.94	12.95	204.83	3.90	9.28	54.29	14.43	62.48	16.22
克里特岛	47.97	57.33	14.27	214.19	11.31	19.66	79.40	22.78	109.28	29.09
东马其顿—色雷斯	35.80	74.65	11.47	98.20	7.72	13.73	58.42	11.23	137.67	16.93

续表

地区	A	B,C,D,E	F	G,H,I	J	K	L	M,N	O,P,Q	R,S,T,U
中马其顿	99.76	245.62	33.70	386.33	36.04	58.03	234.31	63.49	393.82	82.52
西马其顿	19.81	135.49	6.40	30.26	2.96	6.71	26.36	8.27	52.42	7.80
伊庇鲁斯	23.48	29.09	11.86	60.22	4.06	7.80	42.28	7.18	70.59	11.15
色萨利	76.52	93.76	16.77	117.31	6.94	15.44	85.41	13.73	167.78	30.81
伊奥尼亚群岛	9.05	9.59	5.07	97.19	2.26	4.99	35.10	7.88	30.97	11.86
西希腊	60.84	65.83	14.43	119.89	13.81	15.52	91.34	15.76	131.66	29.95
中希腊	46.49	178.54	12.01	101.79	6.01	11.31	69.19	10.92	86.74	18.49
伯罗奔尼撒	52.34	110.84	15.52	105.30	8.27	14.27	92.35	11.00	98.12	27.61
希腊	515.42	1641.67	255.61	2908.23	413.71	564.56	2177.84	621.74	2528.60	517.69

资料来源：希腊国家统计局。

表4　10分类行业

A	A	农业、林业和渔业
B,C,D,E	B	采矿和采石
	C	制造业
	D	电力、燃气、蒸汽和空调供应
	E	供水、污水处理、废物管理和补救活动
F	F	施工
G,H,I	G	批发和零售贸易、汽车和摩托车维修
	H	运输和储存
	I	住宿和食品
J	J	信息和通信
K	K	金融和保险活动
L	L	房地产活动
M,N	M	专业、科学和技术活动
	N	行政和支助服务活动
O,P,Q	O	公共行政和国防，强制性社会保障
	P	教育
	Q	人类健康和社会工作活动
R,S,T,U	R	艺术、娱乐和娱乐
	S	其他服务活动
	T	家庭作为雇主，无差别商品和服务的活动－生产自用户的活动
	U	活动域外组织和机构

407

（二）优势产业特色

希腊是巴尔干半岛最大的经济体，而作为经济中心的雅典，其优势产业主要集中在金融业，制造业，文化、体育和娱乐业，信息传输、软件和信息技术服务业。表 5 是雅典重点企业名单。

表 5　雅典重点企业名单

序号	公司名	英文名	产业类别	部门	成立时间	补充信息
1	希腊邮报	Hellenic Post	工业	送货服务	1828	邮政服务,快递
2	希腊国家银行	National Bank of Greece	金融	银行	1841	银行
3	修复啤酒厂	Fix Brewery	消费品	酿酒	1864	希腊啤酒
4	雅典地铁	Athens Metro	消费服务	旅行	1869	雅典地铁
5	布列塔尼大酒店	Hotel Grande Bretagne	消费服务	酒店	1874	旅馆
6	希腊火药与弹药公司	Pyrkal	工业	防御	1874	武器制造商，EAS 的一部分
7	阿尔法银行	Alpha Bank	金融	银行	1879	银行
8	Chropei	Chropei	工业	防御	1883	武器,已解散
9	Metaxa	Metaxa	消费品	蒸馏酒和葡萄酒商	1888	酒厂
10	泰坦水泥	Titan Cement	工业	建筑材料和固定装置	1902	水泥
11	赫拉克勒斯将军水泥	Heracles General Cement	工业	建筑材料和固定装置	1911	水泥
12	Lavipharm	Lavipharm	卫生保健	制药	1911	制药
13	比雷埃夫斯银行	Piraeus Bank	金融	银行	1916	银行
14	阿提卡集团	Attica Group	工业	海运	1918	渡轮服务 Panagopoulos 创立

续表

序号	公司名	英文名	产业类别	部门	成立时间	补充信息
15	Saracakis	Saracakis	消费品	汽车	1922	汽车
16	To Vima	To Vima	消费服务	出版	1922	报纸
17	阿提卡银行	Attica Bank	金融	银行	1925	银行
18	德玛斯	Temax	工业	商用车辆和卡车	1925	消防车辆
19	MISKO	MISKO	消费品	食品	1927	意大利面
20	希腊银行	Bank of Greece	金融	银行	1928	中央银行Stournaras管理
21	离子	Ion	消费品	食品	1930	糕饼
22	帕帕多普洛斯	Papadopoulos	消费品	食品	1930	饼干
23	Ta Nea	Ta Nea	消费服务	出版	1931	报纸
24	Evga S. A.	Evga S. A.	消费品	食品	1934	乳业
25	Softex	Softex	消费品	非耐用家用产品	1936	纸巾,已解散
26	Halyvourgiki 希腊钢铁工业 S. A.	Halyvourgiki Hellenic Steel Industry S. A.	基本材料	钢铁	1937	钢铁
27	希腊广播公司	Hellenic Broadcasting Corporation	消费服务	广播和娱乐	1938	公共广播
28	Alfa-Beta Vassilopoulos	Alfa-Beta Vassilopoulos	消费服务	食品零售商和批发商	1939	超级市场
29	Kotsovolos	Kotsovolos	消费服务	专业零售商	1950	电子产品零售商
30	公共电力公司	Public Power Corporation	公用事业	常规电力	1950	电力
31	Apogevmatini	Apogevmatini	消费服务	出版	1952	报纸,已倒闭
32	KTEL	KTEL	消费服务	旅游观光	1952	公共交通
33	Biamax	Biamax	工业	商用车和卡车	1956	车辆,1986年废弃
34	奥林匹克航空	Olympic Airlines	消费服务	航空公司	1957	2013年被爱琴海航空公司收购
35	Sfakianakis	Sfakianakis	消费品	汽车	1957	汽车
36	希腊石油	Hellenic Petroleum	石油和天然气	勘探和生产	1958	炼油

续表

序号	公司名	英文名	产业类别	部门	成立时间	补充信息
37	OPAP	OPAP	消费服务	赌博	1958	奖券
38	梅特卡	Metka	工业	重型建筑	1962	制造和建筑 Mytilineos Holdings 的一部分
39	本多中心	Hondos Center	消费服务	专业零售商	1967	服装和个人用品零售商
40	Kioleides	Kioleides	工业	商用车辆和卡车	1968	拖车,卡车
41	Vivartia	Vivartia	消费品	食品	1968	食品与饮品
42	GEK Terna	GEK Terna	工业	重型建筑	1969	建筑,能源
43	机油 Hellas	Motor Oil Hellas	石油和天然气	勘探和生产	1970	石油公司 Vardinogiannis 创立
44	ETEM	ETEM	基本材料	铝	1971	铝
45	Vianex S. A.	Vianex S. A.	卫生保健	制药	1971	制药
46	Veropoulos	Veropoulos	消费服务	食品零售商和批发商	1973	超级市场
47	Eleftherotypia	Eleftherotypia	消费服务	出版	1975	报纸,已倒闭
48	Pelargos	Pelargos	消费品	食品	1975	番茄酱
49	INTRACOM	INTRACOM	技术	软件	1977	开发商
50	大西洋	Atlantic	消费服务	食品零售商和批发商	1980	超级市场
51	日耳曼	Germanos Group	工业	电气元件和设备	1980	电池
52	蒲公英 Associates Corporation	Pouliadis Associates Corporation	技术	软件	1980	技术
53	Compupress	Compupress	消费服务	出版	1982	杂志和图书出版
54	芙丽芙丽	Folli Follie	消费品	服装与饰品	1982	珠宝,手表,配饰
55	加拉加斯	Galaxias	消费服务	食品零售商和批发商	1982	超级市场
56	Eleftheros	Eleftheros Typos	消费服务	出版	1983	报纸,已倒闭

续表

序号	公司名	英文名	产业类别	部门	成立时间	补充信息
57	贝里奥斯	Berios	工业	重型建筑	1984	土木工程,建筑
58	Jumbo S. A.	Jumbo S. A.	消费品	玩具	1986	玩具
59	爱琴海航空	Aegean Airlines	消费服务	航空公司	1987	航空公司
60	公共燃气公司	DEPA	石油和天然气	勘探和生产	1988	天然气
61	ANT1集团	ANT1 Group	消费服务	广播和娱乐	1989	媒体公司
62	ANT1	ANT1	消费服务	广播和娱乐	1989	ANT1集团的电视部分
63	巨型频道	Mega Channel	消费服务	广播和娱乐	1989	电视网络
64	欧洲银行Ergasias	Eurobank Ergasias	金融	银行	1990	银行
65	配置文件系统和软件	Profile Systems and Software	技术	软件	1990	财务和商业软件
66	普罗米修斯	Prometheus Gas	石油和天然气	勘探和生产	1991	天然气
67	Aeolian Investment Fund S. A.	Aeolian Investment Fund S. A.	金融	投资服务	1992	资本市场,投资
68	INTRALOT	INTRALOT	消费服务	赌博	1992	博彩公司
69	WIND Hellas	WIND Hellas	电信	固定电话	1992	电信
70	雅典大众运输系统	Athens Mass Transit System	消费服务	旅游观光	1993	轨道交通
71	海拉斯在线	Hellas Online	电信	固定电话	1993	电信
72	星空频道	Star Channel	消费服务	广播和娱乐	1993	电视网络
73	超高速渡轮	Superfast Ferries	工业	海运	1993	渡轮
74	福特纳	Forthnet	电信	固定电话	1995	ISP
75	马力诺普洛斯	Marinopoulos Market	消费服务	食品零售商和批发商	1995	超级市场
76	阿提基奥多斯	Attiki Odos	工业	运输服务	1996	监督雅典的环形路
77	珂诺诗工程	Korres Engineering	工业	业务支持服务	1996	建筑物搬迁,汽车(Korres P4)

续表

序号	公司名	英文名	产业类别	部门	成立时间	补充信息
78	珂诺诗	Korres	卫生保健	制药	1996	制药
79	海洋钻机	Ocean Rig	石油和天然气	勘探和生产	1996	钻井
80	ATCOM	ATCOM	技术	软件	1997	软件和编程，内容管理，门户
81	燕鸥能源	Terna Energy	公用事业	常规电力	1997	能源，建筑
82	移动电话商	Cosmote	电信	移动通信	1998	移动电话运营商
83	苍鹭	Heron S. A.	公用事业	常规电力	2000	能源
84	Q－电信	Q－Telecom	电信	移动通信	2002	已解散，现在是WIND Hellas 的一部分
85	阿特拉斯海事公司	Atlas Maritime	工业	海运	2004	运输和石油运输
86	DryShips 公司	DryShips Inc.	工业	海运	2004	船运公司
87	EAS 希腊国防系统	EAS	工业	防御	2004	防御
88	希腊共和国资产发展基金	Hellenic Republic Asset Development Fund	金融	房地产控股与发展	2011	发展
89	TT Hellenic Postbank	New TT Hellenic Postbank	金融	银行	2013	银行

注：S. A. 用作后缀来表示公共有限公司。
资料来源：https：//en. wikipedia. org/wiki/List_ of_ companies_ of_ Greece。

四 区域影响与规划定位

（一）雅典的城市定位

《雅典2030》确定的雅典城市发展目标有：①开放之城（An Open City）；

②绿色之城（A Green City）；③积极之城（A Proactive City）；④活力之都（A Vibrant City）。

（二）世界城市排名

2000年以来，雅典在全球化与世界城市研究网络（Globalization and World Cities，GaWC）中的排名不断上升，由2000年的Beta队列第10位上升至2004年的Beta队列第5位，随后，在2008年实现飞跃，排名上升至Alpha－队列第18位，成为将主要经济区域和国家与世界经济联系起来的重要城市。在2012年排名有所下降，在Beta＋队列排名第11位。在2016年数据中，雅典排名有所上升，居于Beta＋队列的第6位。

在城市生活质量排名（Quality of Living Rankings）中，雅典近年来名次保持稳定，基本维持在全球第86名左右。将雅典的数据与同期中国北京和上海的排名相比，可以发现，在GaWC排名方面，雅典远远落后于北京和上海，但是在城市生活质量排名方面，雅典2018年居第86位，超过了分别列第119位和第103位的北京和上海。

表6　全球视野下的雅典

指标	城市	2000年	2004年	2008年	2012年	2016年
GaWC	雅典	Beta(10)①	Beta②(5)	Alpha－③(18)	Beta＋④(11)	Beta＋⑤(6)
	北京	—	Alpha－	Alpha＋	Alpha＋	Alpha＋
	上海	—	Alpha－	Alpha＋	Alpha＋	Alpha＋

注：Alpha＋级表示高度整合的城市，主要满足亚太地区的先进服务需求，Alpha和Alpha－级表示将主要经济区域和国家与世界经济联系起来的重要城市，所有Beta级城市都是重要的世界城市，有助于将其地区或国家与世界经济联系起来。括号内为名次。①http://www.lboro.ac.uk/gawc/world2000t.html；②http://www.lboro.ac.uk/gawc/world2004t.html；③http://www.lboro.ac.uk/gawc/world2008t.html；④http://www.lboro.ac.uk/gawc/world2012t.html；⑤http://www.lboro.ac.uk/gawc/world2016t.html。

（三）交通状况

雅典是希腊的铁路和航空枢纽。火车可直达中欧和西欧。雅典市内交通

发达，街头每天有约80万辆汽车行驶。雅典是世界上拥有地铁较早的城市之一，地铁于1925年通车，长25.7公里。雅典拥有希腊的重要港口比雷埃夫斯港，并有铁路与其相连。比雷埃夫斯港可停泊各种海轮，拥有数千只注册商船。

（1）雅典的地铁。雅典地铁是世界上最繁忙的地下公共交通系统之一。它不仅是公共交通工具，同时也是一个巨大的地下博物馆，所有在地铁建造过程中挖掘出的艺术品在各个车站原地展出。雅典地铁公司一共有387名雇员，42辆火车、252节车厢，每天运送55万人次，运营着三条地铁线里面的两条。这两条线路在地图上通常标记为红色和蓝色，都建造于1990年代，于2000年1月正式通车。蓝线地铁从市中心蒙纳斯提拉奇区到雅典东部，全程12公里，然后逐渐上升到地面，通过雅典郊区铁路公司继续前行，终点是雅典国际机场，加上延伸段总长度为35公里。红线地铁全程11.6公里。雅典郊区铁路公司一共有730名雇员，44辆火车、243节车厢，每天运送60万人次乘客。第三条铁路线由雅典郊区铁路公司营运。在地图上通常标记为绿色。不像红线地铁和蓝线地铁全部在地下运行，绿线地铁有的区域在地下，有的在地上，从比雷埃夫斯港到圣斯蒂芬，全程25.6公里，停靠22个站。它的延伸段一直通到基菲西亚，加上延伸段，总长36公里。

（2）雅典的巴士。热力公共汽车公司是雅典主要的巴士公司，运营着300条巴士线路，覆盖整个阿提卡地区。该公司共有5327名员工，1839辆巴士，其中295辆使用天然气。电车公司是雅典另一家巴士公司，共有1137名雇员。该公司以有轨电车和无轨电车为主，一共运营着22条线路、366辆电车。如果出现停电的情况电车可以使用柴油驱动。

（3）雅典的机场。雅典国际机场位于斯巴达镇附近，距雅典35公里。有144个服务柜台，总面积约15万平方米，而商场面积约7000平方米。机场共有24个登机口，每小时有65个航班起降。机场与雅典市区有地铁相连，并且有两条巴士线路分别到雅典城区和比雷埃夫斯港。

（4）雅典的高速公路。希腊有高速公路连接西面伯罗奔尼撒区的帕特雷（欧洲E94公路）和北面的希腊第二大城市塞萨洛尼基（欧洲E75公路）。2001~2004年，环绕全城的雅典公路建设完成，雅典也是希腊铁路系统中心。从比雷埃夫斯港有航班开往爱琴海的各个希腊岛屿。

参考文献

《希腊国家概况》，http：//www.fmprc.gov.cn/web/。

《雅典（维基百科）》，https：//en.wikipedia.org/wiki/Athens。

《雅典国际机场的事实和数据》，雅典国际机场官方网站，https：//www.aia.gr/traveler/。

The Geostrategic Value of Greece and Sweden in the Current Struggle between Russia and NATO, Atlanticcouncil.org., 18 December, 2015.

European Cities and Regions of the Future 2014/15, 17 February, 2014.

"Gross Domestic Product (GDP) at Current Market Prices at NUTS Level 3," *Eurostat*, 2010.

Globalisation, *Migration and Socio-Economic Change in Contemporary Greece：Processes of Social Incorporation of Balkan Immigrants in Thessaloniki*, Amsterdam University Press, 2015.

https：//mobilityexchange.mercer.com/Content/Rankings/rankings/index.html.

GaWC，http：//www.lboro.ac.uk/gawc/world2000t.html.

希腊国家统计局，http：//www.statistics.gr/。

中国商务部：《对外投资合作国别（地区）指南——希腊》，http：//fec.mofcom.gov.cn/article/gbdqzn/upload/xila.pdf，2017。

《2018世界城市报告》，https：//www.atkearney.com/documents/20152/1136372/2018+Global+Cities+Report.pdf/21839da3-223b-8cec-a8d2-408285d4bb7c，2015。

B.34
"一带一路"重要节点城市伊斯坦布尔经济发展新趋势

徐惠妍 邓智团 廖邦固*

摘 要： 伊斯坦布尔是土耳其最大的城市，是土耳其的经济、金融、新闻、贸易、交通、文化和历史中心，也是世界著名的旅游胜地，是繁华的国际大都市之一。本报告从伊斯坦布尔的概况、经济、产业和区域影响等方面对其发展现状及新趋势进行描述和分析，以期对"一带一路"的研究和实践提供基础信息。

关键词： 伊斯坦布尔 "一带一路" 节点城市

伊斯坦布尔是土耳其最大的城市，是该国的经济、文化和历史中心。它坐落于土耳其西北部的博斯普鲁斯海峡之滨，位于马尔马拉海和黑海之间，横跨欧亚大陆，经济和历史中心位于欧洲一侧，有1/3的人口居住于亚洲一侧。伊斯坦布尔人口达到1500万，为全欧洲最大的城市群，是中东最大和全球第六大城市。伊斯坦布尔全市辖区面积5343平方公里（2063平方英里），其覆盖范围和伊斯坦布尔省相同，是该省的行政中心，也是世界上唯一横跨两大洲的城市。在GaWC的《世界城市手册》中，伊斯坦布尔是一

---

* 徐惠妍，上海师范大学环境与地理科学学院硕士研究生，研究方向：城市地理；邓智团，本书副主编，博士，上海社会科学院城市与人口发展研究所研究员，研究方向：城市经济、城市更新；廖邦固，上海师范大学环境与地理科学学院副教授，研究方向：城市地理。

个α级全球城市，是重要的国际旅游胜地；在城市生活质量排名中，伊斯坦布尔名次基本稳定在全球第134名左右。据2018年11月发布的世界城市排名，伊斯坦布尔进入世界一线城市行列。

同时，伊斯坦布尔是古丝绸之路的途经地，也是欧洲和中东的铁路网络之间、黑海和地中海之间海路的必经之地，这使得伊斯坦布尔的战略地位十分重要，由此也哺育了其兼容并蓄的文化。

一 城市人口发展趋势与分布特点

伊斯坦布尔全市面积约5343平方公里，仅占土耳其领土总面积的0.7%，却拥有逾1500万人口，承载了全国人口总量的18.5%。伊斯坦布尔市分成三个大区：位于欧洲的旧城区、贝伊奥卢商业区，以及位于亚洲的于斯屈达尔区。伊斯坦布尔市的行政分区共有36个，以伊斯坦布尔海峡和金角湾为界，有23个区分布在海峡西侧，其余13个区位于海峡东侧。城区位于马尔马拉海和黑海之间，横跨欧亚大陆，经济和历史中心位于欧洲一侧，有1/3的人口居住于亚洲一侧。

通过表1可以发现，加齐奥斯曼帕沙（Gaziosmanpaşa）的人口密度最高，达到40587人/平方公里。人口密度位列前十的区主要集中在伊斯坦布尔中部地区，占地面积都较小，且靠近伊斯坦布尔海峡与金角湾。人口密度排名较后的各区，则环绕中心向两端分散在城市的边缘，其中，在距离市中心区域最远的阿纳乌特科伊（Arnavutkoy）人口密度最低，为563.6人/平方公里，但面积最大。各区人口在过去十年变化情况各异，但总体呈现出中心高密度区域的人口不断向周边较低密度区域疏散、城市总人口不断上升的趋势。

将伊斯坦布尔的36个区按照2017年的人口密度由高到低排序，观察其自2002年以来的人口数量及其变化情况可以发现，大部分人口密度较高区域的城市人口规模有所缩减，大部分人口密度较低区域的城市人口规模有所扩张，呈现出人口由密集的市中心向稀疏的周边区域疏散的态势。首先，人

口密度排名前四的加齐奥斯曼帕沙、京格伦、巴埃利夫勒和巴克拉在2010~2017年人口统计中均显示出人口数量不断减少的现象，人口密度也不断降低。其次，还有11个区在2010~2017年人口数量显著下降。最后，部分区人口数量不断上升，以埃森尤特（Esenyurt）为例，规模扩张尤其显著，在2002~2017年人口数量增加了120.6%。

表1　伊斯坦布尔各区主要年份人口变化情况

序号	区名	面积（平方公里）	人口 2002年	人口 2010年	人口 2017年	人口密度（人/平方公里）
1	加齐奥斯曼帕沙	12.0	461230	495006	487046	40587
2	京格伦	7.3	311672	306854	289331	39634
3	巴埃利夫勒	17.0	576799	602931	594053	34944
4	巴克拉	22.0	724268	752250	734369	33380
5	拜拉姆贝沙	9.7	269425	269677	271073	27946
6	卡坦	16.0	413797	428755	437026	27314
7	廷布尔努	11.0	290147	292313	284935	25903
8	法提赫	17.0	433796	425875	436539	25679
9	贝奥格鲁	9.0	244516	245219	230526	25614
10	希什利	11.0	316058	274420	274289	24935
11	埃森勒	18.0	459980	461621	444561	24698
12	埃森尤特	43.0	403895	624733	891120	20724
13	卡德科伊	25.0	529191	506293	458638	18346
14	库苏埃克梅切	45.0	674795	740090	770317	17118
15	阿塔希尔	26.0	361615	405974	416318	16012
16	乌姆拉尼耶	45.0	573265	660125	690193	15338
17	乌什库德尔	35.0	524379	534636	529145	15118
18	苏丹加齐	37.0	452563	505190	523765	14156
19	卡特尔	38.0	426680	447110	461155	12136
20	苏丹贝里	29.0	286622	309,347	327798	11303
21	贝克塔	18.0	185054	186570	181074	10060
22	马尔泰佩	54.0	427041	471059	497034	9204
23	贝丽卡	38.0	193972	244760	331525	8724

续表

序号	区名	面积（平方公里）	人口 2002年	人口 2010年	人口 2017年	人口密度（人/平方公里）
24	阿瓦西拉尔	52.0	348635	407240	435625	8377
25	巴克雷	29.0	218352	220974	222668	7678
26	桑卡特佩	64.0	241233	304406	414143	6471
27	巴什基什希尔	110.0	226387	333047	427835	3889
28	彭迪克	190.0	562122	646375	693599	3651
29	萨勒耶尔	170.0	278527	335598	342503	2015
30	图兹拉	130.0	181658	208807	255468	1965
31	切克梅克	150.0	154103	207476	251937	1680
32	伊普苏尔坦	230.0	331548	361531	383909	1669
33	布吕克梅克	160.0	171222	211000	247736	1548
34	亚当	11.0	14341	16166	16119	1465
35	贝克斯	310.0	244137	248056	246700	795.8
36	阿纳乌特科伊	480.0	175871	215531	270549	563.6

伊斯坦布尔是土耳其人口最密集的城市，也是世界上人口最多的城市之一。二战后，伊斯坦布尔经历了人口的快速增长：1950~2000年，人口增长了10倍。1945年，人口仅107.8万，2000年增长到1004万，2018年1月达1502万人，占土耳其总人口（8081万人）的18.5%（见图2）。[①]

伊斯坦布尔平均人口密度超过2700人/平方公里，远超土耳其平均人口密度（101人/平方公里）。其中2018年97%~98%的居民在城市内，高于2007年的89%和1980年的61%。大约有70%居住在欧洲部分，30%住在亚洲部分。如今，它与莫斯科一起构成了欧洲最大的城市群之一。该市人口年均增长率为3.45%，是经济合作与发展组织78个大都市中最高的，高人口增长率反映了不断加快的城市化趋势。

---

① "Population And Demographic Structure," https：//www.ibb.istanbul/，2018-08-15.

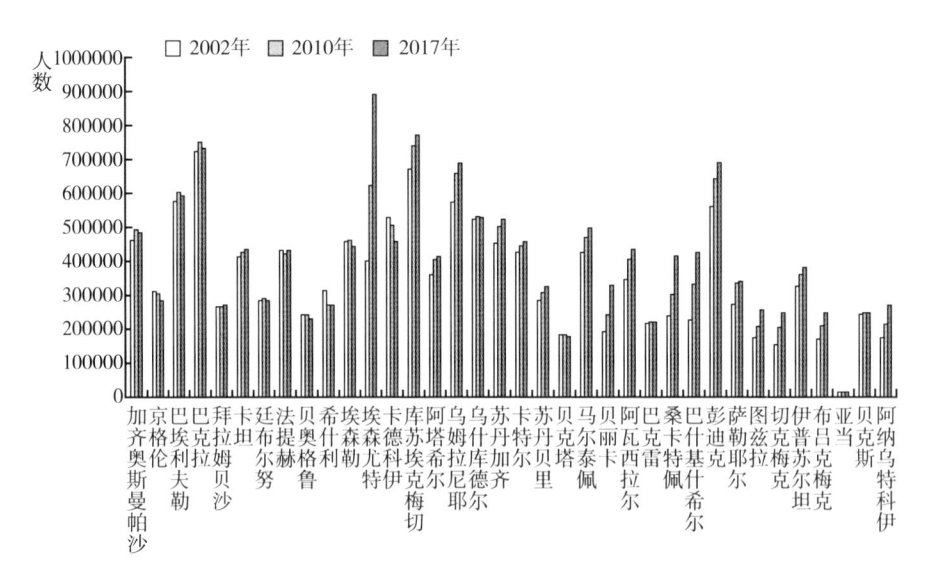

图 1 伊斯坦布尔各区人口变化情况

资料来源：根据土耳其国家统计局（2018）绘制。

伊斯坦布尔在20世纪下半叶经历了高速的人口增长，主要由于城市范围的扩大，特别是1980~1985年，伊斯坦布尔的人数几乎翻了一番。伊斯坦布尔增长的人口大部分为土耳其东部寻求就业机会和改善生活条件的移民。由于土耳其东南部的高失业率，该地区的众多居民迁移到伊斯坦布尔，在郊区安顿。抵达伊斯坦布尔的移民主要来自安纳托利亚东部，他们期望得到更多的就业机会，从而改善生活条件。这导致每年在城市郊区不断形成新的非法建造的棚户区，后来逐渐发展成街区，并融入这座大都市。来自7个北部和东部省份的伊斯坦布尔居民人数甚至超过了各自省份人数，伊斯坦布尔的人口中只有28%是本地出生的居民。[1]

不可预测的人口增长是影响伊斯坦布尔未来发展的关键因素，如果不采取必要措施，按照目前人口增长率估算，伊斯坦布尔人口数量将在2025年

---

[1] "Turkey's Demography the Colorful Population of Istanbul," http://greatistanbul.com/numbers.html, 2018-08-12.

增加到惊人的2204万人。但是，假定人口增长率在2045年稳步下降，达到零增长，那么在土耳其共和国成立100周年时（即2023年），伊斯坦布尔的人口将达到1688万人，2025年将达到1740万人（见表2）。

表2　伊斯坦布尔人口增长估算

年份	按人口增长率估算的人数（联合国）	按人口增长率估算的人数（增长率=0）	年份	按人口增长率估算的人数（联合国）	按人口增长率估算的人数（增长率=0）
2000	10018735	10018735	2016	16592916	14906026
2005	11729641	11546159	2017	17124468	15190725
2006	12105398	11841126	2018	17673047	15480861
2007	12493193	12143629	2019	18239201	15776539
2008	12893410	12453860	2020	18823491	16077864
2009	13306449	12772017	2025	22037990	17396595
2010	13732719	13098301	2030	25801432	18529043
2011	14172645	13390630	2035	30207558	19426499
2012	14626663	13689484	2040	35366122	20048824
2013	15095226	13995008	2045	41405617	20367423
2014	15578799	14307350	2050	48476480	20367423
2015	16077864	14626663			

资料来源：http://greatistanbul.com/numbers.html。

二　经济发展特点

（一）总量与增速变化

伊斯坦布尔是土耳其最大的商埠，在土耳其的地位举足轻重，对土耳其经济做出了巨大贡献。以下数字可反映伊斯坦布尔在土耳其的经济地位：人口占全国的18.5%，国民生产总值占23%，进出口贸易占48%，税收占37%，存款占40%，贷款占37.7%，银行总部数量占89%，银行分支机构数量占27.3%，车辆占20%。该市拥有土耳其商业公司总数的30%，并成立伊斯坦布尔商会（ITO）和伊斯坦布尔工业商会（ISO）。工业主要有纺织、食品、电子、水泥、烟草、皮革、金属、电器、运输工具、船舶修理等。伊斯坦布尔可耕地不多，但农业发达，主要农作物有小麦、燕麦、大麦和甜菜，还有渔业、畜牧业和园艺业。旅游业发达，金融活动十分活跃。伊斯坦布尔正在新建中央商务区，在完工后其将作为土耳其各银行和金融机构的总部选址地。

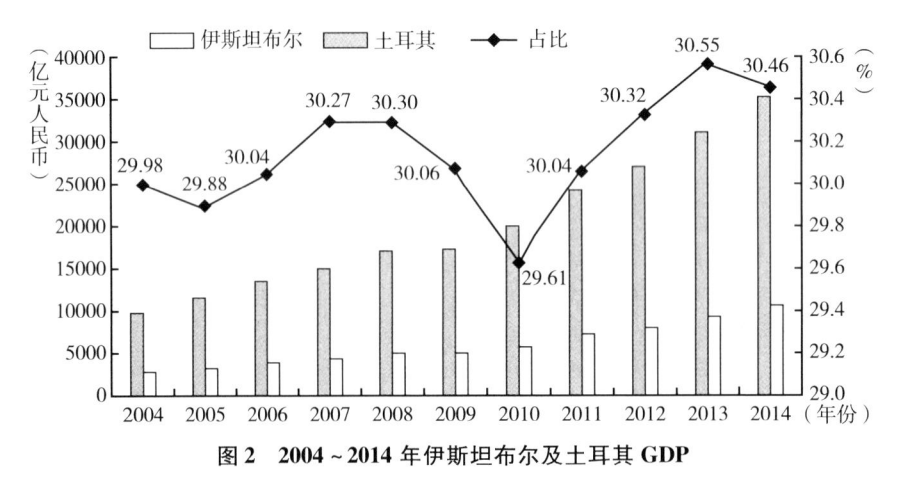

图 2　2004~2014 年伊斯坦布尔及土耳其 GDP

注：人民币 1 元对 0.57834 土耳其里拉（采用 2017 年 12 月 31 日汇率）。
资料来源：根据土耳其国家统计局（2018）绘制。

根据土耳其国家统计局发布的数据，2005~2006 年，伊斯坦布尔的经济发展态势良好，GDP 较上年增加额分别高达 489 亿元和 618 亿元。随后，2007~2008 年，伊斯坦布尔的 GDP 持续增长，但年均 GDP 增速较前两年有所下降，总体经济发展水平较高。受国际金融危机的影响，2009 年伊斯坦布尔 GDP 增速大幅下降，增长率为 -1%，减少了 17.77 亿元。2010 年开始，全球经济全面复苏，伊斯坦布尔经济回暖，年均 GDP 增速也有所回升，2010 年 GDP 增速达到 14%，GDP 增量达到 746 亿元；2011 年 GDP 增速达到历史峰值 21.9%，是自国际金融危机以来最好的一年。随后 2012~2014 年 GDP 增速分别达到 14%、16% 和 13%，保持稳定增长态势。

总体而言，伊斯坦布尔市的 GDP 变化趋势与土耳其的 GDP 变化趋势基本保持一致，伊斯坦布尔 GDP 占全国比重自 2004 年以来均保持相对稳定。

（二）人均GDP变化

根据土耳其国家统计局发布的数据绘制出2004～2014年伊斯坦布尔人均GDP的变化情况，如图3所示。总体而言，2004～2014年，伊斯坦布尔人均GDP呈上升趋势。

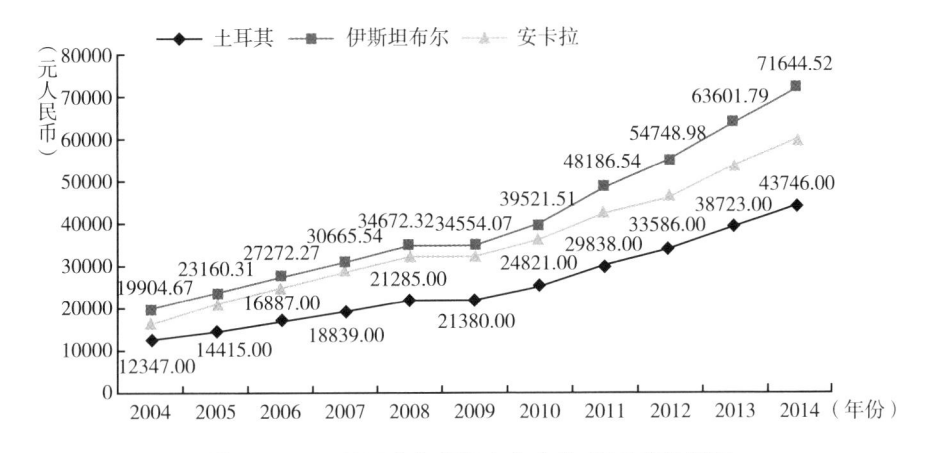

图3　2004～2014年伊斯坦布尔人均GDP变化情况

资料来源：根据土耳其国家统计局（2018）绘制。

首先，伊斯坦布尔每年的人均GDP增速最快且处于全国最高水平。2008年全球金融危机爆发之前，伊斯坦布尔人均GDP增速十分可观，年均增长不低于3000元人民币；并且，伊斯坦布尔人均GDP增速与土耳其的人均GDP增速保持高度一致，增长趋势稳定向好；2005年和2006年，伊斯坦布尔人均GDP增速分别高达16.36%和17.75%，2007年和2008年，增速有所下降，但仍然保持较高水平，人均GDP增速分别为12.44%和13.07%，受2008年次贷危机影响，2009年伊斯坦布尔的人均GDP首次出现负增长，增速为-0.34%，2010～2013年，人均GDP加速增长，至2014年，人均GDP已高达71644.52元（见表3）。

其次，全国人均GDP变化趋势与伊斯坦布尔一致。2004～2008年，土耳其人均GDP由12347元增至21285元；2009年，受全球性金融危机影响，

表3 2004~2014年伊斯坦布尔及土耳其人均GDP

单位：元人民币，%

年份	土耳其人均GDP	土耳其人均GDP增长率	伊斯坦布尔人均GDP	伊斯坦布尔人均GDP增长率
2004	12347	—	19904.67	—
2005	14415	16.75	23160.31	16.36
2006	16887	17.15	27272.27	17.75
2007	18839	11.56	30665.54	12.44
2008	21285	12.98	34672.32	13.07
2009	21380	0.44	34554.07	-0.34
2010	24821	16.10	39521.51	14.38
2011	29838	20.21	48186.54	21.92
2012	33586	12.56	54748.98	13.62
2013	38723	15.29	63601.79	16.17
2014	43746	12.97	71644.52	12.65

资料来源：根据土耳其国家统计局（2018）绘制。

人均GDP仅增长了约100元，人均GDP增长0.44%。2010年起，土耳其人均GDP恢复快速增长态势，但年人均GDP增速有些许波动，2010年为16.10%，2011年高达20.21%，但2012年又降为12.56%，2014年人均GDP达到43746元人民币。

三 产业发展趋势与优势环节

（一）产业结构特征

2004年伊斯坦布尔产业中，第三产业、第二产业和第一产业所占GDP的比重分别为68.5%、31.2%和0.3%；2014年则分别为69.5%、30.4%和0.1%。产业结构中，服务业占比有所提升，其中旅游业、金融业、建筑业较为发达；工业占比趋于稳定，但工业水平仍较为落后，产业部门不全，生产工艺及技术水平较低，只有附加值较低的纺织业较发达；农业占GDP

比重有所下降,以麦子、棉花、橄榄、烟叶、茶叶、豆类植物生产为主,机械化水平不高。总体来看,伊斯坦布尔的产业结构以第三产业为主,第一产业在经济中占比非常小,且近年来各产业占比变化幅度不大,三次产业结构占比与全国水平趋同。

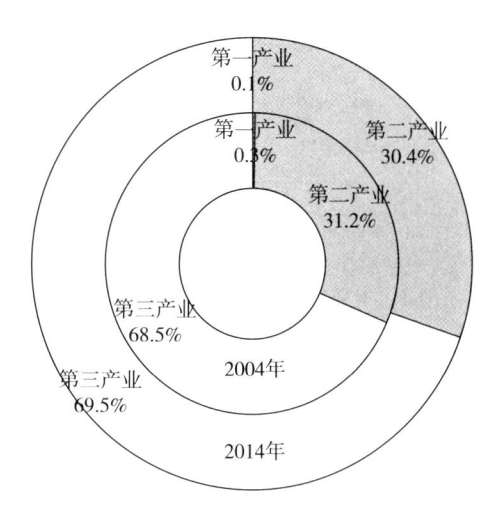

图4　2004年与2014年伊斯坦布尔产业结构情况

资料来源:根据土耳其国家统计局(2018)绘制。

(1)农业、林业和渔业。土耳其国家统计局数据显示,伊斯坦布尔的初级产业(农业、林业和渔业)的国民生产总值一直未超过20亿元,2014年伊斯坦布尔市初级产业GDP为15.57亿元,占土耳其初级产业GDP的0.66%,占比极低。2004年至今,伊斯坦布尔初级产业的产值虽然呈增加态势,但占GDP比重呈下降态势。

(2)工业。土耳其国家统计局数据显示,2014年伊斯坦布尔工业国民生产总值为2877亿元,占伊斯坦布尔GDP的26.72%,占全国工业GDP的29%,占比较高。2004~2008年,伊斯坦布尔工业产值逐年增加,2009年首次出现负增长(金融危机所致),随后几年,经济回暖,工业产值逐年增长,其变化趋势与土耳其基本趋同。

伊斯坦布尔是土耳其最大的工业中心,占全国38%的工业区为全国大

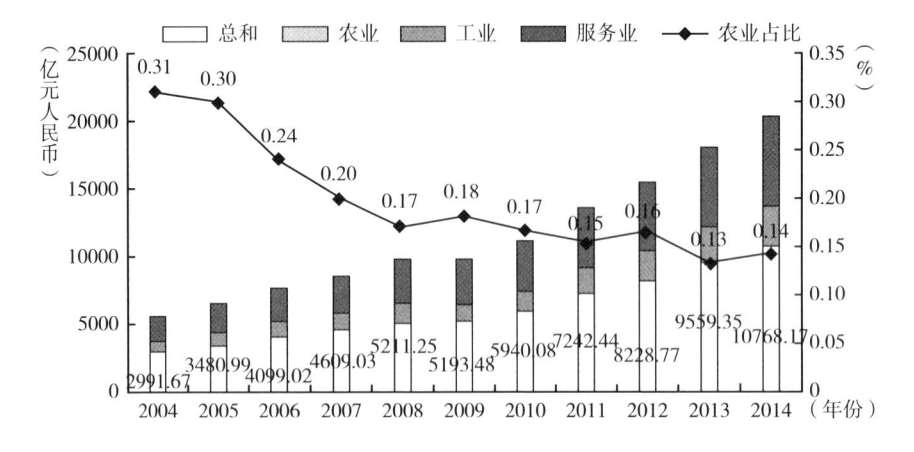

图 5 伊斯坦布尔三次产业生产总值

资料来源：根据土耳其国家统计局（2018）绘制。

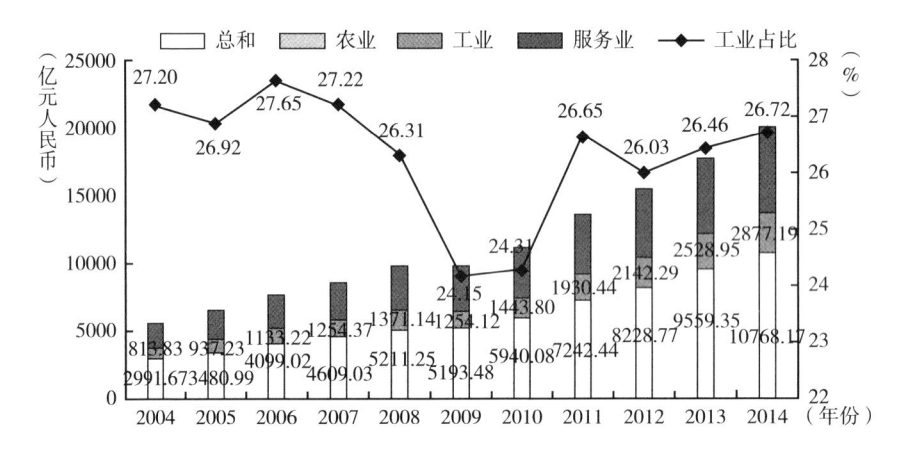

图 6 伊斯坦布尔工业生产总值

资料来源：根据土耳其国家统计局（2018）绘制。

约20%的人口提供就业岗位。同时，伊斯坦布尔也是一个多元化工业经济的城市，主要生产的商品有橄榄油、烟草、运输车辆和电子产品。尽管这些商品具有高附加值，但以纺织业为主的低附加值制造业所占比重仍然很大。低附加值产品占全市出口总额的八成，但在伊斯坦布尔GDP中占比仅为26%。伊斯坦布尔和周边城市还种植一些工业原料，如棉花、水果、橄榄油和烟草。加工业有食品加工、纺织品生产、石油产品、橡胶、金属制品、水泥业和玻璃制造业。同时，还有皮革、化工、医药、电子、玻璃、机械、汽车、运输车辆、纸制品以及酒类饮品等产业。

伊斯坦布尔工业就业人口比重占全市总人口的32%。76%的工业就业人口集中在大都市区西部，24%位于大都市区东部。纺织工业占工业就业人数的43%，而该类工业企业占所有工业企业总数的38%。可知，工业企业的空间分布和工业就业能力是非常不平衡的。大型工业企业主要位于东部的图兹拉和西部。伊斯坦布尔一些制造业的生产活动造成了严重的环境污染，对该区域及其周边的历史建筑产生了不利影响。劳动密集型产业集中在市中心，与居民住宅区交织在一起，严重影响了居民生活质量。而分布在该地区的企业在劳动力、物流、安全、交通等方面都有很高的要求，这些都给伊斯坦布尔政府带来了额外的负担。

（3）服务业。服务业是伊斯坦布尔的支柱型产业。2004～2008年，伊斯坦布尔服务业GDP年均增长值均为400亿元人民币，年均增长率达到15%以上；2009年，伊斯坦布尔服务业GDP增速放缓（为3%左右）；2010年开始，服务业增速逐渐提高，直至2014年，服务业总产值达到6630.95亿元，占伊斯坦布尔GDP比重为61.58%，占全国服务业生产总值的比重为35%，占比很大。

伊斯坦布尔不仅地理上横跨两洲，而且兼容并蓄欧、亚、非三洲各民族思想、文化、艺术，从而成为东西方思想文化的一个重要交汇点。历史上遗留下来的许多名胜古迹，使其成为较受欢迎的旅游目的地之一。2000年该城市只有240万人次外国游客，2015年增加到1256万人次，成为世界第五大游客城市。伊斯坦布尔是土耳其第二大国际门户，仅次于安塔利亚，接待了该国1/4的外国游客。伊斯坦布尔的旅游业集中在欧洲区域。该市90%的酒店都集中在欧洲一侧，其中中低端酒店主要位于萨拉伊伯努，高端酒店主要位于黄金角北部的娱乐和金融中心。参观人数最多的故宫博物院和圣索菲亚大教堂，每年为伊斯坦布尔政府带来3000万美元的收入。伊斯坦布尔也是世界上主要的会议目的地之一，越来越受到世界国际组织的欢迎。

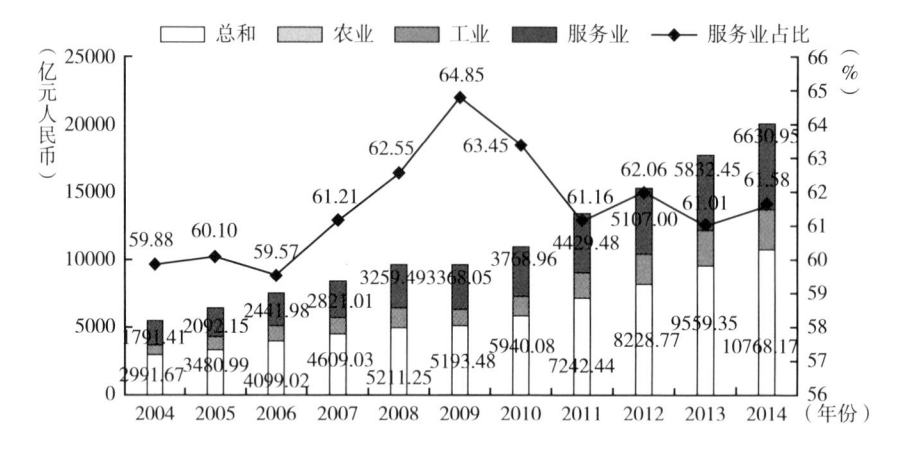

图 7 伊斯坦布尔服务业生产总值

资料来源：根据土耳其国家统计局（2018）绘制。

（二）优势产业特色

伊斯坦布尔是一个全球性城市，也是全球发展速度最快的都市经济区之一。诸多土耳其公司及媒体将总部设于此地，全市生产总值占比超过全国的1/4。2014年，12家总部位于伊斯坦布尔的土耳其公司进入福布斯全球2000强。其中，银行业以6家的数量居首位，其次是电信业，有2家公司上榜。此外，还有2家联合企业集团。这些上市公司截至2014年的情况如表4所示。

表 4 截至 2014 年的伊斯坦布尔主要上市公司情况

世界排名	企业	产业	营收（十亿美元）	利润（十亿美元）	资产（十亿美元）	市值（十亿美元）
274	土耳其担保银行	银行业	9.75	2.06	77.02	16.06
288	土耳其实业银行	银行业	10.97	1.61	86.34	12.60
321	科萨控股	银行业	36.34	1.32	41.80	7.45
343	阿克班克银行	银行业	8.06	1.16	60.23	15.75
414	萨班哲控股	矿业	12.93	0.78	65.24	7.33
534	人民银行	银行业	5.76	1.05	33.17	8.10
609	瓦克夫银行	银行业	6.25	0.81	35.48	5.93

续表

世界排名	企业	产业	营收（十亿美元）	利润（十亿美元）	资产（十亿美元）	市值（十亿美元）
666	土耳其电信	电信业	6.82	1.18	8.97	11.25
683	土耳其移动	电信业	5.89	1.55	8.00	13.19
934	恩卡	营造业	5.87	0.50	7.63	7.29
1507	土耳其航空	航空业	4.00	0.74	5.10	2.87
1872	多安控股	矿业	8.17	0.05	6.80	1.68

资料来源：https://en.wikipedia.org/wiki/Economy_of_Turkey。

金融业、制造业和电信业是伊斯坦布尔的重点和优势产业。

四 区域影响与规划定位

（一）伊斯坦布尔的城市定位

《伊斯坦布尔2023》[①] 确定的伊斯坦布尔城市发展目标有：①全球决定性、高附加值、创新型经济。2023年，伊斯坦布尔将成为东西方的中心城市。在这里，人们与世界的联系将更加密切，吸引大量具有创造性和创新能力的人才，实现全世界公民都喜欢的生活方式，伊斯坦布尔将在国际价值链中实现高附加值的功能。2023年的伊斯坦布尔将成为一个智慧型城市。在这里，可持续发展的经济政策和高质量的生活水平将成为每一个居民和企业投资的追求目标，科学合理地配置和管理社会资源，将伊斯坦布尔打造为一个通力合作的开放型大都市。②公平、共享、包容的学习型社会。伊斯坦布尔将成为具有高品质生活环境的城市。居民们愉悦地生活在这座城市，自豪地说"我来自伊斯坦布尔"。保留真实的价值观、历史、文化和文明意识，并将其发扬光大。伊斯坦布尔将在开放的商业和生活环境下，成为一个包容和对话的城市，形成多元主义和多样性的城市特色。伊斯坦布尔的居民将自

---

① "2014-2023 Istanbul Regional Plan," https://en.wikipedia.org/wiki/Economy_of_Turkey, 2018-07-28.

由地生活，所有获得信息、物质可及性、地方参与和经济购买力等方面的障碍将被消除。③愉悦的城市空间和可持续发展的城市环境。合理的城市规划和建筑设计将为伊斯坦布尔居民提供舒适的居住空间，并不断进行开发和改造，不仅满足生活的基本需求，还将呈现出兼具高品质、舒适性和设计感的居住空间与生活环境。基础交通设施的完善可以满足人们的交通需要。居民们将通过更加舒适和快速的交通方式到达世界各地。各个年龄阶段的居民和社会弱势群体可以在安全和舒适环境下活动。社区福利、社会基础设施、文化教育服务以及艺术活动等将实现社会共享，确保平衡发展，人人都能享受良好的社会服务。

（二）世界城市排名

2010年以来，伊斯坦布尔在GaWC的排名不断上升，由2010年的Alpha-队列第7位上升至2012年的Alpha-队列第6位，2016年居Alpha队列的第14位。在全球城市指数排名中，2016年以来，伊斯坦布尔的排名趋于稳定，2018年排第26名。在城市生活质量排名（Quality of Living Rankings）中，伊斯坦布尔近年来名次保持稳定，基本维持在全球第134名左右。2018年11月发布的世界城市排名中，伊斯坦布尔进入世界一线城市行列。

将伊斯坦布尔的数据与同期中国北京和上海的排名相比，可以发现，在GaWC、全球城市指数和城市生活质量排名中，伊斯坦布尔均落后于北京和上海。

表5　全球视野下的伊斯坦布尔

指标	城市	2010年	2011年	2012年	2013年	2014年	2015年	2016年	2017年	2018年
GaWC	伊斯坦布尔	Alpha-(7)①	—	Alpha-(6)②	—	—	—	Alpha(14)③	—	—
	北京	Alpha(2)	—	Alpha(6)	—	—	—	Alpha+(4)	—	—
	上海	Alpha+(5)	—	Alpha+(4)	—	—	—	Alpha+(7)	—	—

续表

指标	城市	2010年	2011年	2012年	2013年	2014年	2015年	2016年	2017年	2018年
全球城市指数④	伊斯坦布尔	—	—	37	—	28	29	25	25	26
	北京	—	—	14	—	8	9	9	9	9
	上海	—	—	21	—	18	21	20	19	19
城市生活质量排名⑤	伊斯坦布尔	—	—	—	—	—	134	133	134	134
	北京	—	—	—	—	—	118	118	119	119
	上海	—	—	—	—	—	101	101	102	103

注：① GaWC 官方网站，http：//www. lboro. ac. uk/gawc/world2010t. html，2018 - 08 - 10。② GaWC 官方网站，http：//www. lboro. ac. uk/gawc/world2012t. html，2018 - 08 - 10。③ GaWC 官方网站，http：//www. lboro. ac. uk/gawc/world2016t. html，2018 - 08 - 10。④ 2018 世界城市报告，https：//www. atkearney. com/documents/20152/1136372/2018 + Global + Cities + Report. pdf/21839da3 - 223b - 8cec - a8d2 - 408285d4bb7c，2018 - 08 - 10。⑤ 城市生活质量，https：//mobilityexchange. mercer. com/Insights/quality - of - living - rankings，2018 - 08 - 10。

资料来源：根据 GAWC、2018 世界城市报告和城市生活质量排名情况绘制。

（三）交通状况

伊斯坦布尔是连接欧亚的枢纽，海路、公路和铁路四通八达。

（1）伊斯坦布尔的海路。博斯普鲁斯海峡是连接黑海与地中海的"黄金水道"，它不仅把亚洲和欧洲分割开来，而且把伊斯坦布尔一分为二，造成罕见的交通拥堵。1973 年和 1988 年建成的两座博斯普鲁斯海峡大桥使该市欧亚两部分连为一体。现在伊斯坦布尔正在修建第三座跨海大桥和第二条海底隧道，五条通道将大大缓解交通问题，通畅丝绸之路经济带的亚欧南通道。

（2）伊斯坦布尔的港口。伊斯坦布尔是土耳其最大的港口城市，转运全国 57% 的进口和 11% 的出口货物，生产全国 1/3 的工业品。博斯普鲁斯海峡是黑海和地中海之间唯一的海上航线。这里石油丰富，是世界上最繁忙的航道之一。每年有超过 2 亿吨的石油通过博斯普鲁斯海峡。博斯普鲁斯海峡的运输量是苏伊士运河的 3 倍。伊斯坦布尔有三个主要海港，分别是哈达帕沙港、安伯乐港、廷布尔努港，几个较小的港口和码头分布在博斯普鲁斯海峡、马尔马拉海之间。哈达帕沙港位于博斯普鲁斯海峡东南部，是伊斯坦

布尔最大的港口，2000年代早期，由于港口功能发生变化，该港吞吐量下降并被下令停止使用。2007年，安伯乐港成为第四大货物吞吐量港口，终端在地中海盆地。城市的长期规划要求所有终端与公路和铁路网络之间更紧密地连接，廷布尔努港因靠近高速公路和阿塔图尔克国际机场，区位优势明显。该市的阿塔图尔克国际机场是土耳其最大的国际机场，规模宏大，可起降各种大型喷气式飞机，与欧洲各大城市及中亚、中东、北非等地均有航班往来。

（3）伊斯坦布尔的地铁。地铁属于伊斯坦布尔的城市轨道交通系统，第一条线路M1号线开通于1989年，目前共有6条路线，82座车站营运中。由于特殊地理位置，伊斯坦布尔地铁跨越欧、亚两洲，M1、M2、M3三条路线位于欧洲的色雷斯部分，M4线则位于亚洲的安纳托利亚部分。2013年，横跨博斯普鲁斯海峡的马尔马拉铁路完工，M4线可由此铁路转乘至欧洲部分的地铁路线。伊斯坦布尔另有一条称为杜乃尔的古老地铁线，通车于1875年1月17日，[①] 为世界上仅次于伦敦地铁的古老地铁，该线路目前还在营运，仅有两个车站。但从狭义来说，它是一条隧道内的地下观光用缆索铁路。

（4）伊斯坦布尔的高铁。随着铁路技术发展，铁路旅行变成所有旅行方式中最安全和舒适的方式。《土耳其旅游战略2023》最重要的内容之一就是对现有运输体系进行调整和安排，通过建造—运营—转化（BOT）、建造—运营（BO）、设计—建造—融资—运营（DBFO）、建造—自有—运营（BOO）、建造—租赁—运营—转移（BLOT）、公私合资经营以及共同清算等投资模式，使连接主要旅游区的高速铁路贯通全国。[②]

参考文献

United Nations, http：//www.un.org.

[①] 伊斯坦布尔（维基百科），https：//en.wikipedia.org/wiki/Istanbul_Metro，2018-08-12。
[②] 魏敏：《旅游业发展的政府行为研究——以土耳其为例》，社会科学文献出版社，2013。

World Urbanization Prospects 2018, https：//esa. un. org/unpd/wup/.

World bank （2018），https：//data. worldbank. org. cn/country/hungary? view = chart.

中国驻土耳其大使馆经济商务参赞处：《对外投资合作国别（地区）指南——土耳其》，2017。

土耳其国家统计局，http：//www. turkstat. gov. tr/PreTabloArama. do。

伊斯坦布尔（维基百科），https：//en. wikipedia. org/Istanbult。

2014 - 2023 Istanbul Regional Plan，https：//en. wikipedia. org/wiki/Economy _ of _ Turkey，2014.

GaWC，http：//www. lboro. ac. uk/gawc/.

《2018 世界城市报告》，https：//www. atkearney. com/documents/20152/1136372/2018 + Global + Cities + Report. pdf/21839da3 - 223b - 8cec - a8d2 - 408285d4bb7c，2015。

Abstract

I. World of Cities: It should be fine, but a bit different

Future historians might find 2020 a very accurate node for periodization, there's the World B. C (Before Corona), and the World A. C. (After Corona).

This new epoch started from the lock down of a city with more than 10 million population, and quickly exacerbated. Now we are at the "circuit breaker" point of globalization

As of the first quarter of 2020, "lockdown" and "shut down international aircrafts" evolved from sheer fantasy to realistic policy option or even concrete measures for city decision makers around the world.

The COVID – 19 marked a deep bloodstain on the Anthropocene. In 2020, the dawn of a new era, international cities (International metropolis, world city, global city) have to re-examine series of questions, including the globalization trends, the world urban networks, urban internationalization strategies, portal hub functions, and balance between traffic and security.

Here's our judgments:

1. Competition among international cities

First, the pattern of competition among high-ranking international cities is basically stable. For instance, names of cities that are classified as Alpha level (or alpha plus) in GaWC has barely changed since 2010. The rankings of Beijing and Shanghai have been quite stable, between 5 – 6. Since the ranking system (or so called "internationalness") is based on flow (of people and capital), without significant changes of the balance of powers, the "board" of high-level global cities will hardly change.

Secondly, the competition strategy of international city is obviously centered on "finding one's uniqueness". Homogeneity is not for global cities, Major international cities are actively revising their mid-to-long-term plans and focusing on strengthening their exclusive comparative advantage. For example, New York's 2040 plan has revised the single-dimensional clique of "low-carbon development", now emphasizing capability and justice as well as economic prosperity and urban quality. Some cities focus on "leap-forward development" on specific fields like information. Dubai proposed to build the world's first "blockchain city".

2. "Humanism" becomes the focus of competition

The prosperity of any city is built on its citizens. The competition of attracting people has become increasingly important on different levels of city competitions (international competitions or domestic competitions among Chinese cities).

internationally speaking, global cities compete for international talents, especially on pursuing highly skilled young people with diverse talents. Those people are core for cities to maintain future competitiveness.

For instance, the City of London has recently proposed the concept of "creating urban environment on the human scale", focusing on attracting global innovative talents through resources like high quality office space design and high-density commercial ecological environment.

Domestically speaking, the "old tournament" on GDP growth and flow (of capital) among major first-and second-tier cities has stagnated. The new tournament is about attracting citizens. The city that attracts skillful young talents with better human experience, will grasp the engine for future development.

3. "Huddle together for warmth", the prominent pattern for regional competition

The dependence of major international cities on their city regions has become more pronounced. Cities have gradually abandoned the strategy of monocentric development and have started to emphasize coordination with surrounding areas and polycentric development in order to achieve sustainable development of the whole city region. For example, the Greater Sydney 2056 plan puts forward the vision of "a Metropolis of three cities", plans a interactive among the green city in the west, the river city in the middle, and the harbor city in the east under a holistic view.

4. "Development in quality not quantity" became the new tournament

among Chinese Cities

The new round of tournament among Chinese cities has gradually abandoned simply competing on the scale of GDP. The focus has been put more on "quality".

Considering the drastic changes in the international economic and trade environment and the nationwide impact of COVID – 19, cities will start to compete on new core fields, such as the overall level of sustainability and governance effectiveness of the city; the ability to recover socially and economically under the concept of "resilient cities"; and the environment livability.

Some "new first-tier cities", such as Hangzhou, Chengdu, and Qingdao are rapidly catching up thanks to their unique resources. In this context, the "city is all about its citizens, citizens form cities" mentality should be highly concerned. Talents will bring prosperity to cities through their entrepreneurship and innovative ideas, and a prosperous city will attract more talented people with their creativity and thus benefit all citizens. Urban development should think about building environment that people can play their talent.

5. "Reshuffle of SMEs" will become the focus of a new round of economic competition

The impact of COVID – 19 will inevitably resulte a drastic reshuffle of SMEs due to capital chain breaks. Forming an environment conducive to the development of a new round of SMEs, gathering and cultivating a group of competitive local SMEs with potential to further develop will become the key to build a new vibrant urban economy. Global cities are increasingly paying attention to the diversity of urban economies and competing for SMEs is an important strategy to cultivate urban diversity.

Attentions should be paid to whether the "big city big enterprise" model should give way to the "mega metropolis with diverse enterprise" model. New York has proposed the "Small Business First" strategy. The city of London, despite its high land price, shows a scene where international giants and startups could coexist and promote each other.

II Theme Reports: Urban Networks Beyond Cities and Western Centers

Abstract

The 2020 edition of the Blue Book of World Cities adopts a dual-master report, which discusses two main themes respectively.

The former will focus on discussing the planning trends in the development of global metropolitan areas and city clusters, showing new perspective for urban development. The latter will examine the latest development of "silk road city network".

1. Metropolitan area and city clusters lead new momentum for urban development

Since the beginning of the 21st century, China's urbanization process has been developing continuously, reaching 60% by 2018. The construction of metropolitan areas and city clusters has become an important strategic choice for the country to promote regional economic development.

Therefore, this report, based on the needs of China's practical development and with a global perspective, aims to systematically analyze and summarize the academic research trends and cross-border collaborative planning trends in the development of global metropolitan areas and city clusters since the 21st century, and to provide ideas and experience for the construction planning of metropolitan areas and city clusters in various parts of China. Accompany with the master report, this book also arranges "Urban Space Development" special edition to introduce Strategic development and deployment of 8 world-renowned metropolitan areas and city clusters, including the Chicago Metropolitan Area, New York Metropolitan Area, San Francisco Bay Area, Greater Sydney Area, Paris Region (Ile de France), Randstad Megapolis, East England region and the Japanese capital circle.

2. Silk Road Cities Open New International Cities Network

This master report follows the research method and criteria for analysis in the Silk City 2.0 index, and uses upgraded data to identify "the Silk Road Node Cities" that with strong control power of development in the urban network along the "one Belt and one Road". Based on the available data, a total of 138 sample countries and 350 sample cities are selected.

23 cities were identified as important node cities, mainly located in Western and Eastern Europe, 19 cities are identified as secondary node cities, mainly

located in Eastern Europe, and 23 cities are identified as general node cities, mainly located in Southeast Asia and West Asia. These three types of node cities are important areas to further promote the high-quality development of the "one Belt and one Road". In addition, 100 potential node cities mainly located in East Asia, Southeast Asia, and West Asia are identified. Alongside with the master report, there's the "Silk Road City special edition" specifically focusing on three silk road node cities: Casablanca, Athens and Istanbul.

III Special Reports: Disaster Prevention First

The 32 special reports in this book introduces the latest urban strategic deployments and best practices that have received widespread attention worldwide. Overview:

1. Urban risk management: Respective analysis over the "Lloyd's City Risk Index" developed by the University of Cambridge Business School team and its 2015 – 2025 risk forecast; the ITU's application of disruptive technologies in disaster reduction management; and its use as a local government disaster reduction; Denver UASI All-Hazards Regional Recovery Framework that has been used as model for disaster reduction by local governments in the U.S.

2. Urban innovation. As the use of technologies like 5G, big data, and artificial intelligence became more practical, the exploration on building smart cities has entered a new session. This part recommends McKinsey Global Institute's new vision of smart cities, and introduces the experience learnt from the construction of urban innovative ecosystems of Tel Aviv and Brooklyn, New York.

3. Urban economy. Prospects for economic growth has been widely worried in 2020. Dr. Xiangming Chen, professor at Trinity College, U.S. and visiting professor at the Shanghai Academy of Social Sciences, is invited to write a retrospective report on the innovative development of China's SEZ, and its global impact. In addition, focusing on how to fight the recession, this part includes two more articles. The first introduces how the metropolitan area of Riverside County and San Bernardino County in Southern California, has developed "opportunity industries" and the second tells Japan's experience in coping with urban shrinkage.

4. City and Society. Series of articles that focuses on social issues in the

city. The first talks about London's "city is a place for people" strategy, how urban planning and design on human scale could find balance between business, innovation and humanism. The second discusses the actions and Strategies of building Aging Friendly Community in cities. And the last article shows how planning and monetary policies might exacerbate housing unaffordability and harm spatial justice.

5. Urban culture. Is the city culture necessarily an elite culture that could not be shared with the majority of people? London, Toronto and Barcelona gave a common answer: urban culture should be open to the general public. In practice, three cities respectively answered through issuing culture strategies for the whole citizens, developing of public art and constructing "super blocks".

6. Urban ecology. This session introduces three "radical" practices in promoting environmental protection and ecological sustainable development worldwide. Vancouver proposed a "zero waste" project to achieve complete urban recycling by 2040; Los Angeles' sustainable plan responds to three dimensions of the United Nations guidelines on sustainable development, which is environment, economy and society. It has been 20 years since traffic congestion charging had been introduced in Singapore (1998), London (2003), Stockholm (2007) and other cities, the American think tank has studied the how this policy reshapes urban space.

7. Urban governance. How the city is governed? What do the mayors care? What do young people want to do? What should social cohesion-oriented urbanization look like? This article introduces three research and planning results based on broad social surveys.

Contents

I General Reports

B. 1 Beyond Cities: Origins, Profiles
and Planning　　　　*Tao Xidong, Fan Haobin and Tu Qiyu* / 001

Abstract: city is an important product of the development of human civilization, as well as an important economic unit, residence and power space of human beings. With the development of economic globalization, industrialization, information technology and network, new forms such as megalopolis, megalopolis, megalopolis, global cities, metropolitan areas, urban agglomerations, global city-region and transcontinental metropolitan belts have emerged in human society. While these new forms of space provide a strong driving force for human economic development, they also bring many new problems and challenges such as administrative barriers, environmental pollution, social inequality, risk accumulation and so on, which put forward new demands for national and urban trans-regional governance system restructuring and governance capacity. Since the beginning of the 21st century, China's urbanization process has been developing continuously, reaching 60% by 2018. The construction of metropolitan areas and city clusters has become an important strategic choice for the country to promote regional economic development. Therefore, this report, based on the needs of China's practical development and with a global perspective, aims to systematically analyze and summarize the academic research trends and cross-border collaborative planning trends in the development of global metropolitan areas and city clusters since the 21st century, and to provide ideas and experience for the construction planning of metropolitan areas and city clusters in various parts of China.

Keywords: Beyond the City; Urban Agglomeration; City Circle; Planning

B.2 2020 Silk Road Node Cities Index: Giving Full Play to Regional Comparative Advantages and Promote the High-Quality Development of the "One Belt and One Road" Initiative

Liu Yubo, Deng Zhituan and Tu Qiyu / 028

Abstract: We upgrade the Silk Road Node City 2.0 (index) in this report, to identify "the Silk Road Node Cities" that with strong control power of development in the urban network along the "one Belt and one Road". Based on the available data, we selected a total of 138 sample countries and 350 sample cities. By constructing an evaluation index system including strategic partnership, regional influence, growth leadership, and "five links", a total of 23 important node cities were selected, as well as 19 secondary node cities and 23 general node cities. According to our research, 23 important node cities are mainly located in Western and Eastern Europe, 19 secondary node cities are mainly located in Eastern Europe, and 23 general node cities are mainly located in Southeast Asia and West Asia. These three types of node cities are important areas to further promote the high-quality development of the "one Belt and one Road". In addition, we identified 100 potential node cities, mainly located in East Asia, Southeast Asia, and West Asia. We further analyze the node cities that have performed well in the field of "Five Links" to meet the specific needs of specific types of investment. At the same time, we noticed that there were obvious differences in the node functions of cities in different regions. Thus, in addition to focusing on important regions such as Eastern Europe, Western Europe, Southeast Asia, and Western Asia, we should focus on improving the connectivity of facilities in Africa and take Auckland as breakthrough point to promote the node function construction in the Americas and Oceania.

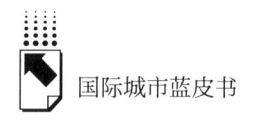

Keywords: Silk Road Node City, One Belt and One Road, Strategic Node

Ⅱ Urban Risk Management

B.3 The Overview of World Cities Risk (2015 −2025) Report and Forecast Analysis of Chinese Cities

Zhou Ronghua, Xia Li / 079

Abstract: The Cambridge Risk Research Centre of the University of Cambridge, UK, published the World Cities Risk Index 2015 −2025 in 2015, and they assess 22 man-made and natural threats in 301 major cities around the world from 2015 to 2025 including 36 Chinese cities. The center estimates that from 2015 to 2025, the GDP of all sample cities will be 373 trillion U. S. dollars, while the loss caused by all threats, that is, GDP @ risk is 4.6 trillion U. S. dollars (GDP@risk = P x C, which is the probability of threats multiply the possible loss after the occurrence). According to the report, there are 11 Chinese cities in the top 50 in the terms of total GDP @ risk and 10 cities rank in the top 50 from the perspective of relative GDP @ risk (cities GDP @ risk as a percentage of GDP).

Keywords: Cities; Risk; GDP@Risk

B.4 Disruptive Technology and Its Application in Disaster Reduction Management

Lin Lan, Wang Jiawei / 096

Abstract: The International Telecommunication Union (ITU) released a background report on disruptive technologies and their use in disaster risk reduction and management in 2019. This article enumerates the application cases of disruptive technologies in reducing urban disaster risk and managing disasters; analyzes the possible application challenges; and discusses the application conditions of disruptive technologies in complex national conditions and disaster environments. Based on this, relevant enlightenments and suggestions are put forward.

Keywords: Disruptive Technologies; Disaster Management; Cities

B.5 Denver UASI All-Hazards Regional Recovery Framework
Yu Quanming / 104

Abstract: Based on the Denver UAS All-Hazards Regional Recovery Framework released by Denver UAS, Colorado, and the federal government on October 31, 2012, the paper analyzes the characteristics of the Denver City post-disaster recovery framework. This framework is designed to provide agencies and organizations with recovery frameworks to guide the implementation of plans within their areas of responsibility. The paper explores the 11 recovery support functions identified by the Denver UASI; the responsibilities and obligations of organizations and institutes at different levels; and the scope and focus of recovery of organizations and institutions in the short, intermediate and long-term recovery process. Based on the analysis of the characteristics of the recovery framework, suggestions for future post-disaster recovery of Chinese cities are put forward.

Keywords: Denver; Regional Recovery Framework; Recovery Support Functions

III Urban Innovation

B.6 Global Vision and Strategic Outlook for Smart
City Development   *Sheng Lei, Zhang Ziyu* / 113

Abstract: With the rapid development of intelligent technology, the development of smart cities around the world is at an important turning point. After nearly a decade of experimentation and exploration, global urban intelligentization has made remarkable progress, and high-income cities have a significant advantage in terms of technological infrastructure and digital applications. However, some developing cities in Asia are rapidly emerging. It will become the center of the future global smart city movement. Smart cities require smart government, but the participation of the private sector and all residents is crucial in shaping the future of cities.

Keywords: Smart City; High-income City; Developing Cities

B.7 Inspiration from the Construction of Urban Innovative Ecosystem in Tel Aviv' *Ji Weihua, Ji Xiaoguang* / 121

Abstract: As a new city of science and innovation in the world, Tel Aviv has made remarkable achievements. With the most concentrated resources and advantages of science and innovation in the whole Israel, Tel Aviv has increasingly become a new highland of innovation and entrepreneurship rising to global fame. The construction of Tel Aviv urban innovation ecosystem is not only deeply 'branded' by Israel, but also has its own unique experiences. It is significantly different from other famous global cities and has achieved notable success, which is worthy of profound reference for China to build a global center of science and innovation.

Keywords: Innovative Ecosystem; Global Center City of Science and Innovation; Tel Aviv

B.8 Brooklyn's Growing Innovation Economy
Hu Suyun, Zhan Chunlin / 134

Abstract: According to a report from the Center for an Urban Future

(CUF), Brooklyn, New York is becoming more and more popular in recent years as the number of technology start-ups, creative companies and next-generation manufacturers in Brooklyn, New York continues to increase. The US's innovative economy is strongly driven and gradually becomes a leader. The report compares the number and scale of technology start-ups, creative companies and next-generation manufacturers in Brooklyn with other places such as Manhattan, Chicago, and Los Angeles, and provides relevant information. Brooklyn's new data on the scale and scope of the innovation economy also revealed Brooklyn's competitive advantage in some economies, and pointed out that the scale of the innovation economy will continue to expand in the future.

Keywords: Brooklyn; Innovation Economy; Regional Economy

Ⅳ Urban Economy

B.9   From Follower to Pioneer: The Global Influence
of Chines Special Economic Zone   *Chen Xiangming* / 151

Abstract: This paper, based on the analysis of the transformation and development mode of inland China, and the connection between Chinese reginal development and the global market, tried to do comprehensive research on the meaning of economic interaction of "China and the outside world". The author traced the process which China evolve from development "follower" to the leading entity in the world economy. It illustrated the experience and characteristic of Chines Special Economic Zone and the SEZ influence to developing countries. The paper concluded the main relationship of trans-regional mode between China and the world.

Keywords: China; Special Economic Zone; Globalization

B. 10　Advancing Opportunity in California's Inland Empire

Fan Haobin / 163

Abstract: Although the Inland Empire has seen exceptional growth for years thanks to its affordability and proximity to the Pacific Coast, it has hardly grown more prosperous. A series of booms and busts have claimed many of the region's good jobs, leaving some workers worse off. Meanwhile, technology and trade threaten to diminish the growth and competitiveness of several of the region's most critical industries. Therefore, advancing "opportunity industries", concentrating good jobs and promising jobs, is a way out for the region's job deficit. It could recover residential income back to the level before 21867 financial crisis. Both developmental experience and lesson of Inland Empire shed light on the advance of undeveloped area in Shanghai city-region.

Keywords: "Inland Empire"; Opportunity Industry, Job Deficit

B. 11　The Enlightenment of China Caused by
　　　　Japan's Aging and the Reduction of Regional Population

Chun Yan / 181

Abstract: The problem caused by the superposition of aging and regional population reduction refers to the significant decrease in the number of people accompanying the aging population, especially the migration of economically active labor population to the metropolis, the recession and unsustainable problems in the region. It is characterized by regional aging and population reduction, industry shrinkage, employment reduction, vacant housing growth, land ruin, local tax reduction, and declining public service levels. If the problem is not handled properly, the regional economy will further deteriorate, and in the continuous strengthening of the cycle, the local finance will be in crisis, and even the local government will go bankrupt. This paper introduces the problems caused by the superposition of aging and regional population reduction and the countermeasures and effects of Japan's response to the Japanese case, and warns of possible problems in China's population aging and regional population intensification, and seeks more for the region. Good development provides a reference.

Keywords: International City; New Urbanization; The Reduction of Regional Population

V Urban Society

B. 12 The Integration of Office and Innovation Space: A Place for People Strategy for City of London *Su Ning* / 191

Abstract: This paper, based on the report The City as a Place for People, which issued by the City of London Corporation, tried to analyze the updating trend of relation between the work and innovation space in inner-city area of global city. The paper shows that the talented workers in the global city valued factors for their job location-choice: a careful balance of workspace design, the local offering of food, leisure and culture, and the experience of our public spaces. These factors affected the location decisions of businesses in global city-be they major, established corporations or foot-loose start-ups. The global city is at the cutting edge of innovative commercial developments. The paper demonstrated that, in CBD area of London, the developers, architects and businesses are finding new ways to create workplaces that are designed to facilitate collaboration and creativity.

Keywords: City of London; Talent; Office Space; Planning

B. 13 Actions and Strategies of Aging Friendly Community in Cities
Hu Suyun, Cao Xianyun / 202

Abstract: With the increasing proportion of the urban elderly population, the "aging-friendly city" proposed by the World Health Organization has been adopted to build "urban aging-friendly community". Form an environment conducive to the elderly's independent life, build social platforms, enhance the happiness of the elderly, and create community home care places conducive to the physical and mental health of the elderly. Following the principle of suitability for the aged and the strategy of friendliness for the aged, the urban elderly-friendly community mainly starts from the aspects of community and public participation, housing, public space and transportation, health and social services. The aim is to build a community suitable for the living environment of the elderly, so that the elderly can enjoy a variety of material needs and spiritual satisfaction.

Keywords: Aging Friendly Community; Actions; Social Service

B.14 The Relationship Between Urban Planning and Housing, Wealth in UK *Fan Haobin* / 213

Abstract: The report examines the relationship between urban economy and housing value in England and Wales. Main findings are: city homeowners in the Greater South East have seen much larger gains in housing wealth than other homeowners, and the same trend shows in rents for private renters. The inability of housing supply in prosperous cities drives the house prices. The planning system makes this inequality worse and threaten financial stability. However, government policy inflates the value of house, and increase housing wealth inequality and North-South divide. The loose monetary policy struggles to finance the supply of new homes. Based on these phenomena, a lesson could be learned for China.

Keywords: Urban Planning Housing Shortage; Housing Wealth Inequality; Land Planning Policy

Ⅵ Urban Culture

B.15 Culture for all Londoners: Goal of the Culture
Strategy for London *Chen Chen / 224*

Abstract: Greater London Authority issued the culture strategy in December 2018 with the Mayor's landmark strategy of 'Culture for all Londoners'. The Strategy has four priorities: Love London-more people experiencing and creating culture on their doorstep; Culture and Good Growth-supporting, saving and sustaining cultural places; Creative Londoners-investing in a diverse creative workforce for the future; World City-a global creative powerhouse today and in the future. This strategy can be used as a reference for the development of culture in China's global cities such as Beijing and Shanghai.

Keywords: London; Culture; Creative Industries

B.16 Toronto Invigorates the City with Public Art
Cheng Peng, Shang Mengmeng / 233

Abstract: The Toronto Public Art Strategy (2020 -2030) sets out a ten-year plan focus on creativity, community and everywhere to strengthen the City's commitment to public art. Based on the strategic report, this article introduces what is public art, the city of Toronto's three public art programs, and the 21 action plans for the vision of creativity, community and everywhere. Then puts forward 4 suggestions for the development of urban public art in China: systematic public art planning, management and operation mechanism, diverse expressions of public art forms, active and diverse public art participants, ubiquitous public art space.

Keywords: Public Art; Toronto; Strategic Action; Invigorates the City

B.17 "Superblock Plan" of Barcelona

Chen Yujiao, Deng Zhituan / 242

Abstract: As the forerunner of the revitalization of public spaces in urban blocks, Barcelona adopted the planning scheme of Cedar's urban expansion area in the middle of the 19th century, which laid the grid plane of the chessboard shape of the whole city; in the early 21st century, Barcelona innovatively proposed the concept of "innovative district"; and recently, the new concept of "superblock" has emerged strongly. Barcelona, which has a long history of urban development, once again provided the world with a new urban development model. This paper systematically sorts out the "*Urban Mobility Plan of Barcelona 2013 – 2018*", trying to explore the inherent nature of superblock planning, and then proposes suggestions for China's urban construction.

Keywords: Barcelona; Superblock; Innovative District; Planning

Ⅶ Urban Ecology

B.18 Vancouver's "Zero Waste 2040" and Its Implications for Urban Waste Management in China *Yang Chuankai / 253*

Abstract: China is advancing the pilot project of "zero waste city" and some cities are also vigorously promoting waste sorting. However, both are facing a series of difficulties and challenges. Waste governance has become an important part of urban sustainable development. As a global livable city, Vancouver introduced the "Zero Waste 2040" plan in May 2018, setting out the goal and implementation direction of achieving zero solid waste by 2040. This article introduced main content of the plan, and put forward some implications for China.

Keywords: Zero Waste; Garbage Management; Vancouver

B. 19　The Interpretation of Congestion Pricing Making

　　　　Space in Cities　　　　　　　　　　　　*Cheng Peng* / 264

Abstract: This article discusses the latest development of congestion pricing in world cities based on the report of the National League of Cities (NLC) "Making Space: Congestion Pricing in Cities". Focus on the case studies in London, Stockholm and Singapore, including policy background, financing the Program, evolution of the program and lessons learned. Introduces the challenges in commuting patterns in U. S. cities and the basic situation of formulating congestion pricing in New York, analyzes the challenges of fairness and other aspects. Further, puts forward suggestions on possible congestion pricing policies in Chinese cities.

Keywords: Commuting Patterns; Congestion Pricing; Urban Space; New York

B. 20　Environment, Economy, Equity: Kernel and Inspiration

　　　　from the Sustainable City Plan of Los Angeles

　　　　　　　　　　　　　　　　　　　　　　　Chen Chen / 276

Abstract: Los Angeles launched LA's Green New Deal, a sustainable city plan in 2019. In order to respond to the international situation and accelerate the greenhouse gas emission reduction plan of Los Angeles, the plan puts forward the overall goals and specific targets in different stages and areas, aiming to make Los Angeles a leader of urban sustainable development. This sustainable city plan covered 13 areas such as environmental justice, renewable energy, local water, clean & healthy buildings, housing & development, mobility & public transit, zero emission vehicles, industrial emissions & air quality monitoring, waste & resource recovery, food systems, urban ecosystems & resilience, prosperity &

green Jobs, lead by example. The plan focused on the coordinated development of environment, economy and social equity to support the overall sustainable development of the city. In general, the sustainable city plan of Los Angeles has referenced value for the sustainable development of Chinese cities.

Keywords: Los Angeles; Sustainable City Plan; Environment; Economy; Equity

Ⅷ Urban Governance

B.21 The Framework and Priority Actionof ASEAN Urbanization and the Sustainable Urbanization Strategy of ASEAN

Sheng Lei, Zhang Ziyu / 286

Abstract: This paper presents a comprehensive and detailed analysis of the development framework, current actions and future priority action programmes of the sustainable urbanization strategy of ASEAN. The ASEAN Strategic Framework for Sustainable Urbanization comprises six areas, namely, citizenship and society, health and well-being, safety, quality environment, infrastructure development, industry and innovation, covering a total of 18 sub-areas. In recent years, ASEAN has implemented related sustainable urbanization actions at the global/Asian, ASEAN, subregional, national and local levels, but still faces many challenges and obstacles in terms of decision-making, finance, and implementation. Looking ahead, ASEAN should focus on seven priority areas, namely, inclusive and equitable growth, housing, personal safety and security, and focus on eight priority action plans, including digital payments and the expansion of affordable housing.

Keywords: ASEAN; Urbanization; City Develop

Contents

B.22 Cities' Development Situation and Focus Factors in US

Hu Suyun, Cao Xianyun / 297

Abstract: This 2019 report is based on the content analysis of 153 mayors' speeches delivered by the national urban alliance of the United States from January to April 2019, including cities with different population sizes and geographical regions. Based on the study of economic development, infrastructure, health and human services, energy and environment, budget and management, housing, public security, demography, education, government data and technology, the report analyzes the urban development status of the United States, describes the latest trends of urban development, and focuses on urban development in different regions and scales, and points out the beginning of economic development Finally, it is the most important topic of urban dynamics. Health and public services, infrastructure are important factors of urban development dynamics. At the same time, urban development leads the country and develops with innovative ideas.

Keywords: City; US; Public Service; Infrastructure

B.23 Mobilize the Youth: Involving the Youth in the
Community Governance *Tao Xidong, Yu Qimin* / 310

Abstract: Grass-root governance is an important part of the governance system. To advance the modernization of governance capability, the community level should continue to improve the governance performance. In the modernized tide, as the increasingly fining of division of labor in society. ever fewer young people take part in their communities because of the work and other reasons. This has become a phenomenon in the world. Mobilizing the youth and encouraging maximized potential to participate in the community governance become an problem to be solved all over the world. Base on the research report on engaging young people in making community published by The Urban Institute in September 2019, and base on the specific practices of The National Neighborhood Indicators Partnership, this paper presents some passive suggestions.

Keywords: The Young People; The National Neighborhood Indicators Partnership; Community Governance

Ⅸ Urban Space Development

B.24 Innovative Thinking of Metropolitan Chicago On to 2050 Planning　　　　　　　　　　*Fan Haobin* / 318

Abstract: The report briefly introduces the major content of Metropolitan Chicago On to 2050, which was released in October 2018. The structure of this planning is very clear. First, based on comprehensive investigation and research, challenges are analyzed. Multiple interest parties are invited to discuss them. 3 applicable principles and 5 chapters are finalized, and digital thoughts will be used to follow their implementation. Different from traditional plannings, Chicago focuses on innovative thoughts to address its challenges. The way of rational analysis and innovative thoughts could provide lessons for Shanghai Metropolitan Area.

Keywords: Chicago; Metropolitan Planning; Innovative Thoughts

B.25 The Fourth Regional Plan of the New York Metropolitan Implementation and Synergy with New York Development Vision　　　　*Cheng Peng* / 329

Abstract: The New York Regional Planning Association developed and implemented "The Fourth Regional Plan: Making the Region Work for All of Us" in 2017. Which is guided by four core values fairness, prosperity, health and sustainability that serve as a foundation across issue areas. And it is organized into four action areas includes institutions, climate change, transportation and affordability that represent major challenges and areas of opportunity. This article focuses on the implementation of the fourth regional plan, supplements the analysis of the synergistic relationship with the plan of the New York City, and proposes the experience and inspiration for the implementation and promotion of regional integration and the planning of metropolitan area.

Keywords: New York Metropolitan Region; Plan; Work for All of Us; The Vision of Core City

B. 26 Diversification and Connection Enhancement in Paris Region towards 2030

Li Na, Fan Lang and Huang Yan / 339

Abstract: Since 2014, the Paris region has implemented the 2030 strategic plan for the Paris region, and initiated the construction of metropolitan areas. The Paris region is characterized by diversity, and pays attention to enhancing the connection between cities and suburbs, so as to build regional sustainable development. The implementation of the Paris region mainly promotes the development of regional integration from the three aspects of connection and organization, agglomeration and balance, protection and value-added, focusing on the daily and living environment of residents in the Paris region today and in the future, and improving the attraction and influence of the Paris region. On the basis of studying the vision, goals, challenges and strategies of Paris region towards 2030, this paper proposes the enlightenment for the integration construction of Yangtze River Delta and the planning experience of Shanghai metropolitan area.

Keywords: Paris region; Regional Integration; Diversification; Enhance the Connection

B. 27　The Ideals of Regional Integration for a Metropolis
　　　　of Three Cities: The Greater Sydney Region Plan 2056

Su Ning / 348

Abstract: This paper, based on the "Greater Sydney Region Plan: A Metropolis of Three Cities", try to illustrate the main principles of future regional development of Sydney Metropolis. The research found out that the Greater Sydney Region Plan built on a vision of three cities where most residentslive within 30 minutes of their jobs, education and healthfacilities, services and great places. This is consistent withthe 10 Directions in Directions for a Greater Sydney whichestablish the aspirations for the region over the next 40 yearsand are a core component of the vision and a measure of thePlan's performance. The vision brings new thinking to land use and transportpatterns to boost Greater Sydney's liveability, productivityand sustainability by spreading the benefits of growth. The paper summarized the main enlightenments which the Sydney regional planning for Chinese Metropolis and city-region development.

Keywords: Greater Sydney; Regional Planning; Multi-Centric Development

B. 28　San Francisco Bay Area Plan 2040: Focusing
　　　　on Traffic and Housing Balance　　　*Liu Yubo* / 358

Abstract: Since the beginning of the 21st century, the San Francisco Bay Area has continued to maintain huge global leadership in innovation, while also facing an increasingly severe development dilemma: the rise in housing prices has led to a sharp decline in the proportion of middle-income families, a growing social gap, Serious imbalance between supply and demand in housing, and insufficient transportation capacity. Therefore, the San Francisco Bay Area updated its implementation of the "Bay Area 2040" plan in 2017, focusing on improving the Bay Area's transportation network and housing supplication. It formulated three special action plans, including "Promoting Housing Balance", "Inspiring Economic Vitality" and "Enhancing Urban Resilience". The Bay Area has both a metropolis of San Francisco and a Silicon Valley composed of a group of small and medium-sized cities characterized by innovation and vitality. Its planning and implementation experience is worth learning by Metropolitan areas in China.

Keywords: San Francisco Bay Area; Bay Area 2040; Housing balance; Transportation network; Urban resilience

B.29 The New Vision of Randstad toward 2040 and Its Enlightenment to the Integration of Yangtze River Delta

Chen Chen / 368

Abstract: Randstad region is a circular city cluster region in the Netherlands. Its regional cooperative development started in 1950s. The region spans several provinces in the Netherlands. In order to improve the administrative operation and development efficiency, the Netherlands has tried to reform the management mechanism inthe region. In addition, in order to respond to the new trend of international metropolitan development and enhance the overall international competitiveness and sustainable development ability of the region, the Netherlands put forward the region plan of Randstad toward 2040. The plan proposes a new vision of developmentandthe spatial planning picture of the "green-blue structure" and "large urban and economic centersnetwork", and proposes the key tasks that need to be paid attention to at the national/international level and local/regional scale. The concept and implementation strategy of the 2040 plan of Randstad region can be used as a reference for the development of for the higher-quality integration development of the Yangtze river delta.

Keywords: Randstad; Regional Planning; Polycentric; Strategy

B. 30　The Development Emphasizes "Convection Vitality" and "Wide-Area Development" in Capital-Circle of Japan

Cheng Peng, Tu Qiyu / 375

Abstract: The wide-area planning association of capital-circle in Japan started implementing the "Wide-Area Planning of Capital-Circle" in 2016. The goal is to rebuild a "convective and vibrant society" with a decade of development in 2025. Its work focuses on preventing natural disasters, enhancing international competitiveness, coping with multifaceted aging, and unleashing development opportunities for the 2020 Tokyo Olympic Games. Based on the study of the conception of convective capital-circle of Tokyo, basic policies and construction actions, this paper proposes the experience and inspiration of the implementation and promotion of regional integration, the development of metropolitan area in China.

Keywords: Tokyo; Capital-Circle; Wide-Area Planning; Convective Metropolitan Area

B. 31　The Establishment and Planning of Regional Spatial Strategy for the East of England

Tao Xidong, Tu Qiyu and Yu Qimin / 384

Abstract: The east of England is the second largest region of the UK adjacent to London. It has been the experimental field trying to promote the development of regional integration and improving the local governance structure. Three rounds of regional strategic planning have been perfected in this century. Apart from the formulation of the good plan, torment of tossing around happened in the implementation so that the UK missed strategic opportunity and faced the great change of Brexit without any preparation. This lesson must be learned.

Keywords: The East of England; Regional Spatial Strategy; Regional Integration

X B & R Cities

B.32 New Trends in the Development of Casablanca, the Important Node City of the Belt and Road

Deng Zhituan, Kang Jiaojiao / 391

Abstract: The city of Casablanca (Dalbeda) is located on the east coast of the Atlantic Ocean and is not only the largest city in Morocco but also a hub connecting Europe, the Middle East and Africa. As the largest port city, economic center and transportation hub, it is known as "the lung of Morocco" and "the bride of the Atlantic". It is an important node city of the Belt and Road. The population is younger, the urbanization is higher, and the total GDP is larger, especially the development of the second and third industries has great potential and vitality. Casablanca is also the economic capital of Morocco, bringing together a large number of international companies and headquarters and business units of Moroccan local companies. Casablanca's future goal is to build financial centers and smart cities, so it focuses on financial development and smart and sustainable investment.

Keywords: Belt and Road; Node Cities; Sablanca

B.33 New Trends in Economic Development of Athens along the Belt and Road Initiatives

Xu Huiyan, Deng Zhituan and Liao Banggu / 401

Abstract: Athens is the capital of Greece, the economic, financial, service

459

and cultural center of Greece, the eighth largest city in Europe, and one of the business centers of the European Union. This paper describes and analyzes the development status and development trends of Athens through the aspects of Athens's general situation, economic development, industrial development and regional influence, in order to provide basic information for the relevant decisions of the Belt and Road.

Keywords: Athens; Belt and Road; Node Cities

B.34 New Trends in Economic Development of Istanbul along the Belt and Road Initiative

Xu Huiyan, Deng Zhituan and Liao Banggu / 416

Abstract: Istanbul is the largest city in Turkey. It is the economic, financial, news, trade, transportation, cultural and historical center of Turkey. It is a world-famous tourist resort and one of the prosperous international metropolises. This paper describes and analyzes the development status and development trends of Istanbul through the aspects of Istanbul's general situation, economic development, industrial development and regional influence, in order to provide basic information for the relevant decisions of the Belt and Road.

Keywords: Istanbul; Belt and Road; Node Cities

权威报告·一手数据·特色资源

皮书数据库
ANNUAL REPORT(YEARBOOK) DATABASE

分析解读当下中国发展变迁的高端智库平台

所获荣誉

- 2019年，入围国家新闻出版署数字出版精品遴选推荐计划项目
- 2016年，入选"'十三五'国家重点电子出版物出版规划骨干工程"
- 2015年，荣获"搜索中国正能量 点赞2015""创新中国科技创新奖"
- 2013年，荣获"中国出版政府奖·网络出版物奖"提名奖
- 连续多年荣获中国数字出版博览会"数字出版·优秀品牌"奖

成为会员

通过网址www.pishu.com.cn访问皮书数据库网站或下载皮书数据库APP，进行手机号码验证或邮箱验证即可成为皮书数据库会员。

会员福利

- 已注册用户购书后可免费获赠100元皮书数据库充值卡。刮开充值卡涂层获取充值密码，登录并进入"会员中心"—"在线充值"—"充值卡充值"，充值成功即可购买和查看数据库内容。
- 会员福利最终解释权归社会科学文献出版社所有。

数据库服务热线：400-008-6695
数据库服务QQ：2475522410
数据库服务邮箱：database@ssap.cn
图书销售热线：010-59367070/7028
图书服务QQ：1265056568
图书服务邮箱：duzhe@ssap.cn

卡号：174451435523
密码：

基本子库
SUB DATABASE

中国社会发展数据库（下设 12 个子库）

整合国内外中国社会发展研究成果，汇聚独家统计数据、深度分析报告，涉及社会、人口、政治、教育、法律等 12 个领域，为了解中国社会发展动态、跟踪社会核心热点、分析社会发展趋势提供一站式资源搜索和数据服务。

中国经济发展数据库（下设 12 个子库）

围绕国内外中国经济发展主题研究报告、学术资讯、基础数据等资料构建，内容涵盖宏观经济、农业经济、工业经济、产业经济等 12 个重点经济领域，为实时掌控经济运行态势、把握经济发展规律、洞察经济形势、进行经济决策提供参考和依据。

中国行业发展数据库（下设 17 个子库）

以中国国民经济行业分类为依据，覆盖金融业、旅游、医疗卫生、交通运输、能源矿产等 100 多个行业，跟踪分析国民经济相关行业市场运行状况和政策导向，汇集行业发展前沿资讯，为投资、从业及各种经济决策提供理论基础和实践指导。

中国区域发展数据库（下设 6 个子库）

对中国特定区域内的经济、社会、文化等领域现状与发展情况进行深度分析和预测，研究层级至县及县以下行政区，涉及地区、区域经济体、城市、农村等不同维度，为地方经济社会宏观态势研究、发展经验研究、案例分析提供数据服务。

中国文化传媒数据库（下设 18 个子库）

汇聚文化传媒领域专家观点、热点资讯，梳理国内外中国文化发展相关学术研究成果、一手统计数据，涵盖文化产业、新闻传播、电影娱乐、文学艺术、群众文化等 18 个重点研究领域。为文化传媒研究提供相关数据、研究报告和综合分析服务。

世界经济与国际关系数据库（下设 6 个子库）

立足"皮书系列"世界经济、国际关系相关学术资源，整合世界经济、国际政治、世界文化与科技、全球性问题、国际组织与国际法、区域研究 6 大领域研究成果，为世界经济与国际关系研究提供全方位数据分析，为决策和形势研判提供参考。

法律声明

"皮书系列"(含蓝皮书、绿皮书、黄皮书)之品牌由社会科学文献出版社最早使用并持续至今,现已被中国图书市场所熟知。"皮书系列"的相关商标已在中华人民共和国国家工商行政管理总局商标局注册,如LOGO( )、皮书、Pishu、经济蓝皮书、社会蓝皮书等。"皮书系列"图书的注册商标专用权及封面设计、版式设计的著作权均为社会科学文献出版社所有。未经社会科学文献出版社书面授权许可,任何使用与"皮书系列"图书注册商标、封面设计、版式设计相同或者近似的文字、图形或其组合的行为均系侵权行为。

经作者授权,本书的专有出版权及信息网络传播权等为社会科学文献出版社享有。未经社会科学文献出版社书面授权许可,任何就本书内容的复制、发行或以数字形式进行网络传播的行为均系侵权行为。

社会科学文献出版社将通过法律途径追究上述侵权行为的法律责任,维护自身合法权益。

欢迎社会各界人士对侵犯社会科学文献出版社上述权利的侵权行为进行举报。电话:010-59367121,电子邮箱:fawubu@ssap.cn。

社会科学文献出版社